A LITURGIA ESCOLAR NA IDADE MODERNA

CARLOTA BOTO

A LITURGIA ESCOLAR NA IDADE MODERNA

PAPIRUS EDITORA

Capa	Fernando Cornacchia
Coordenação	Ana Carolina Freitas
Copidesque	Isabel Petronilha Costa
Diagramação	DPG Editora
Revisão	Simone Ligabo

Dados Internacionais de Catalogação na Publicação (CIP)
(Câmara Brasileira do Livro, SP, Brasil)

Boto, Carlota, 1961-
  A liturgia escolar na Idade Moderna/Carlota Boto. – Campinas, SP: Papirus, 2017.

Bibliografia.
ISBN 978-85-449-0242-4

1. Cultura escolar 2. Educação 3. Educação – História 4. Pedagogia 5. Práticas educacionais I. Título.

17-04323   CDD-370.9

Índice para catálogo sistemático:
1. História da educação   370.9

1ª Edição – 2017

Exceto no caso de citações, a grafia deste livro está atualizada segundo o Acordo Ortográfico da Língua Portuguesa adotado no Brasil a partir de 2009.

Proibida a reprodução total ou parcial da obra de acordo com a lei 9.610/98. Editora afiliada à Associação Brasileira dos Direitos Reprográficos (ABDR).

DIREITOS RESERVADOS PARA A LÍNGUA PORTUGUESA:
© M.R. Cornacchia Livraria e Editora Ltda. – Papirus Editora
R. Dr. Gabriel Penteado, 253 – CEP 13041-305 – Vila João Jorge
Fone/fax: (19) 3790-1300 – Campinas – São Paulo – Brasil
E-mail: editora@papirus.com.br – www.papirus.com.br

*Dedico este trabalho às minhas irmãs
Anita e Nenê; a seus filhos, meus sobrinhos
Luís Felipe Boto Siqueira Bueno,
Luís Carlos Boto Siqueira Bueno,
Luiz Henrique dos Reis Boto Scarlassari e
Rodrigo dos Reis Boto Scarlassari; e aos meus alunos.*

Seria preciso voltar ao momento inaugural da primeira aula. A criança que, pela primeira vez, transpõe o limiar da escola sabe muito bem que esse é um passo decisivo. A linha de demarcação situa-se no interior de sua própria vida, que irá, daqui para frente, processar-se longe do meio familiar. Atrás da porta, começa uma existência nova num mundo novo, desconhecido e difícil. Nada é mais justificado do que a angústia infantil nesse instante solene em que, abolidas as antigas seguranças, tem início a misteriosa aventura do conhecimento.

Georges Gusdorf

SUMÁRIO

PREFÁCIO: A CONSTITUIÇÃO DA "CIVILIZAÇÃO ESCOLAR" 11

INTRODUÇÃO 21

1. O LIVRO IMPRESSO: ENTRE A INFÂNCIA E A ESCOLA 29
   A era moderna: Argumentos 29
   O Renascimento como pedagogia da cultura 33
   Os humanistas e a cultura do ornamento letrado 38
   A cultura escrita no ambiente iletrado 41
   Do mundo universitário para a vida dos colégios 43
   As primeiras letras nas escolas de mestres livres 48
   Os modernos sentidos da infância 50
   A criança de Erasmo: Entre a índole e a pedagogia 52
   A moderna sociedade e a pedagogia da civilidade 61
   A ritualização da pedagogia civilizadora 63
   Cultura letrada e racionalização de costumes 66

2. O PROCESSO CIVILIZADOR DE UMA CULTURA POR ESCOLAS 71
   Cultura e boas maneiras: O modo de ser humanista 71
   Alfabetização visual e escrita na Renascença 74
   Montaigne e a escrita da educação 77
   A civilidade pueril de Erasmo 84
   O moderno Estado-nação e a racionalidade do agir 90
   Tratados de civilidade e a formação da puerícia 92
   O Estado e a civilização do livro 94
   A racionalidade "civilizada" e o domínio da afeição 96

A Reforma protestante e a escolarização 99
A predestinação calvinista e a ética protestante 102
No protestantismo, a educação da leitura 104
A escola catequética do mundo protestante 112
Educação calvinista: Predestinação, ascetismo e trabalho 117
Princípios religiosos de uma instrução universal 120

3. CONHECIMENTO, CONTEÚDO E MÉTODO DE ENSINO
   NA IDADE MODERNA: TESTEMUNHOS 123
   A civilização do livro passa a regular costumes 123
   Juan Luis Vives e a educação no colégio 129
   Sobre a pedagogia infantil 134
   Alunos e matérias como objetos do conhecimento 140
   A educação na forma de diálogo 146
   A exposição do professor e as anotações dos alunos 153

4. RUMOS DA TRADIÇÃO: O PENSAMENTO PEDAGÓGICO
   DO SÉCULO XVII 165
   Ratke e o método da arte de ensinar 165
   Comenius: O discurso do método chega à escola 178
   Comenius, sobre a Reforma protestante, retomando Ratke 183
   Comenius: O que seria ensinado ao aluno? 189
   A educação de Comenius na construção da escola moderna 198

5. A CIVILIZAÇÃO ESCOLAR TEM A FORMA DE COLÉGIO 205
   Das universidades aos colégios 205
   A estrutura educativa colegial 207
   Histórico da proposta catequética dos jesuítas 210
   A ação pedagógica da Companhia de Jesus 212
   Civilização de maneiras e racionalidade colegial 219
   O império dos jesuítas na formação dos escolares 225
   História do Ratio Studiorum: Colégios e práticas 230
   O Ratio Studiorum jesuítico: Código educativo 232

6. RASTROS E FRESTAS DA CIVILIZAÇÃO ESCOLAR 249
   As escolas lassalianas e a educação popular 249
   As regras de La Salle, o silêncio e os sinais 257
   A vigilância, a conduta e os registros escritos 266
   Vícios, castigos e correções 269
   Cotidiano escolar e formação de novos professores 275
   A escola tradicional como forma escolar de socialização 280
   Algumas aproximações teóricas 282

CONSIDERAÇÕES FINAIS 291

BIBLIOGRAFIA 295

PREFÁCIO
A CONSTITUIÇÃO DA "CIVILIZAÇÃO ESCOLAR"

> *O passado deve ser compreendido*
> *seja nos seus próprios termos,*
> *seja como anel de uma corrente que,*
> *em última análise, chega até nós.*
>
> Carlo Ginzburg (2001, p. 188)

Apresentar esta obra de Carlota Boto é um imenso prazer, principalmente porque a conheci como professora e pesquisadora da área de história da educação quando li seu livro *A escola do homem novo: Entre o Iluminismo e a Revolução Francesa* (1996). Depois a conheci pessoalmente. Desse encontro nasceu uma grande e profícua amizade profissional e pessoal. Não esqueço os dias passados em Coimbra, Portugal (2000), durante o 3º Congresso Luso-Brasileiro de História da Educação.

Ao apresentar ao leitor uma obra, primeiramente é necessário apresentar a autora: Carlota Boto é, desde 2001, professora da Faculdade de Educação da Universidade de São Paulo (Feusp), onde leciona Filosofia da Educação, e pesquisadora do Conselho Nacional de Desenvolvimento Científico e Tecnológico (CNPq). Tem dupla diplomação em nível de graduação: Pedagogia (1983) e História (1988). É mestre em História e Filosofia da Educação pela Feusp (1990), doutora em História Social pela FFLCH/USP (1999), e livre-docente em Filosofia da Educação pela Feusp (2001).

Sua tese de doutorado foi publicada pela editora da Universidade de Coimbra com o título *A escola primária como rito de passagem: Ler, escrever, contar e se comportar* (2012), com a apresentação do reconhecido historiador e professor português Fernando Catroga.

Também atuou como docente de História da Educação na Faculdade de Ciências e Letras da Universidade Estadual Paulista (Unesp), *campus* de Araraquara, e na Universidade Presbiteriana Mackenzie.

A presente obra, com o sugestivo título *A liturgia escolar na Idade Moderna*, assim como a epígrafe de Carlo Ginzburg, dialoga com os principais representantes da educação da infância, dos séculos XVI e XVII, analisando suas ideias sobre práticas educativas e escolares cotidianas.

A (re)leitura e a apresentação de autores clássicos – Erasmo, Montaigne, Lutero, Calvino, Juan Luis Vives – alicerçam a construção do seu texto, tecido em constante diálogo com pensadores de hoje, especialmente os que abordam os conceitos de educação, escola, civilidade, cultura e cultura escolar.

Cada capítulo é um convite à leitura, com títulos muito criativos e instigantes pelo que anunciam e pela divisão didática em seções. Essa estratégia de escritura permite ao leitor acompanhar o desenvolvimento da argumentação da autora ao expor os tópicos privilegiados de abordagem, sempre com base em uma bibliografia atual, pertinente e com exemplos que ilustram o contexto e o texto.

Carlota segue atentamente o conselho de Juan Luis Vives: "Se for abordar algum personagem célebre, é apropriado – adverte o autor – mostrar conhecimento sobre a época e sobre o local em que ele viveu" (Boto, p. 142). E cita: "Sempre convém manifestar a índole de cada época com suas notas características" (Vives 2004b, p. 62).

A obra em seu todo tem por objetivo analisar as matrizes culturais da escola moderna pelo "estudo de práticas escolares postas em vigor em variados locais e em distintas épocas" (Boto, p. 123). Para tal, "a instrução escolar será, para além das práticas, representada e norteada por uma história do pensamento e dos ideais pedagógicos, indicadora de procedimentos e roteiros de ensino prescritos" (Boto, p. 123). Para isso, toma como ponto de partida momentos emblemáticos do nascimento da escola moderna, no século XVI, como "a instituição apropriada para preparar as pessoas para as regras exigidas pela cultura do texto" (Boto, p. 104): a tipografia, a cultura dos reformadores protestantes, bem como dos integrantes da Contrarreforma católica.

Com esse contexto, Carlota aborda, no Capítulo 1, intitulado "O livro impresso: Entre a infância e a escola", como caberá à escola não apenas o ensino do ler, escrever e contar, mas também a exposição de hábitos e ações a serem internalizados na própria identidade da pessoa.

> Com as tecnologias intelectuais da escrita impressa, com a profusão transnacional de tratados de civilidade e com a disseminação de colégios por toda a Europa, interpenetrar-se-iam progressivamente padrões de conduta da nobreza (cortesia) com padrões de comportamento da burguesia (urbanidade). Civilizar – nesse sentido – corresponderá, a um só tempo, a estratégias de racionalização, de disciplina exercitada para corpos e corações, de institucionalização da vida. Civilizar é, ainda, padronizar linguagens, regular costumes, homogeneizar patamares valorativos, sempre do ponto de vista ocidental. O mesmo processo que conflui para a formação dos Estados nacionais fortalecerá a instauração de parâmetros homogêneos, universalmente defendidos, com o fito de criar hábitos e tradições de convívio. Uns passam a depender dos outros, submetidos que se tornam ao olhar externo. (Boto, p. 98)

Para analisar o papel da educação e da escola no processo de "civilizar", a autora constrói seus argumentos historiográficos com ênfase no papel dos humanistas e da cultura do ornamento letrado; destaca a importância da cultura do escrito em um ambiente iletrado; aborda o modelo do mundo universitário para a vida dos colégios, as escolas dos mestres livres para o ensino das primeiras letras; analisa como a infância é percebida pelos "intelectuais modernos", focando a ideia de criança nos escritos de Erasmo, especialmente em *A civilidade pueril* (1978). Toda essa construção discursiva permite explicitar a ideia de sociedade nos séculos XVI e XVII, para discutir a pedagogia da civilidade, a cultura letrada, a ritualização escolar e a racionalização dos costumes.

> O processo da civilização no Ocidente europeu conformava, progressivamente, padrões de conduta e de costumes de uma sociedade que, entre o início da Idade Moderna e o final do século XIX, assistiria a um severo processo de ocidentalização de condutas e de padronização social de códigos de comportamento. A honra seria firmada pela aparência pública de que o indivíduo dispusesse – aparência, em todos os sentidos. Era preciso, aos olhos dos outros, agir mediante determinados modos socialmente recomendados. Isso significaria "ter modos". Isso era revelar civilidade, urbanidade, polidez, cortesia, enfim, boas maneiras. Tais códigos de conduta vinham inscritos em uma vasta e significativa literatura, voltada para ensinar o *savoir-vivre*; o *savoir-faire* das elites. (Boto, p. 68)

No Capítulo 2, intitulado "O processo civilizador de uma cultura por escolas", a autora continua a explicitar o papel da escola como dispositivo de educação para a cultura letrada e o culto às boas maneiras, mas especialmente o papel do *contar*, para uma sociedade mercantil, as exigências desse mundo em um processo civilizador e de construção gradativa dos Estados nacionais.

> A Idade Moderna engendrou um movimento próprio de civilização dos costumes – movimento esse que estruturou a moldura da atual sociedade do Ocidente. O que caracteriza essa dinâmica civilizatória perante outras culturas é, em primeiro lugar, sua pretensão de superioridade. O Estado moderno – que monopolizara e centralizara impostos, força física e poder de justiça (Novais 1985) – convivia com a missão de favorecer mudanças de conduta, tendentes à racionalização e à institucionalização de modos de agir. Eram esperados, na esfera pública da interação social, cálculos de longo prazo, adiamento da satisfação, controle dos afetos e das pulsões, e uma nítida regulação de aspectos instintivos do ser, com o propósito de configurar padrões de autocontrole, que se tornassem, doravante, uma "segunda natureza" da experiência humana – praticamente uma "segunda pele". As escolas que se organizam nesse período inscrevem-se em um processo civilizador. (Boto, p. 90)

Para desenvolver seus argumentos, inicialmente aborda os escritos de Martinho Lutero, especialmente o manifesto "Aos conselhos de todas as cidades da Alemanha para que criem e mantenham escolas" (1524), destacando o papel da Reforma protestante na criação de escolas, na valorização da educação da leitura com fins catequéticos. Também analisa o papel de Calvino e a ética do trabalho humano como vontade divina: "Os deveres do homem serão múltiplos, e dizem respeito inclusive à vida familiar, comunitária, além das suas relações com o seu trabalho" (Boto, p. 102). Conclui que os princípios religiosos do protestantismo para uma instrução universal são complementados

> por uma formação de base que valoriza alguns aspectos essenciais no convívio humano, como a honestidade, a tolerância para com o outro, a confiabilidade, o sentido de cooperativismo, o senso de responsabilidade social, o autocontrole, a honra, a tenacidade e a perseverança. Essas habilidades, desenvolvidas pela educação e exercitadas pelo hábito social, terão como resultado o acréscimo do capital social; um dado padrão de convivência coletiva, de sociabilidade pública, capaz de contribuir efetivamente para o aprimoramento dos patamares civilizatórios. A educação calvinista apresentou-se com tal vocação para pregar uma dada disciplina pessoal como uma das maiores características das pessoas profissionalmente realizadas. Mais do que isso, contudo, pode-se dizer que a educação de matriz protestante compreende a prática e o exercício da virtude intrínseca a uma vida pautada pela primazia do trabalho: uma vida ascética, disciplinada, competitiva, mas que, ao desenvolver plenamente as potencialidades individuais, contribuirá para aprimorar a convivência coletiva. (Boto, p. 122)

Michel de Montaigne e Erasmo são revisitados para explicitar a importância da Renascença e da civilização dos costumes para a escola moderna.

> A sociedade de corte, que se configurava como uma forma social original, firmava-se pelo monopólio fiscal e militar, além de um conjunto normalizado das boas maneiras dos salões. Tais códigos de conduta pública estruturavam mecanismos semiautomáticos de autocontrole de pulsões e de emoções – como já demonstrou Renato Janine Ribeiro (1990). Tratava-se de engendrar disposições interiores para domínio de si, capazes de fazer da cortesia ou civilidade um dado modelo, que, a um só tempo, nivelava e distinguia pessoas de diferentes camadas do tecido societário. (Boto, p. 77)

No terceiro capítulo, com o título "Conhecimento, conteúdo e método de ensino na Idade Moderna: Testemunhos", Carlota Boto analisa a civilização do livro, explicitando sua importância para a Renascença e para o Humanismo, sua expressão letrada: "Usa-se o livro para recordar diferenças entre as variadas camadas da sociedade. Usa-se, enfim, o livro para ensinar comportamentos de urbanidade" (p. 125).

Com uma abordagem extremamente pertinente da expansão do impresso, do alargamento das fronteiras geográficas e da cultura letrada, a autora analisa as obras de Juan Luis Vives com um olhar atento ao cotidiano escolar da época, sinalizando para as características da cultura escolar – a pedagogia infantil, as matérias de ensino, os alunos e suas atividades, o método de diálogo, a atividade do professor.

> Com Vives, verifica-se claramente o quanto a cultura escrita impactava aquele início da Idade Moderna, especialmente nos países europeus. Nesse sentido, um novo lugar será conferido à escolarização, novo lugar que passará a abarcar diferentes camadas do tecido social, que acorrem para o aprendizado da leitura e da escrita. A escola ganha um significado, ainda que seja apenas o de distinção de camadas nobres ou enobrecidas, tendo em vista o firmamento de novos códigos de comportamento. A experiência escolar tornar-se-á uma realidade, mesmo que a quantidade de crianças e jovens que iam para a escola ainda fosse em número diminuto. (Boto, p. 163)

"Rumos da tradição: O pensamento pedagógico do século XVII" é o título do Capítulo 4, que inicia analisando os escritos de Wolfgang Ratke, precursor da escola empirista, sobre o "método da arte de ensinar", que "seguia as leis da natureza". Tendo por base várias obras do autor, aborda questões de currículo, programas, processo de ensino, estrutura escolar, o ser professor, o ser aluno, o ensino na língua moderna. Em síntese, as várias perspectivas de constituição do ensino e da cultura da escola moderna. Para a autora,

> Ratke fez – como Vives fizera e como Comenius faria – um preciso diagnóstico das escolas de seu tempo, procurando compreender, em primeiro lugar, por que eram tão diminutas as iniciativas em prol da escolarização, e, em segundo lugar, por que as escolas que existiam não davam certo. Constata, como os outros autores, que a questão do método do ensino precisaria ser criteriosamente observada, pois, salvo se houvesse modificações na própria estrutura e no formato do funcionamento escolar, a rotina das crianças não as conduziria para um efetivo aprendizado. Ele dá, nesse sentido, as dicas do que deveria ser alterado para que a escola viesse a se tornar uma instituição que, de fato, ensinasse os alunos a aprenderem. (Boto, p. 178)

Articulada com a minuciosa análise das ideias de Ratke e Vives, analisa as obras de Comenius, considerado o continuador da tendência empirista, e que "sistematizará a ideia de um saber estritamente pedagógico, ao lançar sua *Didática magna*. Nessa obra, era nítida a preocupação do autor quanto à configuração do que posteriormente seria compreendido como 'discurso do método'" (Boto, pp. 178-179). Para a autora, o Método é a "chave da escolarização moderna", tendo como "metáfora a natureza" por seu "caráter de regularidade e progressividade" (Boto, p. 185).

> No limite, a escola moderna desenhada por Comenius acentuava seu papel de racionalização, planificação, controle e sistematicidade do conhecimento registrado e veiculado. A classe era o referencial primeiro, com partições de seu tempo em horários precisos, enquadrados no que hoje os pedagogos denominam "grade curricular". Os alunos dividir-se-iam por critérios etários ou por classificação de mérito. A honra ao mérito do colégio na sua forma moderna vem acoplada a um dado modelo civilizatório que identifica, na urbanidade da conduta pública, modos adequados de preparo para a vida social futura do mesmo estudante. Ritualizada, a vida cotidiana da escola perfaz hábitos de polidez. As regras explícitas tendem a tornar-se uma linguagem expressa por gestos, por sinais, por rituais – gestos, sinais e rituais que se tornam, pouco a pouco, automatizados, como se perfizessem uma segunda natureza. Daí os livros escolares trabalharem com tanta ênfase um conteúdo que, subliminarmente, compõe saberes e códigos de comportamento. Trata-se, pela escola, de compor o repertório e nele identificar o mundo referendado e o mundo proibido, para que não se precisasse lembrar que as máximas da moral vigente devem ser "automaticamente" obedecidas. O professor, como o Sol, ilumina seus alunos – todos a um só tempo. A escola moderna, à semelhança do curso da natureza, deveria ter em cada classe um único professor, que se valeria, para cada matéria, de um único autor, de modo que os

alunos tivessem todos as mesmas tarefas e os mesmos exercícios, sendo todas as matérias ensinadas pelo mesmo método. Sentado em lugar elevado, o professor obriga que os alunos tenham nele os olhos fixos. Pergunta a todos, um por um. Todos são, no mínimo, convidados a meditar. (Boto, p. 202)

Boto conclui que o modelo de escola e de práticas pedagógicas de Vives, Ratke e Comenius se tornarão referências para os colégios jesuítas e para o ensino lassalista, em uma longa duração: "Toda a herança que o século XVII empresta da pedagogia do XVI tem a ver com essa articulação entre conhecimento e virtude, entre domínio da matéria e prática dos bons costumes" (Boto, p. 154).

Com essa premissa, a autora analisa dois documentos que "considera fundamentais para compreender o significado da moderna civilização escolar". No Capítulo 5 – "A civilização escolar tem a forma de colégio" –, aborda a pedagogia jesuítica e a constituição dos colégios, a partir do *Ratio Studiorum* para a educação da juventude, do final do século XVI. No Capítulo 6 – "Rastros e frestas da civilização escolar" –, analisa a pedagogia lassalista expressa no *Guia das escolas cristãs*, elaborado por Jean-Baptiste de La Salle, no final do século XVII, como um projeto de ensino elementar para as camadas populares e de uma escola para todos.

Tanto a iniciativa dos jesuítas, posta em prática desde meados do século XVI, como o projeto lassaliano, no final do século XVII, início do século XVIII, tencionam articular modos de ensino e de estudo em uma rede de colégios sob jurisdição da respectiva ordem. Pode-se dizer que as escolas religiosas – articuladas por iniciativa católica, luterana ou calvinista – desenvolverão, desde o século XVI, métodos bastante precisos destinados a organizar o dia a dia da vida nas instituições pedagógicas dirigidas pelas mesmas igrejas. (Boto, p. 205)

Ao finalizar o Capítulo 6, Carlota Boto demonstra teoricamente sua posição preferencial pelo conceito de "civilização escolar" para explicitar o caráter modelar da escola moderna, justificando essa abordagem:

Nos colégios e nas escolas que, paulatinamente, foram estruturados por ordens religiosas da Europa, entre os séculos XVI e XVIII, organiza-se o caminho da civilização escolar. A ideia de civilização supõe uma acepção clara de cultura acrescida da ideia de um autocontrole regulatório das relações interpessoais. Nessa medida, falar em civilização escolar supõe o reconhecimento da existência de uma hierarquia de valores entre as diferentes manifestações culturais de uma dada sociedade, e também de uma hierarquia de valores entre culturas de sociedades distintas. Nessa direção, acreditamos que a expressão "civilização escolar" é ampla porque abarca um contingente expressivo de fenômenos, que têm, sim, a ver com uma gama variada de artefatos (imagens, ferramentas e instrumentos), técnicas, linguagens, valores e práticas, mas que compreendem também um roteiro prescritivo de códigos de ação interiorizados, os quais deveriam ser observados por aquilo que representam no tabuleiro social.

Se pudermos considerar a acepção de cultura como primordialmente horizontal e antropológica, a ideia de civilização é verticalizada e disputa o primado no campo da política. Daí, a meu ver, seja bastante operatório trabalhar com o conceito de "civilização escolar" (Gusdorf 1970, p. 29), posto que este, incorporando os significados intrínsecos à ideia de cultura escolar, desloca-os – evidenciando o cariz modelador da escola moderna. (Boto, pp. 281-282)

Em síntese, no cotidiano da escola moderna, organização social voltada para padronizar costumes e projetar saberes, há

um esforço sistemático de apropriação subjetiva de saberes objetivados como conhecimento escolar. O tempo é racionalizado, e as relações sociais tornam-se, em larga medida, pedagógicas. A civilização escolar não é apenas escrita, mas também sujeita à hierarquia, à sequência e à classificação. Tal conhecimento escolar supõe uma primazia perante outras formas de organização não escritas e não escolares. Nessa medida, a civilização escolar é classificatória: ela avalia, ordena e pontua o conhecimento que veicula. Codifica saberes e práticas em uma lógica escriturária, decompõe e organiza a temporalidade. Estabelece efeitos de previsão e de provisão do conhecimento, mediante configurações hierárquicas. A escola socializa por meio de seus sinais, mais do que por palavras. (Boto, p. 282)

Ao concluir sua obra, Carlota Boto reconhece que todos os pensadores, dos quais analisou brilhante e minuciosamente o contexto e as ideias defendidas, têm algo em comum: "Todos eles concebem a escolarização moderna como fenômeno social (...), identificam na escola um modo específico e característico de transmissão de saberes, de valores e de saber-fazer" (p. 284). "A escola moderna tem a uniformidade e a equalização como princípio, como método e como meta declarada" (p. 289). Dessa forma, a escola configura-se como instituição civilizadora. Conceitos como "cultura escolar" (Julia 2001; Chervel 1998), "culturas escolares" (Viñao Frago 2005), "gramática escolar" (Tyack e Cuban 1995), "modelo de escola moderna" (Nóvoa 1998) e "forma escolar de socialização" (Vincent 1994) "implicam significados concernentes à especificidade do lugar social ocupado pela escola no âmbito do processo civilizador. A escola institui protocolos de ação e estruturas de subjetividade autorizadas no cenário social" (Boto, p. 291).

Seguindo, ainda, a orientação de Carlo Ginzburg, de que o passado é uma corrente que chega até nós no presente, Carlota Boto analisa os desafios da escola moderna na contemporaneidade em direção a uma perspectiva pública e democrática:

> Na escola de hoje, como na de tempos atrás, há rituais, saberes, valores e modos de agir que constituem maneiras de ser interiores à experiência escolar. Deverão ser revistos. É necessário, no interior da escola, que sejam colocadas questões para problematizar aquilo que costuma ser visto como natural. É preciso mudar o que estiver obsoleto. É preciso preservar o que se considerar valoroso. É fundamental haver o fortalecimento de projetos político-pedagógicos democráticos. A transformação desejada é obra dos próprios agentes envolvidos na instituição escolar. Autonomia é algo que se constrói por dentro: com projetos e com expectativas, com diálogo e com interação. E nada disso se fará sem esperança. Somente no coração cotidiano da escola poderão ser instituídas novas fontes de legitimação do ato de ensinar, com ciência, com arte, e certamente com muito tato pedagógico. As novas gerações esperam de nós educação, cuidado e exemplos. (Boto, pp. 293-294)

A presente obra preenche um vazio na produção historiográfica em história da educação, no Brasil, que tão bem tem abordado Carlota Boto em seus livros com expressiva contribuição bibliográfica. Com este texto dinâmico e didaticamente apresentado, a autora conduz o leitor, leigo ou não, para o período do surgimento da escola moderna e sua importância para a compreensão da escola hoje e seus desafios na contemporaneidade. Para reforçar essa constatação, registro a recente obra do pesquisador italiano Roberto Sani – *Storia dell'educazione e delle istituzioni scolastiche nell'Italia moderna* (2015) –, em que também destaca a importância da época moderna, seus intelectuais e suas produções, para a compreensão da época contemporânea, especialmente as modernidades educacionais e a expansão do modelo escolar.

Desejo uma ótima e prazerosa leitura!

Maria Helena Camara Bastos
Macerata, Itália, primavera de 2016

Referências bibliográficas

ERASMO (1978). *A civilidade pueril*. Lisboa: Estampa. (Clássicos de Bolso)

GINZBURG, Carlo (2001). *Olhos de madeira: Nove reflexões sobre a distância*. Trad. Eduardo Brandão. São Paulo: Cia. das Letras.

SANI, Roberto (2015). *Storia dell'educazione e delle istituzioni scolastiche nell'Italia moderna*. Milão: FrancoAngeli.

INTRODUÇÃO

A escola moderna – aquela que vem sendo construída pelos tempos compreendidos desde o princípio da Idade Moderna até os dias de hoje nos países do Ocidente – tem uma fisionomia própria que a diferencia de suas antecessoras. A escola moderna é aquela que se dedica, a um só tempo, a ensinar saberes e a formar comportamentos. O conhecimento na escola ganha, portanto, um semblante que é seu; situado tanto como recorte do que poderíamos compreender como transposição didática do saber erudito quanto como substância cultural específica, que, em alguma medida, se autonomiza, produzindo aquilo que hoje denominamos cultura escolar.

A escola moderna tem por intuito instruir e civilizar. Essa dupla lógica se ergue à frente dos historiadores da educação como um verdadeiro desafio a ser enfrentado. Não é possível mais, no campo da produção da pesquisa em história da educação, averiguar o trajeto das políticas e das medidas administrativas e regulatórias da vida escolar, sem atentar para o território daquilo que se passa, todos os dias, no interior de cada unidade escolar. Assim, à história dos discursos, das teorias, enfim, das representações sobre a escola, une-se outra história: a das ações, das práticas e das atitudes, as quais, no cotidiano, estruturam o ritual da escolarização. Nesse campo, entre representações e práticas, hoje é corrente recorrer a referências da "história cultural" para abordar a instituição da cultura escolar.

Os objetivos deste trabalho foram o de identificar como o discurso pedagógico dos séculos XVI e XVII teve correspondência em práticas educacionais desenvolvidas pelas escolas e pelos colégios da época. Nesse sentido, procurou-se compreender o discurso humanista sobre a educação e o impacto da Reforma protestante no debate pedagógico. Por outro lado, os regulamentos de colégios jesuíticos e escolas lassalianas davam a ver uma dimensão prática da questão educativa, o que contribuiu para estruturar um dado modelo de escola (Nóvoa 1987), seja do ponto de vista dos princípios pedagógicos declarados, seja no que concerne aos métodos utilizados na ação educativa. Por fim, pretende-se reconhecer o potencial irradiador desse imaginário social que marcou boa parte do repertório educacional da modernidade.

À guisa de referencial teórico, trabalhamos com a compreensão do processo civilizatório, no sentido que Norbert Elias confere a essa ideia. Nossa hipótese é a de que o discurso pedagógico teve uma participação ativa no modelo que construiu um determinado padrão civilizador, presente na Europa entre os séculos XVI e XVII. No que diz respeito à metodologia do trabalho, procedemos a uma revisão da bibliografia, bem como a um estudo de textos de autores clássicos do período estudado, buscando atentar para a dinâmica desenvolvida entre representações culturais e práticas sociais na formação de visões de mundo, configuradas com base em conteúdos simbólicos e valorativos que falam à razão, mas também ao coração; que organizam discursos e gestos, modos de agir e toda uma rede de comportamento que se identifica, no limite, com o roteiro da civilização ocidental.

Os rumos da civilização escolar estruturam-se mediante iniciativas primeiramente europeias, voltadas para esse intento multiplicador que acompanha o significado da própria acepção civilizatória. Essa foi a razão pela qual optamos por recorrer a uma periodização que principia com os tempos da Renascença – para discorrer sobre o significado que ganha a ideia de cultura letrada quando a tipografia se apodera dela. A escola surge para interpelar a cultura do escrito impresso. É decorrência da relação entre a descoberta da prensa tipográfica e o impacto da Reforma protestante, que pretendia fazer a leitura da *Bíblia* chegar diretamente às populações. A escolarização do século XVI dialoga, ainda, com a reação da Igreja católica, que, a partir do Concílio de Trento, propugnará a instrução como atividade sistematizada por colégios e por escolas controladas por novas e antigas ordens religiosas, das quais se destacam os jesuítas e os lassalistas.

Este livro é destinado a todos os que trabalham com o ensino da história da educação, como uma sugestão de temas e de problemas de uma história que, suponho, é ainda importante de ser reconstituída. Aos estudantes de cursos de Pedagogia e especializações várias no campo da educação, creio que poderá ter alguma valia para fomentar o interesse pela compreensão da historicidade de práticas pedagógicas escolares, que têm a feição que a época e seus atores lhe oferecem. Não se faz escola a partir de alguma essência anterior às nossas práticas cotidianas.

São os usos e os costumes da escola que compõem os modos perante os quais ela se estrutura. A escola é sua existência. E, portanto, a escola é sua história. Por isso mesmo, para pensar na escola que desejamos, é necessário meditar sobre a escola que recebemos. A história que vamos contar perpassa a Renascença e o século XVII. Todavia, o trabalho que segue oferece uma leitura, entre múltiplas possíveis, que se integra a uma perspectiva histórica sobre a construção do modelo civilizatório que a escola vem compondo, em um dado roteiro construído desde então e até os dias de hoje.

***

O primeiro capítulo – "O livro impresso: Entre a infância e a escola" – aborda especialmente a confluência de fatores que teriam singularizado o início da Idade Moderna, especialmente pelos aspectos sociais e simbólicos de uma nova sensibilidade perante a infância e perante a família. Nesse sentido, procura-se estabelecer pontes entre os modelos de formação anteriores ainda vigentes na época e a crescente ampliação da demanda por escolas e pelo aprendizado do ler, do escrever e do contar. As competências e as habilidades da cultura letrada eram cada vez mais necessárias à vida urbana e comercial então em vigoroso desenvolvimento. A escolarização da cultura escrita ocorrerá progressivamente a partir do impacto cada vez mais acentuado da prática tipográfica de publicação de livros impressos. Essa escolarização dos conhecimentos que posteriormente passaríamos a chamar de primeiras letras será acompanhada por todo um rol prescritivo de condutas a serem publicamente recomendadas para o comportamento na vida civil. Tratava-se de um aprendizado da civilidade ou de um roteiro de bom comportamento, que se somava ao aprendizado do ler, do escrever e do contar. Daí o significado cultural do lançamento em 1530 do tratado que o humanista Erasmo dirigirá às crianças com o título *A civilidade pueril*. Estava ali o primeiro livro didático da escola moderna. Ele constituía também uma referência dessa escola que nos é ainda contemporânea.

O segundo capítulo – "O processo civilizador de uma cultura por escolas" – atentará para o impacto da Reforma protestante na irradiação de uma cultura do escrito, mediante a qual a capacidade leitora adquire uma coloração muito particular. Compêndios dirigidos às mais diferentes camadas da sociedade enfocarão o uso pedagógico da literatura de civilidade, cujo significado havia sido já apontado no capítulo anterior. A civilidade que conforma padrões disciplinados e tanto quanto possível uniformes de comportamento tem também um efeito de racionalização. Acreditava-se ser necessário disciplinar para civilizar. Tratava-se de civilizar para racionalizar. Essa expressão do lugar da escolarização e da educação letrada na conformação do que Norbert Elias qualifica de processo civilizatório é o objeto do estudo aqui desenvolvido. Além disso, procuramos refletir sobre o impacto da

Reforma protestante na formação de novas populações leitoras e, por conseguinte, na expansão da escolarização. Para os reformadores, a fé do cristão deriva do conhecimento das *Sagradas Escrituras*. Daí a necessidade de todos lerem a *Bíblia*. Lutero compreendia ser necessário que meninos e meninas fossem à escola, não apenas para a leitura do texto sagrado, mas também para serem preparados para gerirem bem as cidades e suas próprias casas.

Em seguida, o terceiro capítulo – "Conhecimento, conteúdo e método de ensino na Idade Moderna: Testemunhos" – abarca representações teóricas e significados sociais do pensamento de autores consagrados para o estudo da orientação pedagógica do período em pauta. Para o século XVI, estuda-se basicamente a concepção de escola do humanista espanhol Juan Luis Vives, que estrutura um conjunto de dispositivos considerados adequados para o comportamento escolar. As reflexões de Vives sobre a escola na Renascença diferenciam-no da maior parte dos teóricos seus contemporâneos, dado que, para a maioria dos autores renascentistas, a escola não era um tema prioritário nos seus escritos. Para Vives, a escola é a protagonista de seu pensamento educacional. Ele pensa na estrutura da escolarização, desde o prédio escolar, passando pelas características do mestre; e atenta sobretudo para o cotidiano – para as coisas que acontecem na escola: qual era a relação entre alunos e professores, como os professores davam aulas, como os alunos estudavam, como memorizar o que se aprendia, como anotar as aulas etc. Vives foi um teórico bastante reconhecido no período e teria sido uma das referências teóricas do pensamento de Comenius. De fato, a educação aparece como grande preocupação de seus escritos; e é possível encontrar em seus ensaios e diálogos o impasse da época quanto ao lugar social ocupado pela escola. A partir dos escritos de Vives, é possível compreender melhor os trabalhos de Ratke e de Comenius na configuração da acepção de didática como elemento regulador da prática educativa.

Em Comenius – autor abordado com Ratke no quarto capítulo, "Rumos da tradição: O pensamento pedagógico do século XVII" –, temos um desenho do arcabouço básico do que poderemos considerar como matriz da moderna escola: dividida por etapas distintas correspondentes aos níveis de aprendizado, com demarcação rígida de tempo, com a ideia de classe como padrão regulador desse modelo de ensino. Ratke e Comenius indicam procedimentos para o ensino ser bem-sucedido. A grande questão que se colocam é: o que fazer para o aluno aprender? E passam, a partir daí, a estabelecer roteiros metodológicos para a organização das aulas, que se propõem como guias para ensinar o professor a ensinar seus alunos a aprenderem. Nesse sentido, o ensino deve começar do simples para o complexo, do geral para o particular, do fácil para o difícil. Além disso, deve-se ensinar uma coisa de cada vez; e sempre com um mesmo método. Tanto em Ratke quanto em Comenius, há todo um roteiro de ensinamentos que passa pela configuração de uma escola que tende a ser organizada por classes, com o professor ensinando ao mesmo tempo as mesmas coisas para cada classe, ainda que ele tivesse várias classes sob sua responsabilidade. Considera-se que Comenius foi o teórico fundador da ideia de Didática, exatamente por sua pretensão de fundar uma escola capaz metodologicamente de ensinar tudo a todos rapidamente e solidamente. Com isso, com Ratke, que o antecedeu e antecipou muitas de suas ideias, ele deixa uma marca importante na construção do nosso moderno entendimento da acepção de escola.

O quinto capítulo – "A civilização escolar tem a forma de colégio" – desenvolve reflexão sobre a arquitetura simbólica da escolarização, em suas práticas cotidianas e em seus rituais. Para tanto, busca ancorar a análise sobre um documento que constitui um código regulador e uma referência para se pensar a história da escola – sobretudo a história do método de ensino tradicional: o *Ratio Studiorum* jesuítico, datado de 1599. Com a Companhia de Jesus, funda-se a estrutura do colégio, tal como a concebemos hoje, inclusive pela ênfase em uma cultura geral, propedêutica e profissionalmente desinteressada para o nível do ensino secundário. Os jesuítas recolheram as orientações desse seu regulamento nas práticas bem-sucedidas apresentadas pelos colégios existentes no século XVI. Tratava-se, portanto, de orientações gerais, que versavam sobre a composição da aula, sobre as atividades em classe, sobre os exercícios a serem realizados, sobre as repetições e as sabatinas, no âmbito do moderno "modelo escolar" (Nóvoa 1987) que ali vinha sendo engendrado. As práticas de ensino do colégio jesuítico são aqui vistoriadas, em confronto com uma vasta bibliografia que, sobre o tema, já se produziu no âmbito da história da educação. Nesse sentido, procuramos cotejar as fontes com algumas das análises que, sobre elas, já haviam sido efetuadas. De qualquer maneira, acreditamos que as práticas dos colégios ficaram visíveis e que pela leitura é possível também verificar suas aproximações e suas distâncias em relação àquilo que na época já era abordado pelos pedagogos que escreviam sobre a educação.

Finalmente, o sexto e último capítulo – "Rastros e frestas da civilização escolar" – aborda as escolas lassalianas como um modelo de escolarização para o povo no século XVIII. O capítulo descreve o funcionamento das práticas das escolas de La Salle, assim como o capítulo anterior fez com os colégios jesuíticos. Com as escolas lassalianas, engendrou-se – pode-se dizer – a base que orientará o significado original do que poderíamos talvez qualificar por escola primária. Embora a posteridade tenha evidentemente constituído para esse nível de ensino algumas especificidades que não estiveram postas no princípio, verifica-se, nas escolas de La Salle, um roteiro de ensinamento de saberes elementares da cultura escrita bastante similar ao que hoje, ainda, perpassa o aprendizado nas séries iniciais do ensino fundamental. Mais do que isso, percebe-se, pelas escolas lassalianas, que a escolarização – tal como ela se constitui no mundo moderno – se organiza como um ritual. O mesmo ritual deve acontecer da mesma forma em todas as escolas. E esse rito deverá ser aprendido por professores e alunos. Trata-se de um rito que fala por gestos tanto quanto fala por palavras. Trata-se de um rito que supõe organização da classe e controle dos alunos. Trata-se de um rito que supõe, antes de tudo, a conformação de um método capaz de assegurar o êxito dos aprendizados elementares: do ler, do escrever e do contar.

***

O livro aqui apresentado é, no limite, fruto de muitos anos de estudo e reflexão derivados da docência nas áreas de história e filosofia da educação. Sou grata especialmente aos estudantes, que sempre foram a principal motivação, especialmente aqueles que foram meus alunos de História da Educação I na Faculdade de Ciências e Letras da Unesp de Araraquara, de Filosofia da Educação II e de Introdução aos Estudos da Educação na Faculdade de Educação da Universidade de São Paulo. A eles, eu dedico este trabalho. Agradeço ao Departamento de Filosofia da Educação e Ciências da Educação da Feusp, que me proporcionou todas as condições institucionais para a escrita deste livro. Agradeço à FCL/Unesp, *campus* de Araraquara, muito particularmente ao Departamento de Ciências da Educação, onde tive oportunidade de trabalhar por 15 anos. Agradeço pela Bolsa Produtividade recebida do CNPq.

Eu não poderia deixar de dizer que muitas das reflexões que aqui apresento são fruto do curso de História Moderna que tive com o professor Fernando Novais, no Departamento de História da FFLCH/USP, pelo que lhe sou grata. Pelo mesmo motivo, agradeço ao professor Renato Janine Ribeiro, que foi quem me apresentou a obra de Norbert Elias.

Agradeço aos meus amigos, que são a âncora de minha vida. Por todas as razões, sou grata a Lisete Arelaro, a José Sérgio Fonseca de Carvalho, a Flávia Schilling, a Julio Groppa Aquino, a Marcos Callia, a Milton Lahuerta, a João Amorim e a Teresinha Reis Pinto.

Em especial, agradeço a: Adriana Silva Cateli, Alessandra Aparecida de Souza Gibello, Aline Helena Iozzi de Castro Serdeira, Ana Carolina Rodrigues Marangon, Ana Carolina Theodoro, Ana Clara Bin, Carlos Alberto Suriano Nascimento Jr., Catia Regina Guidio Alves de Oliveira, Christiane Coutheux Trindade, Clóvis Edmar Paulino, Crislei de Oliveira Custódio, Dalila Rodrigues Damião, Deise Rosálio Silva, Fabiana Silva Fernandes, Guaciara Alves, Géssica Priscila Ramos, Guilherme Umeda, Janaína de Brito Melo, Juliana de Melo Coutinho Fogaça, Juliana

Ropelato, Keity Jeruska Alves dos Santos, Liliane Maria Santana de Oliveira, Louisa Campbell Mathieson, Luana Ferreira Lopes Silva, Marina Cáprio, Michelle Larissa Gandolfo, Milena Guion de Angelo das Chagas, Rodrigo Travitzki Teixeira de Oliveira, Suzelaine Aparecida Zaniolo Mascioli, Tatiane Tanaka Perez, Tiago de Jesus Nunes Rozante. Cada um por sua razão, minha história profissional não teria feito sentido sem a presença de vocês. Expresso aqui minha gratidão a todos os alunos que integraram o Grupo de Estudos de Filosofia e História das Ideias Pedagógicas (Gefhip) na Faculdade de Educação da USP.

Devo, por fim, agradecer a demonstração de estímulo e confiança que, desde o princípio, recebi da Papirus Editora, que acreditou na proposta de redação de um trabalho que pretendia conter, a um só tempo, aliada a uma dimensão acadêmica, uma destinação didática.

1
O LIVRO IMPRESSO: ENTRE A INFÂNCIA E A ESCOLA

A era moderna: Argumentos

A era moderna pode ser descrita pelas características da racionalização, da secularização e da civilização dos costumes. A fixidez da cultura impressa desenvolve alguns atributos que favorecem esse movimento: homogeneização, clareza, coerência e lógica, importantes para a composição de um livro. A sociedade, de alguma maneira, pretendia fazer o mesmo com a cultura. As práticas culturais populares, bem como as manifestações espontâneas das pessoas, serão progressivamente substituídas por um roteiro prescritivo regulador das condutas. Esse movimento é paralelo ao processo de nuclearização da família e de uma queda progressiva nos índices de mortalidade infantil. Cada vez mais, a criança será observada no seio de sua família. Cada vez mais, as especificidades que a distinguem do mundo adulto serão notadas. Mas a família não dispõe de instrumentos para lidar sozinha com esse novo olhar sobre as gerações mais jovens. A constatação da inocência característica da infância vinha acompanhada do receio. Nessa medida, os colégios – que terão redesenhadas suas funções a partir do início da Idade Moderna – propõem-se a instruir, a formar e a educar. Tratava-se de, pela escolarização, possibilitar à criança o contato com a cultura letrada. Além disso, aos colégios era suposto um ensino dos modos de se comportar. A partir daquele princípio da era moderna, caberá à escola não apenas o ensino do ler, do escrever e do contar, mas a exposição de hábitos e ações a serem internalizados na própria identidade da pessoa. Esse modelo de colégio não é recomendado pelos humanistas que, em sua maioria, advogam uma cultura de distinção, mediante a qual o aprendizado das letras correspondesse às clivagens efetuadas pelas camadas dominantes da sociedade. Os nobres deveriam ser educados em casa. Todavia, nas práticas das escolas, professores recorriam a manuais de civilidade, em larga medida, elaborados pelos moralistas da época. A escola era a contrapartida de um processo que tendia a favorecer a intimidade familiar em detrimento da esfera pública. Mesmo que os intelectuais da época não a valorizassem, a escolarização passava a ser cada vez mais requisitada pelas populações dos diferentes países da Europa. A escola torna-se o território público de formação da juventude: um lugar educativo intermediário entre a família e a escola.

Dizem os manuais de história que o princípio da Idade Moderna se deu em 1453. Evidentemente essas marcas divisórias dos inícios são sempre de difícil demarcação, e, quando estipuladas, parecem artificiais. Como já se disse, ninguém dorme na Idade Média em uma noite e acorda "moderno" no dia seguinte. Quando se pensa em Renascimento, então, a dificuldade é maior. Não se trata apenas de uma transição entre os séculos XV e XVI na Europa. Trata-se do "cenário de uma série de modificações profundas que afetaram todos os aspectos da vida cultural, social, política, econômica, científica, artística, literária, filosófica e religiosa"* (Villalpando 2004, p. XIII). Seja como for, a história contempla algumas balizas reguladoras que são pautadas a partir de eventos significativos, postos como fronteiras simbólicas de situações de mudanças. O Renascimento, em alguma medida, é um mito inaugural. Na verdade, tais pilares de periodização são sempre genéricos e imprecisos. Estabelecem-se como lugares fronteiriços, que, no limite, dividem duas épocas que compreendemos ser diferentes. A era moderna foi diferente do período medieval. Teve características que a distinguem. A fixação de seu início não é, no entanto, óbvia. Pode ser, como se diz, a "queda do Império Romano do Oriente". Tratava-se certamente de "uma era das descobertas" (Helferich 2006, p. 117).

Naquela época, Gutenberg pusera a funcionar sua prensa mecânica com caracteres móveis. A tipografia inaugurara outra etapa da cultura letrada no Ocidente. Com o uso da pólvora também recém-descoberta, e a arte da artilharia, novas dinâmicas passariam a integrar as estratégias bélicas. Também a geografia fora deslocada. Vasco da Gama descobriu o caminho das Índias pelos mares. No mesmo esquadro, a descoberta da América. Pode-se entender que o centro do poder passava progressivamente do Mediterrâneo para o Atlântico – embora Florença e Veneza

---

* Todas as citações retiradas de obras estrangeiras foram traduzidas pela autora. (N.E.)

tenham desempenhado papel de relevo no Renascimento. Outros fatos também terão sido relevantes: os últimos mouros foram expulsos de Península Ibérica em finais do século XV; a obra de Copérnico sobre a rotação dos astros data de 1543. Seja como for, a Idade Moderna ali anunciada compreenderá "um ciclo histórico que tem características profundamente diferentes do anterior, em relação ao qual ele opera uma ruptura consciente" (Cambi 1999, p. 195). A linha divisória, em história, nunca é facilmente demarcada. E não seria diferente quando pensamos em projetar a inflexão da Idade Média para a Idade Moderna:

> Se admite [sic] comumente que o Renascimento abarca dois séculos, o XV e o XVI, ainda que algumas nações contemplem sinais renascentistas desde o século XIV, e em outras eles sejam prolongados até o XVII. No tocante à precisão dos fatos, há uma variedade deles, que os historiadores têm tratado de assinalar como momentos de corte. Por exemplo: a invenção da imprensa, em 1443; a queda de Constantinopla e o fim do Império Bizantino, em 1453; o descobrimento da América, em 1492; a rebelião do Lutero, em 1517; o início do Concílio de Trento, em 1545. E, em cada país, existe um acontecimento nacional, que se considera decisivo para marcar essa mudança, como também em cada campo da cultura. O que há de comum em todas essas datas é o reconhecimento de que a Idade Média não se prolongou para adiante do final do século XV; e também o fato de que nenhuma dessas datas significou uma mudança brusca e definitiva na história universal. (Villalpando 2004, p. XIV)

Acerca do tema, é necessário destacar que a irrupção da mentalidade moderna no cenário mundial também não ocorreu de súbito, embora fosse uma ação continuada que envolveu um leque bastante amplo de fatores, cuja referência central foi a construção dos modernos Estados nacionais, sob a égide do Estado absolutista. Pouco a pouco, haverá a progressiva erosão dos elos feudais. A sociedade passará a ser progressivamente regulada pela lógica da urbanidade – ou seja, daquilo que se passa no interior da cidade, dos burgos. As cidades são regidas por outras formas de controle, por estratégias de poder que não mais correspondem aos códigos de suserania e vassalagem que integravam a relação feudal de proteção e obediência, seja nas instituições civis, seja nos próprios alicerces do Estado. Esse cenário é protagonizado pelo desenvolvimento econômico e político das camadas médias urbanas e especialmente dos grandes comerciantes.

É possível apreender alguns pilares na configuração da moderna mentalidade social: civilização, racionalização, secularização, emancipação, disciplinarização e institucionalização (Cambi 1999). A mente emancipava-se, mas os corpos seriam cada vez mais vigiados. Estruturava-se um dado arbitrário cultural, que deveria regular e prescrever maneiras de agir dos indivíduos uns para com os outros. No primeiro caso, tratava-se de racionalizar a mente letrada; no segundo, tratava-se de civilizar os costumes. Por tal razão, a modernidade nascente teria presenciado a incessante tensão entre o movimento de emancipação, por um lado, e o movimento de conformação, por outro (*ibidem*). Como veremos adiante, a própria instituição do colégio estaria ancorada nessa meta de racionalizar e civilizar.

A era moderna principia, de todo modo, em meados do século XV, também marcada pelo surgimento da tipografia e consequentemente do livro impresso. O livro passara, pela prensa mecânica, a ser fabricado em vastas proporções, dispensando o trabalho moroso dos copistas. Evidentemente, tal situação viria a alterar a relação dos homens do Ocidente com a cultura letrada. As formas de ler são progressivamente modificadas quando o livro passa a ser produzido em larga escala. No início do século XVI, já circulam pela Europa mais de 20 milhões de livros.

Estruturava-se uma nova acepção de tempo: por um lado, a temporalidade medieval, regulada pela dinâmica da natureza, pela posição do Sol e, no máximo, pelo badalo dos sinos nas igrejas; por outro lado, desenvolvia-se uma temporalidade diferenciada: o tempo dos mercadores, cuja prática econômica requeria novos padrões de utilização do tempo no espaço mercantil e no ritmo urbano. Conviviam, naqueles anos, o tempo agrícola, o tempo religioso e o tempo do negócio (Duby 1993; Novais 1985). Não se tratava, no caso, de uma alteração meramente cronológica. Tratava-se de instituir uma nova maneira de se perceber o tempo (Le Goff 1983/1984). Pode-se dizer, com Paul Faure (s.d.), que

> os primeiros relógios de bolso datam do início do século XVI. O número torna-se, mais do que nunca, rei do mundo. Os algarismos árabes, tão cômodos, inscrevem-se nas estampas, nos quadros, nos monumentos, nas peças de arquivos. Adquire-se o hábito de observações rigorosas, quer quando se navega, quer quando se lê. Não está longe o tempo em que o polaco Copérnico exporá as revoluções das esferas celestes e em que os protestantes rejeitarão a tradição para ascenderem às origens disponíveis em toda a parte. Tudo isso pressupõe que se sabe ler e que se quer ler.

O início da Idade Moderna coincide com a etapa do capitalismo comercial. A vida mercantil projetava-se na época à sua escala global. As descobertas, as navegações e a circulação transnacional de moedas e mercadorias faziam com que o acúmulo de riqueza ocorresse, sobretudo, pela circulação do capital, e não ainda pelos fatores de produção (Novais 1985).

O tempo do mercador exige mensuração tão exata quanto possível. Projetavam-se compra e venda de produtos a juros. O relógio tornava-se, cada vez mais, o cronômetro das transações. Porém, vender produtos a juros significava, em última instância, vender o tempo. Ao negociar o tempo – intervalo que não lhe pertencia (*ibidem*) –, o comerciante cometeria o pecado da usura. Sobre o assunto, Jacques Le Goff (1980) demonstra a ocorrência de uma secularização da temporalidade humana, à medida que, progressivamente, o badalo dos sinos cederia seu lugar (ao menos no tocante à esfera do trabalho) a uma regulação mental inteiramente pautada pela precisão do toque do relógio: "Ao tempo do mercador, que é condição primordial do ganho, uma vez que quem tem dinheiro pensa tirar proveito da espera do reembolso de quem o não tem à sua imediata disposição (...) a esse tempo opõe-se o tempo da Igreja, tempo que só pertence a Deus e não pode ser objeto de lucro" (Le Goff 1980, p. 44). Sabia-se que a temporalidade religiosa se mantinha ainda viva no horizonte mental do mercador, porém ocupando outra esfera da existência. Ao andamento sagrado, que imbuía crenças preconizadas pelas autoridades eclesiásticas, opunha-se um tempo profano: profissional, mecanizado, mensurável. Época de contrastes econômicos, tensões políticas e inovações culturais, o Renascimento faria com que convivessem o universo temporal basicamente rural e cristão do mundo medieval – regulado pelo movimento do Sol, pelo badalo do sino das paróquias etc. – e um novo tempo, contado a partir do relógio. O tempo mercantil é cronometrado por segundos e por minutos (Duby 1993; Le Goff 1980).

O Renascimento como pedagogia da cultura

Embora o termo "Renascimento" seja tardio, reconhece-se o lugar proeminente ocupado pela referida vanguarda cultural, que – a partir da Itália do final do século XV – difundirá novos olhares sobre o mundo e sobre os homens. Chamamos de Renascimento a expressão cultural e artística que acontecerá na Europa entre os séculos XV e XVI, quando há um intenso movimento, traduzido por aprimoramento técnico e deslocamentos estéticos nas diferentes formas de arte e de produção cultural. Essa ideia de Renascimento integra, portanto, um ideal de época, cujas implicações letradas virão à tona com o movimento humanista, o qual, por sua vez, traduzirá novas percepções do fenômeno educativo. Eugenio Garin considera que o sentido do Renascimento se inscreve no florescimento das cidades-estados italianas. Esse período, que foi traduzido por Burckhardt como o momento de projeção do "homem do Renascimento", foi singularizado por vários aspectos: "O primeiro é a atenção que, no Renascimento, se centra no homem com uma intensidade sem igual, para o descrever, exaltar, colocar no centro do universo. É o desenvolvimento de uma filosofia do homem, que implica uma teoria da sua formação, da sua educação. É o esboço de uma nova pedagogia, não isenta de preocupações políticas" (Garin 1990, p. 11).

O Renascimento convive com outros fenômenos que reinterpretavam a condição humana, fazendo surgir, de algum modo, a moderna acepção de individualidade. Deslocava-se o lugar do humano na ordem das coisas. Deslocava-se também a noção de cosmos como totalidade ordenada. O universo infinito aparecia aos olhos de cientistas. Como bem caracteriza Agnes Heller (1982), o mundo parecia deixar de ser estático, para se tornar dinâmico.

Com Copérnico será invertida a ideia de centro: "O duplo descentramento do mundo, trazido pela astronomia copernicana e pela geografia pós-colombiana, teve efeito radical" (Woortmann 1997, p. 67). Construía-se ali o alicerce da moderna cosmovisão. A própria astronomia do período contribuía para a construção de um ponto de vista que relativizava as certezas. Ao deslocar o centro, Copérnico deslocou o homem. Alterou, com isso, "não só o significado de mundo, mas também do homem" (*ibidem*, p. 52). O próprio binômio individualidade-liberdade constituiu seguramente um dos emblemas dos tempos, já que "a nova imagem do mundo gerou um sentimento desesperante de incoerência cósmica" (*ibidem*, p. 53). De qualquer modo, é preciso ter claro que Renascimento é um "conceito organizador" (Burke 1997, p. 5) que contempla, como tal, realidades desiguais. Reivindicou as formas clássicas e a herança da Antiguidade. Explicitamente rejeitou qualquer manifestação advinda da época imediatamente anterior. O Renascimento pretende ser diretamente herdeiro do legado greco-romano, recusando, por conseguinte, quaisquer vestígios do tempo que imediatamente o antecedeu e do qual seria legatário imediato.

O domínio do conhecimento das coisas e o manejo de técnicas de fabricação de artefatos que caracterizavam a vida mercantil das cidades conviviam com um ideal aristocrático de erudição, mediante o qual a cultura artística e a cultura letrada se tornavam bens a serem protegidos pelas camadas burguesas enriquecidas. Daí a ideia de mecenato. Vasari – primeiro comentador e praticamente um contemporâneo –, ainda em 1550, publica trabalho intitulado *As vidas dos artistas*, em que descreve como sincrônicos os processos de inovação nas artes mecânicas daqueles tempos: na pintura, na escultura e na arquitetura. Vasari contrapõe a grandeza dos tempos que corriam com a degeneração do período que qualifica como "Idade Média". É evidente, contudo, que todo o desenvolvimento ocorrido especialmente durante os anos da Baixa Idade Média – especialmente entre os séculos XII e XIV – foi, indubitavelmente, precursor da desenvolução cultural europeia de meados do século XV, tanto no que toca a conhecimentos da natureza quanto no que toca à reflexão do homem sobre si próprio.

Houve, paralelamente às distintas manifestações artísticas, o avanço do saber aplicado: novas tecnologias, como as caravelas e a bússola. O novo conceito de homem que se criava naqueles tempos coincidia com a destruição de relações tradicionais entre o homem e o lugar social que ele ocuparia no mundo. Deixava de ser fixa a dinâmica de ordenamento das camadas que compunham a sociedade.

Progressivamente – como dirá Agnes Heller – o Renascimento, projetando a civilização de base capitalista, edifica um conceito dinâmico de homem: aquele que passará a compreender a si, no coletivo, como humanidade. Destruindo progressivamente relações sociais que tendem a entrelaçar naturalmente o indivíduo e sua comunidade de origem, as relações primárias da família são paulatinamente destroncadas, mediante progressivo rearranjo de classes sociais. As fronteiras e os contornos dos intercâmbios tornam-se fluidos. A identidade do indivíduo é posta como pedra de toque; a busca de investigação sobre o homem e sobre o mundo também. Para Agnes Heller, o conceito de Renascimento compõe-se como um fato social total, já que se desdobra por todos os domínios da vida,

> estendendo-se da esfera social e econômica onde a estrutura básica da sociedade foi afetada até o domínio da cultura, envolvendo a vida de todos os dias e as maneiras de pensar, as práticas morais e os ideais éticos quotidianos, as formas de consciência religiosa, a arte e a ciência. Só podemos de fato falar de Renascimento quando todos estes aspectos surgem ligados e, num mesmo período, fundamentados em certas alterações da estrutura social e econômica. (Heller 1982, pp. 9-10)

A propósito, Delumeau também sublinha que, ademais, o desejado "regresso à Antiguidade em nada influiu na invenção da imprensa ou do relógio mecânico, nem no aperfeiçoamento da artilharia, nem no estabelecimento da contabilidade por partidas dobradas, nem no da letra de câmbio ou das feiras bancárias" (Delumeau 1984a, p. 19). O Renascimento teria sido caracterizado pela "promoção do Ocidente, numa época em que a civilização da Europa ultrapassou, de modo decisivo, as civilizações que lhe eram paralelas" (*ibidem*, p. 20), suplantando, inclusive, técnicas e culturas desenvolvidas pelos árabes e pelos chineses. A expressão artística desse período compreende a arte como ofício intelectual; e – a exemplo de Da Vinci – não raro os mais proeminentes dos artistas na Renascença foram também matemáticos, cientistas e pesquisadores. Nesse sentido, a Renascença foi, sobretudo, "progresso técnico; deu ao homem do Ocidente maior domínio sobre um mundo mais bem conhecido. Ensinou-lhe a atravessar os oceanos, a fabricar ferro fundido, a servir-se das armas de fogo, a contar as horas com um motor, a imprimir, a utilizar dia a dia a letra de câmbio e o seguro marítimo" (*ibidem*, p. 23). Tratava-se, outrossim, de uma época na qual as elites culturais se caracterizavam por sua curiosidade intelectual (*ibidem*, p. 161). Conhecer as letras e valorizá-las tornar-se-iam moda. Tendo por protagonista, em um primeiro momento, a Itália no campo das artes e os países do norte da Europa no território das letras, firmava-se, no continente europeu, uma nova elite cultural: "pessoas cujas habilidades criativas foram reconhecidas pela sociedade" (Burke 1999, p. 57).

Deve-se observar também o relevo da escrita tipográfica na civilização renascentista, já que, com a invenção da imprensa, em meados do século XV, seria configurada uma tecnologia intelectual inédita – e capaz de multiplicar, em larga escala, a cultura das letras. A impressão tipográfica dos livros permitia não apenas a multiplicação indômita de exemplares da escrita disponível; com a imprensa, haveria progressivamente um barateamento dos custos da produção do livro. Sendo assim, o material impresso tornar-se-ia cada vez mais manuseável. Isso provoca uma decorrente expansão dos usos da leitura. Com mais livros circulando, mais gente aprende a ler, e, como num círculo, quanto mais gente lesse, maior seria a produção de exemplares impressos. De qualquer modo, tratava-se de uma época que convivia com uma mudança nos conteúdos, nas formas e nos formatos dos livros. O ambiente cultural favorecia, de fato, a expansão da cultura letrada – ainda que não se possa acreditar que o aprendizado da leitura e da escrita passasse exclusivamente pela via da escola (Chartier 1987). Curiosamente, como veremos a seguir, muitos dos humanistas eram contrários à institucionalização da escola, defendendo, como contrapartida, a educação doméstica, o que hoje corresponderia ao ensino domiciliar: um preceptor ensinando a seu discípulo.

O progresso técnico estava dado, e a Renascença expressa uma conquista do mundo cambiante das cidades. Ao escrever sobre *o artista*, diz André Chastel que o surgimento das academias conferirá aos artífices um lugar diferenciado. Artesão ou gênio, o artista da Renascença é protagonista do cenário cultural de sua época. O artista – sublinha Chastel – é um artesão, considerado socialmente obreiro da mecânica de um ofício qualquer (Chastel 1991). Será exatamente a complexidade progressivamente adquirida pela pintura, pela escultura, pela arquitetura na Renascença que conferirá à acepção de arte um estatuto mais ampliado em termos de reconhecimento público. Por sua vez, curiosamente, também a dignidade das ciências e das artes não era instantaneamente reconhecida por pintores, escultores ou arquitetos. Sobre isso, Eugenio Garin expõe o comentário seguinte:

> Aparece aqui em Da Vinci um árduo desafio aberto a todo um mundo que de alguma forma havia se constituído em torno das disputas, das controvérsias, dos debates verbais; no qual a vitória consistia não na prova experimental e matemática, mas na maestria dialética... Mas à rebelião contra as ciências mentais, contra um filosofar feito de *grandes questões*, "como da essência de Deus e da alma e coisas parecidas, pelas quais sempre se briga e luta", entre devotos de correntes opostas, Leonardo acrescenta um outro protesto: contra o saber contemplativo que jamais suja as próprias mãos, que não une a ação ao

pensamento e não verifica nas coisas o conceito e o trabalho que as modifica. (Garin 1996, pp. 119-120)

O processo criativo da Renascença tem uma expressão pedagógica explícita: é diretamente voltado para a formação de um gosto refinado, capaz de conviver com hábitos e condutas prescritos pelos códigos das elites. Ser culto é também ser elegante; é integrar uma dada extração social que se reconhece a si mesma pelos modos de agir. Enfim, a arte renascentista tem por destinatária a sociedade de corte. Sabe-se que o Estado moderno se estrutura em sua origem sobre os recortes da sociedade de corte. A ideia de corte supõe, contudo, alguma tensão: entre os modos correntes de ser e as prescrições postas por um roteiro muito característico de códigos de conduta social. A sociabilidade da corte supunha a interiorização de tais códigos, de modo que certos arbitrários culturais passassem a compor o que se chamava então de civilidade; algo que, a partir do século XVIII, integraria o conceito de civilização. Civilização evidentemente é um conceito que não se resume à ideia de civilidade; mas que passa por ela. A estética cultural da corte renascentista, por seus signos e por suas representações, não escondia um intuito pedagógico. Uma elite intelectual inventava modos de ser nobre. Estabelecia contatos e travava intercâmbios culturais – entre as expressões da cultura letrada ou erudita e as expressões populares da cultura. Como observa Peter Burke, o perfeito cortesão deveria ser "capaz de lutar e dançar, pintar e cantar, escrever poemas e aconselhar seu príncipe" (Burke 1999, p. 78).

O sujeito renascentista deseja "impor sua marca" (Sevcenko 1985), sua cultura. Embrenhado por atmosfera religiosa, o homem da Renascença debruça-se em mistérios e revelações da ciência, embora seu imaginário convivesse também com a expansão do pensamento mágico. Uma nova expressão cultural engendrou-se na mesma proporção em que foram multiplicados os textos impressos nas oficinas tipográficas. O campo da oralidade passou a ter na escrita, agora, um concorrente à altura, a despeito de serem, ainda, rudimentares os processos organizados e sistemáticos de formação letrada. Para além das escolas de mosteiros e dos bispados, os burgos em expansão presenciam a multiplicação da demanda e também da oferta de escolas municipais de mestres livres, muitas vezes voltadas para o aprendizado do cálculo e dos rudimentos da leitura, mas, eventualmente, compromissadas com o ensino das artes liberais.

Pode-se sublinhar o papel renovador que a cultura erudita e as artes ganharão nesse cenário dos séculos XV e XVI. Verifica-se socialmente que a busca pela cultura escrita decorre de uma dupla tradição (Hébrard 1990; Nóvoa 1991): de um lado, a herança clerical (de uma formação centrada no aprendizado da leitura e da escrita) e, de outro lado, a vida mercantil (cuja lógica confere primazia ao aprendizado da escrita e do cálculo). De qualquer maneira, valoriza-se o domínio das competências do ler, do escrever e do contar como estratégias importantes para a criação de oportunidades sociais. Note-se que, geralmente, a essa primeira instrução praticamente nada se seguirá em termos de ensino formal. Sendo assim, o aprendizado das "primeiras letras" ganha um valor intrínseco e um sentido finalista do ponto de vista do aprendizado. Tratava-se de aprender, de qualquer modo, a ler, a escrever e a contar, para saber interagir com o mundo da cultura. Para alguns, o ingresso na cultura letrada significaria oportunidade de angariar algum prestígio público.

Houve no Renascimento um processo singular de secularização da vida e uma consequente preocupação com os assuntos humanos. O relevo dos estudos e das questões intelectuais desce do céu para a terra; e – como bem explicita Nicolau Sevcenko (1985) – o indivíduo volta-se para si mesmo para buscar compreender. O vigor da cultura renascentista foi dado pela pretensão consciente dos protagonistas de desafiarem limites postos à curiosidade de saber. Tal agitação vai se remeter da dimensão técnica às artes plásticas, dos estudos das ciências às artes mecânicas, da arquitetura à escultura. Acentuam-se – como veremos a seguir – a referência e a preocupação teórica com a condição da criança, como indagação intelectual. Eram múltiplas as acepções de humanidade que permeavam também os escritos humanistas; seja como for, há o reconhecimento tácito de que o período trazia consigo um alargamento da própria condição humana, exatamente por deixar vir à tona a consciência, no particular, de sua universalidade.

Os humanistas e a cultura do ornamento letrado

O termo humanista tinha sua origem no jargão dos estudantes das universidades italianas. Correspondia a professor ou a estudante de gramática, retórica, história, poesia ou filosofia moral. A palavra "Humanismo" é, no entanto, tardia. Vem do século XIX e significará, a princípio, um "programa de ensino que deseja justamente se afastar das necessidades práticas e das ciências naturais" (Helferich 2006, p. 118). Foi, antes de tudo, uma visão de mundo agregada a um estilo. A cultura geral, enciclopédica, desinteressada, diletante servirá como referente do refinamento das maneiras e um indício da pertença à boa sociedade. A ênfase dialética desloca-se para a retórica. Será necessário bem falar para poder bem agir em sociedade: *savoir-vivre*. Todo modelo de educação humanista – interagindo com camadas sociais postas em lugar de "distinção" na sociedade – assume como seu objeto o menino nobre; ou aquele que, no máximo – advindo de estratos burgueses enriquecidos – pretende aprender a sê-lo. A fala dos humanistas – como destaca Kristeller – diz muito da "vida pessoal e intelectual do seu tempo" (Kristeller 1995, p. 111). Havia – continua o autor – uma "preocupação retórica por um latim elegante e pela aplicação da crítica filológica às fontes históricas" (*ibidem*).

Como já destacava Durkheim, em seu clássico *A evolução pedagógica*, desde logo os humanistas – que constituíam a expressão letrada da Renascença – opuseram-se, com veemência, à tradição escolástica – dentre outras razões, pelos maus modos de seus representantes. O escolástico – dirá Durkheim – ocupa-se de "esmagar seu adversário sob o peso de seus argumentos, mas sem nenhum desejo de agradar e seduzir. A negligência de seu porte bem como a rusticidade de sua postura e de suas maneiras traduziam o mesmo estado de espírito" (Durkheim 1995, p. 194). O movimento humanista contrapunha-se à rudeza dos costumes expressa nos torneios e nos exercícios que estavam na base da pedagogia escolástica. Os teóricos do Humanismo renascentista – recusando, com frontalidade, seus antecessores imediatos – procuram inspiração na Antiguidade. Aquilo que os pintores e os escultores faziam, tomando por modelo o padrão grego de belo, era também perseguido pelas letras humanistas.

O gosto pela erudição, pela eloquência e pela declamação pública, a cultura literária valorizada por si mesma, o estudo da Antiguidade clássica como instrumento cultural, tudo isso formaria, mediante as propriedades do formalismo literário, uma sociedade devidamente polida. Tratava-se de conceber modos de agir e relações de poder por parte daqueles que pretendiam influenciar o soberano: os homens de corte. Para tanto, além das letras, havia de se instigar a apuração do "bom gosto", a espirituosidade, a graça. Havia de se dominar a arte da conversação (Burke 1995). Além disso, parecia necessário que as boas maneiras aparentassem naturalidade. Isso compunha o repertório da sociedade de corte. O cortesão perfeito compõe uma "estética do comportamento" – uma "arte de se comportar de maneira naturalmente graciosa" (Burke 1997, p. 44).

À educação cumpriria criar, produzir, transmitir e reproduzir o padrão cultural e intelectual das pessoas: a cultura reconhecida como clássica ou erudita. Assim sendo, a ação pedagógica contribuiria também para desenvolver a polidez, o refinamento dos costumes, a elegância e, sobretudo, a familiaridade com as normas dessa civilização do Ocidente que apresentava a si mesma como portadora estrutural do único e inequívoco rumo civilizatório.

Tornando a retórica a principal disciplina de sua "escola", o Humanismo configura-se como movimento de teor aristocrático, já que, embora tenha trazido a reflexão sobre o ensino para o centro do debate intelectual, não se ocupa de pensar a universalização da instrução e da formação propugnada. No limite, para a maior parte das correntes humanistas, projetou-se um novo modelo educativo, tendo como objeto, especialmente, jovens e crianças cuja condição social facultasse a boa formação preconizada: se possível, entre preceptor e aluno, na esfera da privacidade doméstica.

O alicerce das Humanidades situava-se no entrelaçamento entre a fortuna do nascimento, a boa instrução e a liberdade vividas honestamente. Os humanistas valorizavam para tanto a imitação dos modelos exemplares, a serem aprendidos, revisados, recapitulados, recitados e assumidos, enfim, como uma segunda natureza. A própria acepção de honra traria consigo esse afã de respeito público, de apreço, de consideração:

> (...) a fama e a glória têm por base a opinião que todos os homens têm geralmente de nós, qualquer que seja a sociedade, a condição social à qual pertençam; a honra é antes a opinião dos homens que fazem parte de nosso meio ambiente. Perdemos nossa honra quando ficamos desconsiderados aos olhos de nossos familiares, nossos pares, nossos iguais, pessoas de nossa classe, de nossa profissão. (Durkheim 1995, pp. 204-205)

A educação propugnada pelos humanistas era sedutora. Deveria ornar o raciocínio e os argumentos com o fito de persuadir pela graça da cultura letrada. Situava-se como um modelo pedagógico cuja grande finalidade seria, no limite, o ornamento da vida pela cultura geral. Pensava-se que, assim, se formaria bem o bom cortesão. A cultura era um adorno usado para marcar a diferença. Tratava-se, portanto, de uma cultura de distinção:

> (...) ocupado em aprender, recitar, revisar, recapitular as lições aprendidas... Entendida assim, a ciência não se refere a nenhum fim útil. É, portanto, num certo sentido, um produto de luxo, igual à elegância e à polidez do humanista. Assim como para Erasmo é feio falar uma língua deselegante, para Rabelais ignorar é feio. Para ele, a ciência exerce um papel totalmente semelhante ao exercido pela arte de escrever para os humanistas; não é um instrumento de ação destinado a servir na vida séria, mas sim um enfeite com o qual é bom adornar a mente. (*Ibidem*, p. 206)

Ao contrário do que se poderia, à partida, pensar, os humanistas "não viveram fora das escolas e das universidades, mas estiveram a elas estreitamente ligados" (Kristeller 1995, p. 111). O movimento humanístico era – como conclui esse autor – diretamente herdeiro da última geração de reitores medievais, "os chamados ditadores" (*ibidem*, p. 107). Assim, mais do que poderiam pensar os próprios protagonistas da época, há toda uma intersecção passível de ser constatada entre a tradição retórica da Idade Média e o classicismo humanista.[1]

A cultura escrita no ambiente iletrado

É de destacar que – como já assinalado – a cultura impressa, progressivamente instituída desde meados do século XV, tinha um efeito significativo na alteração de esquemas de pensamento e de maneiras de apreender o mundo. Como bem sublinha Pierre Lévy, os meios técnicos não condicionam apenas a forma do conhecimento de que nos apropriamos, mas determinam, inclusive, os conteúdos a serem conhecidos. Nesse sentido, a história do pensamento foi marcada pela trajetória tecnológica mediante a qual o próprio pensamento e as conquistas científicas se processam. Mudanças técnicas implicarão, pois, transformações daquilo que Lévy nomeia de "tecnologias da inteligência" (Lévy 1996). Sendo assim, supõe-se que a mudança no formato dos livros produziu também alteração nos padrões de pensamento, já que, no processo de substituição do escriba, o impressor confere às letras decisões editoriais que determinarão "protocolos de leitura" (Chartier 1990) e estabelecerão, possivelmente, novas "comunidades de leitores" (*idem* 1987 e 1990).

O livro impresso ganha em racionalidade o que perde em artesanato: homogeneização, fixidez, clareza, lógica e padronização dos dispositivos internos à paginação e ao códice como suporte material do texto (*ibidem*). Agilizando-se e multiplicando-se as técnicas da impressão, ampliam-se os leitores. O impressor – um novo profissional emergente – lida com máquinas e comercializa produtos. É homem de cultura, mas tem algo de artesão e comerciante. A cultura letrada vê florescer, ainda, todo um conjunto de produções impressas dirigidas para camadas leitoras de estrato popular (Eisenstein 1998). Eram almanaques, literatura de cordel, catecismos, cartazes, brochuras, romances, enciclopédias, e até compêndios

---

1. "Além das edições e das traduções, os interesses filológicos dos humanistas são representados, sobretudo, pelos seus numerosos comentários a autores clássicos e por uma quantidade de tratados antiquários e miscelâneas. Obras teóricas de gramática e retórica, compostas na sua maior parte para uso escolar, são bastante frequentes, e ainda mais vasta é a literatura historiográfica devida aos humanistas. Os diálogos e tratados de tema moral, pedagógico, político e religioso foram objeto de um interesse mais evidente por parte dos historiadores modernos, mas constituem, na realidade, uma parte relativamente pequena da literatura humanística. Desta literatura a porção mais larga, embora relativamente descurada e em parte inédita, consiste em poesias, discursos e cartas" (Kristeller 1995, p. 108).

escolares (muitas vezes com a facilidade adicional da tradução para o vernáculo, em edições baratas, que até cabiam no bolso). Sobre o lugar social ocupado pela figura pública do impressor, diz Eisenstein:

> (...) ao mesmo tempo em que editava textos, fundava associações culturais, promovia artistas e autores ou fazia progredir novas formas de coletar dados e diversos ramos de disciplinas eruditas... Clássicos gregos e latinos, livros de direito, traduções da Bíblia, obras de anatomia, livros de aritmética, herbários, volumes de versos belamente ilustrados – tudo isso saído da mesma oficina. (*Ibidem*, p. 158)

Aumentam a circulação e a produção do texto impresso – por toda parte. Além disso, a cultura impressa redefine o lugar da autoria. Aquilo que, no tempo medieval, foi domínio público, território de todos, ganhará estatuto de patente; e "um individualismo possessivo começou a caracterizar a atitude dos escritores para com suas obras. Os termos 'plágio' e 'direito de reprodução' não existiram para o menestrel. Somente depois do advento da imprensa é que passaram a ter significação" (*ibidem*, p. 101). Acerca do assunto, pode-se ainda dizer que, além disso, a cultura impressa trará como decorrência uma modificação nos padrões de pensamento então vigentes, engendrando cada vez mais ampla concorrência entre a cultura letrada e a cultura oral que, sobre ela, ainda predominava. Às mudanças no formato do livro corresponderam alterações nas estruturas mentais. O ensino e o estudo deixaram de ser, como eram antes, absolutamente tributários das relações entre mestre e discípulo. O livro auxilia o mestre. O livro torna-se mestre: "Os estudantes que usavam os textos técnicos como professores silenciosos ficaram menos propensos a se submeterem à autoridade tradicional, e mais receptivos às tendências inovadoras" (*ibidem*, p. 282).[2]

---

2. "As mentes jovens que passaram a ter acesso a edições atualizadas, sobretudo no caso de textos de matemática, começaram a suplantar não somente os mais velhos, como também a sabedoria dos antigos. Também foram muito afetados pela imprensa os métodos de medição, os modos de registro das observações e todas as formas de levantamento de dados. O mesmo se pode dizer das carreiras seguidas por professores e pregadores, médicos e cirurgiões, mestres de cálculo e engenheiros-artistas... Deve-se admitir que os materiais impressos afetam os padrões de pensamento, facilitam a solução dos problemas e, em geral, penetram a 'vida da mente'. Deve-se pensar que os primeiros impressores trabalharam quer com os professores que utilizavam o latim, quer com os publicistas e panfletários que se exprimiam em vernáculo. Em outras palavras, é necessário reavaliar as divisões que muitas vezes se supõe que tenham separado acadêmicos e artífices, universidades e oficinas urbanas" (Eisenstein 1998, pp. 282-284).

No tocante às proposições pedagógicas, em consonância com as tendências renovadoras da cultura intelectual daquele tempo, configura-se uma acentuada convergência entre os escritores humanistas quanto à primazia conferida ao pensamento sobre a educação. Muitos são os livros escritos sobre a educação do fidalgo. Retomando os clássicos por seu valor autônomo, na assumida distância contra a tradição escolástica, os principais expoentes da literatura renascentista recusam também – como já observou Manacorda – a forma de ensino coletivo desenvolvida pela escola. Pensaram novos parâmetros para a arte de educar, mas estipularam, na maioria das vezes, uma suposta situação modelo, na relação direta entre um mestre e seu discípulo. Parte da literatura humanista chegou a desaconselhar os pais a enviarem os filhos à escola, embora aumentasse socialmente a demanda por escolarização por parte tanto da aristocracia quanto da burguesia endinheirada (Manacorda 1992, p. 175). O mestre-escola – já naquela época – era tido por alguém que abraçou um ofício menor, socialmente pouco reconhecido.

O ensino escolar situa-se na zona fronteiriça entre duas tradições: a oralidade e a escrita. Estruturavam-se na época comunidades leitoras mais alargadas, mas ainda era diminuto o papel da leitura e da escrita no cenário social cotidiano. De fato, pela herança medieval, a lógica do aprendizado acontecia, fundamentalmente, pela transmissão oral e pela imitação (Chartier 1987). Pela ótica das corporações, tratava-se, sobretudo, de um "ver fazer", de um "ouvir dizer" (*idem* 1995) e de um aprendizado da arte de imitar durante muito tempo.

Do mundo universitário para a vida dos colégios

Costuma-se atribuir, desde o século XIV, ao título universitário um instrumento de poder, como se houvesse um necessário divórcio entre "o mundo dos sábios e o mundo dos práticos, o mundo científico e o mundo técnico" (Le Goff 1973, p. 139). Esse período compreendido entre os séculos XIV e XV presencia um significativo processo de aristocratização das estruturas universitárias existentes na Europa Ocidental. O Estado e o clero empenhavam-se em dominar a vida universitária em seu conjunto. Tal direção externa teve impacto na derrocada das liberdades de que se pretendia usufruir, posto que nem a nomeação dos professores e nem mais o recrutamento dos alunos eram matérias exclusivamente interiores à instituição.

Já controladas pelos poderes do rei ou do clero, as novas universidades criadas a partir do século XIV ocuparam um lugar significativamente distinto daquele que havia sido central na origem das primeiras agremiações universitárias, particularmente Bolonha e Paris. Tratava-se agora, na Renascença, de "ministrar um ensino ortodoxo, formar as futuras elites locais, contribuir para a ordem social e política estabelecida" (Verger 1990, p. 25). Peter Burke recorda que a maioria dos humanistas (dentre os quais o próprio Erasmo) rejeitava as universidades, sentia-se à parte delas, embora vários deles tenham sido professores universitários. Sobre a situação das universidades nesse período, diz Eby (1978, pp. 54-55):

> O novo vinho do humanismo e protestantismo não podia mais ser contido nas velhas escolas do medievalismo católico. Nenhuma das outras instituições do tempo mostrou uma reação mais imediata e decisiva ao movimento reformista. (...) As universidades foram tão seriamente atingidas quanto as escolas de grau inferior. A Universidade de Colônia, que tinha 370 alunos em 1516, 8 anos mais tarde matriculou somente 54. Erfurt, o mais adiantado centro de estudos humanísticos da Alemanha, matriculou 311 durante o ano de 1520-1521 e, em 1527, o número tinha baixado para 14. A famosa Universidade de Viena registrou 611 novas matrículas em 1519; em 1532, somente 12 alunos estavam registrados. Rostock, o principal centro educacional no norte da Alemanha, que normalmente gozava de uma frequência de aproximadamente 300 alunos, matriculou, em 1525, 15; no ano seguinte, apenas 5 e em 1529, nenhum. Em 1521, Leipzig matriculou 340; e em 1526, somente 81.

A universidade, como instituição, é identificada pelos humanistas como um desdobramento da escolástica e, portanto, um modo de saber, de conhecer e de aprender identificado com o mundo medieval, por eles, então, recusado: "Os humanistas desenvolviam suas ideias na discussão, mas seus debates tinham lugar fora do ambiente das universidades, onde grupos estabelecidos há mais tempo tendiam a ser hostis às novas ideias, numa nova espécie de instituição que criaram para si mesmos, a 'academia'" (Burke 2003, p. 40).

Mesmo assim, dados de Christophe Charle e Jacques Verger informam que, no início da Idade Moderna, as universidades continuavam a ser criadas. Em 1500 havia 60 universidades ativas; número que foi quase triplicado quando se constata um total de 143 universidades existentes em 1790 (Charle e Verger 1996, pp. 41-42).[3] O cosmopolitismo das primeiras universidades medievais perdeu sua

---

3. "O ritmo dessas fundações, é verdade, diminuiu progressivamente: 26, de 1501 a 1550; 47, de 1551 a 1600; 24, de 1601 a 1650; depois somente 12, de 1651 a 1700; 12, de 1701 a 1750; e 16, de 1751 a 1790. Entre 1651 e 1790, o número de supressões, transferências e fusões (41) foi até levemente superior ao de criações (40). As novas universidades foram relativamente numerosas na Espanha, na Itália e na França, mas não nos devemos deixar enganar pelos números; essas fundações novas permaneceram muito modestas, bem atrás dos centros de origem medieval" (Charle e Verger 1996, pp. 41-42).

configuração original. As universidades renascentistas católicas são diferentes daquelas que vigoravam no mundo protestante. Eram distintas também as práticas das universidades calvinistas, quando comparadas às suas irmãs luteranas ou anglicanas.[4]

Finalmente, pode-se assegurar que as universidades medievais se mantiveram como indeclináveis referências para criações de outras instituições: os colégios. Foram criados naquela época os primeiros "colégios" – no sentido moderno do termo. Tais instituições – embora ancoradas na referência da universidade medieval – organizarão padrões diferentes de disposição do conhecimento e de práticas de ensino. As universidades da Renascença já não possuem a mesma liberdade de suas antecessoras. Controladas cada vez mais firmemente por poderes políticos e religiosos, perdem a autonomia que possuíram, especificamente no tocante à democracia interna. Não se elegem mais os membros do corpo diretivo, e os cargos de poder passam a ser explicitamente geridos por prepostos dos poderes civis ou eclesiásticos.

Os colégios modernos concorrerão especificamente com o anterior arcabouço das faculdades de artes, cuja função propedêutica se voltara para a preparação dos requisitos intelectuais e acadêmicos necessários aos cursos superiores então existentes – especificamente Direito, Medicina e Teologia.

A primeira ideia de colégio – no sentido atribuído à palavra na Idade Média – correspondia apenas aos locais onde habitavam os estudantes que deixavam suas regiões de origem para cursar algures a universidade. Especificamente os clérigos

---

4. "Uma universidade se define sempre por seu caráter de instituição oficial, fundada ou reconhecida por uma autoridade religiosa ou política, mas a lista dessas autoridades foi-se alongando – ao papa e ao imperador acrescentavam-se cada vez mais os reis, os príncipes, as cidades, as comunidades religiosas, cujas decisões tinham apenas alcance nacional e até mesmo local. Pode-se também tomar como critério o direito de colação de graus, mas, além do fato de que os graus obtidos em uma universidade 'estrangeira' eram, em toda parte, cada vez menos reconhecidos, a época moderna assistiu à multiplicação, em torno das universidades *stricto sensu*, dos estabelecimentos mais ou menos desprovidos desse direito de colação, mas que garantiam ensinamentos de tipo parcialmente 'superior'. Alguns desses estabelecimentos atendiam a finalidades diretamente profissionais, às quais as universidades não satisfaziam: 'academias' calvinistas, suíças ou francesas... para a formação dos pastores, seminários católicos pós-tridentinos, escolas de engenharia civil ou militar. Outros estabelecimentos não universitários traduzem a diferenciação progressiva dos campos 'secundário' e 'superior' do ensino que as faculdades de Artes, muitas vezes pletóricas da Idade Média, haviam confundido. Na época moderna, sob o efeito das críticas humanistas e da revalorização das humanidades clássicas, muitas dessas faculdades ficaram vazias de seus estudantes, mantendo apenas um papel formal para a colação do mestrado em Artes" (Charle e Verger 1996, p. 44).

e as paróquias alugavam cômodos para os jovens e, muitas vezes, subvencionavam seus estudos. Esses estudantes eram identificados como "bolseiros". Inscreviam-se em uma ideia medieval de colégio, que seria substantivamente alterada no decurso da Renascença.[5]

Nesse tempo de organização dos Estados nacionais, os humanistas apresentavam-se como aspirantes ao posto de conselheiros do príncipe. Desejavam ter ascendência sobre o poder: fosse o poder da Igreja, da monarquia, da nobreza – fosse mesmo o poder das cidades. O intuito de distinção passava pelos ardis daqueles que, no limite, faziam uso do conhecimento com o fito de torná-lo uma arma. Alguns teóricos, como Jacques Le Goff, identificam aí uma clivagem que separa a perspectiva das letras humanistas relativamente ao lugar social ocupado pelo intelectual da Idade Média. O Humanismo firmava uma nova aristocracia. E isso – já o demonstrou Le Goff – traria singular diferença relativamente ao intelectual da Idade Média. A vida de nobre então adotada pelos intelectuais impregnaria todo o movimento humanista, ainda que este pretendesse se distinguir das universidades de seu tempo. Ao assumir um estilo de vida e de convivência que o aproximaria da nobreza, o intelectual humanista manifestava uma nítida preferência pela especulação diletante e afastava-se das fileiras do corpo estudantil:

> Nada mais impressionante que o contraste entre as imagens que representam a trabalhar o intelectual da Idade Média e o humanista. Um é professor, surpreendido a ensinar, rodeado de alunos, cercado pelos bancos onde se comprime o auditório. O outro é um erudito solitário, no seu tranquilo gabinete, à vontade no meio do quarto desafogado e opulento, onde se movem livremente os seus pensamentos. Aqui é o tumulto das escolas, a poeira das salas, a indiferença pela decoração do trabalho coletivo. Ali tudo é ordem e beleza; luxo, calma e voluptuosidade. (Le Goff 1973, p. 175)

---

5. "Nos fins do século XIV, os vários colégios de Paris já não reuniam mais de 450 bolseiros. Mas, nos séculos XV e XVI, eram muito mais numerosos os jovens que procuravam instrução sem pretender ser teólogos, médicos ou mesmo juristas. Eram autorizados, contra pagamento, a assistir, lado a lado com os bolseiros, às aulas dadas nos colégios. Essa massa nova e turbulenta de candidatos à instrução não deixava de ser inquietante. É ela que explica a introdução dos castigos corporais, em vez de multas, nos colégios de Oxford ou de Paris. Em 1503, Standonck esforçou-se em Montaigu por proteger com regulamentos draconianos a devoção e o isolamento dos estudantes pobres e dos bolseiros. Mas estava-se perante uma evolução irreversível. Os externos invadiram os colégios, que tiveram de ampliar-se, de transformar-se, de adotar uma nova disciplina. Os jesuítas, atentos ao movimento do seu tempo, ajudaram professores e alunos a passar esta fase decisiva" (Delumeau 1984b, p. 69).

Os mestres, cada vez mais, ensinariam com os olhos voltados para a glória que sua profissão lhes traria, dado que a figura do *magister* – que, antes, era no mundo universitário comparada à função do mestre da oficina – adquire uma nova significação, que a aproxima do universo da relação entre suserania e vassalagem. Ser mestre torna-se título, similar ao título da nobreza. Tornar-se mestre representará, portanto, adquirir foro de nobreza togada. Nesse sentido, corresponde à ascensão social. Ocorrera naquelas universidades – entre a Idade Média e a Renascença – ilustrativa alteração no próprio significado do título:

> *Magister* torna-se, no século XV, o equivalente de *dominus*, de senhor. Os mestres de Bolonha são chamados nos documentos: *nobiles viri et primarii civis* – nobres homens e cidadãos principais – e na vida corrente *domini legum*, os senhores juristas. Os estudantes chamam ao mestre favorito: *dominus meus*, meu senhor, e este título evoca os laços de vassalagem. (*Ibidem*, pp. 137-138)[6]

Sabe-se que a cultura humanística, para se afastar da tradição escolástica, renega a autoridade de Aristóteles e retoma os escritos de Platão. Desejava-se superar o modelo exegético de leitura, que supõe no texto a existência de uma verdade revelada. Os humanistas valorizam, nesse sentido, o valor autônomo da leitura e da interpretação dos clássicos, reagindo contra maneiras de ler e de viver típicas da cultura de seu tempo.

O Humanismo era um movimento, contraditoriamente, aristocrata, por um lado, e universalista, por outro. Eram inúmeros os fatores aparentemente ambíguos naquele tempo: de fé e de paganismo; de ciência e de pensamento mágico; de descoberta da infância como uma categoria específica e, portanto, diferente. A Reforma protestante, naquela altura, deslocaria a consciência do imaginário cristão, quando procurava o diálogo direto do ser humano com as *Sagradas Escrituras*, sem mediadores. Tal preceito, porém, confere à leitura sua indiscutível marca de individualidade. Todo esse movimento repercutia amplamente nos modos de pensar a educação.

---

6. Também Woortmann comenta o fenômeno: "(...) no século XII o *magister* era o chefe da oficina. Já no século XIV *magister* se torna o equivalente a *dominus*, senhor. Os mestres de Bolonha eram *nobilis viri et primari cives* (homens nobres e principais cidadãos); os estudantes chamavam seus professores de *dominus meus* (meu senhor), evocando laços de vassalagem" (Woortmann 1997, p. 42).

As primeiras letras nas escolas de mestres livres

Quando a escola não pertencia à paróquia, ou quando o aprendizado das letras não acontecia na universidade, o ensino era ofício de mestres livres. Esses, em suas escolas comunais, expressavam, desde o ressurgimento das cidades, os interesses de camadas emergentes. Cultivavam, assim, saberes e condutas diferenciadas, com o fito, sobretudo, de municiar de alguma cultura letrada os futuros comerciantes e artesãos. Essas escolas recebiam crianças de idades variadas: desde os 7 ou 8 anos até meninos grandes, de 13 ou 14 anos.

Estabeleciam os mestres livres uma relação mercantil com o conhecimento. Tais professores cobravam o ensino que proporcionavam aos alunos. As famílias pagavam, portanto, pelo saber que pretendiam que seus filhos adquirissem. Tratava-se de uma preparação "pelas" letras, mas "para" a profissão. Não se tratava de um aprendizado diletante, mas do preparo para o manejo da correspondência comercial. Em tal direção, parecia necessário reforçar o aprendizado do ábaco, dos cálculos. Surge a técnica da contabilidade. As famílias requisitavam, cada vez com maior intensidade, o espaço escolar, não exatamente para formar juristas ou letrados, mas para preparar o bom comerciante. Tornando seus filhos negociantes, desejavam que eles se fizessem comerciantes cultos. A Renascença era um tempo que fazia confluir o surgimento de escolas de contabilidade, bem como "a construção em todas as cidades de relógios públicos capazes de fornecer uma hora exata" (Faure 1987, p. 73). Sobre o trabalho profissional de um filho de mercador, Manacorda situa a letra constante do documento datado, ainda, de 1342:

> Coloquei-o na escola; tendo ótimas aptidões, memória e inteligência, aprendeu a ler...; passei-o para o ábaco e logo tornou-se habilíssimo no cálculo; em seguida, levei-o para uma loja de arte da lã, coloquei-o no caixa..., e, tendo-lhe entregado o livro de dar e haver, segurava-o, manuseava-o e dominava-o como se tivesse 40 anos. (*Apud* Manacorda 1992, p. 170)

De acordo com Manacorda, o testamento de Simon Valentinis, em 1420, também indicaria o desejo de que seu filho se tornasse mercador:

> Sejam meus filhos mandados às escolas, a fim de que saibam falar e escrever bem segundo as letras; sejam enviados a aprender o ábaco para que saibam ocupar-se do comércio; e, se for possível, aprendam os autores, a lógica e a filosofia: é isto o que desejo; mas não se tornem nem médicos nem juristas, mas só negociantes. (*Ibidem*, pp. 171-172)

A educação era tônica corrente dos chamados moralistas do século XVI. A palavra "educação", na Renascença, tem o duplo significado que a caracteriza ainda hoje: se, por um lado, é uma prática, por outro, é reflexão sistemática sobre a mesma referida prática (Debesse e Mialaret 1971, p. 206). Aumenta significativamente o interesse social pela formação dos jovens. Inúmeros tratados sobre "como se deve educar" serão escritos, a partir do final do século XV, em diferentes países da Europa; e, evidentemente, a nova dinâmica editorial fará com que esses escritos cheguem a um número cada vez maior de famílias. Analisavam-se e criticavam-se práticas pedagógicas reinantes, acusando-as principalmente de mimo (para o caso das famílias), de sadismo (para o caso da escola) e principalmente de descaso. Julgava-se que a época não se importava em encontrar as melhores formas de ensinar e educar. A partir de tal constatação, os autores aconselhavam. Manacorda cita comentário de Maffeo Veggio sobre como educar as crianças:

> Convém cuidar para que as crianças não venham exageradamente apavoradas com ameaças, nem venham castigadas com pancadas. Este é um erro dos pais, que consideram as ameaças e as pancadas como uma grande ajuda para melhorar a educação dos filhos, quando, pelo contrário, com estas se incute neles tanto medo que não é possível eliminá-lo facilmente, nem quando eles tiverem se tornado adultos... (*Apud* Manacorda 1992, p. 181)

A busca por uma "pedagogia afetuosa" não esconde algum teor aristocrático. Tratava-se de postular a diferença: o tom do que passará a ser considerado educação dos "homens de bem" (também a partir da posição social ocupada pelas pessoas na sociedade). Ainda que a tendência da Renascença pedagógica indicasse para a rejeição da instituição escolar, havia preocupações práticas quanto a estabelecer um ordenamento mais eficaz para sistematizar o trabalho pedagógico. Isso envolvia pensar no ofício do "mestre", indagar o papel do exemplo, a natureza da criança, a formação do caráter, a seleção dos conteúdos a serem ensinados, a formação do raciocínio; enfim, a preparação do espírito e do corpo. Os humanistas voltavam seu repertório para a valorização de uma educação desinteressada de quaisquer compromissos profissionais. Tratava-se de exclusivamente dotar o indivíduo do que se convencionava nomear "cultura geral". Tratava-se – na perspectiva humanista – de formar o caráter nobre, para a liberdade. Daí a recorrência aos clássicos da pedagogia da Antiguidade. O homem educado seria aquele capaz de ultrapassar as artes mecânicas para chegar à cultura do espírito.

Os modernos sentidos da infância

A condição de criança é historicamente construída e representada por cada sociedade. Nesse sentido, o típico sentimento medieval perante a criança é o sentimento de linhagem. A criança é valorizada como portadora do sangue que traduz sua pertença a um dado clã, a uma dada família, cuja linhagem se deseja e tenciona perpetuar. Não haveria, por tal ponto de vista, uma valorização da singularidade desta ou daquela criança, mas uma valorização da ideia de prole como tal.

A Idade Moderna, no cenário europeu, vê decrescerem, desde o princípio, os índices de mortalidade infantil. Consequentemente, os adultos deverão aproximar-se de seus filhos. Ao fazer isso, identificam – a princípio, curiosos – suas particularidades. As crianças eram diferentes dos adultos e passariam, desde então, a ser reconhecidas como tal. Teria existido, como sublinha Ariès, uma dupla face de nosso contemporâneo sentimento de infância, tributário este de dois movimentos presenciados no mundo moderno:

- O primeiro deles gestado espontaneamente no interior das famílias, a partir do reconhecimento do aspecto pitoresco da criança; uma graça que lhe seria própria – e que derivaria exatamente de sua particularidade, do fato de ela ser diferente do adulto. Esse primeiro sentimento moderno de infância teria ocorrido entre os séculos XV e XVI nos países europeus;
- Depois, como um efeito de repercussão do discurso pedagógico efetuado por moralistas e intelectuais humanistas, a atribuição de um caráter de pureza original, de inocência infantil, que passa a acompanhar o discurso moderno sobre a criança. Esse seria, segundo Philippe Ariès (1981), o segundo sentimento moderno de infância, surgido entre os séculos XVII e XVIII.

Philippe Ariès considerou que, primeiramente, como efeito da diminuição nos índices de mortalidade infantil, uma atenção naturalmente dirigida à criança levou a que os familiares observassem suas particularidades: aquilo que nela era diferente comparando-se ao adulto. O primeiro sentimento – derivado da percepção de que as crianças são especiais porque pitorescas, até mesmo como adultos incompletos – equivale a mimo ou paparicação. Essa prática social perante as crianças surge espontaneamente, no seio da própria estrutura familiar, quando os adultos passam a observar melhor os infantes que os rodeiam. Para análise do assunto, Ariès considera que tal apreciação da criança – embora prossiga para além da sensibilidade medieval expressa na valorização das gerações novas como membros da linhagem – ainda representa um tímido reconhecimento da especificidade da condição infantil. Não se conhece a criança; percebe-se apenas que ela é diferente. De alguma maneira, "esse primeiro sentimento de infância se combinava com certa indiferença ou, melhor ainda, com a indiferença tradicional" (Ariès 1981, p. 159).

Com a proliferação dos tratados de civilidade e de educação – literatura humanista que, desde o século XVI, circulará em larga escala –, verifica-se a preocupação em regrar aquele primeiro sentimento de infância, normalizando prescrições para compor o que passaria a ser compreendido como criança bem-educada. Se o mimo foi forjado espontaneamente no ambiente familiar, expressando sinceras relações de afeição, o segundo sentimento de infância derivou de um fator externo à família: são os pedagogos moralistas que divulgam a tese de que a criança é inocente; e, por ser assim, deve ser tratada de maneira especial. Se o primeiro sentimento de infância fora então oriundo do convívio doméstico, esse segundo, ao contrário, derivou de um lugar exterior: o discurso dos pedagogos – "dos eclesiásticos, ou dos homens da lei, raros até o século XVII, preocupados com a disciplina e com a racionalidade dos costumes" (*ibidem*, p. 163).

Engendrado à luz da racionalização e da civilização das condutas, o sentimento de inocência infantil trazia como seu correlato primeiro a sensação do pudor: "O apego à infância e à sua particularidade não se exprimia mais através da distração e da brincadeira, mas através do interesse psicológico e da preocupação moral. A criança não era nem divertida nem agradável" (*ibidem*, p. 162). O objetivo era quase o de salvar a infância de seu próprio desamparo, da fragilidade que lhe seria constitutiva, retirando-a dela mesma, para tornar as crianças, quando adultas, "pessoas honradas e probas e homens racionais" (*ibidem*).

Seria possível matizar essa perspectiva de Ariès, identificando, na literatura, o risco social que se percebe relativamente à criança mal-educada. A criança mal-educada é aquela dominada pelos instintos e que, presa a eles, não controla sua vontade. Educar os filhos, torná-los civis, é também uma reação ao medo de que não haja controle sobre a dimensão animalesca que habita em cada um de nós, expressa por nossos impulsos e pelas manifestações dos instintos – em especial, o da agressividade. Daí o volume bastante grande de escritos sobre a educação nesse período. Só que, para a época, o elitismo que permeava ainda as concepções pedagógicas levava à perspectiva segundo a qual a criança mal-educada, o menino de rua (como será chamado tempos depois) era a criança pobre, aquela criança oriunda das camadas populares. Daí também o vigor com que a literatura insiste em identificar na força das letras a possibilidade de contenção dos maus impulsos – na visão tão cara aos humanistas de que não se nasce homem. Ser homem, diferentemente do que ocorre no mundo da natureza, é resultado de uma modelagem.

Daí também a clara demarcação do poder do gênero: humanos são todos, mas o humano civilizado é sempre falado no masculino e costuma ser fruto de uma camada privilegiada econômica e socialmente. Daí também a formação letrada ser pensada como uma exigência, primeiramente, para a formação do homem – literalmente o homem rico e bem-colocado no tabuleiro social.

Pode-se, pois, concordar com a tese de que a Renascença modifica os sentidos e a sensibilidade social perante as crianças, engendrando novo sentimento de infância. A criança passou a ser vista como criatura inocente – em especial, as crianças das camadas privilegiadas. Havia, contudo, é preciso dizer, outra criança: aquela que passará a ser identificada com o "povaréu", e para a qual não há proteção. De todo modo, os sentidos da infância serão alargados. Constrói-se a ideia de uma criança pura que, por isso mesmo, pode ser facilmente corruptível. Havia, portanto, de se resguardar aquela infância frágil e indefesa. Os adultos são instados, pelos tratados pedagógicos e pelos discursos moralistas, a proteger suas crianças; a ter pudor para com elas. Esse sentimento de embaraço perante a criança vai propiciar seu afastamento das práticas sociais adultas. As crianças deixam de brincar com/como adultos; deixam de jogar nos salões dos adultos; deverão vestir-se com trajes reconhecidamente infantis; deverão ser poupadas de conversas que envolvam temas como a violência e a sexualidade. No limite, a responsabilidade pedagógica da idade adulta é acrescida de tantas tarefas que, cada vez mais, os pais desejam enviar seus filhos a outra instituição que os auxilie nessa tarefa formativa (Ariès 1981). Daí o desenvolvimento de práticas de escolarização, especialmente a partir da influência dos modelos de colégios na época moderna. A civilização escolar a se desenvolver progressivamente a partir do século XVII teria sido um movimento derivado dessa nova sensibilidade social. Tal situação não se dá, todavia, espontaneamente. Pode-se dizer que houve uma precedência de um dado movimento teórico que impulsionou esse novo lugar da educação. O território da pedagogia e dos tratados sobre como bem educar crianças estava, de uma vez por todas, assegurado.

A criança de Erasmo: Entre a índole e a pedagogia

Filho de um padre e de mãe solteira que morre prematuramente, Erasmo de Rotterdam (1466-1536) é um dos mais eminentes teóricos de sua época, e o mais famoso dos humanistas, tendo exercido uma incontestável liderança intelectual. Havendo frequentado a escola dos Irmãos da Vida Comum, ele entra para o convento agostiniano, mas tem dispensa do hábito para dedicar-se exclusivamente a seus estudos. Graduou-se em Teologia pela Universidade de Turim e foi filólogo e escritor, abraçando diversos temas em sua escrita. Traduzia grego e latim. Viajou, ao longo de sua vida, para Paris, Londres, Lovain. Conviveu com os maiores nomes de seu tempo: Thomas Morus, Juan Luis Vives etc. Passou um tempo em Veneza, hospedado em casa do famoso editor Aldo Manucio, o que lhe deu oportunidade, nesse período, de travar contato com o que de melhor era impresso na Europa renascentista. Como diz Carlo Ossola (2014, p. 13), Erasmo era, sobretudo, alguém que fazia um "exame rigoroso e crítico do tempo presente". Considerava a gramática latina como disciplina fundamental, "não só porque pragmaticamente constituía o idioma da política, jurisprudência e comércio, mas também por seu caráter persuasivo e emocional e moral no que toca à conversão" (Diaz 2012, p. 33). Crítico das instituições de seu tempo, em 1509, escreve na Inglaterra seu *Elogio da loucura*, que será publicado em Paris em 1511. Em 1516, publica uma edição comentada do Novo Testamento, bem como o texto intitulado *Da educação de um príncipe cristão*, que pretendia ser uma antítese de *O príncipe*, de Maquiavel. Em 1524, contra Lutero, publica *Do livre arbítrio*, que terá uma réplica em 1526, quando é publicado *Do servo arbítrio*, de Lutero. Em 1530, Erasmo publica *A civilidade pueril*.

A preocupação com a disciplina da criança é bastante recorrente entre os escritos da Renascença, quando relatos como os de Erasmo demonstram que o corpo do menino costuma ser desde cedo aprisionado pela força de hábitos culturais impositivos. Diz o autor em *De pueris*:

> É de ver a solicitude da maioria das mães no sentido de não terem filhos estrábicos, de olhos descentrados ou com as bochechas caídas, cabeça pensa, ombros corcundas, pernas recurvas e pés chatos, enfim, que tenham o corpo em simetria perfeita. Para tanto, dentre outros recursos, lançam mão de pequenas faixas e ligaduras para agasalhar as maçãs do rosto. (Erasmo s.d., pp. 23-24)

O processo da educação era explicitamente identificado como antídoto contra a demência e a perversidade, sendo imprescindível para domar na criança alguma rudez que, em tese, poderia aproximá-la dos animais. Pouco provido de instintos pela natureza, o homem precisará ser ensinado. Inacabado por sua constituição natural, o ser humano será o resultado de uma modelagem dirigida pela razão. Será tarefa humana, de alguma maneira, esculpir a plasticidade dessa massa. Caso a imagem de homem não seja esculpida a tempo, a criança tornar-se-á um monstro. Não há visão de inocência no olhar do adulto sobre a infância. Há medo. Ela poderá gerar monstros. Era o que diziam os humanistas. Era esse também o parecer religioso dos reformadores protestantes e da Contrarreforma católica. Erasmo, como os principais autores humanistas de seu tempo, identificava, nas ações de professores, os principais atos de crueldade contra as crianças.

Naquele tempo, aos gritos, mestres espancavam seus alunos. As classes eram desorganizadas. Havia crianças de várias idades. O professor não controlava a disciplina. No *Elogio da loucura*, Erasmo retrata a situação das escolas, dizendo, sobre os professores, o seguinte:

> Passemos, pois, a falar dos que conservam, entre os homens, uma aparência de sabedoria. (...) Entre esses ocupam o primeiro posto os gramáticos, ou seja, os pedantes. Essa espécie de homens seria decerto a mais miserável, a mais aflita, a mais malquista pelos deuses, se eu não tivesse o cuidado de mitigar os incômodos de tal profissão com gêneros especiais de loucura. Não estão eles sujeitos apenas às cinco pragas e flagelos do epigrama grego, mas ainda a seiscentos outros. Sempre famélicos e sujos nas suas escolas, ou melhor, nas suas cadeias ou lugares de suplícios e tormentos, no meio de um rebanho de meninos, envelhecem de fadiga, tornam-se surdos com o barulho, ficam tísicos com o fedor e a imundície. No entanto, quem o diria? Graças a mim, os pedantes se julgam os primeiros homens do mundo. Não podeis imaginar o prazer que experimentam fazendo tremer os seus tímidos súditos com um ar ameaçador e uma voz altissonante. Armados de chicote, de vara, de correia, não fazem senão decidir o castigo, sendo ao mesmo tempo partes, juízes e carrascos. Parecem-se mesmo com o burro da fábula, o qual, por ter às costas uma pele de leão, julgava-se tão valoroso como este. A sua imundície afigura-se-lhes asseio; o fedor serve-lhes de perfume; e, acreditando-se reis em meio à sua miserabilíssima escravidão, não desejariam trocar as próprias tiranias pelas de Falaris ou de Dionísio. O que, sobretudo, contribui para torná-los felizes é a ideia que fazem da própria erudição. Embora não façam senão meter palavras insignificantes e insulsas frivolidades na cabeça das crianças confiadas aos seus cuidados, (...) ao ponto de serem realmente considerados como os ilustres homens que eles próprios se inculcam. (Erasmo 2000, pp. 103-104)

No ser humano, os instintos são insuficientes e mais fracos do que nos animais. Não há órgãos de proteção, como aqueles que os animais possuem. Mesmo assim, parece bastante clara, nos textos dos humanistas, a visão de uma índole natural que compõe uma parcela da pessoa. A índole ou os dons conferidos pela natureza são, no ser humano, contrabalançados pelo trabalho da educação. Diz Erasmo que a índole é herdada de nossos antepassados, assim como o semblante. O papel do educador será, em alguma medida, o de mobilizar a força natural contida na índole da criança; será também, por outro lado, o de lutar contra ela. Sobre o tema, diz o seguinte:

> É bem em razão disso que aos demais viventes a natureza confere agilidade, aptidão para voar, olhos aguçados, corpulência e vigor físico, escama, pelo, cabelo, couro, chifre, garra e veneno, mediante os quais eles defendem a própria incolumidade bem como ficam aptos a proverem-se de alimento e a nutrirem os

filhotes. Em contraposição, ela gera o ser humano flácido, nu e indefeso. Ao invés de todas aquelas propriedades, dota-o de mente capaz de aprender, incluindo tudo nesse único arsenal, posto que seja exercitado. Por outro lado, na medida em que o animal é menos suscetível de aprendizado, mais provido está pelos instintos. Assim, as abelhas não aprendem a construir os alvéolos, a coletar o néctar e a elaborar o mel. (Erasmo s.d., p. 26)

O primeiro ato recomendado por Erasmo em *De pueris* – obra dedicada a um pai de família – é que o pai procure um "homem de bons costumes e de caráter meigo, dotado de conhecimentos invulgares", a quem possa confiar o "filho como à nutriz de seu espírito, a fim de que a par do leite sorva o néctar das letras" (Erasmo, *apud* Feracine 2011, p. 77). O autor argumenta: "Quando nasce em sua propriedade um potro ou cão de raça, então, muito cedo, são eles adestrados porque dotados de tendências cuja espontaneidade, enquanto nova, fica mais flexível ao adestramento. Qual a vantagem de cuidar de aves e esquecer-se dos filhos?" (*ibidem*, p. 81).

Assim, se alguma inclinação que a natureza proporcionou é, em alguma medida, necessária, jamais será suficiente para encetar um bom trabalho de formação humana: "As formigas não recebem instruções para, no verão, armazenar em celeiros onde, durante o inverno, vivem e alimentam-se. Tudo isso elas fazem por força do instinto dado pela natureza. Ao contrário, o homem não come, não anda, nem trabalha a não ser quando ensinado" (*ibidem*, p. 83). É preciso, portanto, submeter as crianças à "meticulosa aprendizagem". Acerca do tema, Erasmo elabora um paralelo com o cavalo de raça. Para Erasmo, a diferença entre o homem e o cavalo estaria no fato de este último se reduzir a sua destinação natural, ao passo que o primeiro não nasceria pronto. Diz Erasmo que "cavalos nascem até mesmo sem utilidade. Todavia, posso assegurar, os homens não nascem. Eles são o resultado de uma modelagem" (Erasmo s.d., p. 31). Diz Erasmo que o diferencial, nesse processo, é a razão. Por isso mesmo, o trabalho do educador seria o de modelar a dimensão flexível de que é constituída a criança. Seria importante moldar a massa informe: "Manuseia a cera enquanto mole. Modela a argila enquanto úmida. Enche o vaso de bons licores enquanto novo" (*ibidem*, p. 33). A imagem de homem estaria em potência na criança. Supunha-se que o efeito de modelagem ocorreria a partir da ação intencional da educação. Do contrário, a matéria que, a princípio, tinha maleabilidade e flexibilidade, endureceria; e o inculto transformar-se-ia em "fera". O adulto não teria, para o humanista, a receptividade, a disposição de espírito e, consequentemente, as possibilidades de aprender da criança.

> Antístenes sugeria tudo isso, e de modo até engraçado, ao acolher o filho de certo personagem para fins de educação. Questionado pelo pai a respeito dos

apetrechos escolares, redarguiu: "um livro novo, uma pena, uma tabuleta não usada". Evidente que o filósofo estava a exigir um aluno inculto sim, mas receptivo. Não podes conservar aquela massa sempre informe. Se não imprimires a imagem de homem, ela degrada por si mesma e vira monstruosidade à guisa de fera. (*Ibidem*)

Os livros e a pena aqui são indicadores da expansão da cultura escrita, que passara a adquirir uma centralidade que anteriormente não existia. A cultura letrada também requeria um novo modelo de ensino. Justamente por ser fraco em seus instintos, cumpre ao ser humano uma boa educação. Os adultos, muitas vezes – considera Erasmo –, não se apercebem da necessidade de uma boa educação para seus filhos e descuidam de seu preparo. Tomando por interlocutores os integrantes das camadas privilegiadas da sociedade, Erasmo recorda que "desde cedo, cogita-se do filho como capitão de tropas ou como magistrado, mas não se atenta para fazer dele um militar ou um magistrado dotado de competência para gerir coisas públicas" (Erasmo, *apud* Feracine 2011, p. 86). Sem a cultura letrada, o que acontecerá é que o sujeito permanecerá refém de seus instintos imperfeitos:

> De fato, enquanto os animais obedecem, cegamente, aos instintos da natureza, o homem, desprovido dos parâmetros das letras e dos ensinamentos da filosofia, fica antes sujeito a impulsos mais que animalescos. Nenhum animal é tão ferino e nocivo quanto o homem, quando arrastado por ímpetos de ambição, de cupidez, de ira, de inveja, de luxúria e de lascívia. Razão porque quem não se antecipa para iniciar o filho na esfera de preceitos sadios não se tenha a si mesmo na conta nem de ser humano nem de filho de homem algum. (*Ibidem*, p. 90)

O tom aristocrático do discurso fica claro na ideia de se enfatizar o "ser filho" de alguém. Entretanto, o discurso humanista é ambíguo com relação a isso, muitas vezes nuançando esse tom de fidalguia com a expressão de uma universalidade pretendida para a educação propugnada. Seja como for, não faltavam argumentos para mostrar que a educação da criança traria um retorno – em longo prazo – para a família: "Nós reputamos por nada a perda de quatro anos em favor dos filhos, porque, na verdade, nenhum investimento é mais frutífero do que o tempo e nenhuma posse mais rendosa do que a cultura" (*ibidem*, p. 178). O reconhecimento, por sua vez, de que a criança vem ao mundo sem qualquer inscrição prévia para ser isto ou aquilo é claramente observado na dimensão do texto: "A natureza, quando te dá um filho, ela não te outorga nada além de uma massa informe. A ti cabe o dever de moldar até a perfeição, em todos os detalhes, aquela matéria flexível e maleável" (*ibidem*, p. 92). Se isso não for bem feito, o resultado será o crescimento de uma fera – um ser comandado pelos impulsos. Por isso, continua Erasmo: "Manuseia a cera enquanto mole. Modela a argila enquanto úmida. Enche o vaso de bons licores enquanto novo. Tinge a lã, quando sai nívea do pisoeiro e ainda isenta de manchas" (*ibidem*).

Erasmo considera insuficiente o empenho dedicado pelas camadas socialmente privilegiadas de seu tempo – especialmente a nobreza, alguma burguesia endinheirada e os príncipes – para educar as crianças. Acumulando riquezas, contabilizando suas próprias posses, esqueciam-se de velar e de zelar pelos filhos para quem seria dirigida aquela mesma herança material. Absortos com a ideia fixa de legar às novas gerações patrimônio vultoso, tais pessoas preteriam exatamente o que de mais importante poderia haver como legado: a formação da infância e da juventude. A falta de atenção com as crianças é notada por comparação aos cuidados que se tinha relativamente aos animais: "Adoece um cavalo. É de ver se vais chamar um veterinário qualquer só por recomendação de amigos em vez de pegar o perito na arte de curar. Será que o filho vale menos do que cavalo? Serias tu que vales menos do que o cavalo?" (*ibidem*, p. 112). Além disso, a educação estaria também voltada para a preservação daquilo que se herda. Justamente porque o filho receberia uma herança de seu pai, era necessário que ele soubesse como geri-la. A formação educativa prepararia esse aspecto do cuidado com a riqueza recebida.

O texto de Erasmo evidencia, de alguma maneira, a tese de Ariès sobre o surgimento da moderna sensibilidade social a propósito da infância. Erasmo critica as intimidades que as crianças recebiam de suas nutrizes. Critica o fato de elas presenciarem cenas do pai bêbado, bem como critica a ausência de restrição quanto ao linguajar utilizado diante das crianças. Enfim, a criança "participa de banquetes imoderados e pouco decentes. Presencia a casa toda, vibrando ao som de flautas, cantores e cítaras no embalo das bailarinas. Destarte, a criança assimila de tal modo aquelas coisas que as mesmas passam a integrar-lhe a natureza" (*ibidem*, p. 98).

Os teóricos humanistas repreendiam o excesso de afago que as famílias – em especial as mães – costumavam despender para com as crianças. Muitas vezes, os pais não educavam os filhos, oferecendo-lhes, em contrapartida, bens materiais que lhes assegurassem, em tese, sua sobrevivência. É preciso lembrar que Erasmo escreve pensando na educação do menino nobre. Trata-se de um projeto aristocrata de educação. O discurso humanista acerca da educação dirige-se à elite – e esse é seu principal limite. É frequente observar-se em obras sobre a educação humanista – como o *De pueris* de Erasmo – a ridicularização dos perniciosos efeitos possivelmente acarretados pelos hábitos de mimar a criança, como se ela fosse um pequeno animal de estimação. Nos termos de Erasmo, segue a advertência às mães:

Eu te questiono. Que coração materno é esse de mulher que segura, em seu regaço, a criança aos sete anos como se fosse boneca? Se necessita de tanto prazer para se divertir que então adquira macacos ou cadelinhas de Melita. "Ora, são crianças!", retrucam. É bem verdade. Mas, assim, subestimam a importância daqueles rudimentos iniciais para o encaminhamento da vida toda da criança. Bem pouco se apercebem de quanto aquela flacidez prolongada torna rígida e intratável a ação educativa por parte do preceptor. Sim, até chamam isso de indulgência ou liberalidade. Melhor fora chamar de corrupção mesmo. A dúvida é se contra tais mães não caberia mover ação judiciária por causa de maus-tratos. Pois ali há indício de envenenamento, algo no gênero do infanticídio. As leis penalizam a quem submete os filhos aos encantamentos da bruxaria ou lesam seus corpúsculos delicados com substâncias tóxicas. Ora, quanto castigo não deveria recair sobre quem destrói, com o pior dos venenos, a parte mais nobre da criança? De fato, o crime corporal é menos grave do que trucidar o espírito. (Erasmo s.d., p. 39)

Erasmo claramente identifica no indivíduo inculto uma criatura inferior, posto que, desprovido da cultura das letras, não terá grandes opções para se desviar de instintos e impulsos. Para ele, pessoas sem instrução são, em alguns aspectos, mais desprezíveis que os animais. A condição racional do sujeito estaria, então, acoplada à cultura letrada; e essa cultura letrada se torna, por ser assim, código de distinção – fronteira operatória para identificar quem são os verdadeiros homens.

Embora, no nascimento, toda criança traga em si a potência humana, nem sempre tal virtualidade será traduzida em ato na idade madura. A natureza traz à luz – nos bebês recém-chegados – apenas uma massa informe. Segundo Erasmo, como vimos, serão o molde, a fôrma e a modelagem que transformarão aquela criança – matéria flexível e maleável. Ao educador não competiria, contudo, transformar a criança num adulto antes do tempo. Não se antecipa a maturidade. Mas o modelo pedagógico da época era excessivamente severo. Esperavam da criança reações de adulto: "Ora dão ordens acerbas, ora cobram atenção plena, ora fazem cara feia, caso a criança não corresponda à expectativa. Em suma, comportam-se como se lidassem com gente grande, esquecidos de que já foram eles mesmos crianças" (*ibidem*, p. 87). O contrário também parecia injustificável. A cera não poderá ficar informe, porque endurece.

Ao educar seus filhos, os pais os protegem e os preparam. Se não os educarem, porém, poderão criar, mesmo sem o querer, perigosos selvagens. Com essa imagem da massa que se amolga, Erasmo conflui talvez para recuperar uma das grandes metáforas que expressam, no sentido figurado, uma dada imagem de educador: aquele que molda, amolda, adapta, conforma, esculpindo as feições do homem adulto. O educador é, em Erasmo, como em grande parte de seus contemporâneos, o escultor do homem futuro. Erasmo identifica, na mente pueril, uma vivaz receptividade, fértil o suficiente para acolher qualquer modalidade de instrução, em virtude de elementos que tornam flexível o espírito da criança para ajustar-se àquilo que, porventura, os adultos esperarem dele. Quanto mais cedo iniciasse a instrução da criança, maiores as chances do sucesso. As razões para isso seriam: "(...) a agilidade da mente; a facilidade em captar as coisas mais elevadas e mais consentâneas com sua natureza, (...) a tenacidade com que ficam impressas na mente ainda desembaraçada e disponível, ao passo que, em idade mais avançada, aquelas mesmas coisas são assimiladas com muita dificuldade e sujeitas a serem esquecidas de modo mais rápido" (*ibidem*, p. 105).

Criticando os maus-tratos a que os adultos submetiam as crianças, Erasmo recorda um episódio específico que ocorrera com um professor seu conhecido. O mesmo professor, um teólogo, encaminha a criança com mau comportamento para o prefeito dos estudos do colégio – aqui chamado de "cão de guarda". Aí então:

> Aquele, mais que depressa, lançou o menino ao chão e o vergastou qual réu de sacrilégio. (...) O teólogo chegou a bradar mais de uma vez: "Basta! Basta!". Porém, o algoz, ensurdecido pelo furor, persistia na macabra tarefa, não o tendo levado à síncope por pouco. Voltou-se então o teólogo para nós e disse: "Nada disso o menino merecia, mas era necessário humilhá-lo". Foram tais, literalmente, suas palavras. (*Ibidem*, pp. 71-72)

Erasmo conta, ainda, outra história, de um menino que conhecera e que era agredido todos os dias por parte do sujeito responsável por sua educação. Aos 12 anos, a criança era submetida pelo preceptor às mais vis atrocidades, apresentadas como punição por suas estripulias infantis. Em uma ocasião, encontrando os livros de seu aluno manchados de tinta e sua roupa rasgada:

> Entupiram, com fezes humanas, a boca do garoto até o ponto de não poder expelir a carga, tendo, em decorrência, que deglutir boa parte (...). O menino, despido, foi suspenso com cordas pelas axilas para figurar o castigo aplicado a furtos infames e tidos como os mais detestáveis entre os germanos. A seguir, suspenso no ar, foi flagelado de todos os lados, ficando a pique de morte. E quanto mais tentava provar que não cometera o tal do erro, tanto mais recrudescia o martírio. Acontece que o carrasco estava mais terrível que o próprio suplício. Tinha olhos de serpente, boca cerrada e rugosa, voz estridente como alma penada, face lívida e cabeça em transtorno. Ao ouvir as ameaças e as injúrias que sua bílis extravasava, pensar-se-ia num Tisifão. E qual o desfecho? Depois do suplício o menino adoeceu com riscos graves para a integridade física e mental. O carrasco, então, para se

eximir de qualquer incriminação, escreveu ao pai para vir e levar o filho, quanto antes, pois tinham sido intentados em vão todos os recursos no atendimento ao infeliz. Fato é que a enfermidade do corpo até que foi, em parte, debelada pelos medicamentos, mas a sua mente ficou profundamente abalada, sendo a crer que jamais recupere o vigor anterior. (Erasmo s.d., pp. 75-76)

O texto ainda descreve situações de trote que ocorreriam nas escolas da época:

Os iniciantes, ao ingressarem em escolas públicas, são coagidos a despirem-se da "beca", termo bárbaro para um costume não menos rebarbativo. O jovem inexperiente é mandado para o estudo das artes liberais, mas, ao invés, a quantos ultrajes deprimentes para a sua dignidade de ente livre vai ser submetido! Primeiro, empastam-lhe o rosto como para barbear. Para isso usam a urina ou outra loção mais fétida ainda. O mesmo tipo de líquido é embutido pela boca adentro com a proibição de expelir. Com socos violentos, quebram-lhe o brio de adolescente. Depois, fazem-no engolir farta dose de vinagre ou qualquer outra substância que lhes der na veneta desvairada. Por último, os promotores da brincadeira exigem juramento de obediência a todos os seus caprichos. Por fim, levantam-no pelo ar, em posição dorsal e atiram-no qual aríete contra um poste. A brutalidades tão vis sobrevêm, frequentemente, febres e dores imedicáveis que afetam a espinha. Por último, aquelas brincadeiras descabidas findam em bacanais. (*Ibidem*, pp. 77-78)

Erasmo encerra o assunto observando que o hábito de flagelar a criança é, acima de tudo, contraproducente, já que revolta as índoles e produz desespero. O corpo ficaria debilitado, e a mente tornar-se-ia "insensível à força da palavra" (*ibidem*, p. 79). Sendo assim, o autor recomenda que os castigos físicos sejam moderados e jamais excedam a "admoestação civilizada" (*ibidem*). O educador cônscio de seu trabalho não se deixa conduzir pela cólera. A boa educação traça, nesse sentido, um caminho mais tributário da persuasão do que da coerção. A força do exemplo seria mais eficaz do que a pancadaria.

Diz ainda Erasmo, sobre o tema, o seguinte: "O primeiro grau da aprendizagem consiste no amor ao professor. Com o caminhar do tempo, a criança, que foi iniciada no amor ao estudo por causa do amor ao mestre, passa a amar o mestre por amor ao estudo" (Erasmo, *apud* Feracine 2011, p. 136). Daí a pedagogia humanista ser tantas vezes retratada como uma pedagogia naturalista, posto que o afeto nela se torna fonte a ser mobilizada para favorecer o aprendizado: "Aprendemos com muito mais entusiasmo daqueles aos quais amamos" (*ibidem*).

Ao contrário do que sugere determinada literatura acerca do autor, a educação propugnada por Erasmo é na escola:

> Imperioso mesmo é ou não existir escola ou apenas haver escola pública. Este último sistema revela-se mais adequado ao atendimento coletivo. Bem mais cômodo sujeitar muitos pela disciplina sob o comando de um único preceptor do que levar a termo uma educação personalizada. Nem por isso está em questão tanger manadas de asnos ou de bois e, sim, educar, liberalmente, seres livres. Tarefa, aliás, tanto mais árdua quanto sublime. (*Ibidem*, p. 140)

A situação é contraditória. A literatura humanista claramente evidencia o tom de crueldade na educação das crianças. A despeito da existência de práticas sádicas relativas a maus-tratos de crianças nas famílias ou de alunos nas escolas, havia, na outra margem, algum tipo de movimento de resistência contra isso. Os humanistas advertem a cidade para os riscos da convivência e para a necessidade de haver práticas de urbanidade. Deveria – segundo a literatura da época – existir maior controle dos gestos e dos hábitos – aquilo que poderíamos compreender como um esforço de racionalização da vida social. Isso envolveria modificações nas práticas das escolas, das famílias e das comunidades.

A moderna sociedade e a pedagogia da civilidade

Estudos posteriores ao trabalho de Philippe Ariès, de fato, revelaram uma linha de longa duração que progressivamente marca específicos modos de perceber, de sentir e de conceituar a infância como categoria, centrando-se especialmente no amplo período compreendido entre o final da Idade Média e o século XIX. É difícil fugir de uma explicação teleológica, mediante a qual – como se o tempo consistisse em uma longa linha evolutiva – o presente explica o passado, que já o contém embrionariamente. A história não se faz assim. Contudo, algumas tendências marcam rumos da história – geralmente. Isso se dá principalmente quando procuramos observar o "tempo longo". Nessa historicidade social, pode-se constatar que "o que encontramos nas relações entre pais e filhos é não tanto a indiferença (ela varia de lar para lar, como acontece hoje), mas uma cultura em que a infância tinha um significado distinto do moderno" (Casey 1992, p. 178).

O dístico do mundo moderno residirá, em larga medida, na estruturação de mecanismos de contenção externa voltados para a produção e a internalização de automatismos de conduta. Tais automatismos teriam por finalidade a criação de uma segunda natureza: substituindo as práticas externas de controle por critérios internos ao próprio indivíduo, na configuração de um movimento tendente ao autodomínio de emoções, sentimentos, paixões e pulsões. Vive-se a superposição de dinâmicas atinentes à secularização, à civilização, à racionalização e à institucionalização

(Cambi 1999). Assim, das relações comunitárias, caminha-se para o anonimato dos grandes aglomerados urbanos. Os códigos de convívio e a própria sensibilidade perante o outro são progressivamente alterados.

O ingresso do Estado no controle das fronteiras, dos tributos, do exército conferiria a esse mesmo Estado um lugar privilegiado de controle da força simbólica nas relações interpessoais. Ou seja, o Estado passa a regular os próprios limites das paixões, ou de demonstrações das paixões.

> Assim, as pessoas param de se abraçar, ou seja, de se jogar nos braços umas das outras, de beijar a mão, o pé, de se lançar "de barriga no chão" perante uma dama que querem homenagear. Essas demonstrações veementes e patéticas são substituídas por gestos discretos e furtivos; não se trata mais de parecer nem de se afirmar aos olhos dos outros, porém, ao contrário, de lembrar aos outros apenas o necessário para não se fazer esquecer totalmente, sem se impor por um gesto excessivo. A literatura de civilidade, a maneira de tratar o próprio corpo e o dos outros explicam um pudor novo, uma preocupação nova em esconder determinadas partes do corpo, determinados atos. (Ariès 1991, p. 11)

Passa-se também, a dada altura, a recusar a prática do duelo. Pela tradição medieval, o duelo – uso que se prolonga no transcurso da Idade Moderna (pelo menos até o século XVII) – era prova da masculinidade agredida. Tratava-se, sendo assim, de um acerto de contas – dever do cavaleiro/cavalheiro ofendido. Nessa direção, no ritual do mundo da cavalaria, o imaginário da ação de duelar era devedor da nobreza guerreira ou, pelo menos, preenchia um lugar vago deixado por ela. A nobreza de corte, nos tempos de absolutismo monárquico, demarcava o espaço pela reinvenção de tradições. Tratava-se de conferir a cada um o parâmetro de máxima autocontenção possível. A cortesia e o autocontrole andam lado a lado. Por isso, a arte de duelar atestava valentia, em nome da honra – o que, por suposto, garantiria a distinção que a nobreza pretendia perpetuar.[7]

---

7. "O indivíduo não era como era, e sim como parecia, ou melhor, como conseguia parecer. Tudo visava a esse objetivo: a despesa excessiva, a prodigalidade (pelo menos nos bons momentos, criteriosamente escolhidos), a insolência, a ostentação. A defesa da honra chegava ao duelo ou à participação ativa e perigosa num duelo – ou a troca pública de palavras e golpes que desencadeavam um ciclo de vingança, estando excluído o recurso às instituições do Estado, como a justiça. Ora, pelo menos a partir de Luís XIII, o Estado passou a assumir, tanto quanto possível, o controle do parecer. Por exemplo, proibiu os duelos sob pena de morte (Richelieu) e mediante leis suntuárias procurou proibir o luxo da vestimenta e a usurpação, graças à roupa, de um lugar não garantido pelo direito" (Ariès 1991, p. 9).

O controle racional dos sentimentos terá o filtro mediador do Estado e

> uma das principais missões do indivíduo era adquirir, defender ou ampliar o papel social que a comunidade podia tolerar... Os meios de agir consistiam em ganhar a aprovação ou a inveja ou, pelo menos, a tolerância da opinião graças ao parecer, quer dizer, à honra. Conservar ou defender a honra equivale a salvar as aparências. (*Ibidem*, p. 9)

A Idade Média pensava o ciclo da vida mediante solidariedades múltiplas entre elos de linhagem, que – de geração em geração – supunham-se recriados. O espaço doméstico não é necessariamente o espaço da intimidade. Mas com certeza é o lugar social privilegiado de uma estirpe familiar pensada como tronco comunitário. A família-tronco característica da sociabilidade medieval seria paulatinamente substituída pela família-núcleo. Contudo, vale ressaltar sobre o tema o alerta de Jacques Gélis, quando enfatiza que, nos dois casos, eram representações que passavam do público para o privado, do comunitário para o individual, do companheirismo para o recolhimento isolado. Era a travessia de "uma educação pública comunitária e aberta, destinada a integrar a criança na coletividade para que incorpore os interesses e os sistemas de representação da linhagem, a uma educação pública de tipo escolar, destinada também a integrá-la, facilitando o desenvolvimento de suas aptidões" (Gélis 1991, pp. 324-325).

O destino pensado como coletivo, pouco a pouco, será imaginado como fado individual. Cumprirá à escola auxiliar a família na sua responsabilidade educativa. Mas em qualquer caso, a educação supõe retirar a criança das amarras da natureza. Se a criança medieval pertence à sua tradição de linhagem, a criança moderna vai, paulatinamente, adequar-se a uma tradição inventada de civilidade, de urbanidade, de cortesia, de polidez, enfim, das boas maneiras que a burguesia quer emprestar da nobreza. São formas diferentes de pensar e de sentir a condição de criança.

A ritualização da pedagogia civilizadora

Remodelavam-se, simbolicamente, cidades e indivíduos. Havia de se adestrar a multidão, incutindo nas pessoas hábitos de cortesia, regras de uma sociabilidade urbana. Tal sociabilidade era engendrada por meio de códigos de comportamento público, capazes de frear impulsos e subordinar paixões e natureza. Parecia importante formar o cortesão – um ideal de época. Ser cortesão significava, por seu turno, a posse de um múltiplo rol de requisitos. O cortesão, acima de tudo, deveria ser senhor de si, ter uma expressão serena, ser discreto. O cortesão deveria saber dosar palavras e gestos (Mousnier 1995).

Conformava-se o sujeito a um vasto roteiro de condutas prescritas (Cambi 1999). Ritualizavam-se procedimentos, práticas, gestos e léxicos. Institucionalizava-se a formação letrada. Cultura tornava-se sinônimo de linguagem erudita, cristã e letrada. A força civilizadora da palavra e a graça da expressão, a impressão da naturalidade na habilidade da conversação, tudo isso era um conjunto: a civilidade transposta como estratégia coletiva de civilização do Ocidente. Comportamentos regulados, codificados e normalizados passavam a ser a tônica da educação desenhada, seja na formação familiar, seja na instrução dos colégios.

Havia, entre os séculos XVI e XVII, nos vários países da Europa, proliferação dos colégios. Era como se a família, reconhecendo a essencialidade do papel educativo na formação e no resguardo das novas gerações, se sentisse, em alguma medida, despreparada para responsabilizar-se sozinha por tal missão que a sociedade lhe confiava. De alguma maneira, a família deseja delegar uma parcela de sua responsabilidade educativa para outra instituição que, desde o século XVI, se destacava no cenário religioso: os colégios.

A palavra colégio significava, entre os séculos XIII e XIV, asilo para estudantes pobres, mantidos por ordens religiosas ou por doadores. Então, por exemplo, os estudantes das universidades, quando provenientes de outras regiões, abrigavam-se nos alojamentos, muitas vezes mantidos pelas paróquias, que cuidavam de oferecer-lhes moradia e alimentação. Assim, os colégios, que até então não eram instituições de ensino, constituíam comunidades organizadas, codificando horários e espaços para abrigar essa população estudantil. No início do século XV, tais instituições assumem caráter formativo. Organizam-se mediante rigoroso sistema disciplinar, absolutamente distinto de seus antecedentes medievais – e caracterizado pela proposta explícita de aliar instrução e moralização.

A ideia de escola até então existente – contra a qual os humanistas tanto se insurgiram – correspondia, geralmente, a uma sala alugada por um mestre, ou mesmo a um cômodo da sua casa para isso reservado, que recebia crianças e jovens interessados em estudar com aquele mestre. Assim dispostas, as salas de aula abrigavam estudantes com idades bastante variadas, com níveis de aprendizado também distintos, sem uma preocupação especial com os modos/procedimentos de ensino. Geralmente, o mestre ensinava um a um os seus discípulos, como se a aula fosse individual, e prescrevia tarefas para aqueles que aguardavam serem atendidos. Essa indiferença perante o critério etário derivava da própria indiferença medieval para com a possível separação entre distintas idades da vida. Como diz Philippe Ariès, as escolas eram, antes, indiferentes às clivagens etárias:

> (...) não havia gradação nos currículos, e os alunos mais velhos simplesmente haviam repetido mais vezes o que os jovens haviam escutado apenas uma vez, sem que houvesse outras diferenças entre eles. E essa mistura de idades continuava fora da escola. A escola não cerceava o aluno. O mestre único, às vezes assistido por um auxiliar e com uma única sala à sua disposição, não estava organizado para controlar a vida cotidiana de seus alunos. Estes – terminada a lição – escapavam à sua autoridade. Ora, originariamente, essa autoridade (...) era a única coisa que eles reconheciam. "Velhos ou jovens", os alunos eram abandonados a si mesmos. Alguns, muito raros, viviam com os pais. Outros viviam em regime de pensão, quer na casa do próprio mestre, quer na casa de um padre ou cônego, segundo as condições fixadas por um contrato semelhante ao contrato de aprendizagem. (...) Longe de serem separados pela idade, suas relações deviam ser reguladas por tradições de iniciação que uniam com laços estreitos os alunos pequenos aos maiores. (...) Essa promiscuidade das idades hoje nos surpreende, quando não nos escandaliza: no entanto, os medievais eram tão pouco sensíveis a ela que nem a notavam, como acontece com as coisas muito familiares. Mas como poderia alguém sentir a mistura das idades quando se era tão indiferente à própria ideia de idade? (Ariès 1981, pp. 167-168)

A família moderna separou-se, mais e mais, do mundo comunitário, compondo uma nuclearização da célula matricial, com o isolamento da tríade pai-mãe-filhos, que, progressivamente, se afastara de seus outros vínculos comunitários, temendo que estes pudessem remetê-la de sua desejada intimidade para uma já recusada sociabilidade mais ampla, mais pública. Essa família, curiosamente, é a mesma que, imbuída da ideia de inocência infantil, passa a interpretar diferentemente a infância.

Haveria de se preservar do vício e da corrupção dos costumes aquela criança. Dever-se-ia imprimir nela hábitos de conduta, de higiene e de tratamento condizentes com a civilidade prescrita. Proteger a criança era, também, isolá-la do convívio comunitário. Pensando nisso é que as famílias abastadas, cada vez mais, recorrem ao auxílio do colégio. Sobre o tema, diz Ariès (1981, p. 180): "Duas ideias novas surgem ao mesmo tempo: a noção de fraqueza da infância e o sentimento de responsabilidade moral dos mestres. O sistema disciplinar que elas postulavam não se podia enraizar na antiga escola medieval, onde o mestre não se interessa pelo comportamento de seus alunos fora da sala de aula".

Se o sentimento de infância pode ser caracterizado, então, como uma das expressões do sentimento de família entre os séculos XVI e XVII, cabe destacar que quando – progressivamente – o sistema de formação da aprendizagem corporativa tende a ser substituído pela formação escolar, tal fenômeno implica necessariamente uma significativa transformação do modo pelo qual a sociedade trata suas crianças.

Na Idade Média, o mais típico sistema de formação era o contrato de aprendizagem. A criança tornava-se aprendiz numa casa alheia, onde ela também auxiliava com algum serviço doméstico. Por essa razão, também, eram extremamente tênues os limites entre a profissão e a vida privada. Com a progressiva expansão da escola,

> uma nova noção moral deveria distinguir a criança, ao menos a criança escolar, e separá-la: a noção da criança bem-educada. Essa noção praticamente não existia no século XVI, e formou-se no século XVII. (...) A criança bem-educada seria preservada das rudezas e da imoralidade, que se tornariam traços específicos das camadas populares e dos moleques. (Ariès 1981, p. 185)

Os hábitos das crianças bem-educadas passariam pela clivagem do aprendizado da civilidade e dos parâmetros de uma educação cada vez mais voltada para a constituição de uma sociedade letrada. A ampliação das comunidades de leitores marcaria significativamente a sensibilidade sobre a criança moderna. Supor uma inocência intrínseca à condição infantil traz o desdobramento da necessidade social de preservar a pureza: a proteção. Essa proteção é gerada pelo pudor, pela vergonha que se passará a ter com relação a todas as coisas (relativas à sexualidade, aos hábitos considerados maus, à violência) convencionalmente pensadas como assuntos dos adultos.

Cultura letrada e racionalização de costumes

Com o surgimento da imprensa – da prensa tipográfica, que permite a reprodução mecânica das edições de livros – surgirá paulatinamente uma "nova definição de idade adulta baseada na competência da leitura, e, consequentemente, uma nova concepção de infância baseada na incompetência da leitura" (Postman 1999b, p. 32). Do ponto de vista de Neil Postman, o conceito de educação que, na Renascença, tomava lugar, aliado à perspectiva da vergonha/pudor dos adultos perante suas crianças, defronta-se com as exigências cada vez maiores da cultura letrada. Neil Postman considera que, em nossos dias, o conceito moderno de infância estaria progressivamente desaparecendo. Isso se deveria ao fato de a mesma sensibilidade que criou a infância moderna haver progressivamente entrado em declínio desde a invenção do telégrafo e, sobretudo, a partir do mundo dos televisores. Postman considera que, se a imprensa criou a infância, as tecnologias das novas comunicações fariam com que ela desaparecesse. Isso porque a criança moderna foi fruto do ambiente letrado. A cultura das letras como ideal regulador ampliara a distância entre ser criança e ser adulto.

Se infância etimologicamente significa sem voz (*in fans*), a primeira ideia era a de que, quando a criança tivesse aprendido a falar corretamente, ela deixaria de ser criança. Sendo assim, os 7 anos eram o marco-limite. Aos 7 anos, a criança sedimentou seu aprendizado, estruturou sua linguagem oral, estando apta para comunicar-se adequadamente; aos 7 anos, deixou de ser criança. É comum observarmos que até o século XVIII os autores nomeavam o período de vida posterior aos 7 anos de puerilidade – e não de infância. Sucede que, com a cultura das letras sendo espraiada desde o princípio da Idade Moderna, progressivamente o marco divisório não será mais a competência da fala; mas a competência da leitura e da escrita. Nesse sentido, amplia-se o período de vida em que se considera a menor idade: o marco distintivo deixa de ser 7 anos e torna-se 18 – ou a idade em que se costuma sair da escola. Como já assinalou Neil Postman (1999b), em decorrência dessa cisão entre o adulto letrado e a criança iletrada, por extensão, passar-se-á a considerar infantis quaisquer práticas sociais que não possuam a marca do letramento. Quantas vezes o mundo contemporâneo não qualifica o povo iletrado como povo-criança? Subjacente a essa ampliação da idade destinada à formação das gerações mais jovens, cada vez mais, ocuparão lugar privilegiado os colégios. No final do século XVI,

> um ambiente simbólico inteiramente novo tinha sido criado. Esse ambiente encheu o mundo de novas informações e experiências abstratas. Exigia novas habilidades, atitudes e, sobretudo, um novo tipo de consciência. Individualidade, enriquecida capacidade para o pensamento conceitual, vigor intelectual, crença na autoridade da palavra impressa, paixão por clareza, sequência e razão – tudo isto passou para o primeiro plano, enquanto o oralismo medieval retrocedia. O que aconteceu, simplesmente, foi que o Homem Letrado tinha sido criado. E, ao chegar, deixou para trás as crianças. Pois, no mundo medieval, nem os jovens nem os velhos sabiam ler e seu interesse era o aqui e agora, o "imediato e local" (...). É por isso que não havia necessidade da ideia de infância, porque todos compartilhavam o mesmo ambiente informacional e, portanto, viviam no mesmo mundo social e intelectual. Mas, quando a prensa tipográfica fez a sua jogada, tornou-se evidente que uma nova espécie de idade adulta tinha sido inventada. A partir daí a idade adulta tinha de ser conquistada. Tornou-se uma realização simbólica e não biológica. Depois da prensa tipográfica, os jovens teriam de se tornar adultos, e, para isso, teriam de aprender a ler, entrar no mundo da tipografia.

E para realizar isso precisariam de educação. Portanto, a civilização europeia reinventou as escolas. E, ao fazê-lo, transformou a infância numa necessidade. (*Ibidem*, p. 50)

Para Elisabeth Badinter (1985, p. 227), a discussão sobre a historicidade do sentimento de infância oferece-nos matrizes para indagarmos também a construção social daquilo que a autora considera ser o "mito do amor materno". Segundo Badinter, desde meados do século XVIII, teriam crescido os índices de abandono de crianças, inclusive com a generalização do sistema da "roda" nos asilos e nos orfanatos. Mães deixavam anonimamente seus bebês recém-nascidos, o que destoava da imagem que vinha sendo já preconizada da vocação sagrada da maternidade.

Essa acepção de um valor místico atribuído, por definição natural, à maternidade seria questionável também em virtude do elevado índice de mães que, à época, se recusavam a dar de mamar a seus filhos. Substituindo a prática do aleitamento materno pelo recurso a amas, era frequente que, nos primeiros meses (ou anos), a criança fosse efetivamente afastada de seu laço maternal. A entrega das crianças às amas conduzia a uma propensão mais elevada à mortalidade. As amas que, por sua vez, aleitavam filhos que não eram os seus, por vezes, deixavam os próprios bebês com alguma vizinha, ou parente, quando não os abandonavam.

O processo da civilização no Ocidente europeu conformava, progressivamente, padrões de conduta e de costumes de uma sociedade que, entre o início da Idade Moderna e o final do século XIX, assistiria a um severo processo de ocidentalização de condutas e de padronização social de códigos de comportamento. A honra seria firmada pela aparência pública de que o indivíduo dispusesse – aparência, em todos os sentidos. Era preciso, aos olhos dos outros, agir mediante determinados modos socialmente recomendados. Isso significaria "ter modos". Isso era revelar civilidade, urbanidade, polidez, cortesia, enfim, boas maneiras. Tais códigos de conduta vinham inscritos em uma vasta e significativa literatura, voltada para ensinar o *savoir-vivre*; o *savoir-faire* das elites.

A escrita, mais e mais, adquire foros de intimidade: diários, autobiografias, relatos da vida cotidiana. O hábito de ler em silêncio, desacompanhado, e o ato de escrever uma carta ou um poema denotam o cultivo da solidão. Tudo isso vem acompanhado de modificações no espaço físico das habitações: os aposentos tornam-se menores, mais específicos. São criados recintos internos às construções que levam os cômodos a não mais apresentarem intersecções de espaços de passagem. Enfim, a casa tornava-se progressivamente um local de intimidade e privacidade.

A vida doméstica da família nuclear passará a se descolar do domínio público – que, como tal, pertence sempre a mais gente. A sociabilidade da praça, da rua, do jardim público, tudo isso é substituído por uma ultravalorização do sentimento de união entre um único casal e seus filhos. Aquilo que os aproxima é exatamente o que os separa do resto do mundo, o que os afasta das relações comunitárias e da vida social ampliada. Essa intimidade sufoca, no limite, o vigor da sociabilidade. Esfera pública e vida privada entrarão, aqui, em confronto. A escola surgirá como a instância intermediária entre a família e a sociabilidade, entre o domínio privado e a esfera pública e coletiva.

2
O PROCESSO CIVILIZADOR DE UMA CULTURA POR ESCOLAS

Cultura e boas maneiras: O modo de ser humanista

A partir do século XVI, progressivamente, haverá uma acrescida procura por escolas urbanas, então dirigidas por mestres livres. Geralmente, como já sublinharam autores da história da educação, o conhecimento ali obtido resumia-se a um ler, escrever e contar, que aliava os requisitos da cultura clerical – calcada no ler/escrever – com a demanda da cultura mercantil – escrever/contar (Nóvoa 1987). A escola de primeiras letras liga-se, ainda, a uma dimensão catequética que a Reforma protestante auxiliaria a desenvolver. A tipografia ampliou o contato com o texto e com a leitura. Compêndios dirigidos aos diferentes estratos da população contribuíram para criar regularidades de códigos culturais e de condutas públicas. Tratados de civilidade tornam-se fonte de aprendizado das letras. É notável o impacto do manual de Erasmo intitulado *A civilidade pueril* na divulgação de padrões de comportamento público destinados às crianças. Há um uso pedagógico dessa literatura de civilidade, que, ao lado dos catecismos, torna-se base da cultura da escola. Os manuais de civilidade explicavam o que era permitido, o que era recomendável e o que era proibido em termos da conduta em sociedade. A civilidade pretendia refrear os impulsos da emoção e do corpo. Tratava-se de racionalizar os modos de agir.

A Reforma protestante propugna a escolarização como ferramenta para a leitura direta da *Bíblia*, sem interposição de nenhum sacerdote, favorecendo a religiosidade das populações. Os reformadores voltavam-se também para a vida civil, acreditando no potencial da educação para a prosperidade dos povos. Favorecia-se um ensino coletivo, que deveria ser dirigido pelas municipalidades. Lutero defende essa ideia quando, em 1524, lança o manifesto *Aos conselhos de todas as cidades da Alemanha para que criem e mantenham escolas*. O aprendizado escolar seria racionalizado com o modelo dos colégios calvinistas que pretendem imprimir ordem e disciplina em uma escola que é vista como o lugar de preparo da juventude para o mundo do trabalho. Com a Reforma, haverá um deslocamento da reflexão pedagógica para advogar uma escola secularizada, racionalizada, institucionalizada e civilizadora.

A relação com o conhecimento nos variados países da Europa será, a partir dos séculos XIV e XV, tributária das exigências do mundo mercantil. Como bem destaca António Nóvoa, era como se os saberes ligados à tradição da Igreja – o ler/escutar – se acoplassem a conhecimentos derivados de necessidades da vida urbana e comercial – o escrever/contar (Nóvoa 1987 e 1991; Hamilton 1992; Chartier e Hébrard 1995). Daí a estruturação de uma sociedade regida por parâmetros materiais de troca, com a consequente ética burguesa e protestante do capitalismo e, paralelamente, o movimento de civilização social dos costumes. Tudo isso compunha – pode-se supor – um código normativo voltado para transformar, pouco a pouco, condutas e posturas prescritas como uma segunda natureza, interiorizadas por procedimentos vários de autocontrole, autocontenção, autodomínio, enfim, indícios de pudor e de vergonha, regulação dos afetos e das paixões.

Essa dinâmica social integra progressivamente o que é compreendido, a princípio, como cortesia, posteriormente como civilidade e, finalmente, como civilização (Elias 1993 e 1994). De qualquer modo, eram formas acordadas para socializar as gerações jovens. A mesma juventude ganhava uma identidade nova perante as sociedades anteriormente constituídas. Parte significativa dessa estrutura moderna de civilização passaria, em princípio, pela escola.

António Nóvoa (1987) observa – no modelo escolar arquitetado desde o princípio da era moderna – a existência de dois movimentos sucessivos: o primeiro, entre a Renascença e meados do século XVIII; e o segundo a partir da referência da Revolução Francesa com o modelo da escola de Estado. Se, com o Iluminismo e a Revolução, o ideário de escolarização passou a integrar um projeto de nação, no período anterior, já podem ser assinalados, nas práticas de sala de aula, alguns dos principais traços constitutivos da "gramática" da escolarização moderna. Naquele primeiro período, teriam sido gestados e engendrados, em alguma prática e em múltiplas representações sociais, rituais muito específicos que configurariam minuciosamente o dia a dia da vida escolar moderna. Era o tempo dos colégios:

católicos (jesuítas, jansenistas ou oratorianos) e protestantes (luteranos, calvinistas, anglicanos). Para Nóvoa (1991), a própria ideia de colégio constrói-se por algumas características:

> O ajustamento de um conjunto de procedimentos e de técnicas para esquadrilhar, controlar, medir, corrigir os indivíduos, para os tornar ao mesmo tempo "dóceis e úteis". É a inauguração da "sociedade disciplinar", onde a criança é mais individualizada que o adulto, o doente é antes do homem são, e o louco e o delinquente antes que o normal e o não delinquente. O momento histórico das disciplinas é o tempo do corpo que se manipula, que se modela, que se corrige; é também o tempo do encerramento da infância nos lugares que lhe são destinados. (*Ibidem*, p. 13)

A partir do final do século XVIII, e especialmente no XIX, em vários países europeus, o Estado toma para si a tarefa da instrução, à luz de uma proposta muito específica: a de se valer da rede de escolas, com o intuito de operar e construir a fundação ou refundação dos Estados. Tratava-se de dar à escola um lugar instituinte da cidadania. Embora talvez não seja exatamente essa a ideia daqueles que a conceituaram (Tyack e Cuban 1995), a "gramática da escolarização moderna" é, em alguma medida – e isso já o demonstrou António Nóvoa (1987 e 1991) –, anterior ao ciclo escola de Estado.

No século XVI, as raras escolas existentes eram, em sua maioria – como se observa pela obra de Vives –, regidas pelos chamados "mestres livres", que alugavam um cômodo ou reservavam um local em sua própria residência para dar lições às crianças e aos jovens que os procuravam. Sendo assim, tais professores recebiam e agrupavam no mesmo espaço crianças de variadas idades e diversos níveis de aprendizado. Esse modo de formação convivia, evidentemente, com modelos não letrados de educação, como a cavalaria no ambiente do feudo e as corporações no ambiente das cidades. As escolas dos mestres livres formavam nobres. É fato. Mas formavam também os filhos de mercadores (Manacorda 1992): aqueles que precisariam minimamente do aprendizado do ler, do escrever e do contar. Os homens da cidade – como já se procurou evidenciar – desejavam o mundo do mercado, mas propunham-se a dar a esse mundo algum timbre de cultura letrada. A aristocracia antiga passa a recorrer à cultura das letras para se diferenciar daquela que se compreendia ser a nova nobreza. Essa recente aristocracia endinheirada também deseja a escola como um mecanismo de distinção (Petitat 1994). Para mercadores e nobres, a procura pela escola é tida como marca de altivez, um modo próprio de compor a socialização: civilização escolar.

Alfabetização visual e escrita na Renascença

É indiscutível o impacto que a cultura impressa exerce nas representações mentais dos séculos XV e XVI; a despeito de serem bastante questionáveis os índices de leitura e escrita à época. Harvey Graff, ao estudar o tema da alfabetização na Renascença, desenvolve a hipótese segundo a qual os avanços culturais presenciados por aquelas sociedades – entre os séculos XV e XVI – foram tributários, não tanto da cultura letrada, mas principalmente de um deslocamento das formas de ver o mundo. Para mobilizar a expressão de Graff, tratava-se de uma "alfabetização visual" (Graff 1995): aquela que revolucionou as formas de ler as imagens. A leitura de imagens foi, nesse sentido, a mola mestra dos avanços em época que pouco, ainda, devia à cultura letrada. De fato, pode-se suspeitar que haja alguma mística quando se consideram os supostos efeitos imediatos da irradiação da leitura na Renascença, a despeito da inegável multiplicação de impressos constatada no período.

O grande distintivo da Renascença teria relação, sobretudo, com a imagem: uma revolução nos modos de ver. A crença no caráter irradiador quase imediato dos usos da impressão para estruturar uma mentalidade letrada no Ocidente talvez desqualificasse a oralidade como signo regulador dos padrões de comunicação naquele tipo de sociedade, até então eminentemente oral. Compreendendo o Humanismo como plataforma de ação dirigida às camadas dominantes da sociedade, Graff acredita que a Renascença pouco deve à alfabetização letrada. Diferentemente disso, teria ocorrido – isso sim – um deslocamento das formas de olhar, modificações atinentes à perspectiva e às imagens que compõem as representações do humano:

> Como em tudo o mais, a alfabetização foi uma contribuidora, não uma causa; uma beneficiária, não uma consequência. Na verdade, seus esforços podem ser vistos como contraditórios e limitantes naquele sentido. Uma questão importante é a língua. A Renascença ocorreu em um tempo de difusão, de amadurecimento das línguas vernáculas regionais e nacionais. Entretanto, com algumas exceções importantes para as figuras literárias, o renascer clássico fez pouco para endossar ou contribuir para o óbvio potencial do vernáculo de expandir a alfabetização e a escolarização leiga e popular. (*Ibidem*, p. 185)

Cumpre reconhecer o lugar que a tipografia ocupava então no cenário europeu. A técnica tipográfica existia já, embrionariamente, na China desde o século XII, quando caracteres móveis teriam sido colocados sobre uma prancha. Mas foi somente por volta de 1453 que Gutenberg imprimiu a *Biblia Sacra Latina*, texto que contaria com 42 linhas por página. Ao que consta, trata-se do primeiro título que o Ocidente imprimiu (Combes 1997, p. 45). Era uma obra impressa com o uso de caracteres móveis de metal. Ainda que não se constatem modificações imediatas nos patamares do aprendizado da leitura, certamente, os cem anos que sucederam a invenção de Gutenberg – a tipografia – contaram com um espantoso aumento dos livros em circulação por toda a Europa. O parecer de Delumeau abaixo transcrito – indicando os níveis de produção e de circulação do impresso – aponta para a revolução cultural que a impressão do livro representou para a vida europeia, expondo, sobre o tema, parecer contrário ao de Graff:

> Febvre e H. J. Martin calcularam que, no final do século XV, pelo menos 35.000 edições tinham já saído dos prelos europeus, o que equivale a 15 ou 20 milhões de exemplares. Para todo o século XVI, atingir-se-iam já mais de 150.000 edições diferentes – talvez mesmo 200.000. Deste modo, 150 a 200 milhões de exemplares teriam sido lançados no mercado durante cem anos – e isto sem falar nos cartazes, folhetos e outras pequenas publicações, como as "folhas volantes". A época do Renascimento não se contentou com distribuir aos homens do Ocidente milhões de livros impressos, também difundiu largamente reproduções de obras de arte, provocando com isso uma verdadeira mutação estética na Europa e uma profunda transformação das relações entre o artista e o seu público. (Delumeau 1984a, pp. 192-193)

A produção do livro tornara-se negócio, e negócio lucrativo. O século XVI imprimiu milhões de livros, que vinham a público e se davam a ver "a serviço de uma cultura erudita e de uma cultura religiosa" (Chaunu 1993, p. 35). Nesse princípio, não havia propriamente o destinatário popular do mercado livreiro. O livro impresso era suporte material colocado a serviço das "enormes necessidades religiosas da cristandade latina no tempo da *devotio moderna*" (*ibidem*, p. 36), quando a cristandade católica se via ameaçada tanto pela proliferação de heresias quanto pelo movimento que deflagrará a irrupção das reformas protestantes. Mas o livro também se colocava ao lado dos interesses seculares. A população leiga passava a adquirir maior familiaridade com o suporte material da escrita impressa. Por isso, pode-se dizer que "a impressão com tipos móveis foi resultado tanto de inspiração quanto de transpiração, uma ideia e uma invenção" (Man 2004, p. 133). A tipografia representa um ganho de qualidade e uma significativa economia no tempo de fabricação do livro. Sucede que o emprego do tempo – já à partida – era diferente. A condição transformadora da imprensa reside basicamente no fato de a impressão fixar a escrita em caracteres tipográficos comuns. Haverá uma padronização que tornará mais confiável o texto impresso, quando comparado àquele manuscrito.

O manuscrito – por sua própria natureza – implica a cópia, e esta é sempre passível de modificações caso a caso. Já o livro impresso é montado mediante formato e caracteres uniformes.[1] Com o advento da tipografia, haverá tarefas de edição, de revisão, de análise das provas do livro e de sua correção.

O impressor – já sublinhava Eisenstein – surge como profissional distinto de qualquer categoria anterior, posto que, "ao mesmo tempo em que editava textos, fundava associações culturais, promovia artistas e autores ou fazia progredir novas formas de coletar dados e diversos ramos de disciplinas eruditas" (Eisenstein 1998, p. 158). A cultura impressa alterava o acesso às informações, modificando, por conseguinte, modos de ensinar e de aprender. Paulatinamente, a tipografia configurava-se como uma nova tecnologia da informação, que poderia perturbar, em alguma medida, os próprios padrões de organização das aulas. As novas redes de comunicação, de transmissão e de produção da cultura letrada perturbariam também a linguagem da escolástica, que, cada vez mais, se tornava distante dos padrões linguísticos dos humanistas.

Nessa época, as universidades estavam em decadência em virtude de processo de aristocratização dos seus quadros – o que se traduzia no vestuário e em emblemas de prestígio (como a borla, o capelo, o anel), utilizados pelos mestres para a sinalização de lugares de *status* e de poder. O saber tornara-se diletante. O ensino fora substituído pelo primado do estudo e da pesquisa individuais; consequentemente, os mestres afastaram-se inclusive dos estudantes a quem lecionavam.

> Um [intelectual medieval] é professor, surpreendido a ensinar, rodeado de alunos, cercado pelos bancos onde se comprime o auditório. O outro é um erudito solitário, no seu tranquilo gabinete, à vontade no meio do quarto desafogado e opulento, onde se movem livremente os seus pensamentos. Aqui é o tumulto das escolas, a poeira das salas, a indiferença pela decoração do trabalho coletivo. Ali tudo é ordem e beleza; luxo, calma e voluptuosidade. (Le Goff 1973, p. 175)

Eram numerosos os tratados sobre educação de crianças (Debesse e Mialaret 1977). À luz de dados que constatavam queda nos índices de mortalidade infantil, no âmbito de uma inaudita preocupação com a infância, e da recomendação, por

---

1. Embora os caracteres fossem fixos, as letras eram impressas mediante um conjunto caligráfico diferente, conforme o período histórico. Assim, dentre as letras mais usadas, havia os caracteres romanos, que, por sua vez, teriam sido um pouco modificados pela letra que vigorara no período carolíngio – por isso chamada de carolina. A letra mais em voga no período humanista foi a itálica; embora houvesse imediatamente uma confluência entre a letra romana e a itálica no formato da fonte chamada Garamond.

parte de tratados dos humanistas, para que houvesse pudor no trato com as crianças, as famílias, cada vez mais, queriam mandar os filhos para as escolas (Ariès 1981; Postman 1999b; Snyders 1977). As camadas privilegiadas tencionavam compartilhar sua tarefa educativa com outro personagem: poderia ser a escola, poderia ser o colégio, poderia ser o preceptor. As obras humanistas caracterizam-se basicamente pela preocupação com a edificação de um patamar de cultura geral, adequada ao homem de corte, ao homem civil. Não havia, portanto, entre os principais humanistas da época, grande preocupação com algum tipo de instrução voltada para a utilidade. A cultura geral almejada apresentava-se, por si, como propedêutica e enciclopédica: supunha-se, pelos padrões da Antiguidade, que assim deveria ser. Cabia aliar tal cultura a um conjunto organizado de regras de *savoir-vivre* que modelassem os movimentos do homem cultivado em sociedade.

> O humanismo quebrou a influência da escolástica e o prestígio das universidades; o êxito do Colégio de França em face da Sorbonne é significativo. Revolucionou os métodos de pesquisa, e isso em dois tempos. Primeiro, graças ao estudo dos textos antigos, substituindo a autoridade direta dos mestres e autoridade dos comentadores insípidos. E, mais tarde, substituindo a autoridade dos Antigos pela observação direta dos fatos. Sustentando uma filosofia que situa o homem no centro do seu estudo, o humanismo contribuiu para secularizar o pensamento, ao mesmo tempo que estimulava a pesquisa científica. Mas... para o humanismo a perfeição estava no passado, nas obras-primas do passado, donde seu conservantismo. (Debesse e Mialaret 1977, p. 196)

Montaigne e a escrita da educação

Como observa Roger Chartier, o postulado implícito ao pensamento humanista era o de que existiriam dependências recíprocas reguladoras dos modos de vida social. A sociedade de corte, que se configurava como uma forma social original, firmava-se pelo monopólio fiscal e militar, além de um conjunto normalizado das boas maneiras dos salões. Tais códigos de conduta pública estruturavam mecanismos semiautomáticos de autocontrole de pulsões e de emoções – como já demonstrou Renato Janine Ribeiro (1990). Tratava-se de engendrar disposições interiores para domínio de si, capazes de fazer da cortesia ou civilidade um dado modelo, que, a um só tempo, nivelava e distinguia pessoas de diferentes camadas do tecido societário:

> Civilidade e intimidade também se opõem de outra maneira. De fato, a primeira deve submeter as emoções, refrear os afetos, dissimular os movimentos da alma e

do coração. A racionalidade que a domina proporcionaliza cada conduta à relação em que se inscreve e ajusta cada comportamento ao efeito que se deseja produzir. Assim, a civilidade é uma arte sempre controlada de representação de si mesmo para os outros, um modo estritamente regulamentado de mostrar a identidade que se deseja ver reconhecida. (Chartier 1990, p. 166)

Era preciso estruturar um conjunto suficientemente ordenado de padrões de conduta, capaz de pautar categorias de distinção: as distâncias sociais, a assumpção de seu lugar público como fonte de credibilidade. A mesma sociedade que caminhava em direção ao progresso da intimidade construía moldes coletivos para conferir visibilidade ao seu ordenamento interior:

> (...) a vida de corte requer dos que dela participam propriedades psicológicas específicas, que não são comuns a todos os homens: é o caso da arte de observar os outros e de observar a si próprio, a censura dos sentimentos, o domínio das paixões, a incorporação das disciplinas que regulam a civilidade. Uma tal transformação não modifica apenas as maneiras de pensar, mas toda a estrutura da personalidade, a economia psíquica (...), por um termo antigo, o *Habitus*. (*Ibidem*, p. 113)

Evidentemente o padrão de honra e de civilidade que se constituirá na Idade Moderna recebe a herança de práticas anteriores, de uma nobreza de corte, pouco letrada, para a qual a honra derivava do sangue e, nesse sentido, estava confinada ao nascimento. Renato Janine Ribeiro assinala que "a velha palavra portuguesa já o diz: fidalgo, filho d'algo" (Ribeiro 1990, p. 59).

Os moralistas/humanistas do século XVI recolocam o tema: o molde da aristocracia não vem necessariamente pelo sangue. A nova acepção de honra compreenderá que a verdadeira nobreza será engendrada pela formação do espírito: pelo domínio das "belas letras" e pelas práticas de civilidade. Será, agora, pelo comportamento que se reconhece o sujeito nobre.

Michel de Montaigne (1533-1592) leva esse nome por causa do nome Montaigne do castelo de propriedade de sua família, em que nasceu em 1533, próximo da cidade de Bordeaux, na França. Vem de uma família burguesa de comerciantes, que – segundo Fetz (2003, p. 212) –, pela compra desse castelo, adquire a condição de nobre. No Collège de Guyenne, recebe formação humanista; depois, faz faculdade de Direito em Bordeaux e em Toulouse. Dos seus 24 aos seus 37 anos, exerce as funções de conselheiro parlamentar e de juiz em Bordeaux. Durante esse meio tempo, casa-se e experimenta vários casos de amor, dentre os quais se destaca seu envolvimento com Etienne de La Boétie, outro humanista da época, que convive intimamente com Montaigne desde os 25 anos deste. Diz Fetz (2003, p. 213) que, cinco anos mais tarde, "este amigo íntimo e líder espiritual, com quem Montaigne podia refletir no espírito da filosofia estoica sobre todas as questões da vida, teve sua vida ceifada por uma doença; ele deixou uma lacuna permanente".

Montaigne, depois da morte de seu pai, em 1568, abandona a vida pública e, em 1571, passa a viver em seu castelo, cuidando de suas propriedades, "para levar uma vida contemplativa, longe da agitação do mundo" (*ibidem*). Em 1580, estavam prontos os dois primeiros volumes de seus ensaios. Peter Burke (2006, p. 12) diz, sobre esse período, o que segue:

> Seu ideal era o do amador, do diletante. Da mesma maneira, Montaigne gostava de dar a impressão de que não estudava, mas simplesmente folheava seus livros de vez em quando, "sem ordem nem método"; de que não retocava seus escritos, mas simplesmente tomava nota de tudo o que lhe passava pela cabeça; e de que seu propósito ao escrever, como declarou no prefácio dos *Ensaios*, era puramente "doméstico ou privado", em atenção à sua família e aos amigos, não para o público em geral. Essa era a única forma de escrever da qual um cavalheiro francês da época não tinha razão de envergonhar-se.

Entre 1580 e 1581, Montaigne faz uma longa viagem por balneários da França, da Suíça e da Alemanha para tratar um cálculo renal. Depois vai a Roma, onde recebe o título de cidadão honorário, que ele interpreta como um reconhecimento por seu cosmopolitismo (Fetz 2003, p. 214). Em seu regresso, tem a notícia de que a cidade de Bourdeaux o havia designado como prefeito. Ele desempenhará esse cargo por duas gestões e atestará que, nessa nova etapa de sua vida, a dimensão contemplativa será substituída por uma intensa participação na vida pública da cidade. Conforme assegura Fetz (*ibidem*), "essas novas experiências ganham expressão no terceiro livro de seus *Ensaios*, que ele publica em 1588 juntamente com uma nova edição dos dois primeiro livros".

A bibliografia tende a marcar as três etapas da vida de Montaigne como pautadas respectivamente pelas filosofias estoica, cética e epicurista. Seja como for, um aspecto que é bastante assinalado por todos os intérpretes é o fato de Montaigne haver sido um precursor da etnologia, dada sua preocupação em reconhecer e em valorizar diferentes formas de vida e, portanto, a diversidade pela qual a condição humana pode ser situada no planeta.

Montaigne, em seus escritos, destaca uma dada taxonomia social revelada por linguagens nem sempre verbais. Entre as comunidades humanas, há códigos que passam pela expressão corporal, pela fisionomia, por movimentos e pela postura do corpo, pelo semblante do rosto, e até por modos de se vestir. Para lidar com esse universo, haveria um determinado padrão do que será considerado civilidade. Montaigne, em sua época, destaca-se, dentre os demais humanistas, por recusar a visão europeia etnocêntrica. Sua perspectiva – como registrou Peter Burke – tende à relativização da perspectiva, identificando a "variedade dos costumes, crenças e normas humanos" (Burke 2006, p. 72). Para Montaigne, assim como as opiniões humanas são mutáveis, as culturas também são diversas, e aquilo que parece certo aqui pode ser a expressão do erro em outro lugar. Em suas palavras: "Cada qual considera bárbaro o que não se pratica em sua terra" (Montaigne 1980, p. 101).

Na forma de ensaios – gênero que ele próprio teria inaugurado –, Montaigne, por sua escrita, diz buscar aproximar-se das coisas, procurando antes a compreensão do que um apressado julgamento, caminhando "às apalpadelas, cambaleando, tropeçando e pisando em falso" (*idem* 2005, p. 33). O ensaio era produzido como um rascunho, escrito em francês, numa tentativa de deixar fruir o pensamento: "Deixo minhas ideias correrem assim fracas e insignificantes, como as produzi, sem lhes rebocar nem remendar os defeitos que tal comparação me revelou" (*ibidem*, pp. 34-35). Nesse movimento, tudo parecia, a princípio, algo duvidoso.

Há – pode-se dizer – uma pedagogia da escrita na Renascença. A escrita terá, nesse caso, um objetivo específico de revelação do eu, dado que – Montaigne continua: "Não digo sobre os outros a não ser para dizer mais sobre mim mesmo" (*ibidem*, p. 38). Supunha-se que tanto a leitura quanto, principalmente, a escrita seriam fontes de modificações insuspeitadas no sujeito letrado. Para esse humanista, o modelo tradicional da educação de crianças não favorecia o estudo das humanidades. Daí a importância – dirá ele – da escolha de um bom preceptor, que antes tivesse "a cabeça bem-feita do que bem cheia" (*ibidem*, p. 44).

Montaigne critica o modo pelo qual a época conferia prioridade ao ensino de matérias, sem atentar para a importância do ensino de atitudes, como se, com a cabeça cheia de ciência, automaticamente adviessem o domínio do discernimento e da virtude:

> Trabalhamos apenas para encher a memória, e deixamos o entendimento e a consciência vazios. Assim como às vezes as aves vão em busca do grão e o trazem no bico sem o experimentar, para dar o bocado a seus filhotes, assim nossos pedagogos vão catando a ciência nos livros e mal a acomodam na beira dos lábios, para simplesmente vomitá-la e lançá-la ao vento. (*Ibidem*, p. 9)

Além disso, havia forte crítica acerca do método utilizado, mediante o qual apenas se pediam contas à memória sobre aquilo que se havia aprendido nos livros. O aprendizado, nesse sentido, carecia de significado, posto que era um saber feito por empréstimo. Tornava as pessoas pedantes, mas não as tornava sábias.

O preceptor precisaria destacar-se pelos costumes, mais até do que por seu entendimento e ciência. Deveria ter antes a "cabeça bem-feita do que bem cheia" (*ibidem*, p. 44). Acima de tudo – sublinha o humanista – uma nova concepção de aprendizado era firmada, já que "não cessam de martelar em nossos ouvidos, como quem despejasse em um funil, e nossa tarefa é apenas repetir o que nos disseram" (*ibidem*). Esse modelo de ensino não mais se justificaria. Parecia necessário considerar a alma da criança "fazendo-a experimentar as coisas, escolhê-las e discernir por si mesma, às vezes abrindo-lhe caminho, às vezes deixando-a abri-lo" (*ibidem*). Seria fundamental ao preceptor aprender a ouvir o que o discípulo tem a dizer.

Postulava-se ali a ideia de que educar as novas gerações não é tarefa para qualquer um: requer domínio de uma arte, de uma técnica, de uma especialidade – entre o conhecimento e a virtude. O educador não será o pai de família; será um professor criteriosamente escolhido. Essa solução de Montaigne é, como vemos, aristocrática, posto que, concretamente, poucas famílias terão tido, na época, condições de pagar um professor particular para seus filhos. De qualquer modo, sugere-se a adoção de métodos adequados para realizar a ação pedagógica:

> Que ele lhe peça contas não apenas das palavras de sua lição, mas sim do sentido e da substância e que julgue sobre o benefício que tiver feito não pelo testemunho de sua memória e sim pelo de sua vida. Aquilo que tiver acabado de ensinar, faça a criança colocá-lo em cem facetas e adaptar a tantos outros diversos assuntos, para ver se ela realmente o captou e incorporou. (*Ibidem*, pp. 45-46)

A recusa do princípio de autoridade vem entremeada por algum ceticismo, que contraria os postulados civilizadores tão comuns à época. Saber significará saber por si mesmo, e não porque o outro nos diz: "Quem segue outro nada segue. Nada encontra, e até mesmo nada procura" (*ibidem*, p. 48). Acreditando que a verdade e a razão são comuns ao gênero humano, Montaigne propõe-se a criticar qualquer saber de empréstimo: "Saber de cor não é saber: é conservar o que foi entregue à guarda da memória. Do que sabemos efetivamente, dispomos sem olhar para o modelo, sem voltar os olhos para o livro" (*ibidem*, p. 51). A competência livresca é desautorizada – posto que serve apenas de ornamento e não de fundamento para o verdadeiro conhecimento. A crítica aos modos de educar de sua época incide também no que toca aos tempos da educação: "Ensinam-nos a viver quando a vida já passou" (*ibidem*, p. 81). Saber será, nesse sentido, também desconfiar.

> Viso aqui apenas a revelar a mim mesmo, que porventura amanhã serei outro, se uma nova aprendizagem mudar-me. Não tenho autoridade para ser acreditado, nem o desejo, sentindo-me demasiadamente mal-instruído para instruir os outros. (*Ibidem*, p. 39)

O próprio aprendizado deverá, nessa perspectiva, ser posto à prova dos tempos e da inteligência. O aprendizado deve ter uma direção, que seja clara e que possa fazê-lo ser mobilizado nas coisas concretas. Do contrário, como ridiculariza Montaigne (2005, p. 85), sempre se chegará a um impasse: "Agora não é hora para o que sei fazer; e aquilo para que agora é hora, não o sei fazer". O aprendizado é como uma ferramenta e deve estar disponível para o crivo da vida.

> Que ele o faça passar tudo pelo crivo e nada se aloje em sua cabeça por simples autoridade e confiança; que os princípios de Aristóteles não lhe sejam princípios, não mais que os dos estoicos e epicuristas. Que lhe proponham essa diversidade de opiniões; ele escolherá se puder; se não, permanecerá em dúvida. Seguros e convictos há apenas os loucos. (*Ibidem*, pp. 47-48)

Os autores da Renascença – tanto Montaigne como Erasmo – recorriam à metáfora da cera para abordar a educação. A criança seria uma massa ainda maleável, a ser esculpida pela ação do educador. Sua plasticidade facilitaria a tarefa educativa. Os colégios da época embruteciam as crianças. A infância – idade da vida – é tida por uma argila informe, que vem ao mundo como se não fosse nada; sendo que, pela mesma razão, se tornará o pior ou o melhor dos seres. A metáfora da cera é, para tanto, exemplar: é flexível, porém endurece com o tempo. Por isso mesmo, seria imprescindível educar desde cedo. Os humanistas acreditavam que a trilha da civilização requereria padrões uniformes de conduta dita bem-educada.

A Renascença inaugura, para o gênero humano, uma nova consciência de si. Acreditavam os teóricos da época que se vivia num mundo em mudança; e que essa mudança era para melhor. Daí a necessidade de conferir lógica e racionalidade aos projetos, aos percursos e aos resultados. A civilidade pode ser lida, assim, como um projeto de longo prazo. A Europa intensifica, entre os séculos XVI e XVII, uma tarefa clara tarefa de civilização de costumes, de modo que:

> (...) por um lado, os procedimentos de controle social tornam-se mais severos; através das formas educativas, da gestão das almas e dos corpos, encerram o indivíduo numa rede de vigilância cada vez mais compacta. Por outro, constituem-se à margem da vida coletiva espaços protegidos que são objeto de uma revalorização, sendo o primeiro deles o foro familiar. (Revel 1991, p. 170)

Em público, deveria ser revelada a "interiorização individual da regra", como se esta estivesse colada à própria intimidade, constituindo uma segunda natureza do ser. Evidentemente, as referidas transformações de comportamento inscrevem-se no vasto processo de privatização da vida, que se registrou – como já apontara Ariès (1991) – na longa duração do século XV ao século XX. A família nuclear, protegida dos olhares dos outros, transformava-se, progressivamente, em refúgio contra a máscara da civilização. Esta, por seu turno, seria o preço necessário pago pela inserção social. A escola não era, para a maior parte dos humanistas, alternativa defensável. Contudo, reconhecia-se que as famílias não sabiam educar; por isso, a necessidade de haver critérios para a escolha do bom preceptor. Se o diagnóstico é preciso, certamente a orientação era aristocrática. As escolas – diz Montaigne – pareciam prisões de uma meninice cativa. A punição apenas contribuía para fazer com que a juventude se revoltasse:

> Tornam-na debochada ao puni-la por isso antes que ela o seja. Chegai lá no momento que trabalham: ouvis apenas gritos de crianças supliciadas e de mestres embriagados de cólera. A maneira para despertar nessas almas tenras e temerosas o apetite para sua lição será guiá-las com uma carranca assustadora, as mãos armadas de chicotes? Iníqua e perniciosa forma! (Montaigne 2005, p. 89)

As regras norteadoras da representação em sociedade colocam-se ao alcance do indivíduo pelo exemplo do homem de corte, pela prescrição pedagógica, mas, sobretudo, pela profusão no século XVI de um gênero específico de literatura: os manuais de civilidade. Tais brochuras registram no texto padrões de comportamento social prescritos e modos proscritos de conduta. E, como recorda Janine Ribeiro:

> A etiqueta não se reduz a mero repertório do que devemos ou não fazer. É preciso que os gestos e palavras considerados belos adquiram um sentido cerimonial, tomem a forma de um ritual quase religioso. É preciso que as boas maneiras, esta redução da ética a uma estética, do bom ao belo, se enraízem numa política: que a conduta valorizada seja um sacrifício prestado a um senhor, a um príncipe que governa não só o Estado como os atos dos seus membros de maior destaque. (Ribeiro 1990, p. 23)

Também voltado para refletir sobre a educação das crianças e aconselhar as pessoas, Erasmo alia conhecimento e civilidade como duplo critério mediante o qual se deveriam educar as crianças.

A civilidade pueril *de Erasmo*

A Renascença fala ao cotidiano de alguma elite privilegiada que pretende se distinguir pela conduta. O retrato de criança deriva, em larga medida, do traçado do homem renascentista. Aquela mesma elite – que instituíra o mecenato – lê os tratados de civilidade impressos no período. Tais tratados – liderados pelo clássico texto de Erasmo dirigido às crianças sob o título *A civilidade pueril*, de 1530 – tinham por meta elencar um conjunto de saberes, de *savoir-faire*, de *savoir-vivre*, que contasse do mundo às crianças, ao mesmo tempo em que configurasse, de modo preciso, um estilo particular de mundo. Pretendia-se, portanto, sumariar um roteiro prescritivo do rumo da civilização. Para tal propósito, estruturavam-se dispositivos e representações sociais, que, pouco a pouco, davam a ver uma forma de escola bastante identificada com um espaço social posto à parte da vida comunitária e familiar, dispondo-se, nessa medida, como lugar específico voltado exclusivamente para o ensino/aprendizado.

Erasmo lança, em 1530, seu célebre trabalho intitulado *A civilidade pueril*. Este foi originalmente publicado em latim, ganhando posteriormente traduções para 14 diferentes línguas em inúmeras sucessivas edições. Tratava Erasmo, na mesma obra, de recomendar às crianças normas da vida em sociedade, destacando subliminarmente que as manifestações do corpo dariam a ver o homem interior.

Quando vem a público, *A civilidade pueril* inova, antes de tudo, pelo seu destinatário. Embora já houvesse um conjunto expressivo de tratados dirigidos à formação da sociabilidade civil, não era comum dirigir diretamente às crianças esse tipo de literatura. Erasmo tem por interlocutor primordial a infância. Falava, supostamente, à puerícia (termo indicativo do período da vida compreendido entre os 7 e os 12 anos). Dirigindo-se expressamente a um menino nobre, Erasmo propõe-se a falar diretamente com a meninice para traçar-lhe preceitos de boas maneiras, de polidez, de cortesia – enfim, para engendrar socialmente comportamentos que, a um só tempo, suavizassem progressivamente os costumes urbanos (urbanidade) e se compusessem como derivados de uma "tutela dos afetos, uma autodisciplina e um autocontrole, uma racionalidade distintiva de Corte, que, no início, fez com que o cortesão parecesse a seu opositor burguês (...) o suprassumo do homem de razão" (Elias 1993, p. 18). Note-se, porém, que – no parecer de Erasmo – "a civilidade aprende-se e adquire-se" (Courtine e Haroche 1995, p. 19). De alguma maneira, o texto confronta o caráter estático das hierarquias sociais, destacando a possibilidade de o indivíduo adquirir, com uma educação adequada, formas nobres de ser e de agir. Acreditava Erasmo que "*saber viver* não pode ser concebido fora do *saber falar*, que assenta em dois talentos especiais, *eloquentia* e *sapientia*, o domínio da linguagem e o domínio de si próprio" (*ibidem*).

Para o necessário efeito de controle, construir a pessoa bem-educada para a vida civil era, de algum modo, adestrar os impulsos de seu corpo. Havia um semblante social a ser desenhado. Indicar isso parecia ser uma das tarefas dos teóricos da educação do período. O caráter disciplinador de tal aprendizado deveria ser assimilado em tenra idade. Tencionava-se domar, na criança, seus gestos e movimentos, feições e expressões. O tom constritivo do aprendizado é óbvio. Como consta d'*A civilidade pueril*, o processo formativo precisará capturar, na criança, a própria alma:

> Para que o bom fundo de uma criança se manifeste por todos os lados (e ele reluz, sobretudo, no rosto), o seu olhar deve ser doce, respeitador e honrado; olhos duros são um indício de violência; olhos fixos, sinal de atrevimento; olhos errantes e vagos, sinal de loucura; eles nunca devem olhar de viés, o que é próprio de um sonso, de alguém que prepara uma maldade; também não devem ser desmesuradamente abertos, como os de um imbecil; baixar as pálpebras e piscar os olhos é um indício de frivolidade; mantê-los parados é indício de um espírito preguiçoso – e disso acusou-se Sócrates; olhos perscrutadores denotam irascibilidade; olhos demasiado vivos ou muito eloquentes, um temperamento lascivo: convém sim que reflitam um espírito calmo e respeitosamente afetuoso. Não foi por acaso, com efeito, que os velhos sábios afirmaram: a alma depõe-se no olhar. (Erasmo 1978, p. 71)

A civilidade pode ser compreendida como um gênero de linguagem com que o sujeito representa a si próprio no teatro da vida social. Enquanto tal, revela disposições da alma. Versa sobre os modos de falar, quando falar, o que falar, a quem dirigir a palavra, os gestos apropriados para cada situação, os momentos de se calar, as expressões fisionômicas recomendadas. É preciso lembrar que, naquele período, verificava-se o que Janine Ribeiro (1990, p. 61) identifica por "afluxo de sangue novo à nobreza. O enobrecimento, que se torna mais frequente no século XVI, em vez de ser desprezado, causará certo orgulho". Os bons modos, os méritos pessoais e a erudição eram distintivos para fazer com que a nobreza se tornasse algo construído pela virtude humana. Tratava-se de um modelo aristocrático condizente com um mundo de economia burguesa. Nas palavras de Jacques Revel (1991,

p. 172): "Os gestos são signos e podem organizar-se numa linguagem; expõem-se à interpretação e permitem um reconhecimento moral, psicológico e social da pessoa. Não há intimidade que não revelem". Um código comum de comportamento chegava, pois, até as crianças, escrito em linguagem suficientemente adulta para induzir pais e educadores a aprender o que se deveria ensinar às gerações pueris quanto a seu comportamento público:

> O olhar deve estar voltado para a pessoa com quem se fala, mas este deve ser calmo, franco e não denotar nem descaramento nem maldade. Fixar os olhos no chão (...) leva a supor uma má consciência; fitar alguém de viés é testemunhar-lhe aversão. Virar a cabeça para um lado e outro é prova de leviandade. Também é pouco próprio dar toda a espécie de expressões ao rosto, como frisar o nariz, enrugar a fronte, soerguer as sobrancelhas, torcer os lábios ou abrir e fechar bruscamente a boca; todas estas caretas são prova de um espírito tão inconstante como o de Proteu... Não fica bem a uma criança bem-educada agitar os braços, gesticular com os dedos, mexer os pés ou falar mais com o corpo do que com a língua; fazem-no as rolas e as alvéolas, e até as pegas têm esse hábito. A voz da criança deve ser suave e bem colocada; não forte como a dos camponeses, nem tão fraca, que não se ouça. A fala não deve ser precipitada ou solta sem reflexão; deve ser calma e clara. Esta maneira de falar corrige mesmo, ou atenua em grande parte – se os não chegar a fazer desaparecer por completo – o gaguejar e a hesitação.[2] (Erasmo 1978, pp. 100-101)

A compostura tornara-se, progressivamente, objeto de estudo específico. Embora a primeira tradução do tratado de Erasmo *A civilidade pueril* seja inglesa, foi a França que imediatamente se apropriou da obra, tornando-a "rapidamente um livro familiar aos alunos dos colégios, e nas suas traduções ou imitações francesas um manual escolar destinado às crianças mais jovens. A partir de 1537 as traduções sucederam-se, por assim dizer, sem interrupção" (Bonneau 1978, pp. 33-34).

Note-se que Erasmo já indicara n'*A civilidade pueril* a pequenez de seu objeto de estudo diante das outras matérias da filosofia – como se concordasse com quem diz que "a civilidade é o que sobra quando não se aprende nada" (Revel 1991, p. 208):

---

2. "Em relação aos mais velhos há que falar com respeito, e em poucas palavras; com os da mesma idade, afetuosamente e de boa vontade. Quando se fala com alguém, deve-se pegar no chapéu com a mão esquerda, deixando a direita pousar suavemente sobre o estômago; é ainda mais aconselhável segurar no chapéu com as duas mãos, deixando os polegares de fora, de maneira a tapar a parte do abdômen. Apertar um livro ou a boina debaixo do braço é próprio de uma criança mal-educada. Um decoro tímido fica bem: o que dá cor ao rosto, não o que faz parecer estúpido. O olhar deve estar voltado para a pessoa com quem se fala, mas este deve ser calmo, franco e não denotar nem descaramento nem maldade" (Erasmo 1978, p. 100).

> O próprio Erasmo crê ser necessário desculpar-se por tratar a fundo essa parcela ínfima e menosprezada da filosofia, afirmando que os bons costumes se refletem na delicadeza das maneiras e que a correção dos gestos, nos atos mais usuais, nas relações de cada um com os seus iguais ou superiores, também manifesta o equilíbrio das faculdades e a clareza do juízo pelo que não é indigno de um filósofo ocupar-se de detalhes aparentemente tão indiferentes. (Bonneau 1978, pp. 31-32)

Erasmo criticava os contemporâneos e prescrevia, provavelmente, no que respeita aos comportamentos infantis, atitudes que iriam na direção contrária daquilo que se costumava fazer; ou seja, modos de agir que enfrentassem costumes rudes presentes na sociedade de seu tempo. Daí podermos dizer que a leitura d'*A civilidade pueril* constitui preciosa fonte para se averiguar as mazelas de comportamento social da sociedade de corte. Erasmo tece sua crítica com espirituosidade, elaborando o código de uma pequena ética.

Inúmeros foram os tratados que, sob o gênero da civilidade, tiveram lugar na produção impressa do século XVI em diante. Norbert Elias reconhece na publicação, em 1530, do tratado de Erasmo – *A civilidade pueril* – um momento de inflexão – um ato fundador da massificação desse tipo de literatura de civilidade. O tema não era original, mas – como já se assinalou anteriormente – consta que o tratado de Erasmo foi o primeiro texto da era moderna, dirigido às crianças, diretamente voltado para a formação civil e as boas maneiras. Dirigir-se à nobreza, por meio do texto, também não era novidade. Todavia Erasmo – de maneira inusitada – põe no modo de agir a feição constitutiva da fidalguia, ou o caráter distintivo das crianças da nobreza. Por isso, *A civilidade pueril*, a rigor, não se voltava exclusivamente aos meninos nascidos nobres. O texto advoga a ideia de que a conduta engendrará a nobreza. Logo depois de sua primeira publicação, o livro de Erasmo ganha imediata adesão. Sucesso de vendas, também era campeão de leituras. A plataforma da civilidade ganha contornos de primeiro aprendizado escolar. É abraçada integralmente pelos reformadores protestantes e ultrapassa o círculo restrito do Humanismo que a viu nascer para ganhar seu espaço nos saberes escolares.

> (...) nascido de um projeto humanista, em alguns anos o modelo da civilidade entra na esfera das reformas protestantes, luterana e calvinista. A geografia de seu êxito bem o mostra: o livro triunfa tanto nas regiões onde a Reforma se implantou quanto naquelas que abalou profundamente. Na verdade, tal captação não é surpreendente, ainda que Erasmo sempre procurasse manter uma inexpugnável posição de meio-termo entre os cristianismos em luta. Pois, para os reformadores, o problema da educação das crianças é fundamental. (Revel 1991, pp. 175-176)

Para os reformadores, a criança originariamente teria maus instintos e sua espontaneidade era percebida como um elemento ameaçador. O aprendizado da civilidade era – por tal ótica – também essencial para "disciplinar as almas por meio da coerção exercida sobre o corpo e impor à coletividade das crianças uma mesma forma de comportamento sociável. Além disso, tem a vantagem de permitir que a criança exerça sobre si mesma um controle constante de seu tempo, de suas ocupações e de suas atitudes" (*ibidem*, p. 176). Tencionava-se mensurar e planejar o uso do tempo e os usos que a criança deveria fazer da mesma temporalidade. Havia um jogo social que precisava ser aprendido. Nele, os olhares de uns sobre os outros entrecruzavam-se. A nobreza de sangue passava, pouco a pouco, a conviver com uma aristocracia nova – endinheirada e que se pretendia bem-comportada. A elite em formação reconhecia seus integrantes, dentre outros sinais, por aqueles ditados pela conduta civil – e especialmente pelo modo de se dar a ver. Acreditava-se ser necessário um aprendizado, ainda durante a meninice, da técnica e da arte de parecer nobre. *A civilidade pueril* de Erasmo debruça-se claramente nesse assunto:

> Nos jogos honrados deves dar mostras de bom humor e não dessa petulância que acarreta sempre querelas; nunca deves fazer batota ou mentir, porque, se contemporizarmos com essas pequenas infâmias, mais tarde cometeremos outras mais graves injúrias. Aquele que ceder a sua razão de boa vontade será o verdadeiro vencedor, e não quem numa querela tem a última palavra. Nunca protestes contra a decisão de um terceiro, convidado para árbitro. Se jogares com pessoas menos dotadas do que tu, de forma que possas vir sempre a ser o vencedor, ganha só de vez em quando, para tornar a partida mais divertida; quando jogares com pessoas de condição mais baixa, esquece-te da tua própria superioridade. Deve-se jogar pelo prazer, e não pelo ganho. Costuma dizer-se que é ao jogo que melhor se revela o caráter de uma criança. No jogo manifestam-se com clareza os vícios naturais daquele que tem tendência para fazer batota, mentir ou arranjar discussões – e que cede à violência, à cólera ou ao orgulho. Resumindo, a criança deve ter o mesmo decoro ao jogo do que à mesa. (Erasmo 1978, p. 105)

Esse trecho demonstra a preocupação do autor com práticas certamente existentes em sua época, como o jogo a dinheiro, a batota, tudo isso posto como tendências que deverão ser dizimadas pela educação. Do contrário – e isso fica claro – elas dominarão a personalidade do sujeito. Daí a necessidade de tais tendências nefastas serem erradicadas durante a tenra meninice.

Nos seis anos que se sucederam à primeira edição de *A civilidade pueril* (datada de 1530), a circulação da obra teria alcançado 30 reedições sucessivas praticamente imediatas. No total, houve mais de 130 edições, e 13 são posteriores ao século XVIII, segundo os dados de Norbert Elias (1994, p. 68). Tratava-se de um livro também imitado, plagiado e traduzido para 14 línguas (Revel 1991, p. 171). Erasmo, em seu tratado, prescreve formas de conduta pública: desde os gestos até os modos de olhar.

> Neste particular, como ocorre com tanta frequência na história das palavras, e aconteceria mais tarde na evolução do conceito *civilité* para *civilisation*, um indivíduo serviu como instigador. Com seu tratado, Erasmo deu nova nitidez e força a uma palavra muito antiga e comum, *civilitas*. Intencionalmente ou não, ele obviamente expressou na palavra algo que atendia a uma necessidade social da época. O conceito *civilitas*, daí em diante, ficou gravado na consciência do povo com o sentido especial que recebeu no tratado de Erasmo (...) O aparecimento mais ou menos súbito de palavras em línguas quase sempre indica mudanças na vida do próprio povo, sobretudo quando os novos conceitos estão destinados a se tornarem fundamentais e de longa duração como esses. O próprio Erasmo talvez não tenha atribuído, no conjunto total de sua obra, qualquer importância especial ao seu curto tratado d'*A civilidade pueril*. (Elias 1994, pp. 68-69)

Segue, ainda, a mesma análise, procurando evidenciar o quanto a obra de Erasmo dirigida às crianças indiciava práticas existentes na Europa de seu tempo:

> Este tratado reveste-se de uma importância especial menos como fenômeno ou obra isolada do que como sintoma de mudança, uma concretização dos processos sociais. Acima de tudo, é a sua ressonância, a elevação da palavra-título à condição de expressão fundamental de autointerpretação da sociedade europeia, que nos chama a atenção para o tratado. O que aborda o tratado? Seu tema deve nos explicar para que fim e em que sentido era necessário o novo conceito. Deve conter indicações das mudanças e processos sociais que puseram a palavra em moda. O livro de Erasmo trata de um assunto muito simples: o comportamento das pessoas em sociedade – e acima de tudo, embora não exclusivamente, "do decoro corporal externo". É dedicado a um menino nobre, filho de príncipe, e escrito para a educação de crianças. Contém reflexões simples, enunciadas com grande seriedade, embora, ao mesmo tempo, com muita zombaria e ironia, tudo isso em linguagem clara e polida e com invejável precisão. Pode-se dizer que nenhum de seus sucessores jamais igualou esse tratado em força, clareza e caráter pessoal. Examinando-o mais detidamente, percebemos por trás dele um mundo e um estilo de vida. (*Ibidem*)

Houve um uso escolar muito intenso do tratado de Erasmo. Ele foi mobilizado pelas escolas, não apenas em seu tempo, mas em períodos posteriores. Foi também muito mencionado em novas obras, copiado, plagiado, tornando-se referência pedagógica para todo um gênero de literatura de civilidade que se engendraria depois.

O moderno Estado-nação e a racionalidade do agir

A Idade Moderna engendrou um movimento próprio de civilização dos costumes – movimento esse que estruturou a moldura da atual sociedade do Ocidente. O que caracteriza essa dinâmica civilizatória perante outras culturas é, em primeiro lugar, sua pretensão de superioridade. O Estado moderno – que monopolizara e centralizara impostos, força física e poder de justiça (Novais 1985) – convivia com a missão de favorecer mudanças de conduta, tendentes à racionalização e à institucionalização de modos de agir. Eram esperados, na esfera pública da interação social, cálculos de longo prazo, adiamento da satisfação, controle dos afetos e das pulsões, e uma nítida regulação de aspectos instintivos do ser, com o propósito de configurar padrões de autocontrole, que se tornassem, doravante, uma "segunda natureza" da experiência humana – praticamente uma "segunda pele". As escolas que se organizam nesse período inscrevem-se em um processo civilizador. Como destaca Norbert Elias sobre esse tema, "civilização não é, nem o é a racionalização, um produto da 'ratio' humana ou o resultado de um planejamento calculado a longo prazo" (Elias 1993, p. 193).

Passava a ser cada vez mais estreito o processo de regulação da vida e das condutas. A interdependência entre as pessoas das cidades progressivamente reorganizava a própria vida em comum, no âmbito da família, das comunidades, da Igreja e até das escolas. Cada vez mais, impunham-se padrões de comportamento estabelecidos como critérios de pertença a uma determinada linhagem aristocrática.

Caberia ao homem obedecer às exigências do mundo urbano: modelar aparatos psicológicos que reordenariam os relacionamentos de uns com os outros. A interação social prescrita requeria a incorporação de determinados automatismos de comportamento, o que formaria uma teia calculada de dependências entre as pessoas, de explicitação das hierarquias. No limite, tratava-se de pacificar espaços sociais, contra a possível irrupção da violência, com o fito de prospecção de projetos de longo prazo (*ibidem*, p. 198). O espaço mental deveria ser posto para além do momento presente, os afetos e as paixões deveriam ser sobriamente regulados e refreados para moderar emoções.

Quando a nobreza guerreira se tornou nobreza de corte, o patamar de seu comportamento público foi necessariamente deslocado da impulsividade nos modos de agir para um refluxo da espontaneidade e das atitudes desprendidas e intempestivas. Moldar, nessa medida, os comportamentos de crianças (*ibidem*, p. 201) significou padronizar gestos e classificar maneiras de ser, fortalecendo, mediante dispositivos reguladores da conduta interpessoal, uma rede interativa de vigilância e de controles – de uns com os outros. Disso resultaria – conforme Elias

(1993) – a automatização de conduta dos adultos e as consequências daí advindas: modelação de pulsões e de sentimentos; constelação psicológica progressivamente referenciada por códigos homogêneos; controle dos afetos como marca de distinção e de prestígio; espírito de previsão; inibição de paixões e controle de pulsões; estruturação progressiva de patamares de recíproca vigilância com vistas à obtenção de autocontrole; organização de hábitos semiautomáticos de previsão da vida; canalização das energias para mecanização de comportamentos rotineiros; interiorização de rotinas advindas do ambiente externo ao indivíduo; subordinação dos impulsos de curto prazo em estruturas impessoais voltadas para uma visão de longo prazo; sincronização da conduta individual perante códigos e padrões coletivos de agir. Tudo isso firmaria uma "segunda pele" da vida social.

Compunham-se, nessa medida, maneiras de viver apresentadas como convenientes para o repertório da civilização ocidental. A constituição psicológica do indivíduo submeter-se-ia, portanto, a uma intensa e voraz luta entre impulsos de natureza e constrições sociais do percurso civilizatório. O objetivo da civilidade era o de tornar automatizados e interiorizados padrões de comportamento eleitos, de maneira a transformar os códigos da conduta nobre em uma segunda pele da identidade individual, diretamente incorporada pelos que dela fazem uso: "(...) mas os impulsos, os sentimentos apaixonados que não podem mais manifestar-se diretamente nas relações entre pessoas, frequentemente lutam, não menos violentamente, dentro delas contra essa parte supervisora de si mesma" (*ibidem*, p. 203). Pouco a pouco, tratava-se de engendrar uma forma recomendável de aprender a viver e a conviver. Evidentemente, "a civilização do ser humano jovem jamais é um processo inteiramente indolor, e sempre deixa cicatrizes" (*ibidem*, p. 205). Reconhece-se a violência inscrita na lógica do processo civilizador.

Com a originalidade de dirigir-se indistintamente a todas as crianças, *A civilidade pueril* inova por pretender também estabelecer um código apresentado como universalmente válido, independentemente de lugar ou nascimento. O manual de Erasmo é sucesso editorial e é também um fenômeno de leitura, tanto por parte dos reformadores protestantes quanto por parte da contrapartida católica. Torna-se a seu tempo o primeiro compêndio escolar da era moderna. A ideia do texto é basicamente a de proclamar que atitudes corporais – gestos, expressões e posturas – são legíveis, expressando e manifestando indícios da alma. Sobre esse tipo específico de literatura – voltada para a demarcação de normas de cortesia, de polidez, de urbanidade, de civilidade –, pode-se observar o seguinte:

> A leitura psicológica do olhar constitui para nós um lugar-comum elementar. Porém, todos os movimentos, todas as posturas corporais, a própria roupa podem

ser objeto de uma leitura semelhante. Os gestos são signos e podem organizar-se numa linguagem: expõem-se à interpenetração e permitem um reconhecimento moral, psicológico e social da pessoa. Não há intimidade que não revelem. Tal proposição tem seu contrário. Se o corpo diz tudo sobre o homem profundo, deve ser possível formar ou reformar suas disposições íntimas regulamentando corretamente as manifestações do corpo. É a razão de ser de uma literatura que prescreve os comportamentos lícitos e, mais ainda, proscreve os que são considerados irregulares ou maus. Considera-se a intimidade apenas para manipulá-la e adequá-la a um modelo que é o do meio-termo, o da recusa a todos os excessos. (Revel 1991, p. 172)

Tratados de civilidade e a formação da puerícia

A civilidade é uma arte, uma habilidade, que pressupõe um conhecimento, embora não constitua uma ciência específica: "(...) supõe um cálculo do eu, uma medida do outro, o sentido da circunstância" (Courtine e Haroche 1995, p. 20). O corpo era compreendido, cada vez mais, como instrumento de uma linguagem. A gramática corporal, no limite, revelaria a alma. Por ser assim, a civilidade abarcava uma ética da interação entre gestos e movimentos. Mas isso incluía também golpes e jogos de força.

A sociedade moderna, desde o princípio, pretendeu refinar sentimentos. Tal propósito requereu muitas coisas: modos de se vestir e de se comportar publicamente; asseio e higiene no convívio; postura vigilante quanto ao corpo e quanto à própria fisionomia. A polidez contemplava, em alguma medida, a moral consuetudinária vigente. Pactuavam-se critérios da condição de nobreza nos modos de ser. Algumas normas eram – nessa medida – transmitidas oralmente de geração em geração, como se fosse um código firmado pelos costumes, mas não escrito. Era isso; mas não era apenas isso. Havia preceitos que refletiam desejo de imitação. Havia orientações de comportamento explicitamente inventadas. O aristocrata inventa também seus próprios parâmetros de cortesia.

Desde o princípio do século XVI, inúmeros foram os livros de civilidade que,

em papel azul, passaram a fazer parte das mercadorias dos vendedores ambulantes que os vendiam nas aldeias a semianalfabetos, ainda ligados à oralidade. Livro escolar, a civilidade tornou-se então outra modalidade daquilo que nunca deixara de ser: uma compilação de regras de comportamento, cujo respeito era indispensável à vida pacata de uma pequena comunidade. (Ariès 1978, p. 15)

O tratado de civilidade composto por Erasmo indicava para os contemporâneos padrões de sensibilidade, de higiene e de disciplina. Do ponto de vista de Ariès, o texto ali exposto contemplava – inegavelmente – singular especificidade:

> Tal como saiu da pena de Erasmo, *O livro de civilidade* é uma cômoda recapitulação para os adultos – que tem o seu lugar nas bibliotecas – e, ao mesmo tempo, e mesmo cada vez mais, um livro escolar: aquele em que se aprende a ler e a escrever os diferentes tipos dos caracteres de imprensa e de escrita. (...) Deste modo, um gênero essencialmente oral de início – e que o continuou a ser durante muito tempo – acabou por vir a designar uma determinada forma de escrita. Nada ilustra melhor a passagem da oralidade à escrita. O conjunto de tradições respeitantes ao comportamento tornou-se no século XVI – e esse foi o seu estatuto durante três séculos – um livro escolar, adotado nos colégios latinos e nas escolas primárias... Ora, a escola é o centro de transmissão da escrita; sem escola não pode haver uma civilização da escrita – ela constitui o próprio instrumento da sua expressão.[3] (*Ibidem*, pp. 15-16)

Tratava-se de uma cultura marcada pelo primado de referências orais, por um lado, e pelo progressivo impacto da civilização escrita, por outro. Dessa forma, entre a oralidade e o registro escrito, conjugavam-se padrões de conduta vigilante com imposições de formas de vida tidas por mais valorosas porque mais racionais. Pretendia-se "governar as pessoas, em parte, através de si mesmas, pela modelação de seu superego" (Elias 1993, p. 259). Ao mesmo tempo, eram explícitos os procedimentos e dispositivos mediante os quais práticas e prescrições de civilidade se tornavam, pouco a pouco, incorporadas – mesmo que no nível inconsciente – à formação do indivíduo. A civilidade – como já se disse – era definida como aquilo que resta quando não se aprendeu mais nada (Revel 1991, p. 208). Tornava-se, todavia, uma segunda natureza – tatuada à pele da identidade individual originalmente constituída.

Padronizando normas de conduta e prescrevendo estilos de comportamento, projetava-se uma unidade recomendada como necessária para a vida urbana: o intercâmbio deve ser sutil, a vida em sociedade requer pessoas dispostas no tabuleiro

---

3. "Para o imprimir, na realidade, recorre-se a diversos tipos de caracteres, inclusive os da escrita à mão, e por vezes mesmo a diversas línguas (uma por tipo de caráter), de forma a associar o ensino das línguas ao da escrita – e isto mostra como, nesse tempo, o ensino da escrita era menos elementar do que é hoje em dia. Como na impressão não se utilizava, de um modo geral, a letra cursiva, este tipo de caráter, ou pelo menos 'a minuta', que era usada nos atos públicos dos notários – e que no uso corrente passou a ser substituída pela escrita à italiana, a nossa –, passou a ser designado pelo nome de caráter de civilidade" (Ariès 1978, pp. 15-16).

social, onde cada posição deverá ser criteriosamente esquadrinhada e refletida anteriormente. O cálculo no jogo societário possibilitaria a cada um, individualmente, saber adiar a satisfação dos desejos, resistir ao imediatismo, ampliar a capacidade de previsão, formular projetos de longo prazo, bem como resistir a frustrações.

O Estado e a civilização do livro

O Estado moderno, desde seu princípio, voltava-se para obtenção do controle fiscal, jurídico e territorial. Criava exércitos próprios, mediante os quais viria a consolidar seu pretendido monopólio da força física e do poder de justiça. Mas havia, no mesmo Estado nacional, um desejo de pacificação interna, de obtenção de determinados consensos de comportamentos, inclusive com o propósito de fortalecimento público. O Estado-nação suficientemente desenvolvido era aquele capaz de assegurar uma razoável homogeneidade interna paralelamente a uma satisfatória habilidade política para esquadrinhar o caráter específico de sua identidade, ou seja, aquilo que o diferenciaria dos outros Estados. Era também necessário ao Estado habilitar-se para dirigir sentimentos e paixões humanas rumo a patamares de conduta firmados como desejáveis.

Gradativamente racionalizada, a civilização supunha, inequivocamente, patamares de planejamento calculados para efeitos de longo prazo, passíveis de transmutar o controle exterior em um autocontrole sempre atuante, que tornasse estável e uniforme um dado padrão de interdependência entre as pessoas. Para tanto, urgia homogeneizar os códigos linguísticos e simbólicos no âmbito de seu próprio território – até como estratégia para marcar identidade e distinção perante outros espaços, outros territórios, outros Estados. Enfim, fortalecer o Estado nacional exigia que o controle das forças exteriores fosse, paulatinamente, substituído por mecanismos encadeados de forças internas, que deveriam proteger (e vigiar) uns sob os cautelosos e curiosos olhares dos outros. É assim que a conduta pública se torna uma autorrepresentação de nós mesmos em direção ao outro. Internalizam-se, por tal mecanismo, sentimentos e sentidos de embaraço, acanhamento, pudor, vergonha, repugnância e medo. Nos termos de Elias:

> A personalidade maleável da criança é tão modelada por medos que ela aprende a agir de acordo com o padrão predominante de comportamento, sejam esses medos gerados pela força física direta ou pela privação, pela restrição de alimento ou de prazeres. Os medos e ansiedades criados pelo homem, sejam eles medos ao que vem de fora ou ao que está dentro de nós, finalmente mantêm em seu poder até

> mesmo o adulto. A vergonha, o medo da guerra e o medo de Deus, o medo que o homem sente de si mesmo, de ser dominado por seus próprios impulsos afetivos, todos eles são direta ou indiretamente induzidos nele por outras pessoas. Sua força, forma e o papel que desempenham na personalidade do indivíduo dependem da estrutura da sociedade e de seu destino nela. (*Ibidem*, p. 270)

O aparato psicológico individual virá acoplado ao aprendizado desse sistemático e ininterrupto esforço por comportar-se adequadamente. O refinamento de costumes vem acompanhado, progressivamente, pelas acepções de "cortesia, civilidade e civilização [as quais] assinalam três estágios do desenvolvimento social. Indicam qual sociedade fala e é interpelada" (Elias 1994, pp. 112-113). São termos correlatos que se ampliam um em relação ao seguinte, como se perfizessem três etapas. Em qualquer dos casos, trata-se, inequivocamente, de padrões de distinção – aqueles que separam as pessoas bem-educadas do dito "povo"; aqueles que separam os "meninos de família" dos "moleques de rua"; aqueles, portanto, que separam as camadas política e economicamente dominantes de todos os que não o são. Regular impulsos significa, no caso, prevenir o comportamento desviante da norma e estabelecer, consequentemente, as fronteiras da própria acepção de normalidade. A partir disso, o comportamento conforme tornar-se-á estratégia de obtenção de distinção, de reconhecimento público.

O cálculo do controle dos afetos dirigia-se a moderar a expressão imediata de emoções. Era fortalecido, também para questões de afeto, o espírito de previsão. Refreava-se, na vida social, a espontaneidade da expressão das pulsões. Era preciso suavizar os modos. Isso acontecia no mesmo momento em que historicamente era processada a substituição de uma nobreza guerreira (onde a razão de ser vinha do sentimento de honra, obtido pela vitória no combate e na cavalaria) para outra concepção de ser nobre. A nobreza moderna, cada vez mais, é a nobreza da corte, da aristocracia dos salões. Seu diferencial não poderia ser outro que não um modo próprio de agir em sociedade. A civilidade torna-se civilização quando estrutura códigos de conduta pública que apontam nitidamente para a diferença entre o homem culto e refinado e aquele sem modos, de comportamento rude. Diz Norbert Elias – a propósito – que, naquela sociedade de corte, no círculo, portanto, dos padrões aristocráticos,

> foram modeladas ou, pelo menos, preparadas partes dessas injunções e proibições que ainda hoje se percebem, não obstante as diferenças nacionais, como algo comum ao Ocidente. Foi delas que os povos do Ocidente, a despeito de suas diferenças, receberam parte do selo comum que os constitui como uma civilização específica. Uma série de exemplos demonstra que a formação gradual dessa

sociedade absolutista de corte foi acompanhada por um civilizar da economia das pulsões e da conduta da classe superior. E indica também com que coerência essa maior contenção e regulação de anseios elementares se associa ao aumento do controle social, e da dependência da nobreza face ao rei ou ao príncipe. (Elias 1993, pp. 18-19)

O mesmo processo civilizatório – que abrandava costumes e relações sociais e políticas, configurando e pondo a público hábitos a serem cumpridos com o fito de se transformarem em normas semiautomáticas da conduta – estruturaria severo governo das emoções, um refrear de paixões. Era o preço a ser pago pela racionalização da vida coletiva. O jogo do convívio social dava a ver homologias, similitudes, distinções e hierarquias; "o grau de distanciamento e familiaridade tinha de ser cuidadosamente medido: cada cumprimento, cada conversa revestia-se de uma importância muito superior do que era realmente dito ou feito, porque indicava a situação da pessoa e contribuía para a corte formar sua opinião sobre ela" (*ibidem*, p. 226).

A autodisciplina implica renúncia. Regular impulsos e abrandar condutas são derivações do lugar primordial que o olhar do outro ganha paulatinamente no cenário da vida em sociedade. Todo um sistema articulado de vigilância interpessoal estabelecerá uma rede de convivência que abranda as pulsões, ao fortalecer recíprocos mecanismos de controle. Com a pacificação de espaços sociais (*ibidem*, p. 201), a horda poderá ser controlada. Essa será a aposta.

A racionalidade "civilizada" e o domínio da afeição

Para Freud, a obsessão por patamares rígidos de regulamentação de condutas coletivas deriva do medo da horda (Freud 1997). O adulto automatizaria hábitos aprendidos desde a infância; esses se tornariam sua segunda natureza. Assim, modelava-se paulatinamente a individualidade. O formato do jogo social recomendado pelo padrão do Ocidente progressivamente abarcará um dado modelo de civilização, característico dos hábitos das camadas superiores das sociedades europeias. Ritmos e cadências individuais passariam a ser criteriosamente sincronizados com ritmos e cadências coletivas (Elias 1993, p. 207). Cada vez mais, as pressões do mundo exterior transformar-se-iam em hábitos interiorizados, por setores cada vez mais amplos das sociedades. Cada vez mais, parecia premente a "necessidade de pensamento a longo prazo, subordinação de impulsos de curto prazo aos comandos de uma enraizada visão de longo prazo" (*ibidem*, p. 208). Tais eram os alicerces da estrutura civilizatória expandida pela sociedade ocidental. O homem distinto – o exemplo da civilidade – deveria ser sempre senhor de seus gestos, de seu olhar e de sua expressão. Também o menino precisaria ser ensinado a fazer o mesmo:

> Deixa que um pudor natural e ingênuo dê cor às tuas faces: não use nem pintura nem cinábrio. No entanto, não convém levar a timidez tão longe que ela degenere em parvoíce, em estupidez ou, como diz o provérbio, no quarto grau da loucura... Inchar as bochechas é sinal de arrogância, deixá-las pender é dar mostras de desespero... Não encrespes os lábios como se temesses respirar o hálito dos outros; nem te deixes ficar de boca aberta, como um pateta; os teus lábios devem aproximar-se apenas de forma a tocarem-se ligeiramente. Também não é conveniente estender de vez em quando os lábios de forma a deixar escapar uma espécie de assobio: deixemos esse hábito aos príncipes que se passeiam na multidão. Aos príncipes nada fica mal; mas é uma criança que queremos formar. Se te vier a vontade de bocejar e não te puderes nem desviar nem retirar, cobre a boca com um lenço ou a palma da mão, e em seguida faz o sinal da cruz. Rir de tudo o que se faz ou se diz é próprio de um idiota; nada dizer, de um estúpido. Rir de uma expressão ou ato obsceno é testemunho de uma natureza viciosa. A gargalhada – esse riso imoderado que percorre todo o corpo, e a que os gregos, por isso, davam o nome de "o agitador" – não fica bem a nenhuma idade, e ainda menos à infância. Há quem, ao rir, mais pareça relinchar, o que é indecente. Diremos o mesmo daqueles que riem abrindo horrivelmente a boca, enrugando as faces e descobrindo toda a queixada: é o riso de um cão, ou um riso sardônico. O rosto deve exprimir hilaridade sem sofrer deformações ou manifestar um fundo corrompido. Só os idiotas dizem: rebento a rir! desfaleço de riso! ou, morro de riso! Se sucede algo tão risível que não seja possível contê-lo, deve-se cobrir o rosto com o lenço ou com a mão. Rir quando se está só e sem causa aparente é atribuído, por quem nos vir, à parvoíce ou à loucura. No entanto, isso pode suceder; a educação aconselha então a que se diga a razão da nossa hilaridade e no caso de não o podermos fazer, há que inventar qualquer pretexto – para que nenhum dos presentes julgue que é dele que nos ríamos. (Erasmo 1978, pp. 74-75)

É de notar que, muito provavelmente, as atitudes e os gestos que Erasmo indicava que não deveriam ser tomados eram aqueles que ocorriam no seio das famílias e da sociedade de maneira geral. Ele diz para não se fazer aquilo que ele sabia que era feito: inchar as bochechas, assobiar, bocejar etc. As limitações que, anteriormente, derivavam do ambiente externo cada vez mais confluíam para uma autolimitação, julgada imprescindível para a estruturação do equilíbrio em sociedade. Haveria, assim, uma nítida tendência de tornar autorrestrições todos os constrangimentos que anteriormente eram exteriores, de modo a que se procedesse a automatismos de ação internalizados, por parte de um contingente cada vez mais representativo de pessoas. Essa dinâmica seria multiplicada pelas sociedades do Ocidente (Elias 1993, p. 211). Erasmo é gentil com seu interlocutor e abarca a todos no projeto de civilidade que desenhou: "Ninguém escolhe o seu país ou o pai, mas todos podem conquistar qualidades e boas maneiras" (Erasmo 1978, p. 108). Finalmente, ele conclui seu tratado observando que o máximo critério para os preceitos da civilidade exigem que ela não espere retribuição ou provas de vitória. Diz o texto que

> a mais importante regra da civilidade é, por muito irrepreensível que se seja, desculpar com facilidade as infrações dos outros e não querer menos a um camarada que dê mostras de falta de cuidado ou de educação. Muitas pessoas compensam a grosseria de suas maneiras com outras qualidades, e as regras que acabamos de citar não são de respeito tão indispensável que não se possa, sem as cumprir, ser um homem honrado. (*Ibidem*)

Com as tecnologias intelectuais da escrita impressa, com a profusão transnacional de tratados de civilidade e com a disseminação de colégios por toda a Europa, interpenetrar-se-iam progressivamente padrões de conduta da nobreza (cortesia) com padrões de comportamento da burguesia (urbanidade). Civilizar – nesse sentido – corresponderá, a um só tempo, a estratégias de racionalização, de disciplina exercitada para corpos e corações, de institucionalização da vida. Civilizar é, ainda, padronizar linguagens, regular costumes, homogeneizar patamares valorativos, sempre do ponto de vista ocidental. O mesmo processo que conflui para a formação dos Estados nacionais fortalecerá a instauração de parâmetros homogêneos, universalmente defendidos, com o fito de criar hábitos e tradições de convívio. Uns passam a depender dos outros, submetidos que se tornam ao olhar externo.

Não agir conforme o padrão estipulado cria o embaraço – "que é a contrapartida inseparável da vergonha" (Elias 1993, p. 245), quando o indivíduo reconhece o fato de haver fugido da norma prescrita para os costumes. Nesse caso, existiria uma "ansiedade interna automatizada" (*ibidem*, p. 248). Referências de distinção sinalizam pertenças sociais. Tal interdependência faz crescer cada vez mais a relevância social atribuída à escola, a quem competirá transmitir o roteiro prescritivo de como proceder ao comportamento esperado. Deveria haver institucionalização da transmissão de normas pactuadas. Essa missão de modelagem caberia ao colégio.

Os colégios que se organizam, sobretudo, a partir do século XVI terão por finalidade, dentre outras, a irradiação de modos de vida compartilhados pelas elites, mediante critérios distintivos do que passará a ser compreendido como pessoa bem-educada: delicadeza nos gestos e nas palavras, modos de comportamento calmos e refinados, boas maneiras. Pode-se dizer que "hoje, como antigamente, todas as formas de ansiedades internas do adulto estão vinculadas ao medo que a criança sentia de outras pessoas, de potências externas" (*ibidem*). Não será por outra razão que a preocupação pedagógica assalta, inclusive, o senso comum. Não será também por acaso que a escola – ao lado da Igreja e do Exército – constitui uma das poucas instituições que forma seus próprios profissionais.

A Reforma protestante e a escolarização

O leitor da Renascença apreciava seu livro, tomando conta da leitura, mas deixando nela também suas marcas. Os textos eram resumidos, copiados, organizados e ordenados nas anotações de cadernos. Muitas vezes as anotações eram feitas nos próprios livros. Os tratados humanistas de civilidade – tendo como seu maior exemplo o caso de Erasmo – têm remanejados, por vezes, seus usos e seus intentos.

A Reforma religiosa – no âmbito da pedagogia – revela-se uma privilegiada oportunidade para meditar sobre a história da educação, já que ali foi desenhado um prospecto de ensino universal. A tipografia é, desde o princípio, compreendida pelos reformadores como uma tecnologia da qual se deveria valer para aproximar as populações da palavra do Evangelho. O livro impresso multiplicava-se na proporção em que crescia o comércio livreiro, com o surgimento de inúmeras oficinas tipográficas. Tornava-se cada vez mais comum possuir obras impressas, com a ampliação de um potencial público leitor e com a consequente demanda ampliada por escolarização. A *Bíblia* traduzida por Lutero em 1534 – revelando a ascendência que obteriam, na cultura das letras, as línguas nacionais – ganha, antes mesmo de 1546, 400 reedições. Ampliava-se significativamente a comunidade de leitores. Por causa disso, o valor das práticas de leitura na vida social também se tornará cada vez maior.

Civilizar é recortar culturas, produzir representações autorizadas, estabelecer comunidades de convenções e protocolos de significados. O século XVI veria Portugal, por exemplo, publicar cerca de 1.900 títulos de livros. A cultura do impresso progressiva e lentamente passaria a disputar seu espaço.

Evidentemente, nos países reformados, o impulso social favorecendo a leitura era mais acentuado, embora não houvesse escolas suficientes para corresponder à expectativa que produziam os protagonistas do debate religioso. O livro era ambientado por uma cultura da oralidade, o que levava os partidários das teses reformadas a se valerem de teatro, de canções e de leituras públicas com o fito de "oralizar" o campo da discussão que vinha nessa política da "escritura". Em 1500, 3% a 4% da população alemã sabia ler, e nas cidades o percentual subia para 10% ou mesmo, em alguns casos, 30%. Surgia, pela confissão protestante, uma liturgia da leitura das *Escrituras* que não passava pela clivagem do padre ou de qualquer mediador. Tornava-se interlocutor da *Bíblia* todo aquele que se fizesse capaz de dominar o código escrito.

Mesmo entre os católicos, revelava-se cada vez mais frequente – pelo menos desde a Contrarreforma – o impacto de um movimento tendente à difusão da leitura dos "Salmos". Tratava-se de ensinar a ler, mas, mais do que isso, era fundamental ensinar que nem tudo deve ser lido. Nas práticas cotidianas, mesmo após o Concílio de Trento, o potencial da leitura era percebido com algum temor por parte do mundo católico. Reforça-se o valor simbólico da pregação. Além dela, a confissão auricular era estratégia de poder do clero. Novas ordens sacerdotais – como a Companhia de Jesus – são criadas com o objetivo de fortalecer o poder do papa.

A causa imediata da Reforma protestante foi a venda de indulgências, voltadas para financiar a opulência da Igreja cristã à época. A venda do perdão espiritual não era prática recente naquele princípio de século XVI alemão. A ideia de indulgência supunha, como se sabe, a absolvição de algum pecado, de maneira a que este se tornasse perdoado – e, portanto, não mais sujeito à punição divina. Ora, quem confere a absolvição, em nome de Deus, é o sacerdote da Igreja católica, em confissão. Na Idade Média, e até a Renascença, era frequente, todavia, que a absolvição fosse dada mediante pagamento em dinheiro. Com o recolhimento do valor oferecido pelas indulgências, cruzadas foram financiadas e igrejas construídas para reforçar a cristandade. No tempo de Lutero, "as indulgências passaram a ser concedidas para a remissão dos castigos impostos por Deus no outro mundo, inclusive a imediata liberação do purgatório. Como as indulgências redimiam até mesmo os pecados, o próprio sacramento da confissão estava sendo questionado" (Tarnas 2001, p. 255).

Para identificar formas históricas de democratização das oportunidades escolares para a população civil, um momento que chama atenção é certamente aquele que presencia a Reforma religiosa. Foi ali que o mundo moderno, pela primeira vez, ouviu falar de ação de Estado na educação. No âmbito da tradição protestante, Lutero, ainda em 1524, enviava carta "Aos conselhos de todas as cidades da Alemanha, para que criem e mantenham escolas" (Lutero 1995a). Como o próprio título sublinha, o propósito luterano era o de convencer as autoridades municipais a empreender uma sólida política escolar que possibilitasse a todas as crianças o contato direto com as *Sagradas Escrituras*, além de facultar aos meninos o indispensável preparo para administrar o funcionamento dos ofícios e das cidades e às meninas o treino para o governo do lar. Lutero compreendia na ação educacional estratégia privilegiada que deveria cimentar a nova acepção religiosa que então despontava. O pensamento de Lutero, de maneira original e distinta das demais vertentes de sua época, apresenta a escolarização antes como um problema político do que como uma mera matéria de educação. Para Lutero, o significado da reflexão sobre educação seria expresso na multiplicação das escolas e na gestão ordenada das mesmas instituições, com o fito de formar a juventude para cuidar dos assuntos públicos.

Pode-se dizer que o problema de Lutero não se resumia à prática (comum em seu tempo) de venda das indulgências e de adoração das imagens. O que ele criticava ia além disso. Lutero não aceitava o poder que o clero se arrogava para falar em nome de Deus. A ilegitimidade do lugar de intermediação entre Deus e os fiéis por parte dos membros do clero era questão essencial do conjunto das teses de Lutero. Pela perspectiva luterana, não existiria fundamento algum na ideia de qualquer interposição humana, entre Deus e seus fiéis, externa a Jesus Cristo. Nesse sentido, o luteranismo desautoriza a confissão auricular, desautoriza a figura do papa e desautoriza o fato de a palavra de Cristo confinar-se à leitura pelo padre para aqueles que ouvem o sermão, sem acompanharem, paralelamente, a leitura das *Sagradas Escrituras*. Além disso, do ponto de vista luterano, não haveria salvação pelas obras. Sendo assim, vendida ou concedida, a indulgência da Igreja católica torna-se, por tal prisma, desacreditada. Deus concede a graça, essencialmente, em virtude da fé do indivíduo. Sem a fé, de nada adiantariam as boas obras – ou a absolvição de quaisquer pecados, afora o fato de não se reconhecer nos padres qualquer legitimidade para conferir essa remissão dos pecados dos outros (Novais 1985). A ética católica é considerada um plano de intenções sucedidas por atos isolados que, de alguma maneira, estabelecem uma contabilidade de crédito e débito em relação ao perdão de Deus e, consequentemente, à salvação. O homem, então, não necessitaria da obra para alcançar a salvação. A própria obra seria, antes, uma consequência do que uma causa da graça divina. Nesse sentido, não seriam as obras boas e justas que tornariam o homem bom e justo, mas, pelo contrário, "o homem bom e justo realiza obras boas e justas" (Lutero 1998, p. 53). Ainda nas palavras de Lutero:

> Fé é uma confiança viva e ousada na graça de Deus, com tanta certeza que morreria mil vezes por ela. E uma tal confiança e conhecimento da graça divina dá alegria, coragem e disposição perante Deus e todas as criaturas; é o que o Espírito Santo faz por meio da fé. Por isso, sem coação, todos se tornam voluntariosos e dispostos a fazer o bem, a servir a todos, a sofrer todo tipo de coisa por amor e em louvor a Deus, que manifestou semelhante graça; desse modo, é impossível separar a obra da fé; e tão impossível quanto separar a luz do fogo. Portanto, acautela-te contra

teus próprios pensamentos equivocados e contra tagarelas inúteis que se fazem de inteligentes ao julgarem a fé e as boas obras, e são os maiores tolos. Peço a Deus que produza a fé em ti, caso contrário, tu talvez permaneças eternamente sem fé mesmo que cries e faças o que quiseres ou puderes. (*Ibidem*, p. 93)

A predestinação calvinista e a ética protestante

Do ponto de vista dos reformadores, a cada ser humano corresponderia um "chamado" de Deus – aquilo que, no limite, poderia ser traduzido na palavra "vocação". Nessa medida, nem sempre a vocação humana é dirigida ao campo religioso, dado que o "chamado" divino valorizaria o trabalho secular e o cotidiano laborioso da vida ativa em sociedade. A análise clássica de Max Weber – *A ética protestante e o espírito do capitalismo* – desloca o enfoque da compreensão da Reforma protestante, quando identifica nela traços subjetivos postulados no moderno imaginário capitalista. A ética do protestante estabelece a vocação para o trabalho secular como dignificação do homem. Na acepção dos reformadores, a profissionalização, a perseverança e o êxito no trabalho corresponderão à prosperidade comum. Nessa medida, sendo a vocação um chamado de Deus, não caberia ao homem recusá-la, mas sim fazer jus ao mesmo chamado. O calvinismo acentua a tese segundo a qual o trabalho humano favorecerá o indivíduo, posto que ele é uma forma de revelar o atendimento à vontade divina.

Para os calvinistas, o trabalho dignifica o ser humano ao afastá-lo dos vícios para os quais ele naturalmente tem propensão. Em Calvino, contudo, nem as obras, nem mesmo a fé seriam alicerces da salvação. A graça divina não poderá, pelo homem, ser conhecida. Deus elegerá quem Ele preferir – e essa escolha não poderá ser descoberta no decurso da vida terrena. Para Calvino, portanto, o homem está, desde o princípio, para o bem ou para o mal, predestinado, e, por maiores que sejam seus esforços, ele jamais poderá ter a certeza da predestinação. Daí viriam as implicações da teologia calvinista para a estruturação de uma ética protestante do trabalho. Por causa disso, a orientação de Calvino era a de que cada um tivesse por "dever considerar-se eleito e repudiar toda e qualquer dúvida como tentação do diabo, pois a falta de convicção, afinal, resultaria de uma fé insuficiente e, portanto, de uma atuação insuficiente da graça" (Weber 2004, p. 101).

Os deveres do homem serão múltiplos, e dizem respeito inclusive à vida familiar, comunitária, além das suas relações com o seu trabalho. Assim, os maridos e pais terão deveres perante suas esposas e filhos. Estes últimos não poderão jamais deixar de obedecer a seus pais, já que estarão sujeitos a eles "ainda que sejam maus e iníquos para com eles" (Calvino, *in* De Boni 2000, p. 271). A reverência pelos superiores em Calvino é um pressuposto, e os êxitos na vida terrena serão considerados sinais de eleição: "Portanto, ninguém deve levar em conta como o outro cumpre o seu dever, mas deve ter sempre em mente, e diante dos olhos, o que ele mesmo deve fazer para cumprir com o seu próprio dever" (*ibidem*).

A doutrina da predestinação valoriza explicitamente a conduta racional diante do mundo e confere positividade à ambição de sucesso nas atividades de trabalho. Tal sucesso implicará possivelmente o lucro. A lucratividade do empreendimento não é, para os reformadores, reprovável do ponto de vista moral. Pelo contrário, ela é, inclusive, recomendável. Por meio do trabalho, o ascetismo será deslocado para a concentração profissional – corroborando a vocação aquisitiva do indivíduo. O pecado estaria em desfrutar ostentosamente da riqueza adquirida. A acumulação do capital é – no calvinismo – legitimada como lógica que regulará subjetivamente a organização capitalista da estrutura material e produtiva.

> A ideia da obrigação do ser humano para com a propriedade que lhe foi confiada, à qual se sujeita como prestimoso administrador ou mesmo como "máquina de fazer dinheiro", estende-se sobre a vida feito uma crosta de gelo. Quanto mais posses, tanto mais cresce – se a disposição ascética resistir a essa prova – o peso do sentimento da responsabilidade não só de conservá-la na íntegra, mas ainda de multiplicá-la para a glória de Deus através do trabalho sem descanso. (Weber 2004, p. 155)

A profissão abraçada pelo indivíduo é vista como um chamado divino, uma vocação a ser cumprida, "uma ordem de Deus para ocupar na vida esta posição concreta que lhe reservou o desígnio divino" (*ibidem*, p. 76). Calvino situava a ideia de vocação como uma lei da natureza. A predestinação deveria ser cumprida como chamado de Deus: "A valorização do cumprimento do dever como o mais excelso conteúdo que a autorrealização moral é capaz de assumir" (*ibidem*, p. 72).

Weber considera que a "qualificação moral da vida profissional mundana foi um dos grandes feitos da Reforma" (*ibidem*, p. 73), quando esta identifica na falta de vontade de trabalhar a ausência de graça divina. Por causa disso, a perspectiva calvinista supunha que o fiel procedesse mediante um tipo de conduta cristã expresso pela autoconfiança e pelo "trabalho profissional sem descanso como o meio mais saliente para conseguir essa autoconfiança. Ele, e somente ele, dissiparia a dúvida religiosa e daria a certeza do estado de graça" (*ibidem*, p. 102). O chamado para a salvação poderia ser intuído por indícios do modo de ser nesta vida: a conduta conscienciosa, a operosidade, a perseverança, a tenacidade, a obstinação pelo trabalho – tudo isso seria sinal de escolha. O ascetismo dessa vocação para o trabalho reordenava o mundo, desenvolvendo o que poderíamos nomear aqui civilização capitalista.

> Serei eu um dos eleitos? E como eu vou poder ter certeza dessa eleição? Para Calvino, pessoalmente, isso não era problema. Ele se sentia uma "ferramenta" de Deus e tinha certeza do seu estado de graça. Assim sendo, para a pergunta de como o indivíduo poderia certificar-se de sua própria eleição, no fundo ele tinha uma resposta só: que devemos nos contentar em tomar conhecimento do decreto de Deus e perseverar na confiança de Cristo operada pela verdadeira fé. Ele rejeita por princípio que nos outros se possa reconhecer, pelo comportamento, se são eleitos ou condenados, presunçosa tentativa de penetrar nos mistérios de Deus. (*Ibidem*, p. 100)

No protestantismo, a educação da leitura

O protestantismo – como desdobramento de seus próprios postulados – requeria a instrução. A *Bíblia*, trazendo a palavra de Deus, deveria ser de leitura comum. Todavia não existia escola para as crianças, e as escolas eram essenciais para a formação do leitor. Nesse sentido, os reformadores favoreceram claramente a cultura letrada. A leitura e o estudo sistemático da *Bíblia*, para Lutero, ajudariam o indivíduo em sua fé cristã. A fé leva a obter a salvação.

É possível dizer que a cultura da escola moderna do Ocidente é imediatamente conectada ao processo civilizador. A escola moderna transformou a criança em aluno e teve por finalidade a consolidação de uma sociedade letrada em uma época na qual a tipografia tornara a circulação do livro uma realidade. Desde o princípio da era moderna, a escolarização foi postulada à luz de uma dimensão classificatória. O sujeito escolarizado, em princípio (e por princípio), tem (e deverá ter) algo a mais que o diferenciará dos outros, que o colocará até acima dos outros. Assim eram vistos os colégios das congregações religiosas entre os séculos XVI e XVIII. Desde o final do século XVIII, quando a consolidação da escola se torna senha para os Estados nacionais, haverá a incorporação dessa mentalidade segundo a qual a cultura das letras é superior à oral e, assim, os saberes escolares passam a ser considerados superiores em relação aos da família. Derivada da tipografia e da cultura dos reformadores protestantes, bem como integrante da Contrarreforma católica, a escola moderna surge como a instituição apropriada para preparar as pessoas para as regras exigidas pela cultura do texto: recurso ao pensamento conceitual e faculdade de abstração.

Durante a Reforma protestante, Lutero assinalou a urgência de se construir uma política de criação e expansão de escolas controladas e financiadas pelos municípios. No princípio do século XVI, nos primeiros anos da Reforma, escreve a carta dirigida aos magistrados das cidades alemãs, exortando os governantes a contribuírem para a criação e a manutenção de escolas em todos os vilarejos. Inicia-se ali uma nova compreensão do sentido público nos assuntos da instrução. O tema da identidade nacional tornar-se-á necessariamente acompanhado pela demanda por uma instrução sob controle do poder público. Em 1524, Lutero dirige aquele apelo ao povo alemão, sublinhando ser imprescindível que houvesse iniciativa dos poderes municipais com o fito de criarem escolas suficientes tanto para meninos quanto para meninas, de maneira a que se preparasse a juventude – a um só tempo – para a vida religiosa e para a vida civil. Na verdade, Lutero conclamou a sociedade a demandar tal instrução, reiterando que os males sociais e, por vezes, as próprias insubordinações de grupos heréticos tinham sua raiz na ignorância popular, pela qual todos seriam culpados. Caberia, portanto, também às populações reclamar a educação de seus filhos – e, por educação, compreenda-se aqui o aprendizado do ler, do escrever e do contar.

Além disso, Lutero propõe uma escola secular. O reformador – como já se sublinhou anteriormente – destacava o duplo papel da instrução. As escolas eram necessárias, em primeiro lugar, para tornar possível aquilo que a própria doutrina reformada dizia ser necessário: todos deveriam tomar contato direto com a palavra de Deus, por meio da leitura das *Sagradas Escrituras*. Lutero recusava o lugar que os clérigos ocupavam em sua condição de intermediários das palavras de Deus. Postulava que todos deveriam ler a *Bíblia*. Para isso, porém, todos deveriam aprender a ler. Mas essa finalidade religiosa representava apenas um aspecto. Haveria outro objetivo da instrução, de acordo com os reformadores protestantes. O próprio Lutero sublinhava – como segunda finalidade a ser cumprida pela escolarização – a necessidade de os meninos serem devidamente preparados para poderem, no futuro, gerir e governar adequadamente as cidades. Era preciso formar funcionários. A escola moderna tem a marca da cultura urbana. As meninas – dizia Lutero – deveriam também ser enviadas à escola para aprenderem a governar os criados, a casa e as crianças. Na mesma época, estruturaram-se os colégios de várias ordens religiosas vinculadas ao catolicismo, em especial os da Companhia de Jesus. Os colégios progressivamente passarão a ensinar a partir de parâmetros específicos de método; e a didática torna-se, desde o século XVII, um campo específico do conhecimento.

É fato que, entre 1525 e 1530, após inúmeras revoltas que os camponeses deflagraram em nome do luteranismo e em virtude também do movimento anabatista, Lutero revisaria muito de suas perspectivas educacionais anteriores. Na ocasião, alegando estarem amparados por mensagens do texto bíblico, os camponeses teriam invadido terras e saqueado propriedades. Lutero volta atrás, rejeita e acusa de herético o argumento dos camponeses. Dirige, a partir dali, sua atenção para elaborar o primeiro grande catecismo da doutrina cristã em língua vernácula. O catecismo regularia a espontaneidade da leitura, já que restringia os sentidos do texto a um conjunto fechado de perguntas e respostas. Mesmo assim, a chama da leitura havia já impregnado os ideais protestantes.

Evidentemente, é possível interpretar o excerto abaixo transcrito, identificando – de alguma maneira – o descaso com a instrução e a denúncia do receio da sociedade diante de possíveis efeitos transgressores inerentes à habilidade da leitura. Lutero recusa tal perspectiva e demonstra o papel de esclarecimento necessariamente atado à instrução do povo:

> Dizes então: Meu Deus, quem teria pensado nisso? Eu também digo: Meu Deus, que culpa tenho eu? Ignorância não é desculpa; um cristão não deveria saber o que lhe cabe saber? Por que não se aprende? Por que não se mantêm bons pregadores? Prefere-se a ignorância deliberadamente. O Evangelho veio para a Alemanha, muitos o perseguem, poucos o desejam, menos ainda são os que o aceitam; e os que o aceitam são lerdos e negligentes, permitem que se fechem escolas, que paróquias e pontos de pregação sejam suprimidos. Ninguém se lembra que é preciso conservá-los e educar o povo; por toda parte fazem de conta que nos arrependemos de ter aprendido algo e que preferiríamos nada saber. Surpreende, então, que Deus também nos atribula e, mais uma vez, nos deixa ver uma amostra do castigo pelo desprezo de seu Evangelho, pecado em que todos temos culpa, ainda que alguns de nós não sejam culpados de rebelião? Certamente, mereceríamos coisa pior, para que Ele nos alerte e nos toque para a escola, a fim de nos tornarmos vivos e inteligentes. (Lutero 1996, pp. 353-354)

Lutero nasceu na Saxônia em 1483, filho de um mineiro. Embora pertencente à família humilde, foi instruído e enviado para a Universidade de Erfurt. Lá teve contato com as ideias humanistas que circulavam na Europa daquele período. Após concluídos seus estudos, Lutero tornou-se monge agostiniano e passou a lecionar na recém-fundada Universidade de Wittenberg (Eby 1978, p. 53). Ali, pela leitura sistemática das *Sagradas Escrituras*, passou a acreditar que a salvação do homem viria por meio da fé e não – como supunha a Igreja – como resultado da prática de boas ações. Em 1517, pregará suas 95 teses na porta da capela da sua universidade. Por meio desse ato, questiona o poder espiritual do clero, aponta dúvidas sobre a existência do livre-arbítrio e, finalmente, sugere uma reforma estrutural nas bases da Igreja cristã de seu tempo. Em 1520, Lutero poria a público três trabalhos:

- *Discurso à nobreza cristã*, em que solicitava que os príncipes tomassem a frente dessa sua propalada reforma da Igreja;
- *Liberdade de um homem cristão*, em que procura evidenciar o primado da fé sobre as obras, aos olhos de Cristo;
- *Sobre o cativeiro babilônico da Igreja*, que é uma denúncia contundente dos desvios da Igreja em relação ao cristianismo original e às práticas de corrupção que integravam, por exemplo, a venda de indulgências por parte do clero (Eby 1978).

Em 1521, Lutero foi julgado e condenado pela Igreja como herege. Contudo, já existia nesse momento largo movimento de adesão às ideias luteranas. Estas provocavam cisões, fraturas e cismas dos mais diversos e ocasionaram, ainda, uma aceleração no processo de declínio das escolas de seu tempo. A ideia de escola, em si mesma, era reiteradamente objeto de críticas pela maior parte dos humanistas, tanto em virtude da sua inoperância quanto do caráter obsoleto e considerado inútil de seus ensinamentos.

Lutero – como os humanistas – demonstrava a ineficácia da instrução existente, restrita aos conventos, a algumas paróquias e a universidades decadentes. Para ele, era uma exigência da época que as autoridades criassem escolas capazes de formar a juventude alemã, ao contrário do que faziam os conventos que contribuíam apenas para mantê-la na ignorância. Quando conclamava pela criação de escolas por parte das municipalidades públicas, Lutero destacava que o assunto da instrução deveria voltar a ser, como fora no tempo do Império Romano, um assunto da vida civil. Cumpriria, pois, às autoridades das diversas cidades da Alemanha oferecer ensino para os jovens. A instrução tornada então pública contribuiria para a moralização do povo e para a prosperidade material das mesmas municipalidades.

> Por isso vos imploro a todos, meus caros senhores e amigos, por amor de Deus e da pobre juventude, que não considereis esta causa de somenos importância, como o fazem muitos que não enxergam a intenção do príncipe do mundo. Pois se trata de uma causa séria e importante, da qual muito depende para Cristo e para o mundo, que ajudemos e aconselhemos a juventude. Isso é a solução também para nós e para todos. (...) Anualmente é preciso levantar grandes somas para armas, estradas, pontes, diques e inúmeras outras obras semelhantes, para que uma cidade possa viver em paz e segurança temporal. Por que não levantar igual soma para a pobre juventude necessitada, sustentando um ou dois homens competentes como professores? (Lutero 1995a, p. 305)

Nesse manifesto – dirigido pelo próprio título "Aos conselhos de todas as cidades da Alemanha, para que criem e mantenham escolas cristãs" –, datado de 1524, Lutero conclama os governantes a criarem escolas em todas as municipalidades com o fito de proceder à instrução da juventude. As escolas seriam públicas, sob a responsabilidade política e pedagógica das cidades. Lutero procura evidenciar que a prosperidade da vida urbana dependeria fundamentalmente dos esforços de boa educação ministrados à juventude. Para Lutero, a negligência em matéria de ensino era obra do diabo: "Este ninguém enxerga e também ninguém o teme; isso acontece em silêncio" (*ibidem*). Além disso, "para que vivemos nós, velhos, senão para cuidar da juventude, ensinar e educá-la? Pois é totalmente impossível esperar que este povinho louco se instrua e discipline a si mesmo; por isso, Deus os confiou a nós, os mais velhos" (*ibidem*, p. 307). Para Lutero, também não se poderia eximir a autoridade da educação da juventude, com o argumento de que essa seria uma tarefa dos pais. A educação das crianças e dos jovens diz, sim, respeito às autoridades públicas, até porque não se pode deixar apenas ao encargo de pais, que nem sempre são suficientemente leais e conscientes, uma missão dessa responsabilidade. Muitas vezes, os pais deixam os filhos sem educação, e toda a cidade correrá o risco de, com isso, ser arruinada pelos males da ignorância.

Lutero compreende que, além das razões religiosas concernentes à necessidade de leitura da *Bíblia*, haveria outro motivo para as autoridades proverem de escolas os municípios: o dever e a responsabilidade dos mais velhos perante as gerações mais novas. Estas últimas não poderão se instruir e se disciplinar por sua própria conta. É tarefa da geração mais velha responsabilizar-se pela formação dos que vieram depois. Lutero diz isso com as seguintes palavras:

> Na verdade, é pecado e vergonha o fato de termos chegado ao ponto de haver necessidade de estimular e de sermos estimulados a educar nossos filhos e juventude e de buscar o melhor para eles. A própria natureza nos deveria convencer disso e também o exemplo dos gentios nos deveria incentivar em vários sentidos. Não existe animal irracional que não cuide de seus filhotes e não lhes ensine o que lhes convém (...). Em minha opinião, nenhum pecado exterior pesa tanto sobre o mundo perante Deus e nenhum merece maior castigo do que justamente o pecado que cometemos contra as crianças, quando não as educamos. (*Ibidem*)

Para Lutero, havia três razões pelas quais os pais não se ocupavam da educação de seus filhos. A primeira delas é a falta de consciência e de condições para isso: "Como os avestruzes, também eles se endurecem contra seus filhos, contentam-se com o fato de terem se livrado dos ovos e de terem gerado filhos; além disso, nada mais fazem" (*ibidem*, p. 308). A segunda razão é a falta de aptidão. Por isso, para educar, seria necessário "gente especializada" (*ibidem*). E, finalmente, o terceiro motivo era que, mesmo que os pais quisessem assumir para si essa tarefa, eles não teriam tempo nem espaço em virtude de suas outras atividades e ocupações. Por todas essas razões, "a necessidade obriga a mantermos educadores comunitários para as crianças" (*ibidem*). Isso seria da competência e da alçada do conselho e da comunidade.

Se os pais não educam, competirá aos conselhos fazê-lo. As municipalidades deveriam manter professores comunitários para suas crianças. Esse empenho seria recompensado, porque empregar recursos na educação traria, no longo prazo, prosperidade às cidades. Deve haver esforços e dinheiro destinado a isso, porque homens instruídos preparados não crescem por si sós: "Também não se pode talhá-los em pedra ou madeira" (*ibidem*, p. 309). Nesse sentido, Lutero argumenta:

> Agora, o progresso de uma cidade não depende apenas do acúmulo de grandes tesouros, da construção de muros de fortificação, de casas bonitas, de muitos canhões e da fabricação de muitas armaduras. Inclusive, onde existem muitas coisas dessa espécie e aparecem alguns tolos enlouquecidos, o prejuízo é tanto pior e maior para a referida cidade. Muito antes, o melhor e mais rico progresso para uma cidade é quando possui muitos homens bem instruídos, muitos cidadãos ajuizados, honestos e bem-educados. Estes então também podem acumular, preservar e usar corretamente riquezas e todo tipo de bens. (*Ibidem*)

Responsável pela tradução da *Bíblia* para sua própria língua vernácula – o alemão –, Lutero, em sua primeira fase como reformador, acreditava que a leitura direta das *Escrituras* deveria compor uma estratégia política manifesta do movimento reformado, orientada para a conversão e a adesão de novos fiéis. Observa-se, desde logo, que – no sentido diretamente oposto àquele adotado pelos principais expoentes do movimento humanista – a Reforma propugnava escolarização elementar universal no idioma vernáculo. Mesmo assim, Lutero valoriza as línguas clássicas como "bainhas da espada do espírito" (*ibidem*, p. 312). O Evangelho não seria preservado sem elas. De qualquer modo, a escrita do Evangelho e a sua leitura assegurariam que a palavra de Cristo não fosse deturpada pela insuficiência da memória humana.

> Por esse motivo os próprios apóstolos consideraram necessário redigir o Novo Testamento na língua grega e vinculá-lo a ela, sem dúvida com o intuito de no-lo preservar de modo seguro e confiável, como numa arca sagrada. Pois previram tudo o que iria acontecer e o que realmente agora aconteceu: se o Evangelho fosse guardado somente na memória, surgiria uma série de desordens e confusões

selvagens e devassas, sim, as mais diversas mentalidades, opiniões e doutrinas na cristandade, e ninguém seria capaz de as combater e o povo simples não seria protegido contra elas, se o Novo Testamento não estivesse redigido de modo confiável em escrita e língua. Por isso é certo: se não forem preservadas as línguas, por fim o Evangelho há de perecer. (*Ibidem*)

Essa valorização da língua grega mostra, por um lado, Lutero como um defensor dos conteúdos clássicos, o que o aproximava, nesse sentido, dos autores humanistas de seu tempo. Por outro lado, a finalidade social da instituição escolar teria, dessa perspectiva, uma dupla face: era imprescindível alterar os alicerces da religiosidade, capacitando as populações para a leitura direta das *Sagradas Escrituras*, mas havia também necessidade de preparar os meninos para o governo civil, para a administração pública das cidades. O mundo do impresso e as formas de leitura que se propagavam, por vezes, espontaneamente, constituíam uma nova visão de mundo. O mesmo movimento histórico que produzira a técnica tipográfica tornou a leitura uma competência social cada vez mais solicitada. De fato, pode-se concordar com quem diz que Lutero tornou necessário o instrumento que Gutenberg tornara possível. Evidentemente, Gutenberg é fruto de sua época, na qual explodiu inaudito interesse por livros. Livros copiados no vernáculo procuraram traduzir e sistematizar tradições ancestrais de um extrato de cultura oral. Eram "manuais de instrução, versos, histórias e lendas" (Man 2004, p. 99). É um fato que, coincidência ou não, ao mesmo tempo em que o interesse pela cultura escrita se desenvolveu, aumentou a procura das populações por escolas. A invenção da tipografia aliou, assim, o engenho técnico à utilidade social. Não foi por outra razão que, a despeito do fato de o Oriente haver antecipado a tecnologia da prensa mecânica, não fez o mesmo uso que Gutenberg faria daquela *expertise*.[4] Para Lutero, a ignorância da

---

4. "Em suma, as culturas do Oriente apresentaram alguns elementos que aparecem como fatores para predispô-los à invenção da impressão. De fato, os elementos positivos discutidos anteriormente disfarçam a ausência de outros elementos necessários para o surgimento da invenção de Gutenberg:
    - Sistemas de escrita eram muito complexos: a impressão precisa de uma base alfabética;
    - Os sistemas de escrita estabelecidos são intrinsecamente conservadores: ninguém estava interessado em mudanças, mesmo se o agente da mudança fosse um imperador;
    - O papel era do tipo errado: o papel chinês era apropriado somente para caligrafia ou impressão tabulária ou xilografada;
    - Não havia um tórculo de parafusos no Oriente, porque ali não havia bebedores de vinho nem oliveiras, os orientais usavam outros meios para secar o papel; e
    - A impressão é cara e, na China, Coreia e Japão não havia nenhum sistema para reunir capital para pesquisa e desenvolvimento.

língua escrita é uma vergonha e até um pecado. Não dominar a leitura do texto é ignorar a palavra divina, e isso não mais se justificaria num tempo em que "Deus nos oferece pessoas e livros e todos os recursos auxiliares e nos convida para tanto, querendo que seu livro seja acessível a todos" (Lutero 1995a, pp. 315-316).

Havia, além de tudo, o caráter secular na educação escolar. O desenvolvimento das sociedades dependeria do investimento público na educação. Lutero defende que fundar e manter escolas cristãs como dever da comunidade era uma forma de proceder ao fortalecimento da vida secular e também à formação das almas. Mesmo que não houvesse a alma, a instrução seria necessária, como obrigação civil. Preparar os homens para a vocação para as quais eles teriam sido chamados era uma tarefa digna do mais elevado estatuto. Se não houvesse a eleição divina, mesmo assim, as cidades precisariam de sujeitos ocupados nos diferentes ofícios. Pessoas instruídas desempenhariam melhor seu trabalho.

> Mesmo que (como já disse) não existisse alma e não se precisasse das escolas e línguas por causa da Escritura e de Deus, somente isso já seria motivo suficiente para instituir as melhores escolas tanto para meninos como para meninas em toda parte, visto que também o mundo precisa de homens e mulheres excelentes e aptos para manter seu estado secular exteriormente, para que então os homens governem o povo e o país, e as mulheres possam governar bem a casa e educar os filhos e a criadagem. (*Ibidem*, p. 318)

Desde os primórdios da Reforma, a defesa da escolarização veio acompanhada da exigência de se edificar uma nova escola, capaz de ser o território de formação da nova sociedade, necessária para o desenvolvimento e a prosperidade dos povos. Assim, crítico severo da ineficácia dos modos de ensinar vigentes nas escolas da época, Lutero sugere que os "meninos devem ser enviados a estas escolas diariamente por uma ou duas horas e, não obstante, fazer o serviço em casa, aprender um ofício" (*ibidem*, p. 320); já as meninas deveriam ficar uma hora na escola. A escola não deveria se tornar um óbice para o lugar a ser ocupado pelo indivíduo na vida civil. Era necessário aprender os afazeres cotidianos, ingressar cedo no mundo do trabalho e, ao mesmo tempo, frequentar a escola. Devia-se ensinar a meninice a fugir da ociosidade, pois, do contrário, "gastam dez vezes mais tempo com jogos de bolinhas, jogar bolas, corridas e lutas" (*ibidem*). Lutero prevê, sim, uma sociedade em que alguns se destacarão relativamente aos demais.

Em contraste, todos os elementos para a invenção de Gutenberg estavam presentes em toda cidade europeia importante em torno de 1440" (Man 2004, p. 125).

Esses teriam um estudo mais prolongado ou mais intensivo. Mas a escola, até certo ponto, daria a mesma oportunidade a todos. Nota-se uma nova concepção de tempo no texto luterano. Os meninos devem aprender a não perder tempo com coisas inúteis. As horas devem ser aproveitadas com o trabalho e com os estudos. Foi-se o tempo de perder tempo.

A escolarização moderna deve-se, certamente, muito à Reforma. Ali estava dado um novo modo de interagir com a cultura das letras e com a vida urbana. Ensinar a ler, a escrever e a contar era uma estratégia também para conformar nas crianças padrões de bom comportamento. A escola moderna no Ocidente é instituída a partir de um projeto civilizador muito claro. Ela ensinará o que deve ser aprendido e prevenirá os escolares sobre o que deve ser evitado.

Lutero acreditava de fato – e expressa isso em muitos de seus escritos – que cumpria às autoridades a obrigação de enviar as crianças à escola. Nesse sentido, ainda que não possamos nos valer de significados anacrônicos para análise da situação, poder-se-á compreender que, de alguma maneira, o reformador incentiva que as famílias deleguem – no sentido daquilo que a obra de Ariès (1981) já identificara – uma parcela de sua responsabilidade pedagógica para a escola. E, valendo-nos para tanto da referência ao trabalho de Neil Postman (1999b), essa parcela pedagógica da escola tem a ver fundamentalmente com o ensino sistemático da cultura letrada, que passará a ser identificada como uma ferramenta necessária para a prosperidade dos países. A obra de Lutero deixa isso muito claro. A responsabilidade de enviar as crianças para a escola é tanto da cidade quanto dos pais: os governantes precisarão fornecer as condições objetivas para que isso aconteça, e os pais precisarão valer-se disso para realmente obrigar os filhos a frequentarem as escolas. A educação era, nesse sentido, inclusive, um investimento, para conferir a oportunidade de dar às novas gerações as ferramentas com as quais elas poderiam administrar os próprios bens e gerir bem a cidade.

A escola catequética do mundo protestante

O ensino dos reformadores pretendia, como exposto, adquirir um caráter diferenciado em relação às práticas usualmente em curso. A escola reformada pretendia renovar padrões ultrapassados, tanto da escolástica quanto das iniciativas dos mestres livres que ensinavam na época. Era necessário selecionar os livros. Lutero manifesta temor em relação à quantidade desordenada de textos impressos de valor duvidoso. Havia de se ensinar novas matérias, para além do latim, do grego, da gramática, ou do *trivium*. A língua nacional apresentava-se como necessidade histórica, bem como as línguas estrangeiras. Era preciso instituir o ensino de história como uma teia de exemplos caros para se compreender o "curso do mundo" (Lutero 1995a, p. 324).

Posteriormente – como é sabido – Lutero desloca sua crença inicial na valorização civil de uma alfabetização que aproximasse diretamente o leitor do texto bíblico. Entre 1525 e 1530, considera Eby (1978) que dois fatores teriam sido essenciais para fazer Lutero mudar de ideia quanto ao tema do acesso direto à palavra da *Bíblia*. São eles:

- a irrupção da Guerra dos Camponeses, que, inspirados na leitura da *Bíblia*, passam a reivindicar e invadir territórios vários, em nome do direito à terra para todos;
- a proliferação do movimento anabatista, que veiculava crenças, inspiradas um pouco em Lutero, um pouco no Apocalipse, que tendiam a se indispor contra os poderes civis, sugerindo desde a possibilidade de um retorno de Cristo à terra até a defesa de alguma partilha de bens (Eby 1978, p. 60).

Com a alteração de sua perspectiva a respeito do tema, Lutero propõe para as escolas a adoção de um catecismo: um roteiro de interpretação da *Bíblia*, organizado na forma de perguntas e respostas, de modo que os ensinamentos sagrados viessem a ser ensinados "preceito por preceito, linha por linha, sem a liberdade de interpretação individual" (*ibidem*, p. 61). Nesse momento, Lutero passara a "acreditar que a circulação das Escrituras entre as pessoas comuns era uma prática perigosa. Concluiu que as massas não eram capazes de atingir a verdade apenas pela luz das Escrituras" (*ibidem*, p. 64).

Em virtude de tal conversão de sua perspectiva anterior, Lutero traduziu as *Fábulas de Esopo* e redigiu, entre 1528 e 1529, o *Pequeno catecismo* e o *Catecismo maior*. Seu uso nas escolas possibilitou um controle exegético, de interpretação do texto. Talvez assim tenha surgido a crença no questionário como estratégia de verificação do aprendizado escolar, compreendendo-se que o formato das questões e das respostas reconstitui os significados, apreendendo a essência do próprio texto. Mais do que isso, cristalizou-se uma dada perspectiva segundo a qual, do ponto de vista estritamente escolar, para cada pergunta que a vida nos coloca, existirá sempre apenas uma resposta certa e todas as outras serão consideradas erradas. Paradoxalmente há um árbitro para a leitura do texto: é o professor quem decide, na avaliação das respostas do catecismo, quais são, dentre elas, aquelas que correspondem às intenções do texto. Lutero recuou, e o livro didático em seu formato moderno estava, nesse recuo, contemplado. De todo modo, a influência de Lutero para a educação é inequívoca, e os estudiosos da história da educação convergem quanto ao pioneirismo da percepção luterana sobre o caráter que deveria assumir a escola de primeiras letras dos tempos modernos. Diz Gueux (1913) acerca do tema:

> Desde a invenção da tipografia, apareceram inúmeras traduções alemãs da *Bíblia*; nem por isso é menos verdadeiro que as duas obras importantes de Lutero encerram, escritas em uma linguagem popular, as verdades fundamentais da doutrina cristã. Seus *Cânticos*, em particular seu famoso *Coral*, serviram igualmente para a Reforma da escola. A despeito de haver mantido o latim como base de seus estudos, Lutero contribuiu bastante para introduzir nas classes a língua materna, por seus catecismos e por seus cânticos, e, portanto, por um estudo diário. O primeiro silabário [cartilha] alemão, que surge em 1525, é atribuído a Lutero; ele contempla o alfabeto, os dez mandamentos, o credo, a oração dominical, passagens bíblicas e preces, bem como os números de 1 a 100. (*Ibidem*, p. 81)

Com a Reforma protestante, emerge uma forma diferente de interiorização da religiosidade cristã. A religião torna-se mais íntima, e a responsabilidade individual sobre ela será acrescida. De alguma maneira, a liberdade, em Lutero, expressa-se como disposição interior; transferida para a "esfera íntima da pessoa, ao mesmo tempo em que consagrava a submissão do homem exterior ao sistema terreno" (Marcuse 1981, p. 60). Sem fé, para Lutero, não existe hipótese de salvação pelas obras. Já o indivíduo piedoso e crente em Deus certamente praticará, por si mesmo, boas obras.[5] O cristão será, portanto, livre para identificar a necessária separação entre sua pessoa e as obras que realiza, distinguindo a pessoa do ofício/

---

5. "Uma casa bem ou malfeita não torna o carpinteiro bom ou mau, mas um bom ou mau carpinteiro fará uma casa boa ou má; a obra não faz o mestre, a obra será exatamente como é o seu mestre. Portanto, as obras de um homem corresponderão também à sua fé ou falta de fé, de acordo com a qual serão boas ou más. E nunca ao contrário: ou seja, ele não será justo nem crente em função de suas obras; estas não o tornam crente, tampouco o tornam justo. Mas é a fé que o torna justo e o faz realizar boas obras. As obras, portanto, não tornam ninguém justo, e o homem deve ser justo antes de realizá-las; assim, fica evidente que somente a fé, por pura graça, por intermédio de Cristo e de sua Palavra, torna a pessoa suficientemente justa e bem-aventurada. E o cristão não necessita de nenhuma obra, nenhum mandamento para alcançar a bem-aventurança; ele é livre de todos os mandamentos e, em pleno uso de sua liberdade, age desinteressadamente sem buscar o seu próprio proveito e bem-aventurança, mas unicamente para agradar a Deus, pois ele já está satisfeito e é bem-aventurado" (Lutero 1998, p. 55).

ato realizado, de tal maneira que "o homem não necessita das coisas e obras – não porque já as tenha, ou porque exerça seu poder sobre elas, mas porque não precisa delas em sua liberdade interior autossuficiente" (*ibidem*, p. 61). Nessa direção, julga Marcuse, afirmou-se com Lutero a constituição do sujeito moderno: em sua individuação, em sua individualidade, em seu individualismo. A ascese remete-se para o mundo interno ao ser, e a ordem terrena, como tal, deverá ser observada e respeitada.

Separadas pessoa e obra, não haveria qualquer outra esperança de salvação para além da fé. Por seu turno, a exigência da ordem e das regras sociais era, para Lutero, aspecto intrínseco à vontade de Deus, o que levaria o reformador a "coisificar a autoridade" – independentemente daquele que, no momento, a exerça. A própria acepção de autoridade, por esse aspecto, é assumida de maneira inquestionável (*ibidem*, p. 66). Com firme defesa da ordem civil e da obediência a ela devida, Lutero acusara a revolta dos camponeses e o movimento anabatista. Reformador e não revolucionário, a confissão de fé de Lutero compreendeu a subordinação às leis civis como ponto de partida.

A fé luterana implica, certamente, uma confiança íntima na graça de Deus. Trata-se de uma disposição interior ao indivíduo. Com Calvino, a ideia de salvação terá um deslocamento, acentuando-se o valor conferido à exteriorização da personalidade humana como afirmação de sua identidade. Tal movimento acontece por meio do trabalho. Este, por sua vez, traduz a vocação do indivíduo. Tudo isso integra a ideia calvinista de que o motor da salvação não reside nem nas obras e nem na fé, mas sim na predestinação.

Nascido na França em 1509, também com instrução religiosa cristã, Calvino é formado nos mais estritos patamares do catolicismo. Formou-se por um colégio católico ortodoxo – Colégio Montaigu – e depois continuou os estudos na Universidade de Orléans. Estudou latim, teologia e direito. Em 1530, afasta-se da orientação que parecia traçada para sua vida. Abdica de tudo, converte-se ao luteranismo, tem de renunciar aos benefícios eclesiásticos e precisará fugir da França. Segue em direção à Suíça. Passa, sucessivamente, por Genebra, Basileia e Estrasburgo, onde, em 1536, publica seu primeiro grande tratado, intitulado *A instituição da religião cristã* – referência da doutrina calvinista. Defende o ponto de vista segundo o qual o dogma da onisciência de Deus não nos possibilita qualquer intervenção ou mesmo qualquer especulação sobre as razões e os rumos da graça. A referida obra logo será traduzida para inúmeras línguas. Nela Calvino sublinha "a convergência das artes liberais com o verbo evangélico, a necessidade da instrução para a justa administração da cidade e a exigência de formar a consciência individual através dos textos literários" (Cambi 1999, p.

252). Posteriormente, assumiu – em 1541 – o governo da cidade de Genebra, estruturando um vasto programa de reformas de cunho social e religioso. Nessa ocasião, Calvino destaca a relevância pública da educação, tanto para o preparo do indivíduo na sua língua vernácula quanto para a formação humana no que compreendia serem as "ciências seculares".

É datado de 1541 o chamado *Formulário para se instruir as crianças da cristandade*. Esse texto, de autoria de Calvino, é reputado como o "primeiro manual de catecismo destinado a ser aprendido de cor pelas crianças" (Combes 1997, p. 47). Talvez fosse, melhor dizendo, um dos primeiros, dado que a cartilha portuguesa intitulada *Cartinha com os preceitos e mandamentos da Santa Madre Igreja*, de autoria de João de Barros, é datada de 1539. Era uma gramática da língua portuguesa, mas que já possuía todas as características acima mencionadas, sendo inclusive um livro com gravuras – como bem sublinhou Gabriel Antunes de Araujo, em recente adaptação e publicação do documento. Como a *Cartinha* de João de Barros, em outros países, talvez sejam variados os exemplos de cartilhas dessa natureza. Seja como for, não queremos aqui desconsiderar o pioneirismo de Calvino (*ibidem*) e da Academia de Genebra, tão reputados pela historiografia (Cambi 1999, p. 252).

Em seus escritos, Calvino ressalta, do ponto de vista teológico, o caráter imanente e predeterminado da trajetória humana. Nessa dimensão, recusa ao homem qualquer esperança de decifrar as razões do desígnio divino. Compreender a eleição de Deus, bem como seus motivos, é tarefa alheia às possibilidades humanas. Se Deus está acima de todos, nós não estaríamos à altura dele para determinar os parâmetros de sua escolha. Além de nada podermos fazer para nossa salvação, não teríamos qualquer meio racional de descobrir os motivos do "chamado" divino. Sua tese da predestinação, Calvino a define do seguinte modo:

> Chamamos de predestinação ao eterno decreto de Deus com que Sua Majestade determinou o que deseja fazer a cada um dos homens: porque Ele não cria a todos em uma mesma condição e estado; mas ordena a uns a vida eterna e a outros a perpétua condenação. Portanto, segundo o fim a que o homem é criado, dizemos que está predestinado à vida ou à morte... Afirmamos, pois (como a Escritura evidentemente o mostra), que Deus constituiu em seu eterno e imutável desejo aqueles que Ele quis que fossem salvos e aqueles que desejou fossem condenados. Este desejo está fundado sobre a gratuita misericórdia divina, sem ter nenhuma relação com a dignidade do homem; ao contrário, o portão da vida eterna está fechado a todos aqueles que ele quis entregar à condenação, e isso se faz por seu secreto e incompreensível juízo, o qual é justo e irrepreensível. (Calvino, *in* Seffner 1993, pp. 56-57)

Educação calvinista: Predestinação, ascetismo e trabalho

O caráter de ascetismo – mística no catolicismo; devoção na interioridade da fé luterana – transmuta-se, com o calvinismo, para o trabalho profissional derivado, por sua vez, de vocação/chamamento divino. Tal convicção determinará um estilo de vida obstinado na cultura do trabalho, edificando uma moralidade secular, que muito contribui para o desenvolvimento da racionalidade intrínseca ao modo de produção capitalista, especialmente no tocante ao acúmulo material. Nenhuma aquisição ou riqueza seria condenável – do ponto de vista de Calvino. Condenável é a vida de luxo, ociosidade e dissipação. Sendo assim, a ética protestante calvinista incita à acumulação e à poupança do capital adquirido. O enriquecimento supõe o êxito – ganhar tanto quanto for possível e economizar ao máximo o que se ganhou. O êxito ocasionará, tanto quanto possível, sinais da eleição, da escolha, da graça divina.[6] Essa percepção seria suficiente para legitimar a vocação aquisitiva que impulsionaria os países protestantes rumo à acumulação acelerada do capital.

Acerca do tema, Calvino dirá:

> Finalmente, é preciso levar em conta o seguinte: o Senhor, em todas as ações da vida, ordena, a cada um de nós, que atentemos para a nossa vocação, pois Ele sabe com quão grande inquietude eferversce o engenho humano, de quanta volubilidade é ele levado de um lado para outro, e de quão ávida é a sua ambição em abraçar diversas coisas ao mesmo tempo. (...) Cada um, em seu gênero de vida, suportará e absorverá as desvantagens, as preocupações, os aborrecimentos e as angústias,

---

6. "Portanto, para que através de nossa estultícia e temeridade não se misturem todas as coisas de cima para baixo, Deus ordenou a cada um os seus deveres, em diferentes gêneros de vida. E para que ninguém ultrapassasse, temerariamente, os seus limites, Deus chamou de vocações a essas modalidades de viver. Portanto, para que os homens não sejam levados, às cegas, ao léu, por todo o curso de sua vida, o Senhor atribuiu a cada um sua força de viver, como se fora um posto de serviço. Esta distinção, no entanto, é a tal ponto necessária, porque, diante de Deus, nossas ações são avaliadas e frequentemente, na verdade, são avaliadas de um modo muito diferente do que o faz o juízo da razão humana e filosófica... É bastante sabermos que a vocação do Senhor, em toda coisa, é o princípio e o fundamento do bem-agir, e quem não se reportar a essa vocação jamais se aterá ao reto caminho, em seus misteres. Poderá o homem, aliás, por vezes, engendrar algo aparentemente louvável. No entanto, independentemente do que isso represente aos olhos dos homens, será rejeitado diante do trono de Deus. Além disso, nenhuma harmonia haverá entre as diversas e apropriadas partes da vida. Em consequência, quando for orientada para este objetivo, a vida será disposta o melhor possível, porquanto nem tentará alguém – pela própria temeridade – fazer mais do que sua vocação lhe poderá permitir, uma vez que saberá não ser lícito exceder seus próprios limites..." (Calvino, *in* De Boni 2000, pp. 235-236)

quando se persuadir de que o fardo de cada um foi imposto por Deus. Contudo, insigne consolação advirá desde que obedeçamos à nossa vocação, pois nenhuma obra haverá, diante de Deus, tão ignóbil e vil, que não resplandeça e não seja tida por valiosíssima. (Calvino, *in* De Boni 2000, pp. 235-236)

Calvino, que – a partir de meados daquele século XVI – passava a empreender ação educativa em Genebra, levaria adiante os ideais pedagógicos luteranos, ao lançar os preceitos que estruturariam, em 1541, as bases organizacionais e curriculares do Colégio de Genebra. Originalmente, esse colégio teria um conjunto de sete classes, graduadas por níveis diversos de exigência quanto à progressão das matérias ensinadas e do aprendizado dos alunos. O regulamento do colégio previa uma normalização bastante rígida do cotidiano da instituição, de maneira próxima do que os colégios dos países católicos, especialmente de matriz jesuítica, efetuavam no mesmo período.

Chegando a superar Lutero quanto à proposição de uma dada acepção de escola, cuja estrutura se tornaria logo referência para o ensino protestante, Calvino compreendia também que haveria um duplo objetivo – religioso e civil – a ser obtido pela instrução das crianças. Era bastante explícita a intenção de formação de líderes, de quadros políticos e administrativos aptos para contribuírem com o desenvolvimento das cidades e das populações. Daí a ênfase no saber, como exigência com a qual os governos não poderiam transigir. No parecer de Calvino, a educação consolidaria a ética reformada e a vocação moral do trabalho. Sendo assim, as escolas calvinistas responsabilizavam o aluno pela formação de hábitos de estudo regulares, o que supunha previamente um treinamento e exercício sistemático de técnicas de autocontrole, da predisposição para a disciplina e para acatar as regras sociais vigentes, em suas hierarquias e funções demarcadas.

Compunha-se, então, paulatinamente, um método eficiente e eficaz, capaz de bem ensinar. A estratégia educativa calvinista tornar-se-ia, desde então, referência, não apenas de seus contemporâneos protestantes e católicos, como também dos futuros sistemas públicos, que comporiam as distintas redes nacionais de escolarização, na maior parte dos países europeus até o final do século XIX. Pode-se dizer que Lutero pretendia formar bons administradores capazes de gerir o espaço das cidades e da coisa pública, de modo geral, enquanto Calvino desejava preparar bons e obedientes cidadãos. Para tanto, a escolarização era estratégia imprescindível. De alguma maneira, no aspecto teológico, Calvino reafirmava aspectos do Velho Testamento, sendo, por decorrência, mais severo quanto à absoluta soberania divina perante os negócios terrenos. Diz, sobre o tema Abbagnano, que – para os calvinistas:

Deus é onipotência e imperscrutabilidade. Do seu desígnio depende o curso das coisas e o destino dos homens. O homem salva-se unicamente em virtude da predestinação divina, que o torna participante dos méritos de Cristo. A vontade do homem é nula perante a predestinação. Mas, exatamente, pela fé nos méritos de Cristo, o homem pode alcançar a confiança na própria salvação, confiança que seria por sua vez mal segura e incerta se o homem devesse ter em conta os seus próprios méritos, que são nulos e insignificantes. Por esta confiança indestrutível, o calvinista adquire uma força de convicção... E foi sobre a ética calvinista que se modelou em certa medida o espírito ativo, agressivo, alheio a qualquer sentimentalismo da nascente burguesia capitalista. (Abbagnano e Visalberghi 1981, v. II, p. 324)

Evidentemente, houve muita perseguição e disputa religiosa contra as iniciativas culturais e pedagógicas protestantes. Em 1685, o Édito de Nantes (datado de 1598) foi revogado. Por meio desse mesmo édito, possibilitou-se que os educadores reformados abrissem escolas e se dedicassem nelas aos assuntos da instrução (Combes 1997, p. 49). As guerras religiosas, que tanto abalaram o período, chegam aos bancos escolares.

O propósito pedagógico da formação calvinista contemplava, para os fiéis, o ulterior autodomínio e responsabilidade do indivíduo sobre suas ações, sobre suas opções, sobre sua vida; em outras palavras, uma autoconfiança imprescindível ao êxito social. Tal intento seria fortalecido por meio do cumprimento de atividades sistemáticas, de uma grade regular de estudos – seriada e sequencial. Por ser assim, as primeiras escolas calvinistas já atentavam para a urgência de se pautar o ensino por um dado padrão de ordem e coerência. Pretendia-se edificar um método que estruturasse e organizasse de modo sistemático e regular a rotina das atividades de ensino.

A literatura específica sobre o tema sugere a existência de uma "possível convergência entre o conceito educacional de currículo e o conceito calvinista de disciplina" (Hamilton 1992). Aliás, note-se que – nos termos da análise efetuada por Hamilton – os primeiros registros históricos de nossa acepção contemporânea de currículo podem ser localizados em documentação de 1582 da Universidade de Leiden, uma instituição fundada e dirigida por preceitos calvinistas. O currículo seriado – por produzir um modelo de ensino graduado, com matérias fixamente dispostas em uma grade curricular – teria sido um padrão de referência para compor nossa estrutura moderna de escolarização.

Reivindicando, desde o princípio, o reconhecido pioneirismo das iniciativas educacionais protestantes, as escolas calvinistas criam práticas de ensino simultâneo (o professor ensinando a todos os seus discípulos por classes de uma única vez). Tal modo de ensinar coletivamente correspondia a um largo avanço para seu tempo, posto que – pelos relatos de autores humanistas a respeito das escolas da

Renascença – não se sabia estruturar uma aula que, efetivamente, contemplasse o atendimento de todos os alunos.

O professor, costumeiramente, ensinava um por um, enquanto os demais permaneciam desatentos, agitados, dispersos e ociosos. Não se pode historicamente desprezar o avanço que significou a prática do ensino simultâneo, posto que foi esse modo de ensinar que – de alguma maneira – regulou e regrou a escolarização da era moderna. Note-se que tal prática significou uma profunda inovação relativamente aos hábitos anteriores provindos da escola medieval: desordenada, sem método e sem eficiência. O modelo individualizado do ensino tendia a ser progressivamente substituído por tais práticas escolares fundadas no ensino dirigido, ao mesmo tempo, a todos os alunos de uma mesma classe, considerando que, na mesma sala de aula, havia várias classes. O ensino simultâneo era – pode-se dizer – mais eficaz. Por sua vez, para ser implantado, exigia que a escola viesse realmente a se distribuir por classes diversas com alunos divididos por um nível similar de conhecimento. A classe é a menor unidade da escola e tem uma lógica toda sua de organização e funcionamento. Reparte níveis de aprendizado, reparte idades, classifica e ordena pessoas. Estrutura-se como grupo social, entre a vida privada e a esfera pública. Supõe a progressão das séries graduadas, por anos de estudos percorridos. Para que o ensino simultâneo fosse bem-sucedido, era também necessário adotar um mesmo livro para leitura dos alunos. Pela dificuldade de organização desse modelo, muitos países europeus chegaram ao último quartel do século XIX sem haver ainda conseguido superar os inconvenientes do ensino individual.

Nos países protestantes, o movimento tendente à estruturação da moderna forma de escola foi mais rápido. Os colégios calvinistas já dividiam os estudantes por faixas etárias e por níveis de aprendizado. Segundo a literatura especializada no tema, pode-se constatar o vínculo estreito entre disciplina calvinista e ideia de currículo. As escolas de tradição calvinista diferenciavam-se por edificarem novas diretrizes para a organização de um ensino, pensado como sequencial, organizado, sistematizado e minuciosamente ordenado. A Igreja católica reagiu à altura, também preocupada em organizar uma forma de ensino eficiente e eficaz. Nos países católicos, os colégios jesuíticos também constituíram um modelo curricular agrupado em séries, estruturando aquilo que hoje caracterizamos como escola graduada.

Princípios religiosos de uma instrução universal

Para se compreender o caráter secularizado da instrução proposta pelos reformadores protestantes, é necessário abordar a geografia política da época. A ideia de nação surge aos poucos. Se pensarmos na situação da Alemanha daquele século XVI que abrigou o luteranismo, não encontraremos, ainda, o sentido moderno da nacionalidade. Daí a ênfase dos reformadores na política das cidades. O poder local era o cenário onde ocorriam as disputas civis. Daí a plataforma de transformação do ambiente citadino em um território cultural de gestação da prosperidade do povo alemão. Nas cidades, que abrigavam os vínculos comunitários, firmava-se simbolicamente alguma unidade. Compartilhando língua e tradições, os alemães não tinham fronteiras demarcadas, não tinham exército unificado; mas possuíam alguma unidade. Pode-se, no limite, considerar que "tradicionalmente, os alemães pensavam em si mesmos como o povo que vivia entre os rios Reno e Elba" (Man 2004, p. 46). Lutero viveu e pautou sua vida e sua política nessa realidade de nação que carece de território unificado. De alguma maneira, a expansão das escolas primárias constituiu estratégia privilegiada de divulgação da língua.

O caso de Calvino também é emblemático. Embora tivesse de pensar o caso francês e o caso da Suíça, ambos em situação distinta daquela que Lutero vivera na Alemanha, Calvino sempre sublinhou – como seu antecessor – o caráter estratégico da educação do povo para firmar o cimento da solidariedade social. A escola que Calvino desejava bem-ordenada constituir-se-ia como diretriz norteadora de práticas educativas posteriores, estruturando uma primeira etapa daquilo que alguns autores entendem ser o "moderno modelo escolar" (Nóvoa 1987 e 1991). Pode-se dizer que o protestantismo, desde suas origens, pensava as intersecções entre cultura, prosperidade econômica e desenvolvimento político, destacando a capacidade de trabalho do homem bem como sua formação educativa como fontes privilegiadas para uma ampliação do nível de confiança de toda a sociedade.

A cultura, como hábito ético herdado pelas sociedades, organizaria, não apenas as normas e os valores compartilhados, mas os próprios modos de produção social. A distinção do homem letrado envolveria aspectos relacionados ao reconhecimento ou confiança, expectativa da comunidade quanto a um comportamento estável, competente, honesto e cooperativo. Assim, voltando-se cada um para a máxima exploração de seus próprios talentos, obter-se-iam possivelmente prosperidade e reconhecimento coletivo, o que, por si, fez com que, desde o princípio, os países protestantes – apostando em tal dimensão cultural – fossem as primeiras nações da Europa a atingir níveis de alfabetização universal, desenvolvendo os maiores índices de letramento da Europa.

A formação de uma ética protestante, pelo ponto de vista de Calvino, relaciona-se com a disposição para o trabalho árduo, hábitos de perseverança, de racionalidade, capacidade de inovação e abertura para o risco. A educação protestante constrói-se pela expectativa de cada um dar o máximo de si à sociedade.

Compreende-se que essa maximização das potencialidades individuais terá como contrapartida uma dada dimensão de realização pessoal e humana.

Tais disposições de espírito são complementadas por uma formação de base que valoriza alguns aspectos essenciais no convívio humano, como a honestidade, a tolerância para com o outro, a confiabilidade, o sentido de cooperativismo, o senso de responsabilidade social, o autocontrole, a honra, a tenacidade e a perseverança. Essas habilidades, desenvolvidas pela educação e exercitadas pelo hábito social, terão como resultado o acréscimo do capital social; um dado padrão de convivência coletiva, de sociabilidade pública, capaz de contribuir efetivamente para o aprimoramento dos patamares civilizatórios. A educação calvinista apresentou-se com tal vocação para pregar uma dada disciplina pessoal como uma das maiores características das pessoas profissionalmente realizadas. Mais do que isso, contudo, pode-se dizer que a educação de matriz protestante compreende a prática e o exercício da virtude intrínseca a uma vida pautada pela primazia do trabalho: uma vida ascética, disciplinada, competitiva, mas que, ao desenvolver plenamente as potencialidades individuais, contribuirá para aprimorar a convivência coletiva.

3
CONHECIMENTO, CONTEÚDO E MÉTODO DE ENSINO NA IDADE MODERNA: TESTEMUNHOS

A civilização do livro passa a regular costumes

Identificar as matrizes culturais da escola moderna requer o estudo de práticas escolares postas em vigor em variados locais e em distintas épocas. Contudo, a instrução escolar será, para além das práticas, representada e norteada por uma história do pensamento e dos ideais pedagógicos, indicadora de procedimentos e roteiros de ensino prescritos.

O Humanismo pode ser definido como a expressão letrada da Renascença. Mas trata-se também de um suposto momento de ruptura intelectual, marcado pelo advento de uma visão de mundo inaudita, pautada pelo reconhecimento da universalidade da condição humana. Agnes Heller identifica nesse "conceito dinâmico de homem" (Heller 1982, p. 23) divulgado a partir de então o verdadeiro significado do Renascimento. É possível considerar, todavia, que essa curiosidade intelectual sobre os assuntos seculares antecede o período da chamada Renascença, estando presente esse imaginário já em inúmeros autores da Baixa Idade Média, com destaque para o pensamento estruturado pela Escolástica (Lauand 2002). Todavia, se há um aspecto que, de fato, é inequivocamente pertencente ao Humanismo renascentista, trata-se do vínculo das ideias e dos ideais ali produzidos com o cenário da tipografia. O efeito de divulgação dos materiais impressos e sua relação com o fortalecimento da cultura letrada impactavam a oralidade daquele tempo. A tipografia redefine progressivamente o imaginário popular, mediante divulgação, pela cultura impressa, de padrões uniformes de conduta, com a finalidade de regular o comportamento urbano. Evidentemente, a ampliada circulação do livro terá grande vigor para balizar o que, no campo da história das ideias, poderia ser compreendido como nova concepção do humano.

A centralidade do pensamento sobre temas relativos à formação do indivíduo é traduzida, nos escritos humanísticos, pela preocupação com os modos de estar no mundo. A compreensão da civilidade ganha novo lugar social por meio dos discursos dirigidos às novas gerações. A historiografia indica a existência de progressivo crescimento nos vestígios indicadores de alfabetização em muitos dos países europeus dessa época. A alfabetização da juventude, contudo, nem sempre deriva do efeito da escola (Chartier 1987); há elevado grau de aprendizado informal dos códigos da leitura, a despeito do fato de a escolarização ser – como já se observou anteriormente – cada vez mais procurada por parte das populações citadinas. Roger Chartier constata que a razão do predomínio urbano entre os letrados se deve ao fato de, no campo, a tradição da oralidade ser mais acentuada, em virtude, inclusive, do menor acesso a obras impressas. É como se a tipografia redefinisse as relações entre o mundo letrado e o universo simbólico das comunidades letradas. Assinala Roger Chartier que, mesmo sendo de domínio de parcela diminuta da população, a cultura escrita passará, a partir daí, a disputar o rumo cultural da sociedade.

> Em um mundo do oral e do gestual, as cidades se tornam ilhas de uma outra cultura, letrada e tipográfica da qual participa, pouco ou muito, direta ou parcialmente, toda a população urbana. E é no surgimento desta nova cultura, alicerçada pelos novos meios de comunicação, que serão medidas desde então todas as outras, sejam desvalorizadas, recusadas, negadas. (*Ibidem*, p. 180)

Os editores exerciam uma ação firme de aculturação, valendo-se de aspectos da cultura popular para reinventar suas características mais originais à luz da fixidez e da abstração intrínsecas ao texto impresso. Assim, estratégias do pensamento sistemático, conceitual e rigoroso dos textos escritos mesclavam-se a elementos culturais populares, produzindo efeito de indistinção. Mediante tais protocolos efetuados por autores, editores e livreiros de então, produzia-se uma prática cultural partilhada nos seus usos, com elevado grau de circulação que passava por um conjunto significativo de pessoas. O público do livro crescia. Para manter, portanto, clivagens de classes sociais e para traçar outras fronteiras que demarcassem os vários territórios das letras, recorria-se à variação nos gêneros da literatura impressa.[1] As clientelas mantinham-se, a partir daí, segmentadas, e o material impresso revelava seu manifesto intento pedagógico. Usa-se o livro para educar populações incultas. Usa-se o livro para recordar diferenças entre as variadas camadas da sociedade. Usa-se, enfim, o livro para ensinar comportamentos de urbanidade.

As cidades cresciam e com elas crescia a procura por escolarização. Com as cidades, acontecia também um notável progresso das técnicas – e dentre elas, a tipografia. As oficinas tipográficas multiplicavam-se, e o livro tornava-se artefato relativamente comum para as populações. Lutero traduziu a *Bíblia* em 1534. Em 1546, já havia 400 reedições da mesma tradução. Os livros impressos compreendiam uma literatura dirigida especialmente para camadas populares: catecismos, almanaques, romances de cavalaria, horóscopos e literatura de cordel eram maciçamente divulgados por setores economicamente desprivilegiados das populações.

O Concílio de Trento, para o mundo católico, vai reforçar o primado da pregação dos párocos, da confissão auricular, do caráter restritivo do acesso às *Sagradas Escrituras*. Não se recomendava o contato direto com os textos, e a Igreja católica via com alguma reserva o entusiasmo perante a leitura. Muitas serão as obras qualificadas como suspeitas pelo *Index* do Tribunal da Inquisição. Buscava-se controlar a fabricação, a divulgação e a aquisição dos livros. Mas o controle da leitura torna-se cada vez mais difícil. O mesmo Concílio de Trento que cria o Tribunal da Inquisição em 1564 institui novas ordens religiosas para a propagação do catolicismo. Dentre as novas ordens, destacavam-se os jesuítas e os oratorianos. O Tribunal da Inquisição – que adquirira, no Concílio de Trento, papel predominante na defesa dos interesses da Igreja – colocava no *Index* dos livros proscritos vasta parcela do universo literário. Mesmo assim, na contramão, os livreiros publicavam todo um conjunto de obras religiosas, que passa a ser demandado pelas populações em letramento: manuais de teologia, livros de civilidade cristã, catecismos etc.

De acordo com levantamento feito por Dominique Julia para o final do século XVII, nessa época, quando morriam os padres, registrava-se que 30% deles possuíam menos de 10 livros e 5% das bibliotecas detinham na altura mais de 100 volumes. No início do século XVIII, três quartos dos padres tinham, pelo menos, 20 livros, e, em meados do mesmo século, já 60% dos padres contavam, em sua

---

1. "As estratégias editoriais engendram, então, de maneira desconhecida, um engrandecimento progressivo nada desprezível do público do livro, mas a constituição de sistemas de apreciação que classificam culturalmente os produtos da imprensa fragmenta o mercado entre clientelas supostamente específicas e traçam novas fronteiras culturais" (Chartier 1987, p. 121).

biblioteca pessoal, com mais de cem volumes. Na França de 1789, 75% dos padres tinham mais de 100 livros. Era a cultura do impresso progressivamente espraiada. Eram também cada vez mais sintomáticas as clivagens culturais que recortavam o cenário social entre leitores e não leitores. Livreiros-editores – dirá Roger Chartier – compunham estratégias para ganhar a adesão de uma clientela de camadas médias: artesãos, lojistas, pequenos vendedores. Havia uma significativa cultura do livro também na Igreja católica.

Os preços do livro diminuíam na mesma proporção em que surgiam com acrescida intensidade fórmulas editoriais para uma literatura popular: cordel, almanaques, historietas escritas em brochuras barateadas, livros de canções, contos de fadas, romances de cavalaria, manuais de civilidade (sobre como bem viver e sobre como bem morrer) etc. O mundo leitor compunha-se, pois, do livro e do texto nele impresso por parte de populações que, por sua vez, detinham um padrão de habilidade leitora não acompanhado pelo número de escolas existentes. Esse era um dos problemas: havia livro; havia, de alguma forma, alguma leitura (Chartier 1987); e não havia escolas. Além disso:

> A Alemanha era um país sem unidade: eis o essencial. Havia alemães, numerosos, fortes, ativos, muitos alemães que falavam dialetos vizinhos uns dos outros, que tinham, em larga medida, costumes, usos, maneiras de ser e de pensar comuns. Estes alemães formavam uma "nação" no sentido medieval do termo. Eles não estavam de modo nenhum agrupados, todos, solidamente, num Estado bem unificado e centralizado, corpo harmonioso com movimentos comandados por um único cérebro. (Febvre s.d., p. 100)

Eram frequentes as tentativas de moralização dos conteúdos dos livros, como estratégia de formação das populações. Faziam isso os humanistas quando escreviam seus tratados de civilidade. Faziam isso os eruditos que elaboravam compêndios para uso didático, esquartejando textos clássicos para incorporar deles excertos seletos. A própria literatura de cordel possuía um teor pedagógico bastante acentuado. O caso dos provérbios é um exemplo nítido de intercâmbio entre o registro popular e as prescrições efetuadas por uma cultura de elite. Os provérbios teriam sua autoridade ancorada em uma origem distante, perdida no tempo. Sua atualidade provinha do fato de eles se apresentarem como universais para todas as pessoas e para qualquer época.

De alguma maneira, podem ser estabelecidas relações entre uma sabedoria proverbial e as práticas de civilidade que se pretendem internalizar em um dado momento da história. O provérbio deveria possuir um estilo, uma norma concisa, clara e veemente de apresentação, "tinha de ser forte e sagaz e a imagem deveria ser incomum; curto e preciso, deveria ser talhado como uma pedra preciosa" (Davis 1990, p. 192). O provérbio sugeria significados ocultos para além das palavras, que remontassem a práticas, a saberes e a valores herdados. Essa literatura pautada no provérbio tem o seu foco no intento de instrução moral – ditos curtos que, tantas vezes repetidos, virão facilmente interpelar a memória. No limite, o provérbio servirá para convencer, já que o que todos dizem supõe-se ter um fundo de verdade. Daí sua explícita intenção pedagógica. Nas palavras de Natalie Davis (*ibidem*, pp. 200-201):

> Os talentosos que citavam os provérbios nas aldeias não eram, portanto, aqueles que sabiam novos ditados, mas aqueles que sabiam como utilizar os velhos de maneira apropriada. Os provérbios podiam ser usados para lembrar aos camponeses o que deveriam fazer para ter boa saúde ou boa colheita. Eles poderiam oferecer fórmulas para resumir o significado de um acontecimento. Eles podiam ser utilizados para dar ordens de maneira cortês (...). Os provérbios eram exibidos para uma pessoa educada que tivesse tempo de observar as coisas ou de ler por curiosidade. Eles ajudavam a aprender, e a enfeitar a própria língua (e, talvez, também uma língua estrangeira); inspiravam reflexões sobre a moral e podiam tornar alguém mais persuasivo, irônico ou severo. Esses eram os modos pelos quais cada um circulava seus provérbios – quando havia tantas outras palavras escritas e impressas na reserva.

A cultura dos provérbios, desde o princípio, irrompe nos rituais e costumes da escolarização. Seu alcance estava dado para além dos catecismos, nos formatos dos próprios livros de uso didático. De todo modo haveria, desde o princípio da Idade Moderna, a prescrição de um conjunto significativo de regras de conduta, pelas quais se poderia aferir se o indivíduo era ou não era educado. Tais normas de bom comportamento convertem-se em elemento fundante daquilo que viria a chamar-se "civilização ocidental". Quando se fala em Ocidente como elemento cultural diferenciador, é preciso considerar seu lugar de poder. Não se trata de um povo, mas de muitos. Além disso, essa história de ocidentalização dos costumes é alguma coisa que começa antes:

> Nessa história, envolveram-se homens de diferentes etnias que, voluntariamente, assumiram valores estranhos aos de seus grupos de origem: penso nos romanos que se helenizaram; nos gauleses vencidos que, de bom grado, aceitaram a latinidade (abandonando totalmente sua língua, no espaço de duas ou três gerações); nos europeus pagãos que se converteram em massa ao cristianismo; e, mais tarde, na própria Europa cristã que decidiu apropriar-se do direito romano e da ciência grega, reconhecendo esses passados como o seu passado, como a fonte

de suas normas, de seu imaginário e de sua identidade. Em cada oportunidade, esses grupos assumiram, portanto, retrospectivamente, uma filiação espiritual que não correspondia à de sua origem. (Nemo 2005, p. 11)

Para alguns autores, "o Humanismo produz uma ampliação do horizonte intelectual, paralela à ampliação do horizonte geográfico que produziram os descobrimentos das novas terras" (Villalpando 2004, p. XXV). Trata-se, sim, de redescoberta dos clássicos, mas trata-se também de novos aportes para leituras. Múltiplas leituras acompanhavam a multiplicação do livro impresso. Leituras eruditas, mas leituras mais simples, leituras de cordel, leituras de provérbios. Pela ação do Humanismo, o provérbio chegará à escola. Embora, de maneira geral, os humanistas desprezassem o ensino coletivo, eles mesmos foram tributários não apenas da expansão da cultura letrada – que acontece com o advento das técnicas tipográficas – como da própria multiplicação das escolas. As camadas médias da sociedade, cada vez mais, reclamavam o aprendizado das competências básicas da leitura, da escrita e do cálculo. Com isso, esses mesmos estratos se habilitam como leitores e interlocutores das prescrições moralistas que têm lugar no século XVI. No seio daquele movimento, havia um destacado conteúdo prescritivo nas obras – um saber quase proverbial –, voltado a modelar comportamentos e ordenar ações e relações na sociedade. Muitos eram os autores que, entre o conteúdo humanista e esse teor moralista, indicavam plataformas de ação pedagógica para as novas gerações, de modo a inculcar-lhes hábitos de conduta, parâmetros de civilidade que as urbanizassem do ponto de vista moral. Erasmo – como vimos – lançara mão de *A civilidade pueril*. Montaigne redigira ensaios que também debatiam o tema dos costumes.

Os manuais da época não se atinham apenas à conduta pública, norteadora da civilidade. Havia tratados sobre a arte da conversação. Esses textos, também preocupados com a experiência da sociabilidade, apanhavam um aspecto distinto do problema: parecia urgente deslocar o tema para o território das relações entre as pessoas, de tal maneira que, na vida em sociedade, o indivíduo adquirisse habilidade de interpretar a expectativa e o repertório do outro, com o fito de "adquirir confiança, 'quebrar o gelo' e fazer amigos" (Burke 1995, p. 120). Tais obras produziam interação entre a cultura escrita e o ambiente da oralidade, posto que os autores proferiam recomendações para regular práticas que haviam, anteriormente, observado.

A arte da conversação deveria ser, assim, regida por preceitos cooperativos que respeitassem níveis de reciprocidade entre os falantes. Esse era o pacto que deveria dirigir o ritual das conversas bem-educadas. Nesse intercâmbio, seriam valorizadas a espontaneidade e a informalidade. Mesmo que a conversa fosse ensaiada, caberia aos integrantes do diálogo agir como se manifestassem opiniões espontâneas, não refletidas, aparentemente oriundas do momento exato da fala. A conversação era compreendida como uma arte que inclui o outro. Por ser assim, cada um dos seus praticantes deveria agir para valorizar esse outro: falando pouco de si, procurando estabelecer o contato a partir de temas de interesse de seu interlocutor – daquele a quem se dirige a palavra. Sobre o assunto, Peter Burke comenta que os manuais existentes sobre o assunto discorriam sobre "o bom senso e as boas maneiras. Eles são basicamente uma compilação de lugares comuns – 'não fale sobre si mesmo', 'não interrompa outras pessoas que estiverem falando', e assim por diante – repetidos ao longo dos séculos" (*ibidem*, p. 125).

No século XVI, proliferavam também os tratados de fisionomia: a partir dos traços que compõem o semblante no rosto, supunha-se o desenvolvimento da habilidade para decifrar as disposições da alma: "A observação do rosto é um instrumento de domínio dos outros" (Courtine e Haroche 1995, p. 25). Interpretar o rosto torna-se elemento primordial para identificar os segredos dos comportamentos. Nessa medida, a arte da observação do outro obtinha requintes de refinamento e um individualismo de novo tipo ganhava lugar. Um novo modelo de domínio social requeria a inspeção meticulosa do outro e a prática criteriosa e vigilante de introspecção. A preocupação com os outros tornava-se progressivamente um olhar interior: a cabeça, o sorriso, o franzir da testa, o movimento dos olhos. Tudo ganhava contornos de sinais revelados pelo corpo para desvelar o espírito. Exercitava-se a exatidão do olhar ou "um trabalho de controle e de domínio individual das emoções, levando cada um a virar-se para o interior de si próprio" (*ibidem*, p. 28).

Juan Luis Vives e a educação no colégio

A cultura da Renascença impacta a educação e os modos de ensinar, sejam estes no domínio do lar ou da escola. Vives é um raro representante do movimento humanista que atentará para a formação dos comportamentos e da instrução pensados pela perspectiva do ensino coletivo. Defendia o valor intrínseco das práticas da escolarização. Isso não era comum entre os teóricos humanistas mais destacados. A tendência majoritária daquele tempo postulava uma educação dirigida "pela natureza". Todavia, nessa direção, os principais expoentes do Humanismo propugnavam geralmente um ensino individual, feito em casa, por um preceptor. A maior parte dos autores humanistas acreditava que o ensino coletivo na escola corromperia os costumes.

A despeito de a maior parte dos teóricos humanistas ignorar a ação escolar ou referir-se a ela apenas para detratá-la, Vives, nesse ponto, constitui uma louvável exceção. Seus escritos tomam a escolarização como necessidade e como referência para a formação humana. Mesmo a crítica que, aqui ou ali, ele viesse a fazer às práticas escolares se amparava no anseio de construir parâmetros alternativos para educação de melhor qualidade, educação projetada para existir na escola. Seu projeto era o de ressignificar os fins da educação, bem como seus métodos – mas acreditava que a própria escola teria a possibilidade de gestar a mudança, com a condição de que os agentes da educação analisassem cuidadosamente todos os fatores envolvidos na educação.

Espanhol oriundo de Valência, Juan Luis Vives (1492-1540) estudou nas universidades de Paris e Bruxelas e lecionou depois na Universidade de Oxford. Foi amigo e admirador de Erasmo. Era um defensor do latim como língua universal e, por isso, nessa língua ele escrevia, embora fosse também tradutor de várias obras para a língua espanhola. A despeito de escrever em latim, defendia que o ensino na escola iniciasse pelo estudo da língua vernácula. Vives era um entusiasta da instituição escolar, o que não o impedia de ser crítico das práticas existentes em escolas e universidades de seu tempo. Em seus *Diálogos*, temos uma preciosa descrição de uma escola da época.

Nascido em 1492, o moralista Juan Luis Vives convive com o princípio de uma época caracterizada pela tendência à centralização de poderes – assinalada pela formação das modernas nacionalidades europeias. Nasce no ano da viagem de Colombo à América; nasce no tempo em que ocorria o desterro dos últimos judeus e muçulmanos não convertidos da Península Ibérica. Naqueles anos, o reino de Granada era reconquistado, banindo a presença árabe ainda existente.

Proveniente de família nobre, Juan Luis Vives estudou em escolas elementares de Valência, onde frequentou também o Studium Generale, mas – já aos 17 anos – decidiu transferir-se para a Universidade de Paris. Em 1519, tornou-se professor em Louvain, onde travou contato com Erasmo, que o teria aproximado do movimento humanista. A amizade entre Vives e Erasmo manter-se-ia durante toda a vida. A literatura considera que seu pensamento pedagógico é tributário de Erasmo e de Quintiliano.

Diz Ángel Gómez-Hortigüela Amillo que a formação filosófica de Vives se deu no Estudio General de Valência. Nessa época o sistema de *disputatio* "havia degenerado em rivalidades nas quais, mais do que aclarar conceitos, procurava-se complicá-los para que não pudessem ser rebatidos por seu contrário" (Amillo 1999, p. 86). José Angel García Cuadrado destaca que Vives dirige severa crítica contra o que considera serem os "pseudodialéticos" (Cuadrado 1999, p. 175). Ainda no parecer de Cuadrado, toda a obra de Vives rechaça o conhecimento e o método pelo qual foi ensinado ao longo de seu período de formação: "Seguramente o desencanto pessoal somou-se à influência do pensamento humanista de Erasmo de Rotterdam e de Thomas Morus".

Em 1521 Vives chega à Inglaterra, cuja rainha, sua conterrânea – Catarina de Aragão –, era a primeira esposa de Henrique VIII e filha da rainha Isabel de Espanha. A rainha tinha, ao que consta, uma educação esmerada e pretendia oferecer para sua filha uma formação erudita. A ideia era que a princesa adquirisse "uma sólida cultura e educação literária. A rainha Catarina não demorou muito tempo a atribuir valor a Luis Vives, tornando-o seu conselheiro, e consultando-o permanentemente no que se referia à educação de sua filha que viria a ser por sucessão a rainha Maria Tudor" (Chateau s.d., p. 39). Tanto que várias das obras pedagógicas de Vives foram originalmente escritas para a princesa Maria.

Em 1523, Vives foi para Oxford (*ibidem*). Suas aulas eram extremamente concorridas. Consta que, a dada altura, o próprio rei, a rainha e toda sua corte se teriam deslocado para assistir às aulas de Vives em Oxford. Nesse período em que lecionou na Inglaterra, Vives travou contato com Thomas Morus – com quem teria provavelmente trocado ideias acerca das questões sociais que afligiam seu tempo. Vives teve de deixar a Inglaterra, quando, em 1528, manifestara sua lealdade à rainha que, na ocasião, era repudiada por Henrique VIII.

Víctor García Hoz destaca o pioneirismo de Vives, que teria sido "o primeiro pedagogo sistemático dos tempos modernos"; ou o "primeiro a escrever um tratado completo sobre o ensino" (Hoz s.d., p. 43). O mesmo comentador enfatiza o mérito de Vives, em sua "luta corajosa contra os métodos acadêmicos utilizados na época e em que as oposições dialéticas favoreciam mais a vaidade do triunfo do que a procura honesta da verdade" (*ibidem*, p. 45). O Humanismo de Vives teria como traços característicos, portanto, a dedicação à cultura letrada e o cultivo da própria língua. Sua preocupação com o aprendizado inscreve-se nessa busca de conferir um estatuto singular à cultura geral; ao contato do jovem com o acervo de conhecimento acumulado historicamente.

Em seu trabalho intitulado *Introdução à sabedoria*, Vives já demonstrava preocupação com uma temática que se apresenta, ao longo de toda a sua obra, como a grande questão intelectual a ser resolvida: como devem fazer as pessoas para aprender e como farão os mestres para ensinar. A sabedoria, Vives a define como um saber viver bem, conhecimento esse passível de ser transmitido e de ser aprendido. A obra é composta por um conjunto de máximas, que vêm no estilo de aforismos, "buscando expressar o mais possível com o menor número de palavras e com grande agudeza tanto de linguagem como de pensamento para impactar o leitor" (Delgado 2010, p. xix). Vives é bastante tributário do pensamento ético de Aristóteles, e o tema das virtudes, especialmente a virtude da prudência, aparece claramente em seus escritos, embora eivada de referências cristãs. A ideia de virtude é, portanto, apropriada de maneira inventiva, posto que a mobilização do pensamento de Aristóteles vem mesclada a valores cristãos, a serviço, no limite, daquilo que se propõe a ser uma nova visão de homem. Para a época, o Humanismo contempla um novo olhar para a condição humana, colocando-a na centralidade do pensamento. Nesse sentido, para os humanistas, o pensamento acerca do aprendizado e da formação do homem adquire primazia. A escrita, em Vives, assume o papel de professor. Trata-se de indicar caminhos e roteiros de ação que, se seguidos adequadamente, provavelmente obteriam o êxito desejado. Para tanto, os comentadores consideram que Vives recolhia nos autores da Antiguidade grande parte dos conselhos que proferia. Delgado diz que ele fazia a "ordenação do material recolhido; nesse caso, o ordena por temas; finalmente coloca ordem nos temas para a imediata publicação" (*ibidem*, p. xxi).

Na *Introdução à sabedoria*, Vives indaga sobre os procedimentos necessários para fixar na memória o conhecimento transmitido pelos mestres e pelos livros.

> Se lês ou ouves, faze-o atentamente; não disperses o entendimento, mas força-o a ficar naquilo que faz e no que tem por diante, e não outra coisa. E se ele sai do caminho, chama-o sem fazer ruído e guarda os pensamentos que são fora do estudo para outra ocasião. Fica sabendo que perdes o teu tempo e o teu trabalho se não estás atento ao que lês e ao que ouves. Não tenhas vergonha de perguntar o que não sabes nem de aprender o que quer que seja; disso, nunca se correram os homens assinalados, que antes a têm de não saberem ou não quererem aprender. Não te gabes de saber o que não sabes; mas pergunta-o aos que pensas que o sabem. Se queres parecer sábio, trabalha por sê-lo, pois não há caminho breve, que de nenhuma maneira mais facilmente farás, para que te tenham por bom, como o seres bom. Afinal, em todas as coisas, trabalha por seres tal qual desejas parecer; pelo que, de outra maneira, mui vão é o teu desejo. O tempo descobre o que é falso e fingido e dá força à verdade; pelo que, como dizem, não há mentira que se não descubra. Segue o teu mestre, não queiras adiantar-te a ele; crê nele, deixa-te levar, não o contradigas. Ama-o e tem-no como se fora pai; receberás mui grande proveito se creres que não pode deixar de ser verdade o que ele te diz. (Vives 1952, p. 25).

Além de conselhos morais como os de seguir o mestre e provar-lhe confiança, ou seja, além de discorrer sobre a relação que o sujeito deve encetar com o professor e com o conhecimento, o texto oferece sugestões de procedimentos que favoreçam o aprendizado. Verifica-se, ao analisar a obra de Vives, uma correlação estabelecida pelo autor entre a cultura letrada e o aprimoramento dos costumes. O aprendizado das letras assegurará, nesse sentido, não apenas conhecimento, mas virtude, como se o homem letrado – apenas pela razão de ser letrado – vivesse com um grau a mais de civilidade. O aprendizado é, portanto, um imperativo para formar a sabedoria, entendendo aqui o homem sábio como o sujeito, a um só tempo, culto, refinado e prudente.

Nos anos 1930, Vives publica boa parte de sua obra pedagógica, obra essa que o tornaria reconhecido por muitos como precursor de Comenius na sistematização de uma autônoma arte de ensinar (Chateau s.d., p. 43). Critica os estudos das ciências de sua época e as dificuldades evidenciadas pelas escolas e pelas universidades de acompanhar os progressos da cultura letrada. Pouco era ensinado; quase nada era aprendido. Tratava-se – acreditava Vives – de reconstruir a própria dinâmica do ensino. Por isso, seus textos observam aspectos rotineiros da vida escolar – propugnando matérias, modos de ensinar, roteiros de estudo, bem como técnicas para aprender. Confere primordial importância ao domínio da língua materna, supondo que a língua vernácula será a única linguagem da qual poderá decorrer um aprendizado significativo. Pela obra de Vives, é possível verificar como ocorria, nas escolas do século XVI espanhol, o exercício da linguagem:

> *Mestre* – Toma o abecedário com a mão esquerda e este ponteiro com a direita para assinalar cada uma das letras; tenta, direito, guarda seu chapéu debaixo do braço. Ouve com atenção como eu nomearei as letras e repara em como eu as pronuncio. Procura dizê-las depois, quando eu pedir, do mesmo modo como eu as digo. Segue-me agora a mim, que eu vou adiante dizendo uma por uma. Entendeu bem?
> *Lucio* – Parece-me que as compreendi suficientemente.
> *Mestre* – Cada uma dessas chama-se letra: delas cinco são vogais, A, E, I, O, U, que estão contidas no vocábulo espanhol *oveja*, que, em latim, chama-se *ovis*. Recorda-te desse nome. Essas formam as sílabas, com uma ou mais das outras; sem vogal não se faz sílaba e também uma vogal só é sílaba algumas vezes. Todas as demais se chamam consoantes, porque não soam se não se lhes junta vogal; assim têm um som imperfeito e manco, B, C, D, G, que sem E soam pouco. Das sílabas se formam as vozes ou palavras, e dessas nasce o falar, de que todas as bestas carecem; e tu serás uma besta se não aprendes a falar bem. Desvela-te e toma cuidado. Anda, senta-te com teus condiscípulos e aprende a lição que te dei.
> *Lucio* – Não jogamos hoje?
> *Esquines* – Não, porque é dia de trabalhar. Ou vieste aqui para jogar? Este não é um lugar de jogar, mas de estudar.
> *Lucio* – Por que o chamam jogo?

Esquines – Na verdade, chama-se jogo, mas de letras, porque aqui se há de jogar com as letras e em outro lugar com a pelota, com o pião... Em grego se chama *skole*, que é como ócio, porque é um verdadeiro descanso, e exige quietude de ânimo o viver estudando. Mas aprendamos a lição que nos assinalou o mestre, e façamos isso em voz baixa para não perturbarmos uns aos outros. (Vives 2004a, pp. 33-35)

Sobre a pedagogia infantil

Ao discorrer sobre a pedagogia infantil, Vives destaca a necessidade de fertilizar a memória com o exercício, de modo que ela seja controlada pelo sujeito e não o contrário. Para Vives, a "memória é o tesouro de toda erudição" (Vives 1992, p. 423). Em trabalho intitulado *Epístola segunda: Sobre a pedagogia infantil*, o autor explicita a necessidade que existe de "diligência e afã na afeição pelas letras e pela virtude" (*ibidem*). Destaca também que os meninos precisarão ter o preceptor como a um pai, "seguindo com modéstia seus preceitos, se o respeitas e honras, assim como admirando tudo aquilo que fizera ou dissera" (*ibidem*). Os colegas – condiscípulos – deverão, por seu turno, ser tidos como irmãos, "unidos pela consagração às letras, vínculo que não é menor do que o de sangue, razão pela qual se deverá desejar-lhes tanto bem quanto a seus próprios irmãos" (*ibidem*, p. 425). O conhecimento não deve ser motivo de orgulho ou de arrogância; daí segue a recomendação: "Não entabule discussões com os melhores ou mais doutos que tu, movido pela malevolência, mas pela virtude, a probidade e o estudo. Não deprecies os menos avantajados que tu, ajude-os e corrija-os para que possam melhorar" (*ibidem*).

O esboço do ritual escolar requereria atenção ao mobiliário e, em especial, era importante acompanhar o movimento da sala de aula. O rito escolar deve ser decifrado pelo aluno. O aluno que não compreender a liturgia da escolarização lidará mal com seus códigos e consequentemente terá maus resultados. Por exemplo: "não te envergonhes de perguntar o que não souberes. Não é vergonhoso. A ignorância – essa sim – o é" (*ibidem*, p. 427). A prática da leitura também requererá exercício e especialmente foco: "Não leias com o espírito vagando por aí ou atento a outras coisas. Esteja inteiro na leitura" (*ibidem*, pp. 425-427). Finalmente, há alguma *expertise* no modo de anotar as lições no interior do colégio. O registro do conhecimento é tido como essencial para o domínio do assunto. Tudo deve ser devidamente anotado: "Procura exercitar-te muito na escrita e nunca chegues na classe desprovido de papel e de pluma. Que não se possa escapar nem uma palavra elegante nem uma rara, nem uma necessária, ou um modismo gracioso e culto ou um dito sábio e grave" (*ibidem*, p. 425). O caderno deve ser dividido em nichos, nos quais cada seção terá uma serventia: para provérbios, frases graciosas, vocábulos de uso corrente, palavras raras ou modismos. Vives procura perfazer na escrita o cotidiano da escolarização. Indaga e responde às seguintes questões: Quais as dificuldades? O que a escola precisa aprimorar em sua organização? O que precisaria ser feito e nem sempre o é?

Em parte, o segredo do aprendizado estaria posto na capacidade de anotar as informações ministradas pelo mestre ou as informações colhidas no livro durante a aula. O escrito é uma forma de organização da mente. A memória seria ajudada por esse esquadro que confere um roteiro para a estipulação de seções do caderno em que se daria o enquadramento do aprendizado. Cultivar a memória significava proceder também ao domínio dessa política de anotações das palavras e das frases ensinadas. Assim, o que se diz será registrado para poder ser de fato capturado pela memória. Parece simples, mas requer engenho: engenho do mestre e, em especial, engenho do estudante. Tal engenho é, todavia, sujeito a outra clivagem do aprendizado: o aprendizado da forma, que dará vigor ao conteúdo. Como os autores que lhe eram contemporâneos, mas em especial como Comenius que sempre confessou mobilizar seu pensamento, Vives estrutura, no seu texto, a ideia de aula: a liturgia da boa aula – como um método, entendendo por método o conjunto de ferramentas que conferem significados ao processo de ensinar.

Carlos Ernesto Noguera-Ramirez (2011) considera que a grande novidade do pensamento de Vives se situa exatamente no conceito de "engenho". Para o autor, o uso desse termo abriu "outra rota para o saber pedagógico na Modernidade: a rota da subjetividade e da individualidade" (*ibidem*, p. 89). Tratava-se de relacionar a dinâmica dos processos de ensinar e de aprender com o universo médico, como se o exame do engenho de cada estudante – tomando aqui a acepção de engenho como dado de natureza – pudesse ser um fator que propiciasse "não forçar ou violentar a criança com ensinos inapropriados para sua particular natureza" (*ibidem*, p. 90).

A educação deveria ser ministrada, no parecer da maioria dos teóricos da Renascença, por um preceptor pedagogicamente equipado, nos limites do ensino doméstico. Vives se propõe outra coisa. Como escritor da cultura e da educação, postula um programa de ensino na escola, discorrendo, para tanto, sobre os variados aspectos constitutivos da vida escolar. Sua obra *Sobre o ensino* trata da construção do edifício da escola, das condições arquitetônicas necessárias para o prédio escolar, dos utensílios pedagógicos imprescindíveis para a ação docente. A escola deve ser construída em um lugar apartado da multidão, já que ela é apresentada como o templo do conhecimento. Note-se que, nesse aspecto, na condição de documento que é, a obra de Vives ratifica a perspectiva lançada por inúmeros teóricos da história da educação, segundo a qual a marca do moderno modelo de escola é (Nóvoa 1991; Tyack e Cuban 1995; Vincent 1994) o aprendizado em um edifício construído a propósito para fins pedagógicos. Como assegura a literatura existente sobre o tema (Foucault 2003; Prairat 1994; Julia 2001), a arquitetura da escola toma, para o caso da institucionalização da educação escolar, um lugar decisivo, posto que ela imprime diretamente os efeitos de vigilância e de isolamento (Snyders 1965 e 1977). Assim, por razões pedagógicas que o autor assinala, sua recomendação é que a escola deve ser estabelecida fora da cidade "especialmente se a escola for marítima, ou se seus habitantes se dedicam ao comércio, além de não dever ser colocada em local por onde venham a deambular os ociosos. Tampouco deve estar próxima de uma via pública, para que os estudantes não se distraiam de suas tarefas pelo contínuo ir e vir dos viandantes" (Vives 1992, p. 431).

O mestre-escola é por Vives apontado como alicerce da educação. Por isso, além da competência, deveria dispor de caráter, de destreza técnica e de um comportamento irrepreensível. Seus vícios e suas fraquezas deveriam ser deixados na parte de fora dos portões escolares. Suas palavras precisavam encontrar correspondência em suas ações. Suas orientações ressoariam. Seus gestos seriam imitados.

> Muito maior importância que o reduto do edifício escolar tem o fator homem. Por essa constatação, os mestres devem possuir, para bem instruir, não apenas a devida competência, mas a faculdade e a destreza necessárias, além de deverem brilhar pela pureza de seus costumes. Seu primeiro cuidado deve ser o de não dizer nem fazer coisa que lhe possa depreciar ou escandalizar aos que lhe ouvem, nem realizar nada que não se possa imitar de olhos fechados. Se tiverem algum vício, ou ponham o mais enérgico empenho em tirá-lo de si (recurso este, radical), ou – pelo menos – abstenham-se dele com diligência e valentia na presença do discípulo, pois é coisa inevitável que o discípulo se componha e se acomode pelo exemplo de seu mestre. Ao mestre, por seu turno, não caberá simplesmente demonstrar costumes honrados, mas deverá ser também prudente. (...) A prudência – reitora da vida – possui forças muito apropriadas e eficazes para o ensino reto e para a correção dos vícios e para apreensão e o castigo, quando o castigo se impõe e no grau em que se deverá impor. Muito consegue o mestre quando aplica seus recursos em seu lugar, em sua hora, a seu modo. Toda ação intempestiva é odiosa e ineficaz. O mestre deve ser bom e enamorado do estudo, pois, como homem estudioso, ensinará com gosto por se exercitar e, como homem bom, para fazer o bem aos outros. Terá, perante seus discípulos, o afeto de um pai, como se eles estivessem no lugar de filhos e não considerará, em hipótese alguma, possíveis proventos que eles lhe possam proporcionar por sua profissão. Nunca se ensina bem a disciplina que se vende. (Vives 1948, p. 552)

Vives previne seu leitor contra duas tentações que sempre acompanham o homem de bem: "a avareza e a ambição de honras, que, ao mesmo tempo em que viciam as artes, atraem o desdém sobre os letrados e sobre as letras" (*ibidem*). O risco da desonra era tido por ameaça para os homens de letras de seu tempo, especialmente rondando aqueles que, além de escreverem, ensinavam. Por essa razão, Vives sugere que os professores recebam salário à custa das expensas públicas, de modo que não pairassem suspeitas sobre o empenho eventualmente maior que o docente dispensasse a algum aluno de família mais abastada.

A tarefa docente será um cargo temporal, e, portanto, deverá recrutar os melhores. Os graus acadêmicos, nessa época, conferiam dignidade perpétua – e isso preocupava um pouco o teórico, posto que Vives entendia que qualquer tipo de arrogância perante o conhecimento prejudicará tanto o que ensina quanto aquele que aprende. Dever-se-á ensinar tudo aquilo que se sabe sobre a matéria. Dever-se-á reconhecer que o que se sabe é pouco. Para não se tornar um pedante, será recomendável que os mestres troquem de matéria, ensinando disciplinas variadas em momentos distintos de suas carreiras. Acerca do tema, o comentário do autor: "Permanecerão em cada disciplina um período fixo e razoável, a fim de que ninguém, em virtude de provar um pouco de erudição, possa sair por aí vendendo a si mesmo como um perfeito sábio" (Vives 1992, p. 435). Aliás, o lugar de professor requererá tanto erudição nas matérias a serem ensinadas quanto atitudes – bons costumes: "Aqueles que venham a alcançar a categoria de mestres hão de ser examinados não apenas em função de sua competência, mas também em virtude de seus costumes" (*ibidem*). Diz Vives sobre o assunto o seguinte:

> Os que aprendem, chamem-se estudantes ou aprendizes; depois de um tempo prudencial e após a realização de uma prova, tornar-se-ão professores. Ensinarão durante um tempo razoável perante um auditório concorrido ao qual com frequência acudirão aqueles que podem formar um juízo sobre seu modo de ensinar. Se forem aprovados, deixarão de ser professores para passar a ser doutores ou mestres; dentre esses ensinarão aqueles que podem fazê-lo de uma maneira decente: a estes chamaremos mestres professores, para os quais será reservada a maior honra da academia. Se alguém, por alguma imperícia ou por uma vida licenciosa e reprovável, for a desonra do doutorado, será destituído publicamente de sua dignidade, da mesma maneira como poderá ocorrer com os magistrados de uma cidade. (*Ibidem*)

Ideias sobre a forma modesta de vida dos professores são assinaladas ao lado de preocupações com aspectos relativos às insígnias da corporação:

Que se compadeçam da cegueira do gênero humano, indefeso em meio a tantas adversidades. Que recordem as palavras que lhes dirigiu o nosso Senhor e Mestre Celestial: vós sois o sal da terra, vós sois a luz do mundo (Mat. 5, 13-14). Se a luz se debilita, quem poderá ver? Se o sal perde suas qualidades, com que alinharemos? Assim, mestres e professores hão de levar uma vida governada pela concórdia entre eles, menosprezando todo afã de lucro, completamente alheios a toda forma de ostentação, sábios, bons e prudentes, sabedores de que têm em mãos um negócio de Deus. Que se prestem ajuda mútua, posto que quem ajuda o seu irmão empenhado em encontrar a verdade, não ajuda ao homem, mas à verdade, e se mostra como servo de Deus, de quem provém toda a verdade; e mais: é a suma verdade, pura e absoluta. (*Ibidem*)

Vives considera reprovável aos mestres tornarem-se animadores de grandes auditórios. Para ele, tal prática indica ausência de rigor, e a dinâmica da aula não justificará a transformação do ensino em espetáculo. Pela mesma razão, não será razoável que o êxito da instrução seja aferido por qualquer tipo de consulta feita aos alunos, os quais porventura podem estar apenas seduzidos pela forma atraente de um ensino que não é, todavia, adequado.

O ato de aprender deveria ser, para Vives, um exercício gradual, vinculado ao repertório e ao emprego do vocabulário efetuado pela criança no decurso de seu desenvolvimento (Vives 1948, p. 573). Os tratados do autor, além de serem dirigidos a professores, atentam para a importância de os pais zelarem pelo bom desenvolvimento verbal de seus filhos, de modo que incentivassem não apenas a fluência, mas a construção de frases estruturadas com coerência interna, pela correção lógica que lhes assegura a clareza do sentido; enfim, uma preocupação manifesta quanto à expressão pedagógica desse lugar do aprendizado social da linguagem.

O desenvolvimento adequado da fala era, para Vives, o natural requisito de um bom desempenho na aquisição da linguagem escrita. Isso implicaria, contudo, o primado posto pelo autor na aprendizagem primeira da língua vernácula (a língua materna) como aquela que habilita o indivíduo para a leitura de diferentes matérias, oferecendo-lhe, ademais, competência para favorecer também o posterior aprendizado de línguas estrangeiras e clássicas.

Aos mestres de escola caberia observar detidamente os "engenhos" de seus alunos. Seria necessário discernimento para perceber como os diferentes espíritos atuam em matéria de aprendizado, a fim de compreender como cada criança aprendia, para, a partir daí, tornar-se apto para lidar com todas. Com o fito de apreender o "engenho" de cada um de seus alunos, os professores deveriam atentar para o comportamento de todos eles relativamente à matéria ministrada. Daí procederiam afetos e costumes. A ideia de propensão das pessoas era a tônica desse discurso. A arte do professor estaria na direção dada por ele ao dom natural que, potencialmente, o aluno já traria para a escola. A aptidão como dádiva recebida é bastante recorrente na literatura humanista.

Os caracteres das pessoas seriam um dado de natureza. Mas será preciso disciplinar a natureza para que o dom possa vir à tona. O discurso de Vives reconhece, claramente, a diversidade entre o que o autor caracteriza como diferentes engenhos dos alunos de uma mesma classe. A ação de cada estudante deveria ser observada; e, sendo assim, poderiam ser percebidos aspectos importantes da personalidade e do modo de aprender. Desejava-se decifrar a relação do aluno com a matéria e com o estudo. Nesse sentido, cumpria observar: rapidez, lentidão, perspicácia, agudeza de espírito ou seu embotamento etc. Para descobrir, portanto, o caráter de seu discípulo, cumpria também ao mestre o exercício da atenção.

> Existem aqueles para quem são fáceis os primeiros passos e logo se desorientam, se desmoralizam e confundem... Existem outros que são mais perseverantes e valentes, que persistem com empenho em busca de bons resultados. Alguns tomam como conjunto ou síntese aquilo que veem. Outros reduzem as coisas a pedaços e estudam cada um deles separadamente... Existem os que possuem o instinto da mobilidade, andam soltos, sem dono e sem lei, conseguem rapidamente aquilo a que se propõem – como homens de bom temperamento que são. Alguns desses são dotados de engenho tão poderoso, que, de um só golpe de vista, abarcam tudo aquilo que será necessário para seu empenho e, desde logo, obtém as coisas ao alcance de suas mãos... Muitas são as coisas que o engenho excitado coloca diante de seus olhos, e que são mantidas escondidas, quando cessa o calor. Existem aqueles que caminham lentamente e com passos contados, mas chegam sempre a seu porto de destino. E alguns desses, com seu andar atrasado... chegam mais longe do que os primeiros, que haviam saído em desabalada carreira... A quem era sempre sereno e semelhante a si mesmo, os antigos chamavam "homens de todas as horas". Essas reações são originadas pela variedade da natureza de cada um... E agora, passando para as matérias sobre as quais o engenho atua, alguns têm muita aprovação e aplauso no que se refere a habilidades manuais, como se pode observar nas crianças que estão sempre pintando e construindo e tecendo e tudo isso com tal destreza, com tanto garbo e tanta graça, que se pensa que estiveram se exercitando ao máximo na aprendizagem. Existem outros que possuem mais elevada propensão para as coisas do juízo e da especulação... São bem poucos aqueles que são desenvoltos em ambos extremos, mesmo que não faltem – no limite – aqueles que reúnem as duas habilidades, em amigável simultaneidade, essas disposições que parecem estar sempre – uma diante da outra – com frontal antipatia. Alguns possuem grandes aptidões para um cariz determinado de uma mesma disciplina, como os poetas que, em prosa solta, andam embaraçados. Conheci um que era um grande declamador, embora fosse, sobre questões de raciocínio, um orador medíocre. São raríssimos os que, em qualquer matéria

sobre a qual atue o engenho... mereçam igual aprovação... Estudam-se, pois, os engenhos, pela matéria e nas ações. (Vives 1948, pp. 563-565)

Alunos e matérias como objetos do conhecimento

Para Vives, educar e ensinar são habilidades que requerem o conhecimento do engenho próprio de cada estudante, bem como requerem o conhecimento da matéria a ser ensinada. Os professores deveriam ser pagos pelo erário público, e não se deveria dar a oportunidade para as escolas obterem lucro. Nessa medida, adverte os professores para que "não recebam nada dos escolares, assim não se subordinarão a eles e não os tratarão com maior indulgência pela esperança de receber seu dinheiro" (Vives 1992, p. 433). A tarefa docente, "mais do que uma dignidade perpétua, há de ser um cargo temporal" (*ibidem*). Vives atenta para o fato de o ofício docente ser demasiadamente importante para que a escolha dos mestres possa ser posta nas mãos de seus futuros discípulos. Para ele, isso não dá certo, porque faria com que fossem escolhidos, "não os mais idôneos, mas os mais espirituosos e populares, e os brandos, ou aqueles que concedam ou prometam mais, ou de quem se espera maior condescendência" (*ibidem*, p. 437). Mais do que isso, o autor chega a descrever práticas da época, quando dois professores disputam os alunos de uma mesma matéria:

> Bastante reprovável me parece o que sucede em não poucas academias, onde na mesma hora, dois professores repartem o ensino da mesma matéria. São chamados de "concorrentes", epíteto bastante adequado, posto que concorrem simples e diretamente e disputam e combatem com alvoroço, amargura e raiva. O auditório lida com isso, como se se tratasse de um teatro, para o qual não interessa o melhor homem, mas o melhor ator. Acresça-se a isso o fato de os ouvintes não poderem formular um juízo sobre aquilo que ignoram. Aqui se ri com grande regozijo para o auditório, para quem essa luta é um espetáculo divertidíssimo. Perece aqui todo respeito e reverência para com o preceptor, assim como a tranquilidade necessária para filosofar e o aproveitamento dos estudos. Acostumam-se tanto professores como discípulos à inveja, à cólera, à língua violenta, à grandiloquência e às fanfarronadas, bem como a um sem-fim de vícios extremamente reprováveis em um homem de bem, em virtude do quê se convertem em ignorantes e ineptos não apenas para assuntos públicos, mas também para os privados, para os conselhos e, em resumo, para qualquer função da vida, devido à contínua exacerbação das paixões como se de uma besta feroz se tratasse. Assim, pois, sejam eleitos e aprovados os professores não pelo sufrágio da turba ignorante e sem rumo, mas por um grupo dos acadêmicos bem considerados por sua provada erudição e reta vida. (*Ibidem*)

A obra de Vives aborda o cotidiano da escolarização, sugerindo que "quatro vezes ao ano os professores se reúnam em algum lugar reservado para intercambiar opiniões e consultas sobre seus discípulos" (Vives 1992, p. 439). Indica que os meninos devem ser primeiramente acostumados a "se deleitarem com as coisas boas e a estimá-las" (*ibidem*, p. 441). Defende a perspectiva segundo a qual as crianças aprendem por imitação; daí a força do exemplo dos pais e dos mestres. Como era comum na época, Vives recomenda a escola para as famílias que não tenham condições de contratar um preceptor em casa. A escola era também um local para se fazer amigos. Por suas palavras: "Se não pode procurar-lhe um mestre que lhe possa ensinar bem ou se não tem companheiros, envie-o à escola pública da cidade e se procurará um agregado ou familiar ou algum amigo a que possa enviar com assiduidade o menino para que este peça contas de seus estudos e o instrua" (*ibidem*, p. 443). Mas o autor adverte que a escola pode ser um ambiente corruptor para a criança, já que muitas vezes os mestres são "avaros, mesquinhos, mal-humorados, irascíveis, perversos ao extremo" (*ibidem*). A hesitação quanto aos méritos da escola não o impede, claro está, de escrever sobre isso e de prescrever recomendações sobre como deveria ser a escola, quais seriam as tarefas do mestre e os deveres dos discípulos.

A principal obra pedagógica de Juan Luis Vives – de onde foram extraídos muitos dos excertos anteriores – intitula-se *De tratendis disciplinis* (*Tratado do ensino*) e procura traçar as relações de subordinação entre educação e ética. Ali ele adverte os professores contra a empáfia que tantas vezes é adquirida na profissão: "Ninguém é capaz de contradizer um preceptor na escola; enruga a sobrancelha com altivez, sem tolerar que o contradigam, e persiste tenazmente na opinião, pensando que míngua sua autoridade se cede, pois a concorrência, na maior parte infantil, não se inclina a favor da razão, mas de quem vence" (Vives 2004b, p. 59). Por conviver diretamente com crianças, muitas vezes o mesmo professor é "contagiado por suas tolices e puerilidade" (*ibidem*). Isso faz com que ele perca as necessárias "gravidade e moderação; e quando se trata de repreender suas faltas, que são inumeráveis, a cada passo repetidas e intoleráveis para um caráter varonil, forçosamente se enfurece até um ponto em que quase chega a debilitar-se" (*ibidem*). A prudência, então, requer que o mestre atue com hábitos de humanidade, cortesia e afabilidade. Além disso:

> Sua cultura será extensa e seleta, transmitida carinhosamente pelo procedimento acima exposto, primeiro as noções das partes da oração; depois, leitura e análise dos autores e, assim sucessivamente, prosseguir aprendendo muitas palavras e coisas, para ter memória feliz, cultivada com esmero e estudo assíduo. (*Ibidem*, p. 60)

Muito mais do que fizeram seus contemporâneos, incluindo Erasmo e Montaigne, Vives ocupa-se de ensinar o professor o modo pelo qual ele deverá encetar sua aula. Vale a pena a longa transcrição que evidencia isso:

> A explicação do professor deve ser muito fácil e acessível, a princípio com palavras do idioma corrente, introduzindo pouco a pouco as latinas, pronunciadas com toda claridade e auxiliando-se de gestos, sempre que não degenerem em histrionismo. Nas passagens de algum autor que introduza como exemplo ou para comprovar sua doutrina, procurará, tanto quanto possível, que não tenha apenas palavras, mas uma breve sentença ou coisa útil para a inteligência e a vida em geral. Ao esmiuçar o significado das palavras, valer-se-á do que já disseram sobre elas os autores célebres, fazendo primeiro com que fique completamente claro para os ouvintes o valor do vocábulo... Ocasionalmente, a fim de apresentar melhor o objeto diretamente, inventará um exemplo, dando-lhe a forma de uma pequena máxima, fábula, história ou um provérbio sucinto. Ao ler-lhes qualquer história ou fábula, não é necessário que comece pelo princípio... Às vezes, convém buscar algo ameno para o que fala e para o que escuta, como alguma fábula ou historieta cujo conteúdo se explique com mais prolixidade, e nisso é preferível pecar por excesso a se revestir de uma exagerada concisão, de uma estoica sobriedade nos relatos. (*Ibidem*, p. 62)

Se for abordar algum personagem célebre, é apropriado – adverte o autor – mostrar conhecimento sobre a época e sobre o local em que ele viveu: "Sempre convém manifestar a índole de cada época com suas notas características" (*ibidem*). O tratado de Vives realmente procura dissecar o movimento prescrito para cada aula, de tal maneira que, sendo lido por mestres, se tornasse um verdadeiro manual de formação, um roteiro sobre como deveriam ser organizadas e estruturadas as aulas.

> Nas matérias de estudos mais elevados, sacará alguma noção fácil, adequada ao alcance dos jovens e suficiente para esclarecer de algum modo o autor que se explica; se ocorrem outras ainda de maior dificuldade ou dependentes de um princípio mais elevado, elas serão deixadas para quando se ensinem as disciplinas respectivas, sempre expondo a opinião do próprio autor, como pratica Donato, ainda que com muita prolixidade. As ideias expressas com obscuridade se explicarão por outras passagens análogas e talvez mais claras; se não se encontrarem essas, por meio de algum autor contemporâneo ou de época próxima, para demonstrar que essa foi a maneira de pensar ou de escrever daquele século. (Vives 2004b, p. 63)

Ainda em seu *Tratado do ensino*, Vives discorre sobre a tarefa que cabe aos alunos:

> Deve o menino escutar com atenção, olhando para o professor quando não tiver que ler ou escrever. Compreenda que o ouvido é o órgão do ensino, não sendo capazes de aprender os animais que carecem dele. Nada mais rápido e proveitoso do que ouvir muito; tudo quanto se escute do professor, deve-se ter como um oráculo completo e perfeito, em qualquer aspecto que seja, e aspirar-se, portanto, a parecer-se completamente a um artista como ele... Aprenderá o discípulo a escrever bem e com rapidez; ao ensinar-lhe a ler, põem-se os cimentos de uma estrutura correta, tendo em cada momento à mão as letras, sílabas e palavras necessárias, separadas ou juntas. Convença-se dessa verdade: nada contribui tanto para uma grande instrução quanto escrever muito; há que deitar a perder muita tinta e muito papel. Por isso, todo menino terá seu livro de papel branco, dividido em várias partes para guardar as palavras que saiam dos lábios do mestre, não menos valiosas do que joias. Anotará em um sítio os vocábulos soltos, separadamente; em outro, as gírias e idiotismos da linguagem já de uso corrente, sejam os raros ou não conhecidos, sejam os claros para todos; em lugar distinto, as histórias, logo as fábulas; aqui, os ditos e sentenças graves; ali, os engenhosos e agudos, os provérbios. Em sítio aparte, os nomes de varões famosos e notáveis; em outro, as cidades célebres; separadamente, os animais, plantas e pedras de qualidade rara; a explicação de passagens difíceis de autores, as dúvidas ainda não esclarecidas. Tudo isso, aprendido ao princípio, de modo simples e sem retoques, se cobrirá e adornará pouco depois, tendo um livro maior para incluir nele o referido com maior amplitude pelo mestre, assim como o que por si mesmo se tenha lido nos grandes escritores ou escutado acerca deles. (*Ibidem*, p. 64)

De todo modo, exatamente pela propensão da meninice em acatar a palavra de seu mestre, observa Vives que um dos segredos do magistério era ensinar a criança/aluno a ouvir e a anotar o que ouve. Essa prática exigiria orientação, e caberia ao mestre explicar para o aluno como dividir o "livro de papel branco" em seções, de maneira que auxiliasse o trabalho da memória quando esta fosse pedir contas daquilo que era ensinado. Com a mesma finalidade de afiar a memória, o autor indica que houvesse leitura em voz alta, tanto porque retemos melhor aquilo que o outro leu do que aquilo que nós próprios tenhamos lido quanto pelo fato de, no caso, concorrerem dois fatores para auxílio da memória: "a vista e a audição" (*ibidem*, p. 65). Outra sugestão oferecida por Vives é a de "escrever aquilo que se quiser conservar na memória" (*ibidem*), porque a palavra escrita no papel também se inscreve em nosso interior. Tratava-se de um modelo de ensino monitorial, que recorria ao recurso de se valer do ensino de uns alunos para os outros:

> Os conhecimentos que adquire uma criança de seu professor deve repeti-los primeiramente a alguns de seus condiscípulos maiores e depois ante o mesmo preceptor, para evitar que, a princípio, se envergonhe de sua ignorância. A princípio, basta que repita palavra por palavra; um pouco mais tarde, poderá expressar-se em termos análogos com nomes e palavras que tenha aprendido posteriormente; mandará que se lhes diga quais são as coisas que tornou suas, tomando-as do que tenha ouvido de seu professor; repetirá logo com palavras distintas, demonstrando compor relatos análogos. Os condiscípulos mais adiantados devem repetir aos atrasados e explicar em termos simples o que ouvirem do preceptor. Assim eles aprendem mais e animam os outros; pois o menino por sua natureza compreende melhor o que vier de seus iguais do que do mestre; aprende mais facilmente as coisas que compreende próximas a ele e fáceis, como pontos de apoio para as elevadas, como vemos que sucede para subir nas árvores. (*Ibidem*)

No início, a escola aceitaria que as crianças falassem seu idioma materno, para se prepararem para uma etapa posterior quando "irão empregando o latim, intercalando, para tanto, o que ouvirem do professor ou lerem por si mesmos, para que desde o primeiro momento a escola alterne a língua pátria com a latina" (*ibidem*, p. 66). Quanto mais o ensino avança, o latim tornar-se-á a única língua permitida – "e o aluno que se nega a expressar-se em latim depois de um ano de ensino deverá ser castigado em proporção de sua idade e condições" (*ibidem*). A criança, para aprender corretamente o idioma, deverá fazer o seguinte:

> O menino procurará imitar as palavras e modo de se expressar do professor e também dos autores preferidos dele; igualmente das pessoas doutas que tenham a aprovação do mesmo; ao passo que, com os que falam erroneamente, é preferível conversar com eles em um idioma que seja livre de contágio; e havendo outorgado aos homens a linguagem para entenderem-se entre si, convém empregar um que seja fácil e claro e não necessite de intérprete. (*Ibidem*)

Fica muito clara no texto de Vives a existência das disputas em um determinado tipo de escola, que – reunida a outras – compunha a universidade. Nesse sentido, são várias as escolas que se inscrevem na obra do autor. Há um tipo de escola que se dedica a ensinar a ler e a escrever, mas há outra escola retratada: aquela que integra a universidade. O relato, nesse caso, versa sobre a prática da disputa, herdada da escolástica e muito presente nas universidades medievais. É preciso lembrar que, nesse modelo parisiense de universidade, os alunos eram muito jovens, adolescentes mesmo. A população que procurava a universidade tinha praticamente a mesma idade daquele público que buscava a escola de mestre livre ou o colégio jesuítico, por exemplo. Como se processava o ensino universitário? A partir da exposição de um tema pelo professor e do debate que sobre ele se travaria entre os estudantes. Os alunos, diante de um tema, deveriam compor uma acesa discussão, polemizada por grupos, o que transformava a aula praticamente em um jogo. Isso fica muito explícito quando Vives discorre sobre as circunstâncias e os procedimentos adotados para fazer com que as crianças entabulassem a disputa. O jovem recém-chegado à escola, por exemplo, não deveria começar a discutir, exatamente por conta de seu atraso. Era recomendável ser cultivado, do ponto de vista da cultura letrada; mas era imperativo ser polido. Nesse caso, o recolhimento do recém-chegado seria uma atitude cortês e prudente. Diz o texto que

> Os debates deveriam ser realizados com empenho e sem dureza, de modo que esses choques se convertam pouco a pouco em auxiliar dos estudos, desaparecendo gradualmente o ardor excessivo dos ânimos; sendo preferível em um jovem a ignorância a se tornar escravo da ambição e da soberba. (*Ibidem*, p. 69)

O papel do professor durante a prática dos certames e das disputas em classe é aconselhar e dar exemplo para o bom andamento das contendas. A ele caberá assegurar-se de que os meninos não adquiram vícios e não se tornem demasiadamente petulantes ou cheios de si durante os debates sobre a matéria ministrada. De nada adianta, além disso, ter uma expectativa sobre o desempenho dos alunos acima do que é razoável. Ou seja:

> Deve também ter em conta o mestre prudente a diferença que existe entre o principiante, o que está adiantado e o que já está instruído; não se pode exigir o mesmo de uma criança que começa a estudar, relativamente a outro que já vai adiantado, tanto nas disciplinas quanto na formação de costumes; isso seria tão anacrônico quanto pedir frutos maduros à árvore que começa a germinar na primavera. Não se irrite, pois, nem repreenda os meninos porque deixaram de fazer o que os adolescentes de muita instrução fazem, e que realizarão eles algum dia, se Deus o permitir, alguns tão bem quanto o próprio mestre. Essas exigências absurdas, não falta quem as possua a respeito dos mais ignorantes, seja com ameaças terríveis e até com golpes; deve, para o bem, empregar com moderação a censura, de maneira não humilhante nem irritante; sem dureza de palavra que produza depressão no espírito nem excessiva severidade. (*Ibidem*, p. 70)

Quando os rapazes escreverem seus trabalhos ou exercícios ou quando eles tiverem de falar em latim, algumas faltas deverão até ser toleradas, para não expor e envergonhar os principiantes ou os que não sabem a matéria. Do contrário, se humilhados pelo mestre ou pelos companheiros, "encolhidos por esse medo, nada se atreverão a empreender para não incorrer na troça dos demais" (*ibidem*, p. 71). O tratado de Vives oferece, assim, um receituário sobre como se deverá comportar o professor para a obtenção do êxito no percurso do ensino. Há, nesse sentido, ainda que implicitamente, uma preocupação formativa, com um conjunto de recomendações que, por suposto, faria com que desse certo a tarefa de ensinar. Diz, por exemplo, o texto que "o mestre não se conduzirá com demasiada familiaridade com as crianças" (*ibidem*). Considera Vives que "a familiaridade excessiva produz o desprezo" (*ibidem*). Sendo assim, "há de ser, pois, sério, sem dureza, e benigno, sem abandono; não deve ameaçá-los a menos que seja indispensável, nem chamá-los de impropérios para evitar neles a propensão para o hábito de falar mal" (*ibidem*). Em todos os seus tratados, Vives é diretivo. Ele diz claramente o que deve ser feito em sala de aula para que o ensino dê certo. Diz também como o estudante deverá agir em seus estudos, como deve proceder em relação a suas tarefas de aluno. Por tal razão, é frequente em sua obra a menção à importância que tem, para assegurar o êxito do processo de ensino, a educação da memória. Nesse sentido, diz Vives o seguinte:

> Não deixe repousar a memória. Que ela tome fôlego para que trabalhes e te sirvas dela, e assim ela se aprimora e acrescenta. Não passe um dia sem que encomende a ela guardar alguma coisa. Quanto mais encomendares coisas à memória, tanto melhor ela as guardará e com maior lealdade. Quanto menos te servires dela, tanto mais desleal ela será. Quando lhe houveres encomendado alguma coisa, deixe-a repousar um pouco e volte depois a pedir contas a ela. Se queres aprender algo, leia à noite quatro ou cinco vezes com muita atenção, e volte de manhã para perguntar à memória. (*Ibidem*, p. 207)

A educação na forma de diálogo

Carlos Ernesto Noguera-Ramirez considera que uma dimensão fundamental dos autores do século XVI teria sido o de eles configurarem a ênfase na instrução. Por suas palavras:

> Nos termos de alguns historiadores da educação, o processo de expansão das disciplinas, particularmente a partir do século XVI, é uma virada instrucional ou a criação do mundo da instrução. Segundo eles, o aspecto fundamental dessa virada foi a passagem do privilégio da aprendizagem (ou estudo), atividade própria do estudante, do aprendiz, para uma ênfase na instrução, atividade própria do mestre, do professor. (Noguera-Ramirez 2011, p. 92)

Vives também escreve diálogos que retratam, de maneira propositalmente caricata, a situação do ensino em seu tempo. Em alguns desses diálogos, ele exara seu parecer acerca de temas e polêmicas de sua época, como na crítica efetuada a propósito do julgamento aristocrático segundo o qual o título de nobreza, por si mesmo, dispensaria a cultura letrada, a erudição e o aprendizado dos bons costumes. Em outros, ele expõe a face da escola – ginásio – como academia. Ou seja: descreve um modelo de escola existente naquele século XVI europeu e que é muito tributário do modelo universitário, de tal maneira que, ao ler o que lá se passava, reconhecemos o formato e a estrutura que moldavam as universidades de seu tempo. É o que acontece no diálogo abaixo, no qual dois jovens comentam a propósito do que escutam e do que veem em uma escola. Trata-se de uma disputa entre estudantes, que aqui é, pelos dois rapazes, observada:

Tiro – Que ensinam esses mestres e em quanto tempo?
Espúdeo – Há vários mestres e cada um tem uma escola à parte. Alguns, com sumo trabalho, ensinam aos mancebos os elementos da Gramática, repetindo-a muitas vezes ao dia; outros ensinam coisas mais árduas dessa mesma arte; outros ainda ensinam a Retórica; há finalmente os que ensinam a Dialética, e assim as artes que chamam liberais ou ingênuas.
Tiro – Por que são chamadas desse modo?
Espúdeo – Por oposição às não liberais, que são as artes sórdidas, mecânicas, que se exercitam com o trabalho corporal ou das mãos pelos escravos e pelos homens de engenho nulo. Entre os que estudam há *tyrones* e *batallarii*.
Tiro – Que significam esses dois vocábulos?
Espúdeo – Tanto *tyrones* como *batallarii* são nomes tomados da milícia. *Tyro* é um nome antigo e usado para referir-se àquele que começa a exercitar-se nas coisas da guerra – bisonho ou novato; *batallarius*, dizem os franceses daquele soldado que já se encontrou em algum choque, que eles chamam de *batalla*, e guerreou contra o inimigo; assim que a academia literária de Paris começou a dar-se esse nome – provecto, "bacharel" – a quem mantivesse conclusões em público sobre alguma das artes. Depois, a esse se lhe dá licença para ensinar, pelo que serão chamados de "licenciados". Finalmente alcançam o grau de "doutores", colocando-lhes um boné na universidade com grande afluência, com que se lhes dá liberdade àquele que, seja aprendendo, seja disputando, seja ensinando, passou toda sua carreira nos estudos. Essa é aqui a honra mais assinalada e o último grau da dignidade.
Tiro – Quem é aquele tão acompanhado, diante de quem marcham os bedéis armados?
Espúdeo – O reitor; muitos o seguem por causa do ofício.
Tiro – Quantas vezes ao dia se ensinam os meninos?
Espúdeo – Muitas horas. Uma quase ao amanhecer, duas pela manhã e duas à tarde.
Tiro – Tanto!
Espúdeo – Assim o estabeleceu o costume e o ordena a instituição da academia. Também os estudantes repetem e repassam o que lhe ensinaram os professores, como quem rumina aquilo que engoliu.

Tiro – Com tão fortes gritos?
Espúdeo – É que se exercitam.
Tiro – Em quê?
Espúdeo – Em aprender.
Tiro – Melhor dirias, em gritar, porque não parece que exercitam consideravelmente o ensino e a ciência, mas que apregoam. E aquele ali, certamente, está louco, porque, se tivesse bom senso, não gritaria tanto, nem faria gestos, nem moveria os braços, nem se cansaria.
Espúdeo – São espanhóis e franceses, ambos veementes, e, como pertencem a diferentes nações, com tanto maior furor disputam, como se fosse pela fé e pela pátria, de acordo com o dito antigo.
Tiro – Como? Não são todos doutores, de acordo com as mesmas regras?
Espúdeo – Com frequência são opostos na doutrina que ensinam.
Tiro – Que autores interpretam?
Espúdeo – Não são sempre os mesmos, já que cada um escolhe segundo sua perícia e seu engenho. Os mais eruditos e ajuizados elegem os melhores, aqueles que vocês, os gramáticos, chamam de clássicos. Há outros que, por não saberem quais são os melhores, elegem os comuns e ruins. (Vives 2004b, pp. 346-348)

No encadeamento do diálogo, vão depois olhar a biblioteca. Ambos ficam muito impressionados com os livros de pergaminho encadernados, com a beleza das estantes de madeira, com a variedade de autores gregos, latinos, oradores, poetas, historiadores, filósofos e teólogos. A seguir, Tiro e Espúdeo vão observar os bacharéis disputando. Espúdeo explica sobre o lugar que há de tomar cada disputante para haver a organização física do espaço em que se travará o certame. Tiro indaga sobre o manto de peles que um deles veste; Espúdeo justifica, dizendo que se trata da toga doutoral, sendo esta uma insígnia do saber de quem a vestia e do posto que ele ocuparia, acima dos demais. Depois os rapazes conversam sobre o modo pelo qual acontece a competição, com um grupo tentando superar o outro em argumentos.

No diálogo intitulado *A educação* – cuja narrativa é centrada nas figuras de um professor da época (de nome Flexíbulo) e de seu aluno Grinferantes (recém-ingressado na escola) –, a convivência ambígua entre escola e família revela focos de tensão. Mais do que isso, há claramente a explicitação do público variado que procurava a escola. Se, por um lado, iam para a escola crianças filhas de pessoas da "antiga nobreza", por outro lado, começava também a procurar o ensino escolar uma nova camada social, uma aristocracia nova, endinheirada, que entendia que, levando os filhos a frequentarem a escola, obteria prestígio social. O diálogo expõe essa dupla face de uma escolarização que, a despeito de ser elitista e portadora de uma "cultura de distinção", recebia em seu interior muito provavelmente camadas sociais em conflito no jogo societário. Indagado sobre por que havia sido enviado à escola, o aluno responde ao professor que o pai lhe havia recomendado as lições daquele mestre pelo reconhecimento de sua notória competência e pelo fato de que – aos cuidados de um bom professor – "essa educação [continua o aluno] melhor me convém a mim do que a outro qualquer" (Vives 1952, p. 89). O estudante confessa ao mestre que a recomendação em prol do estudo e da escola teria sido originária mais de um tio do que de seu próprio pai.

À guisa de apresentação de si, o menino acrescenta ao relato observações sobre sua origem dizendo vir "de uma progênie tão boa que não reconhece superior em toda a província" (*ibidem*, p. 90). Tal condição o obrigaria – se fosse o caso – até a pegar em armas contra todos os que descurassem do respeito por sua linhagem. Tal condição exigiria dele também um comportamento civil, a um só tempo, liberal e cortês, atento de modo que agisse convenientemente para obter, entre os homens, reputação, afeto, favor e aplauso. O jovem arremata o argumento explicitando supor que "nesta criação estriba a diferença que há entre o nobre e o vilão. O nobre está acostumado a fazer tudo isto com destreza, e o vilão, como rústico que é, não sabe fazê-lo" (*ibidem*, pp. 90-91). O referido aluno – já animado – declara que a educação recebida na escola poderia expandir os múltiplos e louváveis atributos que já trazia do berço e de sua criação doméstica, eventualmente pelo aprendizado de "alguma coisa oculta, ou, como disséramos, algum aspecto sagrado dessa educação com que se possa lograr mais honras" (*ibidem*, p. 91). "Mais honras", no caso específico, fazia supor que a família dele – segundo o próprio aluno – "já honrada e nobilíssima, suba para grau mais alto, porque há agora muitos homens que, fiados na sua opulência, sem dignidades nem honras, por essas riquezas suas se levantam e olham como para iguais as linhagens nossas de antiga nobreza" (*ibidem*).

São nítidos o senso de humor do diálogo e a caricatura de uma aristocracia descontente perante a ambição social da burguesia emergente, evidenciados pela narrativa, quando, diante da expressão do incômodo fidalgo contra os mercadores enriquecidos, o professor responde àquela afirmação do aluno com a seguinte exclamação: "Coisa nefanda!" (*ibidem*). Em seguida, o referido mestre manifesta no relato o despropósito da argumentação do estudante, refutando sua soberba crença na superioridade de sua linhagem. São explícitas, no caso, as contradições sociais daquela época, que vivenciava o equilíbrio entre declínio da nobreza e ascensão da burguesia, levando a crer, inclusive, na possibilidade de algum nível de incipiente mobilidade social que, explicitamente, incomodava as camadas nobres à época. Nesse século XVI – e Vives observa argutamente o fenômeno –, a educação e a escola são postas como fenômenos protagonistas para marcar diferenças e estabelecer patamares de desigualdades sociais. A sequência do diálogo é reveladora de tal intuito:

Grinferantes – Eu não necessito estudar nem letras nem ciências. Os meus maiores me deixarão o suficiente para viver, e, se me faltarem meios, não os buscaria no exercício de ocupações vulgares, mas com a ponta da lança ou com a espada desembainhada.
Flexíbulo – E o dizes com brio e com orgulho, como se, pelo fato de ser nobre, não fosses um homem como outro qualquer.
Grinferantes – Meça suas palavras!
Flexíbulo – Em que demonstras ser homem?
Grinferantes – Em tudo.
Flexíbulo – Sem dúvida nas funções do corpo, pelas quais não diferes dos irracionais.
Grinferantes – Não só por isso.
Flexíbulo – És homem apenas pela razão e pelo entendimento.
Grinferantes – E por nada mais?
Flexíbulo – Se deixas sem educar a parte moral e cuidas apenas do material da vida, passas da condição humana para a de irracional. Mas voltemos à nossa digressão, já que se discutirmos nos afastaremos muito de nosso objetivo. Diz-me, quando cedes lugar na rua ou tiras o chapéu para saudar alguém, que conceito imaginas que os outros formam de ti?
Grinferantes – Devem dizer que sou um cavalheiro bem-educado e nobre.
Flexíbulo – Duro és de entendimento. Porventura não ouviste falar nunca em sua casa do espírito, da probidade, da modéstia e da moderação?
Grinferantes – Às vezes ouvi os pregadores falarem de tudo isso.
Flexíbulo – Quando os que te encontram te vêm fazer as cerimônias das quais falamos, julgarão sem dúvida que és um jovem modesto, bom, respeitoso com as pessoas e daí nasce sua opinião benigna, sua indulgência.
Grinferantes – Faça-me o favor de me explicar isso.
Flexíbulo – Isso é o que me proponho a fazer. Se os homens acreditassem que és orgulhoso ao extremo, de que os considera abaixo de ti, que, não obstante, tiras o chapéu e lhes fazes reverências – não por honra que lhes era devida, senão por conveniência tua –, pensas que alguém te agradecerá tua fingida cortesia e te amará por tuas gentilezas?
Grinferantes – E por que não?
Flexíbulo – Porque o que fazes não é por eles, senão para te exaltares a ti e por ti mesmo, já que te respeitas a ti próprio e não porque respeites a eles; e quem se considerará obrigado por aquilo que fizeste por ti e não por ele? Poderia eu acaso admitir como honra feita a mim o que fizesses não pelo que eu mereça, senão para te honrares tu mesmo? (Vives 1957, pp. 190-191)

Há nitidamente, expresso nesse texto do século XVI, certo conflito entre uma aristocracia antiga que pretende marcar sua superioridade e uma nova aristocracia, que se ergue a partir da lógica mercantil. As escolas da época serviriam, ao que parece, tanto para uma quanto para outra: os antigos nobres pretendem obter clivagens de distinção que os diferenciem dos novos ricos; e esses, por seu turno, pretendem adquirir os modos de ser da nobreza. A escola prestava-se a ambas as coisas. Nesse sentido, cabe destacar o evidente descompasso entre duas representações sociais acerca da escolarização: o professor assinala um modo de entender o problema, que tem na cultura letrada a marca de uma condição de superioridade e distinção social. Já o aluno crê na tradição e na origem guerreira da família como elementos suficientes para assegurar a continuidade da suposta linhagem superior. O diálogo demonstra as frações sociais que existiam na época e como essa dinâmica de classes impregnava o debate sobre a escolarização.

> *Flexíbulo* – Com a modéstia fingida, nunca farás o mesmo que com a verdadeira, já que as coisas falsas atraiçoam; as verdadeiras, não. Com a modéstia fingida muitas vezes dirás ou farás pública e privadamente algo excessivo (já que nem sempre e em todo o lugar poderás observar-te); por onde se reconhecerá que és artificioso, e, uma vez que te conheçam, serás tão odiado como, antes de sê-lo, eras amado.
> *Grinferantes* – De que forma poderei usar da natural e verdadeira moderação que vós me aconselhais?
> *Flexíbulo* – Persuadindo-te, o que é verdade, de que os outros homens são melhores do que tu.
> *Gorgopas* – Onde? Provavelmente no céu, já que sobre a terra deve haver poucos homens que me igualem; melhores, nenhum.
> *Grinferantes* – Isso foi o que eu ouvi dizer muitas vezes meu pai e meu tio.
> *Flexíbulo* – A ignorância do que significam as palavras te distancia da verdade. Que entendes por bondade, ao afirmar que não há quem seja melhor do que tu?
> *Grinferantes* – Chamo bondade o fato de haver nascido de pais nobres.
> (...)
> *Flexíbulo* – Prossigamos. Que diremos da sabedoria, da piedade, do amor a Deus, à pátria, aos pais e aos amigos, da justiça, da temperança, da magnanimidade, da resignação e força de espírito nas adversidades? Que te parecem essas virtudes?
> *Grinferantes* – Todas muito excelentes.
> *Flexíbulo* – Pois só estes são os bens do homem, porque as demais coisas que pudéssemos referir tanto podem ser bens ou males, pelo que não são bens. Presta atenção e guarda isto na memória.
> *Grinferantes* – Fá-lo-ei.
> *Flexíbulo* – Muito o desejo, já que pareces ter boa inteligência; mas não a tens cultivada. Reflete e pergunta se tens esses méritos; e, se os tens, quantos te faltam, e, se tiveres alguns, quantos serão frouxos; e, havendo refletido, compreenderás que não estás adornado nem instruído em coisas belas e que não há no povo quem possua esses bens menos do que tu. Já que, entre seus compatrícios, há anciãos que viram e ouviram muitas coisas e têm experiência; que são amigos do estudo e que apuram sua inteligência aprendendo sempre; outros que exercem cargos públicos ou manejam livros instrutivos; que são exímios pais de família, que professam as artes e nelas se distinguem; e que até os trabalhadores do campo,

de quantos mistérios da natureza não são conhecedores? E os marinheiros, que entendem o curso dos dias e das noites, a natureza dos ventos, a situação de terras e de mares; na plebe, há varões santos, que honram e veneram a Deus com grande devoção; outros, também, que governam com grande juízo as coisas prósperas, sofrendo valentemente com as adversas; que sabes tu de tudo isso? Em que te exercitas? O que fazes? Nada, na realidade; só te preocupa o fato de que ninguém seja superior a ti, porque és filho de pais nobres. Como podes ser melhor, se não és sequer bom? Nem teus pais, nem teus avós, nem teus bisavós hão sido bons se não possuíssem as virtudes de que te falo; se as tiverem tido, tu o saberás, eu duvido muito. Mas, mesmo assim, tu não serás bom se não fizeres como eles.

Grinferantes – Certamente me deixas espantado e aturdido e não sei que dizer em contrário.

(...)

Flexíbulo – Para que quanto te disse se grave bem em tua alma, retira-te para tua casa, medita e pensa. Quanto mais reflexões, melhor compreenderás que não te disse nada além da verdade. (*Ibidem*, pp. 192-195)

Entusiasta do lugar progressista que a escola ocupa no tabuleiro social, Vives observa dificuldades no ensino de padrão escolástico, especialmente no tocante às descobertas trazidas para o campo da investigação do mundo físico, natural e humano. Vives defende o que poderíamos compreender como procedimentos intuitivos de aferição e julgamento das práticas educativas. Para tanto, considera imprescindível avaliar comparativamente produções escritas do mesmo aluno em épocas diferentes, para averiguar o desenvolvimento de seu aprendizado. O autor não rejeita a ideia da imitação como recurso e fonte de aprendizado.

Defensor do ensino coletivo e, portanto, da instituição escolar, Vives preconiza uma sutil gradação dos conteúdos do ensino trabalhados, de maneira que o aluno adquirisse erudição, sem, para tanto, valer-se exclusivamente da memória. Mesmo assim, a memorização é tida como técnica fundamental para se obter conhecimento, sendo a memória avaliada como faculdade da alma a ser exercitada. Nesse sentido, o teórico não vai – como muitos dos seus contemporâneos faziam – rejeitar todos os procedimentos escolares em voga. Vives observa as variáveis positivas e as negativas da educação escolar; pondera sobre elas e oferece, para seu leitor, recomendações voltadas, sobretudo, a trazer bons resultados para o ensino. Assim, não é um detrator das escolas de seu tempo, tampouco detrator dos padrões de ensino da época, tidos por obsoletos e ineficazes. Procura, para além da crítica, refletir e apresentar preceitos e sugestões para tornar o ensino mais atraente e, principalmente, mais eficaz. Era preciso fazer o aluno aprender. Diz, por exemplo:

Saiba que a memória é o tesouro de toda erudição, e, se ela falta, todo o trabalho se torna vão... Ninguém tem uma memória tão precária que, com o exercício, não possa torná-la hábil. Não há outra faculdade da alma que aprecie tanto o exercício para se pôr a trabalhar; tampouco nenhuma outra que mais facilmente se corrompa e morra, estancada na ociosidade e inatividade. Por isso, todos os dias, deve-se aprender alguma coisa. (Vives 1948 p. 327)

A exposição do professor e as anotações dos alunos

Dirigindo-se aos responsáveis pelas escolas, Vives atenta para questões concernentes à edificação de prédios escolares. Esses deveriam ser pensados e construídos à luz de referências de higiene e de disposições educativas adequadas aos espaços projetados. Propõe a organização de atividades físicas para contrabalançar a imobilidade exigida pelo aprendizado sistemático nos bancos escolares. Para que elas pudessem acontecer durante todas as épocas do ano, recomenda que os pátios fossem cobertos. O que mais impressiona em seus textos é a preocupação do autor em oferecer táticas e técnicas de facilitação do ensino, que pudessem ser apropriadas e incorporadas para favorecer o estudo. Tais recomendações para os alunos, indiretamente, constituem procedimentos tidos por recomendáveis para professores; nas sugestões de estudo, estaria parte dos supostos segredos da delicada arte de ensinar o aluno a aprender:

Tem, de parte, um caderno, onde anotarás, se leres ou ouvires, alguma coisa dita com graça, elegância ou prudência, ou algum vocábulo raro ou esquisito, bom para a prática comum, o que terás guardado para servir-te, quando houveres por mister. Trabalha por entender não somente as palavras, mas principalmente o sentido. Toma por costume praticar e contar o que lês ou o que ouves – àqueles com quem aprendes, em latim, ou, a outros, na tua língua natural – e esforça-te por contá-lo tão elegantemente e com tão boa graça como o ouviste e assim exercitarás o engenho e aprenderás a bem falar. Hás-de manejar muito a pena, que é a maior mestra do mundo e o que mais presto e melhor ensina a falar. Escreve, copia, responde por escrito, muito amiúde e faze, de dois em dois dias, ou, pelo menos, de três em três, uma carta a alguém que te responda, e mostra-a, depois de escrita, a quem t'a emende, decorando tudo o que te corrige, para não tornares outra vez a cair no erro... Não deixes repousar a memória, que ela gosta que a trabalhes e te sirvas dela; e, assim, melhor a aumenta. Não deixes passar um dia em que não a encarregues de guardar alguma coisa. Quanto mais a encarregamos, tanto o guardará com mais fidelidade; quanto menos te servires dela, tanto mais infiel será. Quando lhe houveres recomendado alguma coisa, deixa-a repousar um pouco, tornando, depois, a lhe pedir contas. Se queres aprender alguma coisa, hás-de lê-la de noite quatro ou cinco vezes com grandíssima atenção, e volta pela manhã a pedir contas à memória... Uma coisa te recomendo, mui encarecidamente, que é a melhor e a mais proveitosa do mundo; e é que pouco antes de ires dormir, retrai-te para um lado e, estando sozinho, traze à memória o que houveres lido, o que houveres ouvido e principalmente, o que houveres feito naquele dia, pedindo-te disso, por extenso, mui particular conta... Se houveres lido ou ouvido naquele dia alguma coisa elegante, douta, grave ou santa, guarda-a bem na memória. Se houverdes visto alguma boa obra, procura imitar e, se vires alguma coisa má, toma aviso e guarda-te dela. Não se passe um dia em que não tenhas lido, ouvido ou escrito algo com que se melhore e aumente a doutrina, o juízo e a virtude. Na hora de te deitares, lê ou ouve alguma coisa que mereça ser recordada, com a qual possas sonhar com prazer e proveito, para que, ainda dormindo, entre sonhos aprendas e melhores. Nunca porás fim ao estudo da sabedoria, o que não se há-de acabar antes da vida. Três coisas há nas quais o homem tem que pensar e se exercitar enquanto viver: saber bem, bem falar e bem obrar. (Vives 1952, pp. 27-29)

Para Vives, educar é ensinar o discípulo a gostar das coisas boas. Nesse sentido, requer discernimento e método. Lembra o pedagogo que o aprendizado começa pela imitação. Daí a necessidade de a ação e a palavra do mestre – que serão imitadas, quer ele queira quer não – constituírem exemplos a serem seguidos. Com Vives, nota-se, de maneira bastante sistêmica, uma tendência que acompanhará os estudos pedagógicos, da Renascença em diante: a exigência, para a identificação de um bom mestre, da aliança entre o dom para instruir e a correção dos costumes. Entende-se que, da tendência natural da criança para imitar, deve-se derivar sua inclinação para seguir o bom exemplo. Assim julgarão teóricos posteriores como Comenius. Assim também procederão as práticas pedagógicas que nesse período se tornarão referências: os colégios jesuítas ou o ensino lassalista. Toda a herança que o século XVII empresta da pedagogia do XVI tem a ver com essa articulação entre conhecimento e virtude, entre domínio da matéria e prática dos bons costumes.

O tom moralista dos diálogos de Vives é explícito. A preocupação com a formação da civilidade vinha na esteira da preocupação com a formação de um novo registro para a condição do humano. Tratava-se de uma cultura, a um só tempo, de distinção e de nivelamento. Por um lado, era uma cultura distintiva porque trazia em si a marca das hierarquias sociais, de modo que o território da cultura letrada autorizasse o sujeito a expressar modos de comportamento diversos, que o diferenciassem dos demais no tabuleiro social. Por outro lado, todos poderiam, em tese, adquirir esses toques de comportamento, já que a civilidade é reconhecidamente um artifício a ser exercitado. Nesse sentido, a condição humana é alargada – e aquilo que é apropriado para os nobres se abre como possibilidade, ainda que remota, para todas as pessoas indistintamente. Ou seja: parte-se do pressuposto segundo o qual se deve comportar de um dado modo; e todos, em tese, deveriam comportar-se assim. O nivelamento, nesse sentido, diz respeito à tessitura de novos ditames para conferir significado às maneiras de ser e de estar no mundo. A escola é, nesse sentido, a instituição precípua para habilitar o sujeito a portar-se bem na sociedade. Além de ensinar, portanto, a ler e a escrever, ela deverá ensinar as regras de comportamento e de polidez. A preocupação com a centralidade do humano não exime o autor de discorrer sobre as obrigações religiosas, que fazem também parte da preocupação educativa. Formar é formar o homem civil, que é também um ser de religião. A Renascença, por ser assim, é, sobretudo, um movimento de secularização, o qual, todavia, não retira do cenário a figura do divino. Nesse sentido, o menino Grinferantes explica a seu amigo Budeu o que aprendera de seu professor Flexíbulo:

> *Grinferantes* – A primeira coisa que me ensinou é que cada um deve sentir-se não com soberba, senão com modéstia e, ainda melhor, com humildade; que este é o fundamento firme e próprio da boa educação e da educação verdadeira. Que, para isso, se há-de cultivar e adornar a alma com o conhecimento das coisas, com o saber e com o exercício das virtudes, e que, de outro modo, o homem não é homem, senão bicho. Que às coisas sagradas se há-de assistir com grande atenção e reverência, pensando que quanto ali vires e ouvires é admirável, divino e sagrado, e que excede à tua capacidade! Que deves encomendar-te com frequência a Jesus Cristo, pondo n'Ele a tua esperança e confiança. Que hás-de ser obediente aos teus pais, servindo-os, assistindo-os e fazendo-lhes quanto bem possas, sendo-lhes de proveito e ajudando-os, e que também hás-de amar e respeitar os mestres como os pais, se não do corpo, da alma, o que é mais. Que se deve reverência aos sacerdotes e obediência à sua doutrina, como representantes que são dos apóstolos e ainda do mesmo Cristo. Que devemos cortesia aos anciãos, tirando-lhes o chapéu, e ouvindo-os com atenção, porque no longo uso das coisas adquiriram prudência. Que se deve honrar os magistrados e obedecer-lhes no que mandarem, porque Deus lhes cometeu o cuidado de nós. Que se ouça, admire e respeite os homens de engenho, erudição e bondade, desejando o seu bem e apetecendo a sua amizade e familiaridade, do que se segue muito proveito para chegar a ser tal qual eles. Finalmente, deve-se acatamento a quantos têm alguma dignidade e, por isso, de boníssimo talante, se há-de ser cortês com eles. (Vives 1952, pp. 100-101)

Budeu, ao ouvir os comentários de Grinferantes, declara que suas palavras poderiam ter sido retiradas de um prontuário de prudência. Pergunta, então, ao companheiro se não existem também "muitos homens indignos, como são sacerdotes não merecedores de tão grande nome, magistrados depravados e anciãos néscios e loucos" (*ibidem*, p. 101). Ao que Grinferantes responde que o professor, mesmo reconhecendo a existência de figuras adultas que não correspondem às regras da civilidade, "não permitia que, na nossa idade, estabelecêssemos nós as diferenças, porque ainda carecemos de prudência e do saber necessário para julgar" (*ibidem*). Esse conselho de modéstia deveria ser aplicado muito especialmente à galhardia das disputas, em que os rapazes demonstravam, com empáfia, por vezes, e sempre cheios de orgulho, sua implacável erudição. Recomenda-se moderação para as exibições de saber:

> *Grinferantes* – Acrescentava [Flexíbulo] que o mancebo deve ser pronto em tirar o chapéu, em fazer cortesia, saudar a cada um com a honra que merece, falar com afabilidade e pouco. Que não convém falar muito diante dos anciãos ou superiores, porque isso é contrário ao respeito que se lhes deve. Antes há-de ouvi-los sem dizer palavra, e aprender deles a prudência, o conhecimento das diferentes coisas e o bom modo e claro de falar. O caminho para a ciência é muito breve, o cuidado de ouvir. Que ao homem prudente e de engenho agudo toca julgar as coisas e a cada um daqueles que bem conheça, e por isso dizia que não deve ser o mancebo apressado em falar e definir, senão que deve ir devagar ou com receio em resolver e julgar alguma coisa por leve ou pequena que seja, como quem conhece a sua ignorância. Pois se convém que o mancebo se porte desse modo ao julgar quaisquer coisas, como será quando se tratar de letras, ciências, leis da pátria, usos, costumes e instituições dos maiores ou antepassados? Dessas coisas, não só não permitia Flexíbulo que o mancebo julgasse; mas nem mesmo que opinasse, discutisse, nem sequer que cavilasse nelas, senão que obedecesse em silêncio e com modéstia. (Vives 2004a, pp. 483-485)

Há aspectos nesse específico diálogo que muito recordam alguns trechos d'*A civilidade pueril*, de Erasmo, que, entretanto, foi escrita posteriormente. Alguns autores consideram que Erasmo seria tributário de Vives especialmente aqui. Continuando sua explanação sobre o que aprendeu na escola, além do reconhecimento de que, se há na cidade vícios e corrupção de costumes, não caberá à juventude o discernimento necessário para julgá-los, o autor afirma:

> *Grinferantes* – Que não há prenda mais decente e graciosa para o adolescente que a vergonha, nem coisa mais feia e insuportável que a falta de vergonha. Que a ira é muito perigosa na nossa idade, porque ela nos conduz a ações torpes, de que dali a pouco temos de nos arrepender. Assim, devemos lutar contra ela fortemente, até derrubá-la por terra, para que ela não nos derrube. Que o homem ocioso é como uma pedra, o mal empregado, besta; o bem ocupado é verdadeiramente homem. Os homens ociosos aprendem a fazer mal. A comida e a bebida se há-de medir com o apetite da fome ou sede, não com a glutonaria e com a desordenada ânsia

de saciar o corpo. Que coisa se pode dizer mais feia do que meter o homem em seu corpo, comendo e bebendo, aquelas coisas que o despojam da natureza humana, convertendo-o em bicho? A compostura do rosto e de todo o corpo mostra a disposição interior, mas dizia [Flexíbulo] que no exterior não há espelho tão claro do interior como os olhos: e que por isso convém que sejam suaves e quietos e não altivos nem de todo baixos; não inconstantes tampouco mirem fixamente; que o semblante não deve mostrar cenho, nem há-de ser turvo, mas deve indicar alegria e afabilidade. Que convém guardar limpeza e pureza no trajar, na comida, nas palavras. Queria que nossas palavras não fossem nem soberbas, nem tímidas, tampouco baixas e efeminadas, mas simples e nunca enganosas, nem que possam ser interpretadas em mau sentido, porque, quando isso acontece, não há palavra de que fiar-se, e, falando de coisas néscias e ociosas, perde-se o modo de falar nobre e generoso. Quando falamos, não temos de mover os braços, a cabeça, nem torcer o corpo ou enrugar a cara, nem voltá-la para o outro lado, nem menear os pés. Dizia que não há nada mais feio e abominável do que a mentira; nem há coisa tão danosa para o viver comum. Que é mais justo que se desterre da companhia dos homens o mentiroso do que o ladrão, ou aquele que deu algum golpe em outro ou fabricou moeda falsa. Que concórdia das coisas ou conformidade de palavras pode haver com o que diz uma coisa e sente outra? Com os demais gêneros de vícios pode haver alguma, com esse nenhuma. Muitas coisas dizia ele, e com cuidado, das companhias e amizades dos adolescentes, o que importa muito para a bondade ou vícios de nossa idade, porque os costumes de nossos amigos se pegam como peste e frequentemente somos tais e quais aqueles com que convivemos; que, portanto, nisso há-de se pôr muitíssimo cuidado. Nem nos permitia que nós mesmos fizéssemos eleição de amigos, senão que recebêssemos e respeitássemos os que nos escolhessem ou cujo trato nos tolerassem nossos pais, mestres e avós, os quais são guiados, para essa escolha, pela razão, mas nós somos arrastados por alguma má paixão ou pelo deleite; que, se por algum caso encontrássemos com amigos inúteis, nocivos, havendo-nos avisado autoridade superior, convinha que os deixássemos logo. Dizia ele, na verdade, muitas outras coisas, não apenas grandes e admiráveis, mas essas mesmas com maior extensão e mais minuciosamente. Mas o que foi dito é certamente um compêndio de educação da juventude. (*Ibidem*, pp. 485-490)

Outro diálogo – este sobre *A escrita* – discorria sobre o encontro entre dois rapazes – Manrique e Mendoza –, sendo que o primeiro escutara uma lição sobre a escrita e o segundo pergunta a ele o que o professor dissera sobre o assunto. Manrique, depois de confessar que sua memória lhe faltava, diz que, na escola, o professor Antonio de Lebrija

> dizia, antes de tudo, que é coisa digna de admiração que tanta variedade de vozes humanas se haja podido compreender com poucas letras. Além disso, que os amigos ausentes poder-se-iam comunicar por cartas. O professor acrescentava que,

naquelas ilhas que nossos reis recentemente descobriram, de onde se traz o ouro, parecia não haver coisa mais admirável que poderem os homens dar a entender uns aos outros o que sentem, havendo enviado uma carta de tão longínquas terras, porque eles perguntavam se porventura o papel sabia falar. (*Ibidem*, p. 125)

Tendo assistido a uma aula com a duração de duas horas, o menino Manrique esqueceu-se do que tinha aprendido, e reconheceu que isso se devia ao fato de haver confiado apenas na memória. Ele argumentava com o amigo, assegurando que encomendou as coisas à memória "mas ela não quis retê-las" (*ibidem*, p. 127). Mendoza, então, pergunta-lhe por que ele não havia assentado a lição, ao que o outro responde que não tinha uma pluma ou um lápis à mão, "nem ânimo para assentá-lo" (*ibidem*). Todavia Manrique recordava-se de que o professor havia dito que, para ter erudição, era imprescindível "escrever bem e com velocidade" (*ibidem*, p. 129).

Na sequência do diálogo, aparece claramente o destaque conferido por Vives a certa etiqueta da vida social, que passa pela cultura letrada. Não é de bom tom o nobre manter-se na ignorância. O verdadeiro nobre distingue-se e reconhece-se pelo trato social, e a diferença entre o plebeu e o nobre deveria, de acordo com essa sinalização do Humanismo, passar por um domínio diferente das vestimentas ou das pompas da Corte. Ser nobre, aqui, significava possuir uma justa apreciação das coisas, um julgamento complexo, que passa pelo código escrito. Segundo o diálogo, a nobreza, entretanto, não tomava esse cuidado, e muitos eram os nobres que nem sequer sabiam escrever – ou que o faziam com uma letra tão imperfeita que o escrito parecia um garrancho. Manrique, nesse ponto, confessa ao companheiro: "A mim, não sei por que, as letras me saem torcidas, desiguais e confusas" (*ibidem*). Diz Mendoza que somente a aplicação no exercício da escrita é que poderá corrigir isso. Por tal motivo, os dois meninos prontamente vão dirigir-se à escola do professor que tinha alugado uma casa próxima.

Ao chegar à escola, apresentam-se ao professor, que os recebe, reconhecendo pelos trajes e pelos modos serem dois rapazes de extração nobre. Porém, o mestre acrescenta:

E assim sereis verdadeiramente nobres, se adornares vosso entendimento com as artes que são dignas dos bem-nascidos. Como são vocês mais sábios e prudentes que esses numerosos nobres que se imaginam ser mais distintos quanto pior escrevem. Não é de admirar, sendo assim que, verdadeiramente, há tempos, a louca nobreza se tem persuadido de que não há nada mais ordinário e vil do que saber qualquer coisa. É uma coisa verdadeiramente curiosa ver as assinaturas que os nobres colocam em suas cartas, redigidas por seus escrivães, e que não se podem ler de maneira nenhuma. Assim, não se sabe quem envia a carta, se o mensageiro não lhe disser ou se não se conhece a assinatura. (*Ibidem*, p. 133)

O mestre, então, pergunta aos rapazes se eles traziam as armas. Tomando ao pé da letra a pergunta, Manrique e Mendoza respondem dizendo que não possuem armas e que, se as portassem, "receberíamos açoites de nosso pedagogo se, na nossa idade, nos atrevêssemos a olhar as armas, quanto mais tocá-las" (*ibidem*). O professor rapidamente esclarece que não falava de armas de ferir, mas de "ferramentas de escrever" (*ibidem*, p. 135), que, a partir dali, seriam necessárias. Refaz a pergunta, indagando dos meninos se eles traziam um estojo com as plumas.

O professor conta, então, que "os homens muito antigos sabiam escrever com ponteiros de ferro, em cujo lugar usaram talos" (*ibidem*). No início, escrevia-se da "direita para a esquerda, como o fazem ainda quase todas as nações do Oriente. Os da Europa, imitando os gregos, ao contrário, escrevem da esquerda para a direita" (*ibidem*). Já os latinos antigos, os quais – diz Vives – teriam sua origem nos gregos, "escreviam em pergaminho, que com facilidade se podia borrar" (*ibidem*). O professor, que havia dito que, em outra ocasião, falaria mais sobre esse assunto, observa as plumas trazidas pelos alunos, e diz que elas são muito boas, porque têm o "talo largo, limpo e forte" (*ibidem*, p. 137). Precisariam ser cortadas por causa da aspereza, "porque lisas ficam melhores" (*ibidem*). O professor, em seguida, ensina o que deve ser feito para cortar a pluma, cortando para os dois lados, depois "um corte no meio, com muito cuidado; igualareis as duas pontas deixando a da direita um pouco mais larga, mas de uma maneira quase imperceptível" (*ibidem*). Segurar a pena também era importante: "Se quiser apertar bastante a pluma e formar mais a letra, segure-a com três dedos. Mas, se quiser escrever com mais velocidade e ligeireza, faça-o com os dois, polegar e indicador, como costumam os italianos" (*ibidem*, p. 139). Em seguida, o professor ensina os meninos a usar o tinteiro – que um deles, aliás, tinha perdido –, mostrando como colocar a tinta na pluma sem estragá-la.

Há todo um ritual escolar, que se estabelece na forma de as crianças segurarem a pena, no modo pelo qual elas se sentam para fazer bom uso do tinteiro, no cuidado que terão com os utensílios escolares. Tudo isso integra o que hoje compreendemos como cultura da escolarização. Trata-se, certamente, de um movimento institucional, que oferecerá novos modos de agir, ensinando, sobretudo, a valorização de um modelo cultural que passa pelo papel e pela tinta. Sobre o papel, aliás, o professor mostra que é preciso atenção para escolher o papel adequado, já que aquele que os meninos traziam era muito áspero. Dizia ele:

> É muito áspero e não deixará correr a pluma, o que é um grande inconveniente para tomar notas, porque, enquanto lutas contra a aspereza do papel, esquecem-se muitas das coisas que havias decidido escrever. Deixe esse papel grosso, espesso, duro e áspero para a imprensa, ou seja, para fazer livros duradouros. Para vosso uso cotidiano, não compreis nunca do que chamam Imperial ou *hierático*, que serve para as coisas da Igreja; compra o de escrever cartas correntes; vendem um muito bom na Itália, delgado e sólido; e então compra daquele simples que trazem da França, e que encontrareis em toda a parte. (Vives 1957, p. 86)

Após essa longa explicação sobre tintas, tinteiros e papéis, o professor finalmente inicia os meninos na tarefa da escrita, dizendo-lhes para copiarem o abecedário, em seguida o silabário e finalmente as palavras juntas. Dá exemplos de frases que agiam como provérbios: "aprende menino para tornar-te mais sábio e, portanto, melhor" ou "as palavras servem para comunicar com os presentes; as letras, com os ausentes" (*ibidem*). Em outra ocasião, o professor recomendaria que deixassem "maior distância entre uma linha e outra para que eu possa fazer as correções. Essas letras são muito desiguais, isso é coisa feia. Repara que diferença há entre a M, a E, a O e a P: o corpo das letras há de ser sempre igual" (*ibidem*, p. 88). Pelo diálogo, observam-se vestígios do que deveriam ser as práticas correntes na escola daquele tempo na Península Ibérica. Assim como os textos teóricos, os diálogos indicam não apenas as pistas do que existia, mas também prescrições sobre como se deveriam proceder as práticas dos professores.

Sobre a educação da infância é o título que, posteriormente, se deu àquilo que originalmente teria sido uma carta escrita por Vives em Oxford, em 1523, para a rainha Catarina de Inglaterra – esposa de Henrique VIII. Consta que ela havia solicitado ao amigo que traçasse as diretrizes da preceptoria de sua filha, a princesa Maria. Trata-se de um conjunto de preceitos voltado para a formação da cultura humanística, com o fito de preparar para a cultura das letras a futura soberana. Note-se que, embora se tratasse da formação de uma mulher, não se tratava de qualquer mulher; mas de uma mulher que, pelo lugar que ocuparia no tabuleiro social, deveria ser formada como homem.

> Aprenda a pronunciar com clareza e desembaraço os sons das letras, porque é muito importante para a formação subsequente a maneira como se aprendeu a pronunciar as letras e as sílabas. Saiba que algumas letras são vogais e outras consoantes, quantas são umas e quantas são as outras e por que tomaram esse nome. Das consoantes, umas são mudas, as quais começam por si mesmas e acabam com uma vogal, como *b, c, d*. Chamam-se assim porque quando se começam a pronunciar sem o socorro de uma vogal, ficam mudas. Outras chamam-se semivogais. Dessas, algumas são líquidas, como *l, m, n, r*. (Vives 2004b, p. 417)

Em seguida, Vives continua aconselhando a princesa Maria e seu preceptor:

> Enquanto aprende esses rudimentos, consagre algum tempo para a formação das letras, mais do que com capricho, com velocidade, de maneira que, se seu preceptor lhe dita algo, ela o escreva com sua mãozinha. Se lê algum autor e lhe agrada a forma ou o sentido, faça-a selecionar e copiar. Mais tenazmente aderem à nossa memória as coisas que nós próprios transcrevemos que aquilo que é escrito pelos outros. E essa ocupação ainda tem outra vantagem que é que, enquanto escrevemos, nosso espírito fica longe de pensamentos levianos e torpes. Os versos que se lhe são propostos para imitação devem conter alguma pequena sentença grave que lhe agrade haver aprendido, pois copiando-a tantas vezes é forçoso que se prenda à alma. Deverá haver empenho para que, a princípio, pelo menos, mediante imitação seja forçada a escrever. Exercite a memória com assiduidade, a fim de que não passe um dia sem que ela entesoure algo. Assim se adelgaçará o engenho e educará sua memória, comunicando-lhe facilidade e rapidez para que, mais tarde, retenha sem esforço e com absoluta firmeza tudo quanto lhe pedir para recordar. Duram todo o restante da vida os conhecimentos que se reúnem nessa idade. A princípio, à noite, um pouco antes de dormir, releia com atenção duas ou três vezes aquilo que deseje encomendar à memória e, na manhã seguinte, não se esqueça de reclamá-lo. (*Ibidem*, p. 418)

A menina não deveria ser ensinada sozinha. Era importante para ela ter três ou quatro condiscípulas. Deveriam ser donzelas, escolhidas a dedo, todas educadas com esmero e delicadeza. Em relação às condiscípulas, a menina Maria – princesa – deveria ser educada com o estímulo proporcionado por pequenos prêmios e pelo fomento à rivalidade. Um dos aspectos valorizados no formato da escolarização seria exatamente o êxito nas atividades de competição entre os alunos. A emulação seria despertada, assim, pela vontade de vencer o outro; e isso teria um efeito pedagógico. Os trechos a tal respeito deixam clara essa intenção.

O texto *Sobre educação na adolescência* originalmente não se chamava assim, dado que consiste em uma carta escrita por Vives em 1523, dirigida ao filho de um amigo, dando-lhe conselhos sobre seus estudos. São 27 tópicos, passando por religião, trabalho, memória, professor, condiscípulos, competência, apontamentos, diligência em escrever, leitura, linguagem, estilo, autores, pronúncia de sons, declinações, sintaxe, traduções etc. Muitos desses itens são extraídos de outras obras, em especial do *Tratado sobre o ensino*. Em cada um desses temas, o autor oferece dicas a propósito do comportamento adequado para efetivar um estudo bem-sucedido. A literatura pedagógica, nessa época, a julgar pelo que temos visto em Vives, consistia em um conjunto de saberes e de saber-fazer pedagogicamente sumariados e organizados, a fim de oferecer balizas para o comportamento público do alunado. Dever-se-ia aprender a ser aluno. E, para tanto, criavam-se regras. Era preciso atender a esses preceitos.

Considera Vives que "a sabedoria, a virtude e a ciência são dons de Deus" (2004b, p. 433), o que nos deve levar até elas simplesmente pela graça divina. E, "como Deus não outorga seus dons aos ociosos" (*ibidem*), é necessário todo empenho no estudo das letras, como se fora por amor ao trabalho. A memória é considerada "o tesouro de toda erudição" (*ibidem*). E será o exercício da memória quem a coloca para trabalhar. A boa saúde, bem como bons hábitos alimentares são necessários para a boa memória. O aluno deve amar o mestre e aprender a venerá-lo. Recomenda-se a imitação como demonstração dessa necessária admiração que se deve ter por aquele que ensina. Nas palavras de Vives:

> Não somente o hás de amar, mas também esforçar-se para que ele te ame, e assim colocará no ensino um interesse mais carinhoso. E o conseguirás obedecendo com humildade tudo que ele mandar, considerando-o, honrando-o, admirando-o em tudo o que disser ou fizer. Se na vida ou em seu trato há algo que mereça aprovação, age de tal maneira que ele sinta que tu o aprovas; e se não, evita que ele o conheça. Ouve-o com atenção; toma nota de suas palavras, de seus modismos, de suas sentenças e a força da imitação tornar-te-á semelhante a ele tanto quanto possas. (*Ibidem*, p. 434)

Os colegas ou condiscípulos devem ser tratados como irmãos, já que estão "unidos pelo sagrado vínculo do estudo comum, que não é menos estreito que o de sangue" (*ibidem*). Sobre a relação com esses companheiros, Vives aconselha que a competição se dê com os mais sábios e melhores, com base em critérios de virtude, seriedade e estudo – nunca com malevolência. Aqueles que sabem menos deverão ser ajudados e estimulados ao estudo. Sobre as aulas, como vimos, o texto recomenda a anotação. Tudo que o professor disser deverá ser devidamente registrado no "livro em branco" dividido por seções. A leitura é apresentada como uma atividade que exige tudo da pessoa, para a qual ela deve estar sempre inteira e sem outras preocupações: "Tem que pôr atenção nas coisas; que significam aquelas, de que tratam... Há algo que assinalar, algo que reter, algo que deves usar em proveito próprio" (*ibidem*, p. 435). A tinta e o papel devem estar sempre ao alcance da mão – adverte Vives: "Aquilo que admirares, aquilo que te contentar, distinga-o com algum sinal" (*ibidem*). Assim, são oferecidas indicações dos autores que devem ser lidos, como esses autores devem ser lidos e como o aluno fará para aprender a utilizar seus ensinamentos na ocasião propícia.

Com Vives, verifica-se claramente o quanto a cultura escrita impactava aquele início da Idade Moderna, especialmente nos países europeus. Nesse sentido, um novo lugar será conferido à escolarização, novo lugar que passará a abarcar diferentes camadas do tecido social, que acorrem para o aprendizado da leitura e da escrita. A escola ganha um significado, ainda que seja apenas o de distinção de camadas nobres ou enobrecidas, tendo em vista o firmamento de novos códigos de comportamento. A experiência escolar tornar-se-á uma realidade, mesmo que a quantidade de crianças e jovens que iam para a escola ainda fosse em número diminuto.

4
RUMOS DA TRADIÇÃO: O PENSAMENTO PEDAGÓGICO DO SÉCULO XVII

Ratke e o método da arte de ensinar

O crescimento urbano era acompanhado de perto pela disseminação da cultura do livro entre os séculos XVI e XVII. Inúmeras eram as obras editadas com o propósito de regular comportamentos de urbanidade e fazer com que a população adquirisse procedimentos apropriados para o convívio público. Com tal objetivo, eram publicados catecismos, manuais de civilidade, livros de provérbios, manuais de conversação, dirigidos a camadas médias urbanas. A escolarização valer-se-ia dessa literatura. Vives é o humanista espanhol que, no século XVI, melhor sublinha a defesa da escolarização como estratégia civil. Compreendendo a escola como instituição que, de algum modo, contraria a aristocracia de sangue, o autor sugere procedimentos de superação da precariedade das escolas de seu tempo, para postular que as escolas exercitassem o bem falar de seus alunos. Vives compreendia que a cultura da escrita derivava da oralização prévia da língua. A prática da oralidade favoreceria também saudáveis e necessárias técnicas de memorização, as quais eram recomendadas inclusive para ampliação do repertório do alunado. Vives apregoa que o professor deve se destacar tanto pela pureza de seu modo de agir como por seu conhecimento e sua destreza técnica. O comportamento irrepreensível do mestre seria imprescindível.

Wolfgang Ratke[1] (1571-1635) é um autor alemão que, por muitos, é tido também como precursor de Comenius, posto que, 40 anos antes daquele, propôs escola para todos e ensino coletivo. De acordo com Sandino Hoff, Ratke nasceu no ducado de Holstein e estudou teologia, filosofia, línguas e matemática na Universidade de Rostock. Viveu em Amsterdã de 1603 a 1610. Depois voltou à Alemanha, onde levou uma vida dedicada à escolarização e à elaboração de textos escolares. Como argumenta Sandino Hoff:

> Seus escritos políticos não se restringiram à reforma escolar e à do ensino. Escreveu textos políticos, defendendo o compromisso dos príncipes, da sociedade e da Igreja com a educação escolar gratuita e pública. Para ele, o príncipe devia instalar e administrar as escolas públicas e ordenar que todas as crianças fossem instruídas principalmente na leitura, na escrita e no cálculo (...). Lutou a vida toda para explicar seu método, instalar prédios escolares, preparar professores e implantar escolas e a nova arte de ensinar. Seu combate não foi apenas instituir escolas à base de uma nova didática; também foi remover todos os costumes, hábitos e práticas antigos, sob o lema *"vetustas cessit"* ("o velho passou"). (Hoff 2008, p. 5)

Hoff ainda recorda que a Alemanha daquela época não era um Estado unificado. E "os escritos pedagógicos e políticos de Ratke tinham, entre outros objetivos, também o da unificação política ('uma só pátria e uma única língua') que só se daria dois séculos depois!" (*ibidem*, p. 3). Lorenzo Luzuriaga destaca que Ratke foi o primeiro dos inovadores realistas, dado que "cuidou de introduzir na educação, teórica e praticamente, as ideias de Bacon" (Luzuriaga 1978, p. 137). Para Luzuriaga, Ratke foi, portanto, o precursor da pedagogia empirista, que Comenius mais tarde desenvolveria. Isso apareceu nas várias obras e projetos que compôs e, especialmente, em um *Memorial* de 1612, no qual dizia que seu novo método seguia as leis da natureza e pedia fosse a língua materna alemã a base do ensino, e o latim e o grego se ensinassem conforme seu método, com o que se facilitaria a aprendizagem (*ibidem*). Em outros escritos, ocupou-se de demarcar as ideias basilares de seu método, quais sejam:

> 1ª) Que o método há de seguir a natureza, partindo do simples e singelo para o complicado e superior, e do fácil para o difícil. 2ª) Não se deve aprender mais de uma coisa cada vez; e não se deve passar a outra antes de havê-la compreendido

---

1. Todos os comentários que fizemos à obra de Ratke pautaram-se na leitura da obra *Escritos sobre a nova arte de ensinar de Wolfgang Ratke (1571-1635): Textos escolhidos*, com apresentação, tradução e notas de Sandino Hoff (Autores Associados, 2008).

por inteiro. 3ª) Deve-se repetir o aprendido. 4ª) Deve-se primeiro ensinar tudo na língua materna, para depois passar às estrangeiras. 5ª) Deve-se aprender prazerosamente, sem coação do mestre. 6ª) Não se devem impor regras, menos ainda aprendê-las de memória, mas obtê-las pelo estudo próprio ou de bons autores. 7ª) Primeiro a coisa em si, depois seus modos. 8ª) Deve-se aprender tudo por experiência e indução. 9ª) O professor deve apenas instruir; a disciplina é tarefa dos escolares. 10ª) Devem concordar a disciplina escolar e a doméstica. (*Ibidem*)

Ratke queria instituir, nas escolas alemãs, primeiramente, uma língua única, para que se pudessem "habituar ao alto alemão os saxões, francos, suábios, turíngios etc. e, unanimemente, utilizá-lo. Isso eu pretendo atingir nas escolas alemãs. Para conservar a majestade e o bem-estar do império e da nação, é necessário empregar o alto alemão" (Ratke 2008, p. 32). Em seu *Método geral da didática ou da Arte de ensinar de Wolfgang Ratke (1613-1614)*, ele comenta mais uma vez essa sua prioridade quanto ao aprendizado do idioma alemão, aliado agora ao latim:

> Até aqui falou Lutero. Dessa forma, é absolutamente necessário aprender essas línguas, habituar-se a falar bem as línguas fundamentais da Escritura Santa e dominá-las. Isso é especialmente importante para teólogos e pregadores. É justo que deles se exija isso. Por causa do próprio ensino também, devem conhecer profundamente a língua da Bíblia porque na igreja cristã há muitas seitas e facções a quem se devem opor fundamentos seguros que provêm da Escritura Santa. (*Ibidem*, p. 39)

Em seguida, o texto discorre sobre o ofício do preceptor, dando recomendações também para aqueles que são mestres de ensino. Além de temente a Deus, o mestre deve ser sábio e inteligente. Deve conhecer o que ensina. Deve ser aplicado no ofício que desempenha e "deve ser leal e preciso na explicação clara e compreensível. Deve orientar-se como *captum auditorum* ou colocar-se no lugar dos alunos e na instrução nunca procurar com palavras arrogantes sua própria honra, mas procurar a piedade e o proveito das crianças" (*ibidem*, pp. 40-41). Essa clareza na explicação, o mestre deve demonstrar no momento do ensino e também na tarefa da recapitulação. Nesse sentido:

> Com respeito ao ensino, deve:
>
> 1. Perceber com precisão as inclinações naturais das crianças, comprová-las e diferenciá-las, pois se tem o costume de dizer que não se pode esculpir uma figura elegante em qualquer pedaço de madeira. Da mesma forma, não se

desenvolve um talento igual ao de outro. O professor deve estudar a maneira de cada aluno comportar-se.
2. A seguir, deve cuidar que o ensino e as repetições tenham lugar em horas certas. Há que consagrar uma hora ao ensino e à leitura; outra hora, ao repouso e à diversão ou empregar as crianças num exercício de recreação ou de passatempo. Isso para que as habilidades intelectuais, naturalmente frágeis na criança, não sejam fatigadas ou rejeitadas. Por isso, as crianças não devem ser mantidas na lição por mais de uma hora.
3. O preceptor também deve, às vezes, controlar a leitura e as exposições, perguntar aos alunos se conseguem acompanhar ou não, em que ponto estão realizando a leitura e se, com aplicação, estão ouvindo a lição e a seguindo no livro. (*Ibidem*, p. 41)

Na sequência, o texto explicita o que compreende ser a função do aluno. O aluno deve obedecer ao seu preceptor, e os pais devem exortar as crianças a terem por seus mestres o mais absoluto respeito. O professor, por sua vez, ensina como?

O preceptor explica, delicadamente, as letras aos meninos e como são construídas sua figura e forma. Por exemplo, veja a letra o: tem uma figura redonda e é como um círculo ou um prato. Assim se guarda melhor. O c é redondo, mas somente um semicírculo, como a foice. O x tem a forma da cruz. O m possui três traços verticais e o n só possui dois (...). Por meio de tal ensino, a criança é motivada a pensar mais facilmente as coisas, além de reconhecer e copiar as formas e as figuras das letras a partir de objetos materiais que ela vê em sua casa. (*Ibidem*, p. 44)

Havia indicações, portanto, sobre os modos de ensino para identificação das primeiras letras, bem como orientação para as primeiras tentativas de reunir as letras. O lugar do professor exigiria um tipo de *expertise* que tinha na forma de ensinar o seu grande segredo. Tratava-se de um tempo de invenção do que, em seguida, Comenius chamaria de didática:

Logo que os meninos conheçam todas as letras e indiquem seu significado, devem, ao mesmo tempo, aprender a juntá-las. Isso significa soletração. Exemplo:
Ab, ac, ad, af, ag;
ba, ca, da, ga.
Tais sílabas não devem ser ensinadas apenas verbalmente, mas também devem ser mostradas aos meninos por meio da escrita com o giz e a pena, como já se fez com as letras. (*Ibidem*, p. 46)

Para ensinar o professor a ensinar, não bastava explicar lição por lição. Era necessário dar orientações gerais que valessem para qualquer caso em sua especificidade. Essa orientação, na tradução e edição brasileiras, está nos *Artigos nos quais se baseia especificamente a Arte de ensinar de Wolfgang Ratke (1616)*.

Os rumos propostos para o ensino, em larga medida, antecipam aspectos que costumam ter sua originalidade tributada a Comenius. Assim, tudo o que se for ensinar deve seguir o curso da natureza. Mas o que se deve ensinar?

> Não mais do que uma coisa por vez. Nada atrapalha mais a inteligência do que querer aprender muitas coisas ao mesmo tempo. É como se a gente quisesse cozinhar, de uma só vez num mesmo pote, purê de batata, papas, carne, leite e peixe. Deve-se, ao contrário, tomar ordenadamente uma coisa após a outra e tratar corretamente uma e depois outra, conforme reza o artigo. Deve-se utilizar somente um autor que seja bom para o ensino de cada língua. Quando ele for bem entendido e assimilado deve-se ler também outro. Nada novo deve ser tomado enquanto o anterior não for fundamental e suficientemente assimilado. (*Ibidem*, pp. 47-48)

A direção é dada ponto por ponto, sobre como proceder em sala de aula, indicando o quefazer do professor. E todas as determinações vêm minuciosamente justificadas, com exemplos extraídos da prática de sala de aula:

> É incrível o quanto se mostra útil a repetição de uma coisa. Toma-se o exemplo de quem domina a leitura. Aquele que, na leitura, tem o treino de, num lance de olho, ler uma linha ou página, difere daquele iniciante que deve ater-se a cada letra, uma após outra, e juntar as sílabas. Por isso não se deve trabalhar com mais de uma matéria por dia em todas as lições, matutinas e vespertinas. O que é muitas vezes repetido mantém-se correta e profundamente fixado na mente. Quando, porém, se, vez ou outra, é ministrada alguma coisa e misturada com outra coisa, nada pode ficar apreendido e o entendimento torna-se supra-acumulado, confuso e enfraquecido. (*Ibidem*, p. 48)

Tudo deveria principiar por ser ensinado em língua materna; e tudo deveria ser ensinado sem coação, já que, sob "opressão e batidas, a juventude adquire desgosto do estudo e se torna hostil ao ensino" (*ibidem*, p. 49). Nas escolas Ratke explica – bate-se nas crianças porque elas não retiveram o que foi ensinado. Porém, "se tivesses ensinado bem e como deve ser, as crianças saberiam reter e não terias necessidade de recorrer às batidas" (*ibidem*). Isso significa que são duas as falhas do professor: a primeira é a de não conseguir ensinar de maneira a que os alunos aprendam; e a segunda é a de bater nas crianças. Não teria cabimento os alunos pagarem "o erro que o professor comete porque não soube utilizar a boa arte de ensinar" (*ibidem*). Deve-se aprender com alegria – diz Ratke. E nada deve ser aprendido de cor. "O aluno não deve temer o mestre do ensino, mas, ao contrário, deve amá-lo e prestar-lhe honra" (*ibidem*). Por sua vez, o mestre não deve dar prosseguimento ao seu ensinamento, "antes de estar certo de que o aluno compreendeu bem a lição" (*ibidem*, p. 50).

Há uma clara preocupação explicitada por Ratke quanto à uniformidade que deve haver em todas as coisas relativas ao ensino, fundamentalmente no que toca aos livros, aos preceitos e aos modos de ensino. Isso significa também que o professor tem de ser o mesmo:

> Quando um jovem aprendiz se habituou à linguagem, à fala, aos gestos e à maneira de ensinar de um mestre de ensino, atrapalha-se mais facilmente quando tem de escutar outra pessoa na mesma lição. Da mesma maneira, quando um mestre se especializou numa lição e sabe dedicar-lhe toda sua mente, pode tornar-se, com o tempo, extremamente hábil e conhecer, então, todos os procedimentos peculiares desse ensino. Pode assim obter da juventude um rendimento excelente, o que não ocorre se se deve aplicar a muitas matérias. (*Ibidem*, p. 58)

Para Ratke, os alunos devem sentar-se no lugar que lhes for determinado pelo mestre: sempre à vista do professor. Por vezes, o mestre coloca perto de si exatamente os alunos menos aplicados, razão pela qual as mudanças periódicas de lugares devem ser vistas com familiaridade. Em casa, os pais não podem estragar o que o professor faz. Por isso:

> A disciplina escolar e a disciplina familiar devem estar em concordância. Isso é importante para que os pais não causem dissabores e não estraguem o que as crianças aprenderam na escola. Os pais nunca devem mandar fazer diferente do que o mestre do ensino prescreveu, pois não se quebra com uma mão o que se construiu com a outra. (*Ibidem*)

Isso mostra a relação de significativa tensão e concorrência entre as figuras da escola e da família. No texto intitulado *Regulamentação do horário escolar para a nova arte de ensinar de Wolfgang Ratke (1619)*, são caraterizados os tempos de cada ano escolar. Demarca-se o que se deverá aprender na primeira classe, na segunda etc. Além disso, configura-se claramente como deverá ser o ritual da escola, a sua rotina. Por exemplo:

Abraham Ulrich foi designado como preceptor da classe de latim. Ministrará suas lições no novo alojamento no lado de lá da balança e da casa de pães. Fará ler todo Terêncio e trabalhará os pertinentes exercícios de gramática e escrita latina. Na parte da manhã todos os dias, das 7 às 8 horas e das 9 às 10, com exceção de quinta-feira porque, pela mesma razão descrita acima, haverá somente uma lição, das 9 às 10 horas. No sábado de manhã, será retomada a leitura feita na semana e será revisada a escrita. Posto que os alunos de grego e de latim ainda são um pouco fracos na escrita e na leitura da língua alemã, devem utilizar a Bíblia e o "Ensino de Gramática", sempre após o meio-dia, das 4 às 5 horas. Isso até que tenham um bom domínio. (*Ibidem*, pp. 65-66)

Na primeira classe, "na entrada deve ser feita a oração da manhã, utilizando-se, em todos os dias, a leitura das partes principais da doutrina cristã ou as 20 questões do *Pequeno catecismo* e, depois, começa-se o trabalho" (*ibidem*, p. 67). As letras serão desenhadas coloridas no quadro-negro, de modo que os alunos possam bem assimilar suas diferenças.

Quando o preceptor, na escrita e nas letras impressas, desenhar em cor vermelha as letras programadas para esse dia no quadro-negro, letras maiúsculas e minúsculas, pronunciará com voz clara cada uma das letras aos alunos. Ao mesmo tempo, mostrará, sobrepondo o giz nas letras, como se escreve e seguirá conforme está programado no Método. Para que os alunos possam assimilar bem, o preceptor escolhe alguns bancos de alunos para, uma só vez, mostrar-lhes no livro impresso de escrita, individualmente, um por um, como devem conduzir a pena e fazer as letras e assim poderem seguir a lição. Quando alguém conseguir fazer as letras e chegar a conhecê-las, tanto mais facilmente saberá praticar. Quando os meninos, de olhos no quadro, conseguirem saber como se denomina e o que significa ora uma ora outra letra, então, chegam logo à leitura. (*Ibidem*, pp. 67-68)

Ao comentar sobre o aprendizado previsto para a primeira classe, o texto de Ratke faz referência à higiene e à apresentação com que o aluno deveria vir à escola: a boca limpa, o rosto lavado e as mãos cuidadas seriam fundamentais para que "a juventude transite da limpeza do corpo adequada à saúde para a fineza interior da mente" (*ibidem*, p. 71). Os objetivos da primeira classe seriam os que seguem: "1. conhecer as letras no quadro-negro e em seus livrinhos; 2. adquirir uma linguagem e uma fala bem formada, de acordo com sua idade; 3. saber as orações diárias e os versículos mais curtos da Bíblia; 4. ter gestos finos e saber comportar-se bem, o quanto lhes é possível" (*ibidem*, p. 73). A segunda classe é aquela para a qual se supõe haver ensinado todo o ABC. O aluno deverá ser capaz de:

1. Reconhecer prontamente as letras. 2. Distinguir as letras e sua natureza, uma da outra. 3. Conhecer a junção das letras em sílabas pequenas e simples e saber juntá-las em boa medida. 4. Sem a ajuda dos preceptores, sublinhar em preto as letras vermelhas, o que deve ser feito numa hora especial em presença do preceptor ou nas horas de recreio na presença dos outros, sejam preceptores ou responsáveis em seu lar. 5. Poder seguir com a vista e o ouvido, no livro de leitura, aquele que lê. (*Ibidem*, p. 75)

Na terceira classe, o aluno seria instruído na leitura da *Bíblia* alemã de Lutero. Na leitura bíblica, o uso da voz era destacado. Deveria ser uma voz clara, sonora e distinta, e a narração ou a descrição da história bíblica seria feita sempre em seguida à leitura.

A finalidade desse trabalho: 1. Poder narrar o conteúdo de cada livro lido ou cada história bíblica. 2. Acostumar-se a uma linguagem clara e sonora. 3. Saber falar clara e distintamente. 4. Adquirir uma ideia geral ou um esboço da gramática na língua materna. 5. Conhecer a diferença entre a ortografia e a prosódia e de sua natureza, por meio de exemplos. (*Ibidem*, p. 77)

Isso significava, no limite, compreender os vários capítulos da história bíblica, compreender a gramática no sentido de situar cada termo por suas propriedades e pelo lugar que ocupa na oração, conhecer as declinações da língua alemã.

Na quarta classe, o aluno era conduzido da língua alemã para o conhecimento da língua latina. Para isso, ele precisava saber ler e escrever com esmero. Como é que se ensinava do alemão o latim? "Deverá dar atenção ao parentesco básico das letras, como da letra mais simples *i* provêm todas as outras e, de acordo com esse modo, no quadro, o tamanho dado [o corpo, os pés e a cabeça] deverá ser completado em sua parte superior, inferior e média" (*ibidem*, p. 80). Deveria estudar um autor latino por meio de um livro.

Assim, na lição a ser tomada, o preceptor deverá regular-se pela seguinte sequência:

1. Mesmo que não faça boa leitura, é preciso que seja clara e bem distinta, isto é, que dê atenção às distinções, aos sinais, como vírgula, vírgula com ponto, dois pontos e ponto.
2. Apresenta o ato em alemão de forma bem compreensível e depois passa para outro. Deve-se exigir que essa tradução, se for mais rápida e ocorrer nova lição em cada hora programada, seja feita de forma mais devagar.

3. Quando se terminar um ato, reler-se-á o texto de forma bem clara e então se parará com o trabalho. E onde o aluno começar a duvidar do sentido de uma palavra, deverá retomá-la ele próprio, duas ou três vezes e formar uma ideia mais segura. (*Ibidem*, pp. 81-82)

O objetivo desse ensino era o aprendizado do traçado correto das letras, a leitura clara e o falar correto, além do entendimento do significado do autor trabalhado por meio de um conhecimento geral. Assim, a lição deveria ser lida, na escrita deveriam ser observadas as normas de ortografia, e o texto precisaria ser traduzido palavra por palavra.

Em *O método da arte de ensinar de Wolfgang Ratke (1620-1622)*, o autor retoma a ideia de que o ensino não deve ser um martírio. Tudo o que é feito "sem alegria e por pressão enfraquece sua natureza, sua sensibilidade, suas forças" (Ratke 2008, p. 96). O ensino dos meninos e das meninas deverá começar pelo aprendizado das letras do alfabeto.

> O mestre do ensino escreve as letras do alfabeto na tábua do aluno, de forma bem visível e ampla, e as pronuncia clara, lenta e compreensivelmente. O mestre do ensino repete, muitas vezes, todas as letras, ou somente algumas, até que passe por todas elas. Isso dura uma hora. A criança, que inicia, não deve repetir os nomes, mas somente prestar atenção e observar. Com a vista capta os traços de cada letra que se lhe desenhou várias vezes. Com o ouvido, aprende a pronunciá-las tal como foram muitas vezes pronunciadas pelo mestre do ensino. Nunca deve afligir-se; numerosas repetições fazem retê-las nas crianças sem esforço, por meio dos dois sentidos. Logo a seguir, o jovem aprendiz é iniciado na escrita. Enquanto copia as letras, o mestre do ensino mostra-lhe com o punho direito a maneira de pegar a pena e, por fim, deve mesmo conduzir sua mão. Concede-se ao jovem aprendiz que escreva com proveito em casa, mas somente quando considera que ele já está habilitado. Do contrário, aprende rapidamente a fazer mal e habitua-se a um mau procedimento. A seguir, coloca-se à mão do aprendiz o *Livrinho de leitura* que contém as letras e tudo o que conduz à leitura. As sílabas são lidas como figuram no manual, umas após outras, muitas vezes e durante uma meia hora ou uma hora inteira, de acordo com o emprego do tempo. (*Ibidem*, p. 100)

Para Ratke – e isso ele diz em *A arte de ensinar das escolas cristãs organizada na harmonia da verdadeira fé, da natureza e das línguas, confirmada e mantida a partir da natureza das línguas (1626-1630)* –, o segredo de todo ensino é sua ordem: "Quando não existir a ordem, tudo fica confuso e sem distinção" (*ibidem*, p. 141). A ordem, então, "serve para prescrever normas e formas seguras, segundo as quais se deve dar atenção ao que é a constituição do ensino e ao que possibilita diferenciar uma coisa da outra e tratar cada coisa em seu lugar" (*ibidem*). Todas as coisas, nesse sentido, poderiam ser bem ensinadas e bem aprendidas de acordo com uma lei geral: "Quem bem distingue, ensina e aprende bem" (*ibidem*).

Em seguida, Ratke aborda no texto a questão do método.

Nesse sentido, antecipa alguns aspectos que posteriormente Comenius viria a reforçar:

1. Deve-se ir das coisas conhecidas para as desconhecidas, pois estas esclarecem aquelas e, assim, tornam-se nítidas para a compreensão.
2. A harmonia e a concordância dos ensinamentos e das línguas devem ser assiduamente levadas em consideração. Da harmonia brota a clareza e a verdade de todos os ensinamentos e de todas as línguas.
3. As coisas gerais devem preceder as coisas particulares, pois o que foi tratado corretamente no geral não deve ser repetido inutilmente nas coisas singulares.
4. Um conhecimento confuso deve preceder ao conhecimento distinto, pois não se pode obter este se aquele não o precedeu.
5. Deve-se conduzir o mais fácil e o mais necessário antes do difícil e do menos necessário. Quanto mais for esclarecido o que é fácil e o que não for tão necessário, tanto menos poderá ser relegado o que for mais necessário.
6. Nenhuma força deve ser utilizada, pois o que é feito à força é violência e não tem estabilidade.
7. Não se deve apresentar e informar muitas coisas ao entendimento sem distingui-las, pois ele se torna enfraquecido e toldado além da medida, mas sempre uma só coisa por vez.
8. A repetição deve-se dar muitas vezes a fim de que não somente reforce a inteligência e a memória, mas também, o que não é pouco, que possa fornecer o método para lembrar as coisas entendidas.
9. Toda primeira apresentação deve ser segura e correta, pois, senão, cria-se uma grande desordem, sobretudo, quando as coisas estão atreladas uma à outra. Diz-se: quem erra no início, aprofunda-se no erro no final de tal forma que não se pode dele sair ou sair somente com grandes e graves dificuldades.
10. A experiência não deve ser refutada pelo respeito que se tem ao costume, ao uso ou por causa de uma falsa opinião preconcebida. O hábito nem sempre está de acordo com a lei. O uso é, às vezes, baseado em falsa ilusão, como também a ilusão preconcebida insiste em manter-se em princípios nulos e, de vez em quando, provém de meras paixões.
11. O que se assumiu não se deve abandonar antes de tê-lo totalmente cumprido. A inexatidão gera o erro. A imperfeição é a mãe de toda a espécie de erros prejudiciais.
12. Deve-se evitar o mais possível o tédio que, geralmente, ocorre no ensino e na aprendizagem. Tudo o que entra aborrecido não dura muito. (*Ibidem*, pp. 143-144)

Muitos desses preceitos de organização da arte de ensinar estarão firmados e estabelecidos posteriormente na proposta de Comenius. Ratke defende a necessidade de construção de escolas para assegurar a perenidade do Estado em texto de 1631, intitulado *Tratado das funções do Soberano conforme a Escola Cristã, que deve ser organizada, confirmada e mantida a partir da Escritura Santa, da natureza das línguas, na harmonia verdadeira da fé, para a Arte de Ensinar de Ratke*. Aqui aparece claramente a ideia de escola como uma instituição concernente ao Estado e, portanto, de cariz público. Diz o autor:

> A edificação de escolas, que compete ao soberano, não é uma coisa de menor importância, mas é uma parte marcante de seu governo que ele deve cultivar. Ele tem o poder de prover os recursos financeiros e disso segue que um soberano deve ter maior preocupação em desenvolver as escolas do que em realizar outras coisas. Principalmente, porque todo seu governo depende e resulta da escola. Cada dia, a escola assegura a perenidade do Estado. No que diz respeito à juventude, o governo deverá promover escolas em todo o país e, para isso, ele é responsável perante Deus e o mundo. (Ratke 2008, p. 149)

A base, o tripé da organização das escolas deveria ser o ensino da leitura, da escrita e do cálculo: ler, escrever e contar seriam os alicerces para todos os estudos posteriores e, além disso, seriam necessários para a vida prática. A disciplina a ser aplicada nas crianças deveria ser "suave, porém séria, misturando-se a seriedade com a cordialidade a fim de que as crianças indisciplinadas se emendem" (*ibidem*, p. 153).

A proposta é a de que os mestres de ensino não possam punir fisicamente seus alunos. Todas as crianças, meninos e meninas, habitantes do Estado, deveriam ser atendidas pelas escolas disponíveis. E isso seria responsabilidade do soberano, que deveria engendrar as providências para que "nenhuma criança seja excluída da escola antes de saber ler, escrever e contar prontamente e de obter o que necessita para sua salvação" (*ibidem*, p. 159). No *Tratado sobre a administração escolar (1631-1632)*, Ratke trabalha os requisitos necessários para aprovar o sujeito como mestre do ensino. A tarefa primeira dessa pessoa seria a de instruir e educar "a juventude nos bons costumes, nos ensinamentos e nas línguas úteis. Segue daí que devem ter soldos justos e devem ser mantidos no ofício" (*ibidem*, p. 168). A ideia era a de que a formação serviria para orientar a juventude para a vida. Por isso, a necessidade dos bons costumes:

> Sim, são necessários. Onde não se encontram bons costumes nos alunos ou nas pessoas instruídas, tudo o que se ensina e aprende só pode resultar desagradável,

execrável, odioso ou desprezível. Por isso se diz: quem obtém sucesso na aprendizagem, mas carece de princípios éticos, prejudica-se mais do que progride. Da mesma forma, o que se aprendeu torna-se mau num homem mau. Por conseguinte, é necessário dar mais atenção aos bons costumes no ensino e nas línguas. (*Ibidem*)

A ideia da vocação aparece claramente no texto, quando o autor destaca que os mestres do ensino devem ser "retos e com vocação para o ofício" (*ibidem*, p. 169). Além disso, o mestre teria a prerrogativa de dispor do "desejo de prestígio" (*ibidem*, p. 170), que consistiria em uma "legítima simpatia" (*ibidem*). O cargo de mestre deveria supor que o professor vai "fazer aprender a uma criança nada mais do que ela é capaz de reter, conforme a determinação da natureza e não retardar alguém mais lento. Os mestres do ensino devem adaptar-se às qualidades e às possibilidades de cada um" (*ibidem*, p. 174). Ao abordar como devem comportar-se os mestres do ensino, Ratke com certeza antecipa lições que Comenius posteriormente reavivaria:

1. Iniciar com as coisas mais fáceis e menores (em virtude da ordem de cada aula) e progredir para as coisas mais difíceis e mais elevadas.
2. Das coisas conhecidas para as desconhecidas.
3. Tratar das coisas gerais antes das singulares.
4. Mas ensinar o geral nas coisas singulares e o todo nas suas partes.
5. O que for complexo deve ser trabalhado com coisas discriminadas.
6. Apresentar o que for mais necessário antes do menos necessário.
7. Tratar tudo conforme o tempo exato.
8. Não iniciar outra lição antes de ter terminado totalmente a atual.
9. Evitar o que é superficial e o que não tem nenhuma utilidade para a vida.
10. Não ensinar coisas impensadas ou repentinas.
11. Ensinar tudo de forma harmônica, isto é, que uma coisa não contradiga a outra.
12. Orientar tudo pela palavra de Deus e rejeitar o que for contrário a ela.
(*Ibidem*, p. 181)

Assim como fizera Vives, Ratke comenta a necessidade de, na tarefa de estudo, ou na atenção que se deve ter nas aulas, efetuar anotações que auxiliem a guardar a matéria ministrada. Assim, o hábito de tomar notas é recomendado e "as questões importantes devem ser escritas em cadernos especiais ou à margem do livro que trata do assunto. Cada questão em seu lugar. Se isso se revelar necessário, podem-se acrescentar pequenas fichas nos livros ou unir folhas brancas" (*ibidem*, p. 190). Tomar nota das matérias tornaria os discípulos "mais alertas, atentos, seguros e mais capazes" (*ibidem*, p. 192). Desenvolveria a memória e a compreensão. Aborda ainda como deveriam ocorrer as anotações. Ele diz, a propósito disso:

1. Quem quer destacar alguma coisa deve fazê-lo com letras claras e com palavras curtas, conhecidas e simples.
2. Quando, numa frase, as palavras têm um valor tal que algo delas não pode ser suprimido sem diminuir ou mudar o significado, tudo deve ser mantido.
3. O lugar de tal palavra ou de outra, tanto no texto quanto no caderno de notas, pode ser designado por pequenas estrelas ou outros sinais (à escolha dos alunos). (*Ibidem*, p. 190)

Ratke desenvolve também uma reflexão sobre a recapitulação das matérias aprendidas. Para ele, a recapitulação "é um sinal de que os discípulos acreditam no que os preceptores realizaram" (*ibidem*, p. 192). Deve ser recapitulado o que se aprendeu e também o que se mantém fresco na memória. A leitura é o método para induzir a recapitulação. Uma leitura primeira deve ser lenta, a segunda leitura mais rápida e a terceira novamente lenta. Nesse sentido, "por isso, é preciso que alguns alunos se reúnam numa determinada hora, num certo lugar e que cada um, por sua vez, leia aos outros, bem nitidamente, o que eles querem que seja repetido" (*ibidem*, p. 193). Os que acompanham silenciosamente a leitura devem corrigir os erros do colega quando lê, "corrigi-lo, discretamente, sem ironia a fim de que leia corretamente" (*ibidem*).

Nessa mesma obra, há um capítulo final sobre o abandono escolar. Ratke procura indagar quais os motivos do abandono, pensando as razões dos pais, das crianças e da própria escola. O primeiro motivo que leva os pais a estimularem os seus filhos a deixarem a escola tem a ver com a profissão. Para Ratke, esses pais não podem ser censurados se eles retiram as crianças da escola depois que elas aprenderam suficientemente as habilidades necessárias para o aprendizado de um ofício ou uma profissão honrada, ou seja, depois de aprender a ler, a escrever e a calcular. No entanto, muitas vezes, os pais tiram as crianças da escola antes desse aprendizado, e isso seria sinal de avareza e de ausência de investimento no futuro das crianças. Às vezes, os pais não podem pagar os honorários, os livros e as vestimentas que são exigidos pela vida escolar. Mas nem sempre os motivos do abandono vêm dos pais. Os preceptores são, muitas vezes, os responsáveis. A primeira razão dessa responsabilidade dos preceptores tem a ver com a negligência – mestres que não desempenham a contento suas funções. Levam, nesse sentido, os discípulos a se perguntarem: "O que devo fazer na escola?" (*ibidem*, p. 199). Há também o motivo da inabilidade ou falta de destreza de muitos mestres. Outra razão dessa responsabilidade dos professores sobre as ausências dos alunos tem a ver com o "excesso de exigência e de rigor" (*ibidem*, p. 200). Diz Ratke sobre esse aspecto:

> A experiência prova que muitos meninos desejam ardentemente continuar na escola e ali fazem progressos, mas, se forem muitas vezes golpeados sem piedade, ralhados e mesmo injuriados em termos vulgares por preceptores mal-intencionados, grosseiros e impiedosos – e isso por motivos fúteis, às vezes, sem razão alguma –, eles tomam o estudo como horror. Então detestam os preceptores e a escola, os evitam, fogem deles, preferem a ociosidade ou, o que é louvável, a aprendizagem de um ofício honesto. (*Ibidem*)

Os alunos também poderiam ser responsabilizados pelo abandono escolar por vários motivos: travessura, preguiça, más companhias e impaciência para com as punições. Sobre esse último caso,

> alguns dos meninos que aprendem não suportam nenhuma correção de seus mestres do ensino. Quando os preceptores os exortam ao trabalho, os jovens aprendizes fingem não entender; quando são repreendidos, revoltam-se. Quando os preceptores os submetem a correções, servindo-se do bastão ou da vara, defendem-se com palavras e, se conseguem, lhes arrancam o bastão das mãos. Quando são obrigados a estudar, vão queixar-se aos pais e fazem-no três vezes mais do que realmente é e exageram a correção recebida. De sua parte, os pais começam a maldizer e falar mal; agravam assim a desobediência, a impaciência e a obstinação dos filhos, que, encorajados em sua atitude, não querem mais fazer nada de bom e se recusam a ir à escola. (*Ibidem*, p. 201)

Ratke fez – como Vives fizera e como Comenius faria – um preciso diagnóstico das escolas de seu tempo, procurando compreender, em primeiro lugar, por que eram tão diminutas as iniciativas em prol da escolarização, e, em segundo lugar, por que as escolas que existiam não davam certo. Constata, como os outros autores, que a questão do método do ensino precisaria ser criteriosamente observada, pois, salvo se houvesse modificações na própria estrutura e no formato do funcionamento escolar, a rotina das crianças não as conduziria para um efetivo aprendizado. Ele dá, nesse sentido, as dicas do que deveria ser alterado para que a escola viesse a se tornar uma instituição que, de fato, ensinasse os alunos a aprenderem.

Comenius: O discurso do método chega à escola

Comenius é o teórico checo que, no século XVII, sistematizará a ideia de um saber estritamente pedagógico, ao lançar sua *Didática magna*. Nessa obra, era nítida a preocupação do autor quanto à configuração do que posteriormente seria compreendido como "discurso do método" (Cauly 1999, p. 179) da educação. Comenius pretendia compreender minuciosamente o percurso do aprendizado exitoso. Sugere, portanto, que as escolas organizassem criteriosamente suas metas, sua disciplina, seu método de aprendizado e ritual do ensino. Para Comenius, tratava-se de encadear conteúdos, partindo do simples para o complexo, do geral para o particular. O ensino ocorreria com os alunos divididos por classes separadas na sala de aula perante critério de nível de aprendizado dos estudantes. Além disso, as diferentes matérias seriam distribuídas por horários. A escola de Comenius já situa, nessa medida, uma repartição muito própria do espaço e do tempo. O pedagogo entendia que tanto a regulamentação metódica das práticas escolares quanto a codificação do saber constituem as bases para um aprendizado com economia de tempo e isento de fadiga.

O século XVII, por suas conquistas científicas, destronava supostas hierarquias na acepção de um cosmos ordenado. O universo, deslocado pelas descobertas de Copérnico, Kepler e Galileu, não respeitava mais as anteriores ordenações de mundo. A tese copernicana retira o homem do centro. O Sol posto no centro abalava, irredutivelmente, convicções metafísicas ancestrais. Com a ausência da referência da Terra como núcleo, onde ficaria Deus? Deus vive – como dirá Pascal – em uma "esfera cuja circunferência está em toda a parte e o centro em nenhuma" (Pascal, *apud* Chaui 1984, pp. 70-71).

Se o centro se torna incerto, a referência da certeza nos assuntos humanos também estaria perdida. Não se encontrava mais um ponto fixo no universo à luz do qual se firmassem movimentos de ação seguros e confiáveis (Chaui 1984, pp. 70-71). Era preciso capturar o mundo sensível à luz de tratamento matemático. Buscava-se compreender, no estudo dos fenômenos, regularidades nos dados, de modo que, expressas matematicamente, elas pudessem ser traduzidas por leis. A ciência moderna surgia.

"Método" – recorda Chaui (*ibidem*, p. 77) – é palavra grega que, retomada por esse século XVII, indica o caminho correto e seguro para a identificação do maior número possível de coisas com a menor quantidade de regras, sendo referência para tal ideia de método a única ciência que não é contingente sob nenhum ponto de vista: a matemática. A universalidade da razão torna-se pressuposto do pensamento moderno; daí a pretensão de métodos também universais para proceder a juízos científicos. Acreditava-se que a matemática asseguraria a objetividade do tratamento dos dados das realidades sensíveis.

> Agora, o espaço se torna neutro, homogêneo, mensurável, calculável, sem hierarquias e sem valores, sem qualidades. É essa a ideia que se transmite na

famosa frase de Galileu que abre a modernidade científico-filosófica: "A filosofia está escrita neste vasto livro, constantemente aberto diante de nossos olhos (quero dizer, o universo) e só podemos compreendê-lo se primeiro aprendermos a conhecer a língua, os caracteres nos quais está escrito. Ora, ele está escrito em linguagem matemática e seus caracteres são o triângulo e o círculo e outras figuras geométricas, sem as quais é impossível compreender uma só palavra". Ou como dirá Espinosa, ao escrever sobre os afetos e as paixões em sua *Ética*, declarando que deles tratará como se estivesse escrevendo sobre linhas, superfícies, volumes e figuras geométricas. (*Ibidem*, pp. 70-71)

Conhecer supõe estabelecer relações: um entrelaçamento que, ao determinar identidades, fixa nexos entre fenômenos, estabelecendo variáveis, dispondo-as em séries ordenadas e passíveis de classificação por categorias. A ideia moderna de conhecimento tende a recusar dependências exteriores. A ideia moderna de conhecimento é alicerçada pela procura do método. Não seria diferente nas coisas da educação. Era preciso saber ensinar; e ensinar bem. Para tanto, haveria de se procurar o traçado de procedimentos seguros, racionais, ordenados e apropriados para uso das escolas.

O projeto pedagógico elaborado por Jan Komenský (1592-1670) – nome que seria latinizado mais tarde para Comenius – traduz o paralelo entre a organização do ensino propugnado e as práticas da escolarização já desenhadas à época. Comenius declara explicitamente sua filiação teórica e pedagógica às obras de Ratke e de Vives, de quem se reconhece tributário. Além de Vives, Comenius tinha em Descartes seu autor predileto. Mesmo assim, a literatura pedagógica costuma situá-lo na tradição do empirismo baconiano. Vivendo entre a República Checa e a Polônia durante a Guerra dos Trinta Anos, Comenius projeta a ideia de uma reforma pedagógica como estratégia para dar conta de uma época que ele supunha estar na mais absoluta desordem. Em seus escritos pedagógicos, Comenius era obcecado pela ideia de *pansofia* – ou de uma sabedoria universal a ser irradiada pelo efeito da escola. Seus livros foram traduzidos para várias línguas. Consta que o teórico teria submetido seus textos à apreciação direta de Descartes, manifestando, nesse ato, seu reconhecimento e admiração. Descartes teria sido crítico, porém, do vínculo entre religião e ciência estabelecido pelo educador (Cauly 1999, p. 242). De todo modo, a *Didática magna* tem sido apresentada, ao longo dos anos, como o momento inaugural da reflexão pedagógica autônoma da pedagogia.

Comenius compreende que um adequado plano pedagógico deveria ancorar-se em uma sabedoria universalmente válida e universalmente transmissível. Essa era a inquietação intelectual que o desafiava. Os conhecimentos constatados como universais teriam seus princípios básicos explicitados da maneira mais simples possível. De todo modo esse saber poderia ser disponibilizado a um número grande de pessoas. A teoria educacional de Comenius inspira-se diretamente no preceito cartesiano segundo o qual cada etapa do processo de aprendizagem deverá supor "um conjunto completo de conhecimentos que constituirá o ponto de partida de um novo estudo mais elevado, mais profundo e mais extenso" (Chateau s.d., p. 133). O conhecimento seria, portanto, progressivamente acumulado e disseminado, como se viesse por círculos concêntricos irradiados e expandidos. Essa ideia de formação da mente requer conteúdos elementares universais que, a princípio, são diretamente apresentados: "Mais tarde o espírito compreende os diversos princípios e compara-os; em breve passa da análise à crítica e apreciação" (ibidem, pp. 133-134).

É comum sublinhar-se, para a produção teórica de Comenius – e especialmente para a interpretação de sua *Didática magna* –, o "primeiro grande momento da constituição da consciência pedagógica moderna (...), a resposta, no domínio da educação, às preocupações epistemológicas e ético-religiosas que, desde a segunda metade do século XV, vinham configurando uma nova concepção de mundo" (Barros 1971a, p. 111). As teorias modernas do conhecimento, de alguma maneira, ganhavam ali sua expressão educativa, como se "os novos métodos de descoberta da verdade, empíricos ou matemáticos, reclama[ssem] um método de ensino, de transmissão da verdade, que estivesse no seu próprio nível" (*ibidem*).

Impregnado da atmosfera mental do seu tempo, herdeiro do empirismo, mas com claras marcas da tradição do racionalismo cartesiano, Comenius parte da convicção de que, para o ensino, devemos nos valer também – como no pensamento – das certezas oferecidas pela evidência. Delas, podemos estabelecer progressivas inferências, que nos facultem a obtenção de uma perícia no magistério. Para tanto, há de se ensinar partindo das ideias mais simples, mais próximas, mais concretas, mais bem conhecidas. Elas nos facultarão o caminho para chegarmos perto de ideias mais complexas, remotas, abstratas e imprevistas. Para cada momento da vida escolar, planejar-se-á uma única atividade. Dessa maneira o aprendizado estará suficientemente discriminado para possibilitar ao aluno a construção paulatina de seu repertório de conhecimento. Comenius é identificado na história da pedagogia como o teórico que preparou o caminho para o advento da escola democrática: da escola para todos. Sua *Didática magna* persiste como um dos textos mais significativos para se refletir sobre a tradição da escola moderna em suas balizas primeiras.

Comenius nasceu em 1592 na Morávia, atual República Checa. Membro de uma família de reformados hussitas, integra, desde cedo, a comunidade dos

Irmãos Morávios. No transcorrer do Concílio de Trento, a ofensiva do catolicismo perseguirá as ordens reformadas, especialmente essa da Unidade dos Irmãos Morávios, que, por mais de uma vez, será submetida ao exílio.

Filho de um moleiro, somente em 1604, com a morte de seus pais, Comenius, então com 14 anos, inicia seus estudos. Em 1611, matricula-se na Universidade de Herborn, onde travará contato com obra teórica de alguns dos autores que muito marcarão sua produção intelectual: Ratke, Campanella e Vives, especialmente. Depois de Herborn, Comenius, em 1613, matricular-se-á na Universidade de Heidelberg. Imerso intensamente na vida intelectual de seu tempo, Comenius envolve-se "com toda uma tradição hermética, cabalística e alquímica, que faria de Heidelberg, nessa época, o centro de difusão do movimento rosa-cruz e que influiria substancialmente em sua visão de mundo" (Kulesza 1992, p. 28).

Após seu regresso à Morávia, em 1614, Comenius conciliaria sua tarefa de pastor da comunidade (desde 1616) com a de reitor das escolas dos Irmãos Morávios (desde 1618). Nesse mesmo ano de 1618, iniciava a Guerra dos Trinta Anos. Os boêmios se haviam insurgido contra os representantes da coroa de Áustria, cuja política decretara a extinção da Igreja hussita e a interdição de escolas reformadas, com a busca de conversão forçada da população evangélica ao catolicismo. Os protestantes, descontentes, insubordinam-se contra tais medidas, tomando o poder e organizando um governo provisório em Praga. A luta vai se desenrolar até que, em 1620, os checos e seus reis serão derrotados. O idioma alemão foi declarado língua oficial da República Checa, que teria muitos de seus intelectuais exilados. A guerra contava com atos de barbárie, condenando o pensamento divergente com a pena de morte ou a deportação. Os Irmãos Morávios foram perseguidos, já que todos os que não aceitassem o catolicismo eram condenados ao desterro. Foram em número de 36 mil as famílias que deixaram a Boêmia e a Morávia por causa de suas convicções. Diz Covello (1999, pp. 40-41) sobre o tema: "A população checa diminuiu 80%. A guerra causa horror em Comenius (...). Contesta a validade da guerra, perguntando: 'Não haveria outros meios de decidir as questões? Este convém às bestas ferozes, mas não aos homens'".

A defesa incondicional da tolerância religiosa, o sonho da paz e a busca de unificação do conhecimento aliaram-se, em Comenius, com o projeto de uma organização pedagógica voltado para a formação do homem no transcurso de toda a sua vida. Desejava compor uma obra que intitulava *pansofia*, da qual faria parte sua *pampaedia* – ou educação universal. Embora seus escritos ainda não tenham sido, em sua maioria, traduzidos do checo ou do latim, data de 1623 seu texto intitulado *O labirinto do mundo e o paraíso da alma*. Nele o autor tece severa crítica à sociedade da época. Intrigado pelo objeto da educação, em 1625, publica a versão preliminar do texto que, posteriormente, integraria a *Didática magna* (1638), versão preliminar que foi chamada *Didática Checa*. Vivendo uma longa vida, sempre entremeada de provações, perseguições e fugas, Comenius encarrega-se, em 1667, de escrever uma proposta de paz mundial, pela qual terá sido posteriormente considerado precursor da Organização das Nações Unidas (Kulesza 1992, p. 18).

Comenius, evidentemente, dialogava com o cenário religioso que lhe era contemporâneo e com o debate teológico pelo mesmo implicado. A acepção de bem em Comenius remete para a dimensão religiosa; e isso é explícito. Diz Gasparin que todo o modo de conceber o homem em Comenius é fundamentado na dimensão do sobrenatural. Trata-se, nesse sentido, de uma visão criacionista e cristã de ser humano. Pelas palavras de Gasparin: "Comênio foi um pensador capaz de compreender o homem como um microcosmo que, por seu trabalho e, de modo especial, pela educação, se constrói e se realiza em direção a um destino eterno – Deus" (Gasparin 2011, p. 128).

A autoridade do mestre estaria, pois, em harmonia com a autoridade das coisas. Daí também parecer oportuno ao pensamento comeniano recorrer à metáfora da natureza. A natureza para Comenius é ideal regulador. Porém, em Comenius, essa mesma natureza é situada como artefato de construção discursiva. Tratava-se de reinventar o próprio conceito de natureza, conferindo novo significado a ele, com finalidade exclusivamente didática. O postulado dos escritos de Comenius é o de que "as mesmas leis finalísticas que regem a natureza física regem também o homem e as suas obras. Na medida em que entendemos a linguagem do mundo, que descobrimos na natureza o plano divino encontramo-nos a nós mesmos" (Barros 1971a, p. 117). Desse modo, natureza, cultura e educação seriam teleologicamente orientadas por um caminho prefigurado e predeterminado que era a elas externo, posto em um território metafísico.

Comenius, sobre a Reforma protestante, retomando Ratke

Passados mais de cem anos do firmamento da religião reformada, Comenius, daquele século XVII, indagaria: onde estão aquelas escolas projetadas pelos reformadores? Lutero preconizara a extensão das escolas. Mas não se encontravam muitas iniciativas de multiplicação das instituições de ensino. Além disso, aquelas que existiam eram inoperantes, com um modelo pedagógico sofrível, e, consequentemente, com parcos resultados. Acerca do tema, note-se que o fundador da acepção de didática e idealizador da moderna proposta de um método voltado para os assuntos da educação retomava uma preocupação de Ratke quando evocava

Lutero e exortava seus contemporâneos a refletirem sobre a relevância social da escolarização, recordando antecessores.

> Lutero, na sua exortação às cidades do Império, para que constituíssem escolas (em 1525), entre outras coisas, emitiu estes dois votos: Primeiro, "que, em todas as cidades, vilas e aldeias, sejam fundadas escolas para educar toda a juventude de ambos os sexos (...), de tal maneira que, mesmo aqueles que se dedicam à agricultura e a profissões manuais, frequentando a escola, ao menos duas horas por dia, sejam instruídos nas letras, na moral e na religião". Segundo, "que sejam instruídos com um método muito fácil, não só para que não se afastem dos estudos, mas até para que eles sejam atraídos como para verdadeiros deleites", e, como ele diz, "para que as crianças experimentem nos estudos um prazer não menor que quando passam dias inteiros a brincar com pedrinhas, com a bola, e as corridas". Assim falava Lutero. Conselho verdadeiramente sábio e digno de tão grande homem. Mas quem não vê que, até agora, permaneceu um simples voto? Onde estão, com efeito, essas escolas universais? Onde está esse método atraente? Vemos precisamente o contrário: nas aldeias e nos pequenos povoados, não foram ainda fundadas escolas. E, onde existem, não são indistintamente para todos, mas apenas para alguns, ou seja, para os ricos, porque, sendo dispendiosas, nelas não são admitidos os mais pobres, salvo casos raros, ou seja, quando alguém faz uma obra de misericórdia. No entanto, é provável que, dentre os pobres, inteligências muitas vezes excelentes passem a vida e morram sem poder instruir-se, com grave dano para a Igreja e o Estado. (Coménio 1985, p. 156)

A partir do século XVII, as concepções educacionais protestantes seriam irradiadas por meio da palavra de teóricos que desejavam adequar o espírito do tempo para o campo educativo. Com o objetivo de atingir um procedimento metodológico capaz, se aplicado, de fazer com que todas as crianças aprendessem, poderíamos dizer que Comenius, quando da publicação de sua *Didática magna*, fundava a pedagogia como área do conhecimento humano. A educação tornava-se território de indagação e de produção de saber, que contava com a âncora da didática; ou, por suas próprias palavras, da "arte de ensinar". O método de educar seria como uma arte de plantar algo nos espíritos dos alunos; e esse plantio precisaria ter por base um "fundamento tão sólido que conduza, com certeza e sem erro possível, ao progresso intelectual" (*ibidem*, p. 206).

A educação cristã reformada mantinha, portanto, sua crença na possibilidade de instrução universal, como necessidade pública de aperfeiçoamento social e de aprimoramento individual. Ela promove consequentemente uma nova doutrina da igualdade, cujos fundamentos são teológicos e cujas consequências são inevitavelmente políticas; todos foram criados à imagem de Deus e, na incerteza da eleição divina, convém que todos, sem exceção, trabalhem sempre para sinalizar, por suas ações, indícios que identifiquem a marca da graça de Deus (Cauly 1999, p. 191).

Diante de todas as atrocidades que acometiam sua época, Comenius pensa a pedagogia como uma tarefa de redenção de um mundo que precisaria ser regenerado. Conforme Cauly (*ibidem*, p. 182), a educação seria um antídoto contra a corrupção do homem e a crueldade do mundo. É assim que sua *Didática magna*, que surge 20 anos depois de *O labirinto do mundo*, apresenta-se como um "plano de reforma prática" (*ibidem*), a partir de uma ciência baseada em um método, que constituiria uma teoria sistemática de educação. O papel da didática seria, portanto, o de "codificar um saber e regulamentar uma prática, e romper com a servidão das práticas rotineiras mais ligadas a um empirismo cego do que a uma clara consciência dos fins e dos meios" (*ibidem*, p. 183). A metáfora da natureza era, para tanto, operatória por seu caráter de regularidade e progressividade. Era como se o método se baseasse na natureza das coisas. Ou seja: "O método deve, portanto, fazer universalmente pelo homem aquilo que a natureza faz por todos os seres naturais que se desenvolvem espontaneamente segundo uma lei imanente" (*ibidem*, p. 186).

Educar pela natureza é objetivo radicado na crença na possibilidade de tudo apreender. Kulesza afirma que Comenius seria um precursor da concepção moderna de "currículo em espiral, no qual se atinge sempre um estágio superior de conhecimento, conforme se estudam as mesmas coisas em níveis crescentes de complexidade" (Kulesza 1992, p. 112). Haveria um caráter cumulativo do conhecimento, cujos nexos poderiam ser apreensíveis mediante o recurso da didática, de maneira que os estudos se baseiem sempre naquilo que se aprendeu previamente.

A pedagogia, em Comenius, é pensada como intento estratégico de obtenção de um mundo em concórdia. Como diz Bédard, a *Didática magna* não é estritamente um tratado de metodologia do ensino. Trata-se da busca de uma reforma ampla de um mundo eivado de injustiças e de violência, tendo como estratégia a construção pedagógica de uma nova realidade. Bédard compreende que, em Comenius, a grande finalidade da educação seria a de

> favorecer, por um ambiente adequado e por um método coerente de ensino, o desenvolvimento da Humanidade de todos os humanos no conhecimento e na prática de todos os saberes para a melhoria da qualidade de vida (material, intelectual, política e espiritual) de todos os homens (e não de alguns mais do que de outros), e isso com vistas a eliminar a miséria e a guerra. (Bédard 2005, p. 100)

Imbuído do sonho de uma paz mundial que estivesse firmemente ancorada na estrutura do espírito humano, desejoso de efetuar uma verdadeira reforma na escolarização de seu tempo, Comenius é obcecado pela procura de uma estratégia para bem organizar as escolas. Só um método adequado poderia proporcionar instrução eficiente. Somente a eficácia da instrução promoveria diálogo entre os homens. Evidentemente, sua proposta escolar antecipa – em tom prescritivo – distribuição de lugares e de hierarquias institucionais, redes de conjunção e vigilância de uns perante os outros, regras claras a que seriam submetidos professores e alunos. Nos termos de Cauly (1999, p. 184):

> A essência do método é o fato de ele próprio ser transmissível e comunicável universalmente, sem que fiquemos a priori desanimados com a complexidade desconcertante de regras que não o são, ou mantidos à distância pelo mistério de uma arte oculta. O método é, antes, aquilo que todo o homem deve poder adquirir logo que faz naturalmente uso da razão e confia no seu sentido ético: é essencial que a própria pedagogia possa ser aprendida e, como há necessariamente que educar os educadores e formar os professores (donde a ideia de Comenius dos "conselhos pedagógicos"), o único meio de prevenir a repetição dos erros e a perpetuação dos preconceitos é o de basear esta nova cultura pedagógica na comunicação racional de um método cujos fundamentos são seguros.

O método era a chave da escolarização moderna. A própria pedagogia – como campo específico do conhecimento – surge, como vimos, pelo revelador subtítulo indicado na *Didática magna*: *Arte universal de ensinar tudo a todos*. Ali Comenius propunha a regeneração dos costumes, mediante organização de uma rede de escolas, capaz de se coadunar com o novo modelo de sociedade que se vinha desenhando no cenário social da época. Pretendia-se, pela escola, trabalhar aspectos atinentes à moralização da vida social, à civilização dos costumes, à racionalidade da vida pública e, até mesmo, à institucionalização de uma ética do trabalho. Mais do que isso: em um tempo no qual as guerras religiosas assolavam o cenário europeu – especificamente pela intersecção da Contrarreforma com o desenrolar da Guerra dos Trinta Anos –, a proposta educativa configurava uma esperança para formar pela paz, para a construção de um mundo em paz.

Gasparin (2011, p. 104) observa que há uma ambiguidade no pensamento de Comenius. Até certo ponto, trata-se de um método *a priori*, com seus pressupostos apresentados de antemão. Contudo, a ideia de natureza e de ciência e a obsessão do autor por tornar seu método análogo ao da natureza fazem com que aquela primeira perspectiva entre em contradição, já que ele conferirá aos sentidos, de maneira indutiva, um papel destacado de organizador da experiência. O método de ensino operaria à semelhança da natureza: há o momento oportuno para o plantio e para a colheita. Do mesmo modo, deve-se aproveitar, no ensino, o "momento favorável" (Coménio 1985, p. 207) para o exercício das inteligências. Isso ocorrerá por criteriosa organização das matérias e dos exercícios. Acima de tudo, o ensino começa na puerícia – que, por analogia à natureza, é a "primavera da vida" (*ibidem*, p. 209).

Nas palavras de Comenius:

> Nós ousamos prometer uma Didática magna, isto é, um método universal de ensinar tudo a todos. E de ensinar com tal certeza, que seja impossível não conseguir bons resultados. E de ensinar rapidamente, ou seja, sem nenhum enfado e sem nenhum aborrecimento para os alunos e para os professores, mas antes com o sumo prazer para uns e para outros. E de ensinar solidamente, não superficialmente e apenas com palavras, mas encaminhando os alunos para uma verdadeira instrução, para os bons costumes e para a piedade sincera. Enfim demonstraremos todas estas coisas a priori, isto é, derivando-as da própria natureza imutável das coisas, como de uma fonte viva que produz eternos arroios que vão, de novo, reunir-se num único rio; assim estabelecemos um método universal de fundar escolas universais. (*Ibidem*, p. 45)

A *Didática magna* de Comenius efetua preciso diagnóstico das escolas de seu tempo: carentes de metas previamente estipuladas; sem qualquer projeção de estratégia para consolidar os objetivos traçados; com matérias que não possuíam qualquer ponto de intersecção umas às outras, mantendo-se separadas; sem qualquer uniformização de método de ensino – cada professor com sua técnica específica –, sem disciplina e sem precisão na organização do tempo e do espaço do estudo. A situação à qual ele se refere é a das escolas de mestres livres que, nos países reformados do século XVII, ainda não haviam superado as insuficiências postas no modo de ensino individual – pelo qual o professor ensinava um por um os seus alunos, alternadamente: "Faltava o processo de instruir ao mesmo tempo todos os alunos da mesma classe, fazendo-se um esforço inaudito para instruí-los um por um" (*ibidem*, p. 276). Além disso, facultava-se aos alunos a possibilidade de trazerem de suas casas quaisquer livros, o que, habitualmente, se tornava – aos olhos de Comenius – um motivo suplementar de distração. Antes de tudo, alguns cuidados deveriam ser tomados. Para ensinar bem, o professor deveria observar, em seus alunos, certas condições:

- Todo aquele que for enviado à escola deverá ser assíduo.
- Deverá dispor-se a inteligência dos alunos para o estudo de qualquer matéria que comecem a estudar (...).

- Libertem-se os alunos de toda a espécie de impedimentos, porque, como diz Sêneca, "de nada serve fornecer regras, se primeiro se não suprime o que constitui obstáculo às regras". (*Ibidem*, pp. 214-215)

Comenius acreditava firmemente "na crença do poder universal da razão, na capacidade humana de abarcar definitivamente o significado total do universo e da vida, desde que a inteligência seja metodicamente conduzida" (Barros 1971a, p. 112). Como os grandes expoentes do pensamento filosófico de seu tempo, acreditava na existência de princípios reguladores postos de antemão à existência, mediante os quais se poderia deduzir um sistema organizado de pensamento e de apreensão da verdade. Trata-se, por ser assim, de um universalista, ancorado em uma ideia fixa, expressa na convicção de que seria possível "uma educação universal, universal pelo método, pela extensão e por dirigir-se a todos os homens" (*ibidem*, p. 113). Os embriões do conhecimento estariam, para Comenius, já presentes no espírito humano: daí sua crença inarredável na possibilidade de ensinar qualquer coisa a qualquer um, ainda que por degraus sucessivos uns aos outros. Tudo poderia ser apresentado às crianças em diferentes níveis de complexidade, a partir do conhecimento prévio das matérias. Uma educação universal é – sublinha Comenius – uma *pampaedia* e uma *pansofia*. E, como diz Mariano Narodowski, "a *pansofia* não exclui ninguém... não haverá homens, agora transformados em alunos que fiquem fora do alcance da disciplina escolar" (Narodowski 2006, p. 32). Também Monroe observa o aspecto democrático do pensamento de Comenius: "Educação é necessária para todas as classes da sociedade, e isso é mais visível quando se consideram as marcadas diferenças individuais encontradas entre os seres humanos" (Monroe 1900, p. 86). Monroe também sublinha que um único professor, de acordo com a perspectiva de Comenius, deveria ensinar um número muito grande de alunos ao mesmo tempo. Segundo o autor, quanto maior o número de alunos, melhor seria o professor (*ibidem*, p. 95).

Para propor esse ensino coletivo, Comenius recomenda ao professor que aja por imitação do Sol, que "com os mesmos raios, ilumina todas as coisas; com a mesma condensação e dissolução das nuvens, rega todas as coisas; com o mesmo vento ventila todas as coisas; com o mesmo calor e com o mesmo frio, incrementa todas as coisas" (Coménio 1985, p. 277). O Sol confere a tudo o que ilumina uma ordem homogênea. As escolas deveriam, então, criar – à semelhança do Sol – o ensino simultâneo: todos os alunos aprendendo ao mesmo tempo, de uma única vez.

> Por isso, o professor não deverá aproximar-se de nenhum aluno em particular, nem permitir que qualquer aluno, separando-se dos outros, se aproxime dele,

mas, mantendo-se na cátedra (de onde pode ser visto e ouvido por todos), como o Sol, espalhará os seus raios sobre todos; e todos, com os olhos, os ouvidos e os espíritos voltados para ele, receberão tudo o que ele expuser com palavras, ou mostrar com gestos e gráficos. Deste modo, com um só vaso de cal poderão caiar-se, não duas paredes, mas muitíssimas. (*Ibidem*, pp. 281-282)

Os procedimentos de ensino por Comenius preconizados previam que cada classe fosse da responsabilidade de um único professor, que nela utilizaria um único autor para cada matéria ensinada. Todos os estudantes deveriam, à luz da exposição do professor e da leitura da lição do dia, efetuar os mesmos exercícios. Todas as matérias seriam ensinadas a partir de um suposto método unificado que gradativamente recordasse as coisas já aprendidas anteriormente, a elas acrescendo novos elementos que preparassem o aprendizado posterior. Se os alunos fossem muitos, dividir-se-iam em equipes de dez, cada qual com seu "chefe de turma" que auxiliaria a tarefa do professor, vigiando os colegas, corrigindo exercícios, liderando os desafios orais. Ao mestre, por sua vez, não caberia nada ensinar individualmente, separando particularmente este ou aquele aluno de seus condiscípulos. O ensino simultâneo, aqui apregoado, indica que ao mestre caberá equilibradamente distribuir seus raios de Sol sobre todos – e sempre ao mesmo tempo.

Comenius: O que seria ensinado ao aluno?

Tudo poderia ser ensinado ao aluno, desde que o conhecimento fosse transposto didaticamente para ser acessível à idade e ao nível de aprendizado do mesmo aluno, e desde que o saber fosse, pelo próprio método, adoçado para se tornar interessante de ser aprendido. Com as seguintes palavras, Comenius define essa estratégia:

> Para que as inteligências sejam aliciadas pelo próprio método, é necessário, com certa habilidade, adoçá-lo, de tal maneira que todas as coisas, mesmo as mais sérias, sejam apresentadas num tom familiar e agradável, isto é, sob a forma de conversas ou de charadas, que os alunos, em competição, procurem adivinhar; e, enfim, sob a forma de parábolas e de apólogos. (...) As autoridades civis e aqueles a quem incumbe o cuidado das escolas podem inflamar o zelo da juventude estudiosa, se assistem pessoalmente às provas públicas (quer sejam exercícios, declamações e disputas, quer sejam exames e promoções) e distribuem (sem parcialidade), aos mais estudiosos, louvores e pequenos prêmios. (Coménio 1985, p. 236)

A escola comeniana seria dividida em quatro etapas distintas de aprendizado, cada uma correspondente a um grau de ensino na hierarquia dos saberes, e correspondente também a um dado período da vida: infância, puerícia, adolescência e juventude:

> I. O regaço materno seja a escola da infância.
> II. A escola primária, ou a escola pública de língua vernácula, seja a escola da puerícia.
> III. A escola de latim ou o ginásio seja a escola da adolescência.
> IV. A Academia e as viagens sejam a escola da juventude.
> E é necessário que a escola materna exista em todas as casas; a escola de língua vernácula, em todas as comunas, vilas e aldeias; o ginásio, em todas as cidades; a Academia em todos os reinos e até nas províncias mais importantes. (*Ibidem*, p. 410)

A preocupação de Comenius era a de criar um modelo educativo, articulado entre si em seus diferentes e sucessivos níveis, que garantisse um ensino rápido, "ou seja, sem nenhum enfado e aborrecimento para os alunos e para os professores, mas antes com sumo prazer para uns e para outros" (*ibidem*, p. 45). Tal pressuposto remonta, nesse aspecto, a uma dada acepção de homem, que, por seus atributos intrínsecos, é, por definição, capaz de aprender, capaz de adquirir conhecimento, capaz de explorar sua potência intelectual. A escola de Comenius era, por suas palavras, aquela que se revelasse capaz de produzir homens com sabedoria, com prudência e com piedade. Tendo sua constituição humana edificada fundamentalmente a partir dos pilares da inteligência, memória e vontade, a formação dos homens deveria abarcar – especialmente no trato com a juventude – a instrução, a virtude e a piedade.

A *Didática magna* expressa seu intuito de instituir uma nova realidade pedagógica, ordenada perante critérios de um método homogêneo, racional e regulado, em conformidade com o espírito de seu século – cuja característica cultural primeira seria, a seus olhos, o progressista avanço do saber científico. Para Olivier Cauly, a *Didática magna* significa a expressão do "discurso do método" no plano da pedagogia (Cauly 1999). É possível radicar-se nessa tese o desejo de Comenius – revelado por seus biógrafos – para que Descartes exarasse parecer sobre o trabalho.

A base cartesiana do método parece inequívoca no trecho abaixo:

> I. Toda a arte deve encerrar-se em muito poucas regras, mas exatíssimas.
> II. Toda a regra deve estar contida em pouquíssimas palavras, mas claríssimas.
> III. Cada regra deve ser seguida de numerosos exemplos que façam ver como é grande a variedade dos casos a que se estende a sua aplicação. (Coménio 1985, pp. 237-238)

Esse intuito de ordenação dos saberes é explicitado ao longo de todo o texto, quando o autor sublinha, por exemplo, que "é necessário coordenar as matérias a ensinar, de modo que primeiro se ensinem as que estão mais próximas, depois as que estão mais afastadas e, finalmente, as que estão ainda mais afastadas" (*ibidem*, p. 240). Assim, especialmente nos primeiros anos, toda regra apresentada deverá ser acompanhada pelos exemplos, "tirados da vida prática de todos os dias" (*ibidem*). Os sentidos das crianças deverão ser desenvolvidos antes de se recorrer à memorização (daí tantos comentadores calcarem em Bacon a base teórica dos princípios de Comenius). A sequência do aprendizado seria a seguinte: começa-se a aprender pelo exercício dos sentidos, que depois se desenvolvem como memória para, em seguida, provocarem a "inteligência e, por fim, o juízo" (*ibidem*). Dirá o autor – sobre o tema – o seguinte:

> Todos esses exercícios devem ser feitos um após o outro, gradualmente, pois o saber começa a partir dos sentidos e, através da imaginação, passa para a memória e, depois, pela indução a partir das coisas singulares, chega à inteligência das coisas universais e, finalmente, acerca das coisas bem entendidas, emite o juízo, o que permite chegar à certeza da ciência. (*Ibidem*)

A didática almejava conferir método à arte de ensinar: método como sistematização, codificação do saber e regulamentação de práticas. Criava-se, com o método, uma racionalidade pedagógica similar àquela que os teóricos da filosofia e da ciência procuravam para apreender e conceituar tanto o mundo da natureza (Bacon) como os processos de aquisição do conhecimento (Descartes). Assim, caberia estruturar um conjunto articulado de escolas, sob encargo das municipalidades, onde houvesse planejamento para governar, controlar e instruir os jovens que a elas acorriam. O objeto do plano pedagógico delineado na *Didática magna* é resumido, em sua apresentação, da seguinte maneira:

> Processo seguro e excelente de instituir em todas as comunidades de qualquer Reino cristão, cidades e aldeias, escolas tais que toda a juventude de um e de outro sexo, sem excetuar ninguém em parte alguma, possa ser formada nos estudos, educada nos bons costumes, impregnada de piedade, e, desta maneira, possa ser, nos anos de puberdade, instruída em tudo o que diz respeito à vida presente e à futura, com economia de tempo e de fadiga, com agrado e solidez. Onde os fundamentos de todas as coisas que se aconselham são tirados da própria natureza das coisas; a sua verdade é demonstrada com exemplos paralelos das artes mecânicas; o curso dos estudos é distribuído por anos, meses, dias e horas; e, enfim, é indicado um caminho fácil e seguro de pôr estas coisas em prática com bom resultado. (*Ibidem*, p. 43)

Como oficinas de homens, as escolas deveriam ser reformadas para levar a cultura letrada, a moral e a piedade para toda a juventude, sem recorrerem a violência, pancadas e enfado. Enfim, cumpria buscar a eficácia do ensino produzindo estratégias inovadoras para estimular o processo do aprendizado. Em uma época onde a arte mecânica substituía o artesanato da pequena oficina, manufaturas criavam processos sólidos de produção em série. A metáfora mecânica – recorrente no texto de Comenius – é ilustrativa de sua preocupação com a criação de instituições pedagógicas eficazes, com vistas a planificar a própria pacificação de seu tempo. Nessa época – diga-se de passagem – a busca do desenvolvimento científico acoplava-se ao acirramento de conflitos religiosos que, no Ocidente, expressavam-se diretamente na Guerra dos Trinta Anos.

> Que é que torna tão perfeita a arte tipográfica, pela qual os livros são multiplicados rapidamente, elegantemente, corretamente? Sem dúvida, a ordem observada na boa fabricação, fundação e acabamento dos tipos metálicos das letras, na sua distribuição nos caixotins, na sua disposição em páginas, na sua colocação sob o prelo etc., na preparação, corte e dobragem do papel etc. (...)
> A arte de ensinar nada mais exige, portanto, que uma habilidosa repartição do tempo, das matérias e do método. Se a conseguirmos estabelecer com exatidão, não será mais difícil ensinar tudo à juventude escolar, por mais numerosa que ela seja, que imprimir, com letra elegantíssima, em máquinas tipográficas, mil folhas por dia, ou remover, com a máquina de Arquimedes, casas, torres ou qualquer outra espécie de pesos, ou atravessar num navio o oceano e atingir o novo mundo. E tudo andará com não menor prontidão que um relógio posto em movimento regular pelos seus pesos. E tão suave e agradavelmente como é suave e agradável o andamento de um tal autômato. E, finalmente, com tanta certeza quanta pode obter-se de qualquer instrumento semelhante, construído segundo as regras da arte. (Coménio 1985, pp. 184 e 186)

Enfatizando sempre o vínculo entre sociabilidade dos homens, prosperidade dos povos e progressos da instrução, Comenius estabelece a metáfora do relógio como o melhor exemplo para propor o ritmo das escolas. Em sua mecânica própria, a sociedade seria análoga ao funcionamento de um relógio, onde cada peça teria uma tarefa específica no conjunto da engrenagem, em uma relação de reciprocidade entre as distintas partes da estrutura social. Como exemplo, o relógio representaria um calendário capaz de organizar simultaneamente os aspectos políticos, econômicos e religiosos. Por analogia, as escolas deveriam possuir a mesma organização e ritmo. As escolas, inclusive, deveriam postar-se socialmente como momento inaugural da organização norteadora de sociedades futuras. Daí o caráter imprescindível da reforma da instrução.

"Formar é preparar a inteligência, a memória, a língua e as mãos" (*ibidem*, p. 218). Concretamente – dirá Comenius – as escolas pecam por não aproveitarem suficientemente o momento favorável para exercitar as inteligências que, juvenis, são sempre mais flexíveis e abertas do que as mentes adultas. Além disso, não havia método pedagógico para organizar os exercícios, nem para preparar utensílios apropriados para o ensino: "livros, quadros, mapas, amostras, modelos etc. – para deles se servirem quando for preciso, mas só quando esta ou aquela coisa é precisa, só então a procuram, a fazem, ou a ditam, ou a copiam etc." (*ibidem*, p. 210), à semelhança de um médico que, eventualmente, no momento de diagnosticar a doença e prescrever o remédio, tivesse de ir "à procura de ervas e raízes" (*ibidem*, p. 211). Também – observa a *Didática* – são considerados impróprios quaisquer métodos que tomem como ponto de partida o estudo de outra língua que não o da língua materna, ou seja, "não se deve aprender a língua vernácula através do latim" (*ibidem*, p. 238).

Línguas estrangeiras, inclusive o latim, poderiam ser – sim – ministradas desde que já houvesse o domínio pleno da língua materna. Também os exercícios de memorização são criticados, se não vierem acompanhados pela prévia compreensão daquilo que se pretendia saber de cor. Aprendendo com método, será aprendido de cor apenas aquilo que já se foi capaz de compreender (*ibidem*, p. 243). Comenius é contrário ao excesso de horas reservadas à escola, posto que, a dada altura, a concentração se perde. As coisas deveriam ser ensinadas progressivamente, de maneira que paulatinamente houvesse interiorização dos ensinamentos – os quais se tornariam progressivamente mais complexos de acordo com a progressiva capacidade de compreensão dos alunos que pouco a pouco avançam em seu aprendizado. A *Didática magna*, sobre isso, dirá o seguinte:

> Erram, portanto, aqueles professores que querem realizar a formação da juventude que lhes foi confiada, ditando muitas coisas e mandando-as aprender de cor, antes de as terem explicado devidamente. Erram também aqueles que as querem explicar, mas não sabem como, ou seja, não sabem como descobrir, pouco a pouco, a raiz, e nela enxertar os garfos das coisas ensinadas. E precisamente por isso estragam os alunos, como se alguém, para fazer uma fenda numa planta, em vez de uma faca, utilizasse uma bengala ou um bate-estacas. Por isso, daqui para o futuro: I. Em primeiro lugar, formar-se-á a inteligência para a compreensão das coisas; em segundo lugar, a memória; em terceiro lugar, a língua e as mãos. II. O professor deverá percorrer todos os caminhos de abrir a inteligência e fazê-los percorrer de modo conveniente. (*Ibidem*, p. 218)

Os estudos – diz Comenius – serão mais fáceis e mais atraentes para a juventude se o professor, no que toca aos alunos:

I. Os envia às lições públicas durante o menor número possível de horas, ou seja, durante quatro horas, reservando outro tanto de tempo para o estudo privado.

II. Sobrecarrega-lhes o menos possível a memória, ou seja, apenas obriga a aprender de cor as coisas fundamentais, deixando correr livremente as outras coisas.

III. E, todavia, lhes ensina todas as coisas de modo proporcionado à sua capacidade, a qual, com o progredir da idade e dos estudos, crescerá por si mesma. (*Ibidem*, p. 240)

Uma das necessidades consideradas prementes é a recomendação de um novo ordenamento de espaço e de tempo escolar. Era preciso acabar com a "irracionalidade do uso do tempo" (Narodowski 2006, p. 36). Os estudos deveriam ser distribuídos criteriosamente por classes, com o intuito de produzir uma adequada integração entre alunos mais experientes e mais avançados ensinando os demais, comparativamente atrasados. Os princípios do que seria depois o ensino mútuo vinham ali anunciados.

O tempo repartir-se-ia por anos, meses, dias e horas, sendo que cada horário seria reservado para uma tarefa previamente estipulada. O espaço na escola torna-se classe; o tempo torna-se horário. O conteúdo do saber ensinado torna-se programa de ensino. Sempre remetendo também – por analogia – à organização da natureza, diz o autor que a observação do ambiente é imprescindível para a compreensão. Não se deverá ensinar os alunos "a olhar com os olhos dos outros e a saborear com o coração dos outros" (Coménio 1985, p. 257), mas – por si mesmos – a "conhecer e perscrutar as próprias coisas, e não apenas as observações e os testemunhos alheios acerca das coisas" (*ibidem*, p. 259).

A formação da juventude, desde cedo, deve pautar-se pelo "desejo de saber e de aprender" (*ibidem*, p. 233). Os professores deverão agir de modo afável para "não afastarem de si os espíritos com qualquer ato de aspereza, mas os atraírem a si afetuosamente, com atitudes e palavras paternais" (*ibidem*, p. 234). Isso significaria enaltecer os bons trabalhos dos estudantes. Significava louvar os melhores alunos, o que – em tese – despertaria admiração dos demais. Fazia parte da própria acepção de ensino o plano da arte. O mesmo plano era tido como o fundamento da arte de ensinar. Para tornar os alunos atentos e interessados, cumpria ao professor dar a eles, logo a princípio, o roteiro – "a ideia geral de toda a matéria que eles vão estudar, a fim de que eles entendam, de modo bem distinto, o que têm a fazer. De resto, se a criança começa a aprender sem gosto, sem atenção e sem compreender, que resultado sólido pode esperar-se?" (*ibidem*, p. 254).

Essa era a recomendação de Comenius. Disso derivariam – em alguma medida – muitas das representações simbólicas que prescrevem e descrevem, posteriormente, o ritual da escolarização moderna. Algumas das asserções que – em nossa atualidade – já se transfiguraram no senso comum do saber pedagógico derivam do texto da *Didática magna*. Acredita-se que haverá facilidade para obtenção do êxito no ensino se este:

> 1. Começar cedo antes da corrupção das inteligências. 2. Se fizer com a devida preparação dos espíritos. 3. Proceder das coisas gerais para as particulares. 4. E das coisas fáceis para as difíceis. 5. Se ninguém for demasiado sobrecarregado com trabalhos escolares. 6. Se em tudo se proceder lentamente. 7. E se os espíritos não forem constrangidos a fazer nada mais que aquilo que desejam fazer espontaneamente, segundo a idade e por efeito do método. 8. Se todas as coisas forem ensinadas, colocando-as imediatamente sob os sentidos. 9. E fazendo ver a sua utilidade imediata. 10. E se tudo se ensina sempre com um só e mesmo método. (*Ibidem*, pp. 229-230)

E, depois, o êxito será obtido:

> 1. Se não se estudar senão assuntos que virão a ser de sólida utilidade. 2. E se todos esses assuntos forem estudados sem os separar. 3. E se todos eles repousam em fundamentos sólidos. 4. E se esses fundamentos mergulharem bem fundo. 5. E se, depois, todas as coisas não se apoiarem senão sobre esses fundamentos. 6. Se todas as coisas que devem ser distinguidas forem minuciosamente distinguidas. 7. Se todas as coisas que vêm a seguir se baseiem nas que estão antes. 8. Se todas as coisas que têm entre si uma relação estreita, se mantêm constantemente relacionadas. 9. Se todas as coisas forem ordenadas em proporção da inteligência, da memória e da língua. 10. Se todas as coisas forem consolidadas com exercícios contínuos. (*Ibidem*, pp. 250-251)

Recomenda-se, para cada aluno, na mesma matéria, um mesmo e único professor, de maneira que os estudantes se habituem a "obedecer com prontidão ao menor sinal do professor" (*ibidem*, p. 232). Este, por sua vez, deve estimular a curiosidade intelectual de seus alunos, o desejo de saber e a decorrente vontade de aprender. Tal predisposição dos estudantes para o aprendizado não deveria ser tarefa exclusiva do professor, mas também dos pais dos escolares e das próprias autoridades civis, representando, por ser assim, um projeto social mais amplo. Dessa maneira, "o método de ensinar deve diminuir o trabalho de aprender, de modo que nada magoe os alunos e os afaste de prosseguir os estudos" (*ibidem*, p. 233). O método, de todo modo, seria único: para todas as crianças e para todos os campos do saber.

Havia clara intenção de tornar o aprendizado uma coisa prazerosa, que – no mínimo – não magoasse as crianças. Assim sendo, supõe-se que o método pode ser adoçado, pela habilidade do mestre, "(...) de tal maneira que todas as coisas, mesmo as mais sérias, sejam apresentadas num tom familiar e agradável, isto é, sob a forma de conversas ou de charadas, que os alunos, em competição, procurem adivinhar; e, enfim, sob a forma de parábolas e de apólogos" (*ibidem*, p. 236). Ao contrário dos jesuítas, Comenius não despreza a dimensão de utilidade do saber apreendido:

> Aumentar-se-á ao estudante a facilidade da aprendizagem, se se lhe mostrar a utilidade que, na vida cotidiana, terá tudo o que se lhe ensina. E isso deve verificar-se em todas as matérias: na gramática, na dialética, na aritmética, na geometria, na física etc. Sem este cuidado prévio, acontecerá que tudo o que lhe contarem lhe parecerá um monstro de um mundo desconhecido; e a criança, ainda que muito interessada em saber que essas coisas existem na natureza e como existem, poderá acreditar nelas, mas a sua crença não constituirá ciência. Mas, se se lhe mostrar qual é o objetivo de cada coisa, é como meter-lha na mão, para que saiba que sabe e se habitue a utilizá-la. (*Ibidem*, p. 246)

A escola de Comenius não recorreria aos açoites, à luz do princípio segundo o qual, "efetivamente, se não se aprende, de quem é a culpa senão do professor, que não sabe ou não se preocupa em tornar o aluno dócil?" (*ibidem*, p. 245). O que os alunos tiverem de aprender deverá ser explicado claramente. Além disso, o recurso aos sentidos era visto como facilitador do aprendizado, como explicita o trecho abaixo:

> Por exemplo: associe-se sempre o ouvido à vista, a língua à mão; ou seja, não apenas se narre aquilo que se quer fazer aprender, para que chegue aos ouvidos, mas represente-se também graficamente, para que se imprima na imaginação por intermédio dos olhos. Os estudantes, por sua vez, devem aprender, ao mesmo tempo, a expor as ideias com a língua e a exprimi-las por meio dos gestos, de modo que se não dê por terminado o estudo de nenhuma matéria, senão depois de ela estar suficientemente impressa nos ouvidos, nos olhos, na inteligência e na memória. Com este objetivo, será bom que todas as coisas que costumam ser estudadas em determinada classe sejam representadas graficamente nas paredes da sala de aula: quer se trate de teoremas e de regras, quer se trate de imagens e de baixo relevo da disciplina que se está a estudar. (*Ibidem*, pp. 245-246)

Além disso, Comenius sugere que o professor ensine os alunos a registrarem por escrito tudo aquilo que ouvem e leem. Diz que o professor deverá "habituar os alunos a transcrever, nos seus cadernos diários, tudo o que ouvem e também o que leem nos livros, porque, assim, não só se ajuda a imaginação, mas também mais facilmente se exercita a memória" (*ibidem*, p. 246).

Todo o texto da *Didática magna* é permeado pela asserção de que o método ali preconizado derivaria da natureza; ou, ao menos, estaria em paralelo com as coisas naturais. Isso supunha que nada seria ensinado "apenas com argumentos de autoridade, mas ensinar tudo por meio da demonstração, sensível e racional" (*ibidem*, p. 260), sendo que, da clareza no modo de ensinar, decorreria o sucesso do aprendizado. Comenius situa seu projeto de pedagogia como derivado da natureza da criança e da consequente naturalidade prescrita para o processo pedagógico. Essa natureza, contudo, ele não deixa claro o que é. Recorrendo a argumentos calcados na autoridade de teóricos da educação que o antecederam e aos quais ele expressava manifesta filiação, dá a entender que o próprio mecanismo de fixação da informação pela memória seria natureza.

> Portanto, nas escolas: I. Disponham-se todos os estudos de tal maneira que os seguintes se baseiem sempre nos precedentes, e os que se fazem primeiro sejam consolidados pelos que vêm a seguir. II. Todas as coisas explicadas, depois de bem apreendidas pela inteligência, fixem-se também na memória. Porque, neste método natural, tudo o que precede deve servir de fundamento a tudo o que se segue, não pode proceder-se de outro modo senão assentando todas as coisas em bases sólidas. Ora não se introduzem solidamente no espírito senão as coisas que forem bem entendidas e cuidadosamente confiadas à memória. Quintiliano escreve acertadamente: "Todo progresso escolar depende da memória e é inútil ir à lição se cada uma das coisas que ouvimos (ou lemos) desaparece". (*Ibidem*, pp. 261-262)[2]

---

2. Comenius reporta-se a Vives para destacar seu argumento. Vives também recomendaria o exercício habitual da memória para desenvolvê-la e fortificá-la. Mas Vives também observara que isso só ganharia sentido se fosse feito sem tédio e sem fadiga. Continua Comenius recorrendo a Vives, que, "na *Introdução à sabedoria*, escreve: 'Nunca deixes a memória sem fazer nada. Nada lhe é mais agradável e nada a desenvolve mais que o trabalho. Confia-lhe, todo o dia, qualquer coisa: quanto mais coisas lhe confiares, tanto mais fielmente as guardará; quanto menos coisas lhe confiares, tanto menos fielmente as guardará'. Que estes escritores dizem uma grande verdade, provam-no os exemplos da natureza. Com efeito, uma árvore, quanto mais umidade absorve, tanto mais robustamente cresce; e quanto mais robustamente cresce, tanto mais absorve. Também um animal, quanto mais digere, tanto mais cresce; e quanto mais cresce, tanto mais alimento deseja e digere. E da mesma maneira todas as coisas tomam naturalmente incremento em razão das suas próprias aquisições. Não deve, portanto, sob esse aspecto, poupar-se a primeira idade (desde que se proceda racionalmente); isso constituirá o fundamento de um solidíssimo progresso" (Coménio 1985, pp. 261-262).

Comenius chama de "escola de língua nacional" aquela que tem por objetivo instruir a criança entre os 6 e os 12 anos, ensinando-lhe as coisas que "lhe serão úteis durante toda a vida" (*ibidem*, p. 428). Ler a letra tipográfica e a letra escrita à mão; escrever – antes, por exercícios de caligrafia e, depois, rapidamente – de acordo com as regras da língua nacional; contar, calcular e medir – números, comprimento, largura e distância; aprender os "Salmos" e hinos sagrados; conhecer o catecismo e as principais histórias das *Sagradas Escrituras*; identificar e praticar as máximas da moral em vigor; percorrer a história do mundo, mediante o roteiro criacionista da *Bíblia*, arte da cosmografia e do globo, com o fito de reconhecer os mapas e os espaços da Terra. Esse era o ofício institucional da escolarização.

Os alunos seriam distribuídos em seis classes separadas, e cada uma delas possuiria um específico livro de texto a ser utilizado pelos alunos. Nesse livro, deveriam vir registrados o programa, as matérias, os conteúdos e os próprios exercícios prescritos para a mesma classe (*ibidem*, p. 430). Os seis livros conteriam um rol de matérias dirigidas às seis classes sucessivas e seriam diferenciados antes pela forma e pela profundidade com que os temas eram tratados do que pelos conteúdos abordados. Assim, o livro elementar conteria o embrião dos saberes escolares impressos no livro correspondente à classe que a ele se seguiria – havendo, assim, uma dimensão seriada e enciclopédica nos temas tratados, sem rigidez na demarcação das matérias – retomadas estas ciclicamente a cada série –, na configuração do que já se propunha ser a escola graduada.

A educação de Comenius na construção da escola moderna

Comenius efetua, a propósito, algumas diretrizes relativas aos horários de estudo: duas horas antes e duas depois do meio-dia. "As horas da manhã devem ser consagradas a cultivar a inteligência e a memória; as da tarde, a exercitar as mãos e a voz. Nas horas da manhã, portanto, o professor prelecionará a lição marcada no horário, enquanto todos os alunos estão a ouvir" (Coménio 1985, p. 430). Depois dessa atividade, os alunos serão sucessivamente incitados à leitura do livro-texto, que deverá, em seguida, ser copiado, estudado, decorado por e para exercícios escritos e orais.

> Então, mandará que, por ordem, os alunos releiam, de modo que, enquanto um lê claramente e distintamente, os outros, olhando para os seus livrinhos, acompanhem em silêncio. E, se se continuar a fazer assim, durante meia hora ou mais, acontecerá que os mais inteligentes tentem recitar aquela lição sem

livro, e, finalmente, também os mais lentos. Note-se que as lições devem ser muito breves, adaptadas aos tempos dos horários e à capacidade das inteligências infantis. Estas lições radicar-se-ão ainda melhor na mente dos alunos, nas horas de depois do meio-dia, nas quais não queremos que se trate nenhum tema novo, mas que se repita a mesma lição da manhã: em parte, transcrevendo os próprios livros impressos, e em parte fazendo "sabatinas", a ver quem repete com mais prontidão as lições anteriores ou quem escreve, canta, e conta com mais segurança e elegância etc. Não é sem razão que aconselhamos que todas as crianças copiem com a sua própria mão, o mais asseadamente possível, os seus livros impressos. Efetivamente: 1. Este trabalho serve para imprimir tudo mais profundamente na memória, pois ocupa os sentidos durante mais tempo, nas mesmas matérias. 2. Com este exercício cotidiano de escrita, as crianças adquirirão o hábito de escrever caligraficamente, rapidamente e ortograficamente, hábito muito necessário para os estudos ulteriores e para os negócios da vida. 3. Para os pais, será um argumento evidentíssimo de que, na escola, os seus filhos se ocupam daquilo de que devem ocupar-se, e poderão mais facilmente julgar do aproveitamento dos filhos e até quanto estes acaso os superam a eles mesmos. (*Ibidem*, pp. 434-435)

A remissão à metáfora da imprensa é sempre recorrente na palavra de Comenius, tanto pela rapidez – "dois impressores podem imprimir mais exemplares do que o fariam duzentos copistas" (*ibidem*, p. 456) – quanto pela possibilidade de a tipografia padronizar o formato do material impresso, bem como o traçado das letras, a disposição das páginas – garantindo, efetivamente, homogeneidade ao padrão do livro. Assim – supunha Comenius – à voz do professor deveria ser acrescida a voz do texto. O livro didático auxiliaria, portanto, a fixar o aprendizado no espírito das crianças e dos jovens. E não se pode esquecer que Comenius pretendia obter alunos – como livros – em série, com saberes e conteúdos impressos em seu intelecto. O professor lê, relê, explica. Mas, depois, o próprio livro prosseguiria a tarefa, revelando-se, no ato da recordação ou do exercício, fonte do aprendizado. Assim, os alunos que, no decurso da preleção, voltavam-se para o mestre, olham agora para o livro-texto, absorvendo, por intermédio da decifração dos significados da cultura letrada, saberes a que o mestre já se havia referido. Aprender é, pois, para Comenius o que se ouve e o que se lê. O livro confirma as palavras ditas pelo professor. Trata-se do entrecruzamento de dois universos: oralidade e escrita. Assim como "o tipógrafo, com uma só composição, tira centenas e milhares de cópias de um livro, assim também o professor, com os mesmos exercícios, pode, ao mesmo tempo e de uma só vez, ministrar o ensino a uma multidão de alunos" (*ibidem*, p. 280). Tudo deveria ser ensinado coletivamente aos alunos em conjunto – nada de explicações particulares. O êxito da escolarização moderna era o de o professor falar com todos os seus alunos "ao mesmo tempo e de uma só vez" (*ibidem*, p. 281).

Teórico do século XVII, leitor de Descartes, Comenius compreende o ato de conhecer como uma atitude de apreensão das causas. O ensino, portanto, requererá demonstrações. Para tanto, o ensino deveria se pautar à luz de clivagem racional, da identificação de razões sólidas, que, pelo vigor do entendimento, pudessem situar a matéria, ligando um dado ao outro e entretecendo as ramificações e os desdobramentos do saber obtido. Acreditando no encadeamento de estudos no transcorrer de uma vida, Comenius dirá que a mesma aprendizagem se organiza como se fosse a composição de uma enciclopédia: assim a mente registra a informação; assim a informação será absorvida. Daí decorre também a alusão a repetições e exercícios.

Em outra imagem que remete ao paralelo da natureza, o autor sublinha que o alimento do espírito será tomado. Depois, será absorvido, ruminado e digerido. Digerido, será assimilado verdadeiramente e comunicado a outros. A etapa final do aprendizado será a de estabelecer um conhecimento público. Para tanto, a ruminação se consolida "à força de repetições e dos exercícios" (*ibidem*, p. 267). A lição do mestre torna-se tão mais familiar quanto mais repetida. Além disso, de alguma maneira, propugnava-se a publicidade do saber: ensinado para tornar-se coletivo. A ideia era a de multiplicar o conhecimento, o qual seria – por si mesmo – assimilável e, portanto, rapidamente comunicável.

> Portanto: I. Logo que uma coisa seja entendida, pense-se imediatamente na utilidade que ela pode vir a ter, para que nada se aprenda em vão. II. Logo que uma coisa seja entendida, difunda-se de novo, comunicando-a a outros, para que nada se saiba em vão. Efetivamente, neste sentido, é verdadeira a seguinte máxima: *O teu saber nada vale, se outro não sabe que tu sabes*. (...) "Três coisas oferecem ao aluno a oportunidade de superar o professor: perguntar muitas coisas, reter o que perguntou e ensinar o que reteve" (...) Com efeito, é absolutamente verdadeira esta máxima: "quem ensina os outros, instrui-se a si mesmo", não só porque, repetindo os próprios conhecimentos, os reforça em si mesmo, mas ainda porque encontra uma boa ocasião para penetrar mais a fundo nas coisas. (*Ibidem*, pp. 265-268)

A *Didática magna* também abarca reflexão sobre as possibilidades e os limites da disciplina escolar, basicamente em seus aspectos punitivos. Voltado para fortalecer o discernimento, o castigo deverá ser exercido apenas em situações muito específicas, nas quais outras estratégias se houvessem mostrado ineficazes. O castigo, além disso, volta-se não para o passado, mas para a projeção de algum futuro. A punição do aluno é considerada tática para obtenção de um resultado. Não é porque o aluno excedeu o limite que ele será castigado, mas para que não torne a exorbitar. Na mesma trilha pela qual rezava o texto do *Ratio Studiorum* – conforme veremos adiante –, Comenius recomenda que a punição fosse aplicada "sem paixão, sem ira e sem ódio, com tal candura e tal sinceridade, que aquele mesmo a quem a aplicamos se aperceba de que a pena disciplinar se lhe aplica para seu bem e que é ditada pelo afeto paterno que lhe dedicam aqueles que o dirigem" (*ibidem*, p. 402). Seria tomada assim como um remédio prescrito pelo médico: amargo, mas eficaz.

A disciplina na escola estava evidentemente incluída no método continuado que deveria agir na formação do estudante. Não se tratava, portanto, apenas de sistematicamente castigar por causa de alguma falta cometida. Era, sobretudo, para evitar a reincidência da mesma transgressão em futuras ações do estudante castigado. Aliás, Comenius acredita que, "se o mestre desempenhar todas as suas obrigações, se tornar o ensino agradável e não fatigar nem sobrecarregar os alunos, poucas ocasiões terá de se queixar; e se as tiver, deverá atribuir culpas a si mesmo" (Chateau s.d., p. 138). Comenius identifica o que nomeia correção moral como instrumento mais recomendável do que a punição física. Corrigiria melhor a repreensão que compara, com o aluno distraído, desatento ou indisciplinado, a correção, obediência e interesse de seus colegas. Preconizava-se, por essa tática, a adequação de um mesmo e único modo de agir e de se comportar na vida em sociedade.

> Se, porém, por vezes, é necessário espevitar e estimular, o efeito pode ser obtido por outros meios e melhores do que as pancadas: às vezes, com uma palavra mais áspera e com uma repreensão dada em público; outras vezes, elogiando os outros: "Olha como estão atentos este teu colega e aquele, e como entendem bem todas as coisas! Por que é que tu és assim tão preguiçoso?"; outras vezes, suscitando o riso: "Então tu não entendes uma coisa tão fácil? Andas com o espírito a passear?". (Coménio 1985, pp. 403-404)

Os professores são aconselhados a estabelecer "desafios" ou "sabatinas" (à semelhança das disputas e dos torneios que já existiam nos colégios jesuíticos), para classificar os alunos de maneira lúdica. Isso poderia saudavelmente – supunha Comenius – valorizar o sentido de competição, já que o medo e a rivalidade estimulariam os estudantes a participarem da atividade. Os negligentes seriam, na oportunidade, repreendidos e censurados; os aplicados seriam publicamente elogiados.

Com a tipografia, progressivamente o conhecimento se tornaria de domínio público. Era necessário conferir eficácia à escolarização, seja como fonte de instrução seja como instrumento de aprendizado dos ofícios e das lides da vida prática.

A escola de Comenius pretendia ser regeneradora e consolidar-se-ia como estratégia para fomentar a paz mundial. A escola, além do mais, auxiliaria a filtrar as informações advindas dos suportes simbólicos plasmados pelo texto tipográfico. O escrito, difundido, ainda atemorizava. A cultura letrada contribuía para deslocar lugares previstos na regulamentação social. O escrito é, para o iletrado, o socialmente imprevisível. A escola, nesse sentido, estabeleceria "comunidades de leitores", com "protocolos de sentido" (Chartier 1990) firmados por adesão à ordem vigente. A sociedade – apreensiva do caráter transgressor intrínseco à tecnologia intelectual da cultura impressa – confere à escola a tarefa de preparar leitores prudentes, disciplinando e regrando, inclusive por livros especificamente didáticos, o arriscado ato de ler. É nessa lógica que Comenius compara a juventude escolar às máquinas tipográficas; desejava ajustar a escola ao novo horário de regulação social.

No limite, a escola moderna desenhada por Comenius acentuava seu papel de racionalização, planificação, controle e sistematicidade do conhecimento registrado e veiculado. A classe era o referencial primeiro, com partições de seu tempo em horários precisos, enquadrados no que hoje os pedagogos denominam "grade curricular". Os alunos dividir-se-iam por critérios etários ou por classificação de mérito. A honra ao mérito do colégio, na sua forma moderna, vem acoplada a um dado modelo civilizatório que identifica, na urbanidade da conduta pública, modos adequados de preparo para a vida social futura do mesmo estudante. Ritualizada, a vida cotidiana da escola perfaz hábitos de polidez. As regras explícitas tendem a tornar-se uma linguagem expressa por gestos, por sinais, por rituais – gestos, sinais e rituais que se tornam, pouco a pouco, automatizados, como se perfizessem uma segunda natureza. Daí os livros escolares trabalharem com tanta ênfase um conteúdo que, subliminarmente, compõe saberes e códigos de comportamento. Trata-se, pela escola, de compor o repertório e nele identificar o mundo referendado e o mundo proibido, para que não se precisasse lembrar que as máximas da moral vigente devem ser "automaticamente" obedecidas. O professor, como o Sol, ilumina seus alunos – todos a um só tempo. A escola moderna, à semelhança do curso da natureza, deveria ter em cada classe um único professor, que se valeria, para cada matéria de um único autor, de modo que os alunos tivessem todos as mesmas tarefas e os mesmos exercícios, sendo todas as matérias ensinadas pelo mesmo método. Sentado em lugar elevado, o professor obriga que os alunos tenham nele os olhos fixos. Pergunta a todos, um por um. Todos são, no mínimo, convidados a meditar.

> Será preciso apenas habilidade para tornar atentos todos e cada um dos alunos, de tal modo que, acreditando que a boca do professor é (como efetivamente é) a fonte de onde para eles correm os arroios do saber, todas as vezes que notam que esta fonte se abre, se habituem a colocar logo debaixo dela o vaso da atenção, para

que nada passe sem entrar no vaso. Por isso, o professor terá o máximo cuidado em nada dizer, se os alunos não estão a ouvir, e em nada ensinar, se não estão atentos... Poderá despertar-se e manter-se viva a atenção, não só com a ajuda dos chefes de turma e de outros encarregados de qualquer vigilância (ou seja, de estar bem atento aos outros), mas também e, sobretudo, pela ação do próprio professor, seguindo estas oito vias:

1. Se se esforçar por oferecer sempre aos alunos qualquer coisa de atraente e de interessante, pois assim os seus espíritos serão atraídos a ir à escola de boa vontade e dispostos a estar atentos.
2. Se, no princípio de cada lição, os espíritos dos alunos forem espevitados com a demonstração da importância da matéria a explicar, ou solicitados por meio de perguntas acerca de coisas já explicadas e que estejam em conexão com a matéria da lição desse dia, ou acerca de coisas ainda a explicar, a fim de que, apercebendo-se da sua ignorância acerca desse assunto, se lancem mais avidamente a adquirir conhecimento claro do tema.
3. Se o professor, mantendo-se num lugar elevado, lançar os olhos em redor e não permitir a nenhum aluno que faça outra coisa senão ter os olhos fixos nele.
4. Se ajudar a atenção dos alunos, apresentando todas as coisas, sempre que possível, aos sentidos...
5. Se, a determinada altura da lição, interrompendo a exposição, disser: "Fulano ou Sicrano, que é que acabei de dizer? Repete o último período; Fulano, diz a que propósito estamos a falar disto", e coisas semelhantes, para proveito de toda a classe. E, se verificar que algum não estava atento, repreenda-o ou castigue-o. Assim, todos farão o possível por estar atentos.
6. De igual modo, se o professor interrogar o aluno e este não responder, passe ao segundo, ao terceiro, ao décimo, ao trigésimo, e convide-o a responder, sem lhe repetir a pergunta. Faça-se isto sempre com o objetivo de que, quando se diz uma coisa a um, todos se esforcem por estar atentos, e por tirar daí qualquer utilidade.
7. Pode-se também proceder-se do seguinte modo: se um ou dois não sabem determinada coisa, pergunte-se a toda a classe; e então aquele que responder em primeiro lugar ou que responder melhor, seja louvado diante de todos, para que sirva de exemplo à emulação. Se algum se enganar, seja corrigido, fazendo-lhe ver também o motivo do engano (que a um professor sagaz não será difícil descobrir) e fazendo-o desaparecer. O progresso rapidíssimo que se faz desta maneira é algo de incrível.
8. Finalmente, terminada a lição, dê-se aos alunos a oportunidade de perguntarem ao professor tudo o que quiserem, quer acerca de alguma dificuldade surgida nessa lição, quer em lições anteriores... Se algum faz um maior número de perguntas úteis, deve ser louvado mais frequentemente, para que aos outros não faltem exemplos e incitamentos para serem diligentes. (Coménio 1985, pp. 282-284)

Trata-se de um vasto trabalho que visa à organização do conhecimento em sua dimensão didática, sua classificação, em termos de sequência, de gradação e de hierarquia dos saberes (Narodowski 2006, p. 44). Com a obra de Comenius e com os trabalhos de Vives e de Ratke, percebemos momentos distintos de uma Europa que, na longa duração, pretendeu conferir precisão à vida escolar. Entendia-se ser possível traçar mecanismos passíveis de aferir resultados, à luz de uma metodologia estrita, que demarcasse o campo do movimento do ensino. Esse movimento do ensino, que envolveria a estrutura de uma liturgia, era organizado à luz de uma relação entre quem ensina e quem é ensinado, pela mediação do livro, do caderno de notas e do método. Nesse sentido, acreditava-se que, caso o ensino trilhasse as etapas contidas no ritual, melhor seria o desempenho e o sucesso na arte de aprender.

5
A CIVILIZAÇÃO ESCOLAR TEM A FORMA DE COLÉGIO

Das universidades aos colégios

Daqui por diante, estudar-se-ão dois documentos considerados fundamentais para se compreender o significado da moderna civilização escolar: por um lado, ainda de meados do século XVI, o *Ratio Studiorum* jesuítico, que sistematiza as orientações do conjunto de colégios da Companhia de Jesus; por outro lado, o regulamento de escolas destinadas a crianças pobres, sob o título de *Guia das escolas cristãs*, elaborado por La Salle no final do século XVII. Tanto a iniciativa dos jesuítas, posta em prática desde meados do século XVI, como o projeto lassaliano, no final do século XVII, início do século XVIII, tencionam articular modos de ensino e de estudo em uma rede de colégios sob jurisdição da respectiva ordem. Pode-se dizer que as escolas religiosas – articuladas por iniciativa católica, luterana ou calvinista – desenvolverão, desde o século XVI, métodos bastante precisos destinados a organizar o dia a dia da vida nas instituições pedagógicas dirigidas pelas mesmas igrejas. Nos dois casos que aqui estudamos, tratava-se de regulamentos escritos. Em ambos os casos, as normas escritas deveriam ser postas a público como cartas de princípios e de método das mesmas instituições pedagógicas. Além disso, tanto a orientação de conduta dos alunos quanto a dos professores deveriam vir contempladas pelo documento que norteava as diretrizes das escolas.

A escolarização moderna tenciona, a um só tempo, instruir e civilizar. Pelo conhecimento letrado, caberia conferir prioridade à transmissão de um conjunto de prescrições de conduta, de cariz moral e disciplinador. A escola disciplina o saber, modela corpos e constrange mentes. Mas a mesma escola controla as pulsões e, por ser assim, supõe civilizar. As matérias passam a ser, didaticamente, agremiadas em uma "grade curricular". O conhecimento submete-se a uma "transposição didática" que, em alguma medida, subverte-o, ao reinventar seus conteúdos nesse movimento de apropriação. A escola – sequencial e hierarquizada – reparte o tempo das aulas em horários. Fixa, com isso, uma nova temporalidade. A estrutura colegial distribui o espaço, por sua vez, em classes. As salas de aula serão compostas por alunos que apresentem nível similar de conhecimento. A escolarização, mediante tais dispositivos, orquestra todo um ritual de existência, estabelecendo um modo de ser que é especificamente escolar – e que, por tal razão, se distancia da vida das comunidades e das famílias de seu alunado. Se os colégios jesuíticos constituem referência para pensar a acepção de colégio que ainda temos hoje, o modelo lassalista constitui iniciativa pioneira para projetar aquilo que – tempos depois – seria chamado de ensino primário.

As escolas urbanas da Europa do final do século XI são importante fator para revitalização das cidades como centros de referência mercantil e cultural. Alguns dos mestres livres que ensinavam no ambiente citadino confluem para a consolidação institucional das primeiras universidades, entre o final do século XII e o início do século XIII. Agregando professores e estudantes oriundos de diferentes regiões, a própria palavra "universidade" remonta, etimologicamente, à variedade da proveniência geográfica dos seus integrantes – *universitas vostra* era o lema primeiro: traduzia o espírito cosmopolita da instituição e indicava seus destinatários: "*a todos vós*". A universidade, oriunda da Idade Média, é fruto do desenvolvimento das escolas municipais de mestres livres. Estas, por seu turno, multiplicavam-se na proporção em que também se multiplicavam os textos antigos – muitas vezes, traduzidos do árabe. A universidade é, portanto, uma invenção decorrente do espírito associativo de integração entre professores e alunos voltados para a compreensão, a irradiação e a produção do conhecimento.

No final do século XV, registravam-se, no continente europeu, 75 universidades. Assim como nas corporações de ofícios, elas funcionavam mediante sucessão hierárquica pautada no mérito de graus acadêmicos: bacharel, licenciado e doutor. Dos exames que conduziam de um nível para o seguinte, destacava-se o de doutoramento. Essa prova consistia em uma série de comentários e respostas, feitos diante de um júri composto por quatro mestres. A esse rito, seguia-se uma conferência por parte do candidato; tudo isso, devidamente avaliado pelos examinadores, conferia-lhe o título de doutor. Mas o cerimonial continha, ainda, um tipo específico de exame, que, para nós, pode parecer estranho: o candidato era avaliado também por uma aula que dava aos estudantes diretamente.

Aprovado no exame, o candidato tornava-se licenciado, mas não tomava o título de doutor e não podia na prática ensinar magistralmente senão após o exame público. Conduzido com pompa à catedral, o licenciado fazia nesse dia um discurso e lia uma tese sobre um assunto de Direito que defendia em seguida contra os estudantes que o atacavam, representando assim pela primeira vez o papel de mestre numa disputa universitária. O arcediago concedia-lhe, então, solenemente, a licença para ensinar e remetiam-lhe as insígnias da sua função: uma cadeira, um livro aberto, um anel de ouro, e gorro ou boina. (Le Goff 1973, p. 87)

O intelectual humanista surge como uma resposta do século XV ao declínio intelectual, cultural e material do século anterior. No século XIV, um conjunto de fatores conflui para caracterizar o que a historiografia compreende como o outono – ou o declínio – da Idade Média (Huizinga 1999): o refluxo da expansão demográfica ocasionado pela fome, pelas más colheitas, sublevações populares, epidemias, pestes intermitentes (especialmente a Peste Negra), a Guerra dos Cem Anos – tudo isso contribuirá para redesenhar a arquitetura dos principais países europeus. Os universitários haviam deixado de ser protagonistas no cenário do pensamento, posto que, nessa época, a Igreja havia já obtido domínio das estruturas universitárias, e valia-se de seus poderes para controlar a produção intelectual, por nítidos procedimentos de cooptação. Os universitários passam a se perceber como nobres, e o título de mestre conferia-lhes o estatuto de nobreza togada. Sinais de distinção – cada vez mais usuais – eram apresentados como emblemas de prestígio, signos da posição distintiva cultural, social e de poder. O próprio título universitário contribui para criar uma expectativa social que, progressivamente, afasta mestres e estudantes.

Os humanistas, que tantas vezes criticam a instituição universitária, reproduzem, no século XV, o abandono daquilo que era uma das tarefas básicas dos primeiros intelectuais da Baixa Idade Média: o contato entre professores e alunos, na procura e na disputa pelo conhecimento.

A estrutura educativa colegial

Registra-se que a aristocratização das universidades, especialmente no princípio da era moderna, também seria notada no desenvolvimento dos colégios. Originalmente os colégios foram associações destinadas a abrigar estudantes pobres, oriundos de várias regiões. Com esse espírito, ainda no século XIII, foram criados os colégios da Universidade de Paris, de Oxford ou de Cambridge. Nesse sentido, a acepção primeira de colégio indicava o alojamento dos estudantes universitários. Eram, geralmente, casas religiosas ou fundações de caridade, acolhendo em seu seio um número ínfimo de estudantes das camadas nobres e da alta burguesia. Todavia, é possível constatar significativa alteração no significado do termo colégio:

> (...) nos séculos XIV e XV, ao mesmo tempo em que se multiplicavam, os colégios transformaram-se numa coisa bem diferente. A vida no seu interior passou a ser mais confortável e o recrutamento socialmente mais elevado. Foram dotados de bibliotecas, e criaram-se sobretudo para os seus membros (além dos auditores livres externos) os próprios exercícios de ensino, que competiram vitoriosamente com os das faculdades. Passaram-se assim a constituir, no próprio seio das universidades, células sensivelmente autônomas que constituíam uma elite de estudantes. Os humanistas ali vinham mais gostosamente ministrar o ensino, já que se lhes oferecia um ambiente que correspondia muito melhor do que as antigas faculdades às suas concepções pedagógicas. (Verger 1990, p. 286)

É preciso observar que a estrutura do ensino por colégios, como tal, concorreu com a instituição universidade, sobretudo em países como a França, que recebia, em seus colégios, meninos que tinham praticamente a idade daqueles que iam para a universidade. Pelo fato de o colégio contemplar, fundamentalmente no modelo jesuítico, uma diretriz propedêutica e dirigida, portanto, ao nível secundário, recebia um aluno mais velho do que aquele que frequentava as escolas de primeiras letras. Para ir para o colégio da Companhia de Jesus, era imprescindível algum domínio prévio do idioma – a língua culta, tanto falada quanto escrita.

Era comum os meninos entrarem nos colégios, portanto, após os 12 anos. Por sua vez, a ideia de universidade, tal como foi desenvolvida pelo modelo parisiense, supunha que o ensino principiaria cedo. Aos 14 anos, os jovens acorriam à Universidade de Paris. Nessa medida, não devemos pensar a consolidação da rede de colégios existente a partir do século XVI em países importantes da Europa como um degrau de preparação para o ingresso na universidade. Pelo contrário: tratava-se de competir com a instituição universitária. Os colégios apropriam-se do modelo parisiense para estruturar seu próprio método de ensino, para adequá-lo a seus interesses, e – em alguma medida – subvertê-lo. Os colégios religiosos tornam-se instituições proeminentes a partir do século XVI. O mesmo período contava com uma rede de mais ou menos 60 *studia generalia*, expressão correspondente à acepção de universidade, organizada por quatro faculdades, basicamente as seguintes:

- Faculdade de Artes, cuja função era a de oferecer a todos os universitários o domínio intelectual dos saberes do *trivium* (gramática, retórica e

dialética) e do *quadrivium* (aritmética, geometria, astronomia, música). Tratava-se, portanto, de um curso preparatório que habilitava para o estudo em alguma das seguintes três faculdades superiores.
- Faculdade de Direito.
- Faculdade de Medicina.
- Faculdade de Teologia.

Essas três eram faculdades superiores e vinham antecedidas pelo curso de Artes. Tinham, contudo, desigual importância, e muitas universidades vivenciavam seu declínio, perdendo o espaço de ação educativa para os colégios. De qualquer modo, os estudantes eram divididos por nações, o que supunha um dado agrupamento de comunidades linguísticas, de maneira a que se propiciasse uma autoajuda recíproca. Em alguns casos, as universidades recebiam estudantes ainda no início da adolescência. Ensinavam na forma de lições seguidas por disputas. Isso proporcionava o debate das ideias apresentadas na exposição. A formação era feita por níveis: em primeiro lugar, havia o bacharelado, seguido pela licença de ensino. O ápice da formação era a obtenção do título de doutorado. Observe-se que, na lógica da universidade, o ensino não era seriado e não havia necessariamente um local específico para se ensinar. A acepção original de universidade compreende, antes, um estado de espírito (contemplado por pessoas que provinham de locais diferentes) do que uma geografia e arquitetura específicas. Não sendo seriado o curso, não existia nada que se possa comparar ao que hoje compreendemos como controle de frequência, avaliação ou (muito menos) "grade curricular".

O colégio – no modelo católico, especialmente jesuítico – transfiguraria o ritual organizador do modelo universitário parisiense. Vivia-se sob internato, em rígido enquadramento disciplinar – quanto à moral e à conduta. Além disso, o colégio assumiria uma dupla ambição das famílias de camadas economicamente ascendentes do período: cultivava uma cultura de distinção, traçando e propagando preceitos de civilidade para crianças de estratos burgueses que necessitavam adquirir um estilo de conduta nobre; e trazia algum verniz de cultura geral clássica, que – por si mesma – garantiria o reconhecimento social.

Há de se explicitar que – nesse período – a cultura do colégio não preparava o indivíduo para a formação universitária. Pelo contrário, abarcando jovens praticamente na mesma faixa etária daqueles que ingressavam nos estudos superiores, o colégio concorria socialmente com a universidade. O colégio aligeirava a entrada do indivíduo no mundo da profissão: "Mas a verdadeira formação, séria, adquiria-se, de fato, antes da universidade, no colégio (cultura literária geral, educação moral e religiosa), e depois, no início da carreira, empiricamente por aprendizagem, junto dum homem do ofício" (Verger 1990, p. 229). Na verdade, tratava-se de uma época em que o grau de bacharel em Artes – primeiro nível da carreira universitária – já se encontrava bastante desvalorizado; foi, de fato, "secundarizado". O domínio das artes liberais deixara de ser prerrogativa da instituição universitária.

Os colégios eram instituições que – religiosas – agiam e interagiam com os interesses culturais das cidades. Gratuitos e sem finalidade lucrativa, eles estruturaram um método, até então inaudito, de organizar a formação letrada. Sua inserção histórico-social veio a lume no contexto das lutas e disputas religiosas entre a vertente do cristianismo tradicional católico e as correntes reformadas que, com a primeira, pretendiam concorrer. Em ambos os casos, o colégio tornou-se uma estratégia privilegiada para formação das almas.

Histórico da proposta catequética dos jesuítas

Desde o primeiro quartel do século XVI, os colégios multiplicaram-se pelo continente europeu. Nessa época, os países onde a Reforma protestante foi mais forte criaram seus colégios, sob orientação luterana e calvinista. Muitas das universidades optaram por concentrar o ensino ministrado pela Faculdade de Artes em um colégio que passaria a ser denominado Colégio das Artes. Mas os colégios que mais se destacariam como referências desse período foram regidos pela ordem dos jesuítas.

O século XVI, na órbita dos dogmas e dos rituais católicos, efetuava alguns deslocamentos, inclusive para fazer frente ao aumento das religiões populares e às práticas de magia, de feitiçaria e de cultos pagãos que, cada vez mais, ganhavam terreno. O uso do confessionário era sintomaticamente incentivado, como pilar autorizado para o arrependimento, para a absolvição dos pecados, para a obtenção sistemática de informações por parte do clero e, em especial, para o desenvolvimento de uma disciplina pessoal do indivíduo. Além disso, a confissão proporcionaria ao pároco a oportunidade de, individualmente, dissuadir leigos de cultos populares, de cariz pagão. Com a mesma finalidade, a participação do sujeito em confrarias leigas, como a dos Peregrinos de Santiago de Compostela, também passaria a ser recomendada. Por isso, foram instituídas organizações de assistência aos pobres e estabelecimentos de educação destinados a diferentes camadas da sociedade.

Em 1543, a Igreja católica reorganizava o Tribunal da Inquisição e criava, junto dele, a Congregação do *Index*, cujo propósito era a organização de um inventário dos livros interditos para que pudessem ser confiscados, caso fossem encontrados exemplares. O Concílio de Trento prolongar-se-ia de 1545 a 1563. O mesmo conclave reúne-se, por iniciativa do papa Paulo III, com o objetivo de delinear estratégias de irradiação da fé cristã, de contenção das heresias e, sobretudo, de respostas e reação à Reforma protestante. O concílio desejava fortalecer o catolicismo, especialmente nas regiões onde o protestantismo não havia tido, ainda, grande repercussão.

O propósito do Concílio de Trento era, a um só tempo, "esclarecer os ensinamentos da Igreja sobre a justificação, e manifestar-se sobre outros assuntos em que os protestantes haviam se afastado da ortodoxia católica" (Davidson 1991, p. 10). O concílio reunido postula para o clero uma nítida missão de fundar seminários para formação dos párocos e, além disso, atentar para a criação de ordens religiosas destinadas exclusivamente à formação da juventude. Foi então que os lassalistas se estabeleceram e, a partir dos anos 80 do século XVI, dedicaram-se à fundação de inúmeras escolas para crianças pobres. Os beneditinos também se dedicariam à mesma causa, especialmente na Áustria e na Bavária. Já na Alemanha, foram os franciscanos que fundaram ginásios. Para o ensino de meninas, notabilizou-se a prática das ursulinas (Messer 1935, p. 220). De todas as ordens, aquela, porém, que teve maior efeito irradiador foi a dos jesuítas, que, de um modo ou de outro, influenciou toda a Europa católica.

Como se sabe, a Companhia de Jesus, no modelo em que foi organizada, assumiria para si disposições canônicas decretadas pelo Concílio de Trento (1545-1563). Como sublinha, a respeito disso, August Messer (1935, p. 219): "Recorda-se ao clero seus deveres nesse sentido; aos bispos, encomenda-se a missão de fundar seminários e escolas para a formação dos futuros sacerdotes... Análoga recomendação se faz aos párocos acerca das escolas paroquiais e populares". Todavia, há de se lembrar que foi antes do concílio – exatamente em 1540 – que o papa Paulo III consagrou a congregação jesuítica, ordem regular do catolicismo que – segundo Compayré (1970, p. 464) – sempre "confundiu o amor a Deus e os interesses do papa".

Deve-se lembrar que *A revolução das órbitas celestes* de Copérnico era também publicada naquele ano de 1543, pouco antes da morte do seu autor. Os trabalhos do Concílio de Trento tencionaram restabelecer a disciplina religiosa da Igreja, inclusive contra os perigos que vinham a lume pela irradiação dos impressos. Teria havido, no século XVI, uma multiplicação intensa da atividade editorial e livreira, devida não apenas à técnica tipográfica, mas também ao uso prático do papel que, mesmo antes, progressivamente substituía o pergaminho. A leitura que, anteriormente, era praticamente confinada a camadas eruditas e clericais, pouco a pouco seria secularizada – tornando-se laica. A reunião do concílio, além dessa finalidade repressora, deveria estabelecer instrumentos de persuasão para cativar novos fiéis para a fé cristã, para engrossar as fileiras do clero, e, consequentemente, para o poderio transnacional da Igreja católica.

A ação pedagógica da Companhia de Jesus

Foram criadas novas ordens religiosas, dentre as quais a dos oratorianos e a dos jesuítas. Fundada por Inácio de Loyola, a Companhia de Jesus é anterior ao Concílio de Trento, datando de 1534 e tendo sua fundação aprovada pelo papa Paulo III em 1540. Desde o princípio, sua finalidade era explícita: "O jesuíta, miliciano de Jesus, consagrar-se-á à pregação, à evangelização e ao ensino" (Herman 1981, p. 141). A proposta da Companhia de Jesus era a de dedicar-se ao que passaram a chamar "devoção moderna: aos olhos dos contemporâneos, o equilíbrio existente entre a vida ativa e a vida ascética" (Guillermou 1999, p. 15). Constituindo-se um braço armado do catolicismo, a Companhia de Jesus deveria fazer frente não apenas ao impacto vigoroso que a Reforma protestante vinha ganhando à época, como também à multiplicação de diferentes formas de heresia. O primeiro colégio da Companhia de Jesus foi aberto em Messina, em 1548.

A grande diferença entre os jesuítas e as outras ordens religiosas mais tradicionais do catolicismo residia no fato de os membros da Companhia de Jesus não serem preparados para o ascetismo quase monacal que chegou a imperar na Idade Média. Os jesuítas, pelo contrário, deveriam ser cultos e argutos exatamente para lidarem com os assuntos do mundo, oferecendo aos ingressantes o que supunham ser a mais primorosa cultura científica e a mais atenta formação religiosa para proceder a uma sólida formação do clero. O papel pedagógico dos membros da Companhia de Jesus aliava-se a uma declarada função catequética. Ensinavam em seminários episcopais para propagação da atividade eclesiástica, dirigindo-se tanto à formação dos quadros da própria companhia como também do clero secular. Embora tivessem membros de seus quadros ensinando em universidades, os jesuítas obtiveram papel extremamente destacado na civilização escolar que, com a atividade educacional dos colégios, ganha lugar nos países europeus de tradição católica.

A projeção do regulamento que norteou a vida cotidiana dos colégios teve uma característica singular: os pioneiros dessa iniciativa recolhiam sistematicamente apontamentos que registravam o dia a dia dos diversos colégios já em funcionamento sob a direção da Companhia de Jesus. Das experiências práticas, deveria ser deduzido um código de ação comum que, doravante, nortearia os procedimentos administrativos e pedagógicos dos diferentes colégios. Para tanto, foram observadas, registradas, compartilhadas e sugeridas as práticas pedagógicas consideradas mais bem-sucedidas. Em 1586, um primeiro projeto veio a público, contemplando a seleção e a organização do material coletado, para que, em 1599, fosse publicado o regulamento dos estudos que prosseguiu "vigente até a atualidade, salvo as modificações introduzidas em 1832, em virtude das distintas circunstâncias da cultura" (Messer 1935, p. 223).

Os colégios conviviam com o duplo ideal pedagógico daqueles séculos XVI e XVII: em primeiro lugar, a cultura geral, de caráter enciclopédico, entendida como "cultura de distinção" (Petitat 1994, p. 80); como complemento, a propensão a se valorizar uma cultura da civilidade, que valoriza modos ajustados de comportamento social. Tratava-se de formar uma "elite letrada e as camadas sociais superiores, preocupadas em adquirir cultura geral" (*ibidem*). De alguma maneira, a própria cultura criava referências voltadas para servirem de exemplo. A característica distintiva do colégio jesuítico era a de "inspirar nos alunos o sentimento de honra" (Guillermou 1999, p. 26).

Eram, no caso da Europa, geralmente colégios de ensino secundário, que, embora fizessem constar de seu regulamento não discriminar à entrada pela origem social, exigiam dos ingressantes os conhecimentos básicos da leitura e da escrita, de modo que eles pudessem acompanhar aulas que eram dadas todas em latim. O colégio era dirigido por um reitor, que obedecia às orientações do provincial, cujo papel – por sua vez – seria o de supervisionar todas as instituições de ensino para assegurar a homogeneidade de sua estrutura interna. Cabe recordar que os jesuítas julgavam a si próprios como um poder à margem do Estado secular, vinculando-se diretamente a essa rede de domínio religioso supranacional. Daí o impasse que viveriam, no século XVIII, perante os poderes dos Estados absolutistas.

Embora o ensino fosse declarado gratuito, havia um articulado sistema de doações por parte dos familiares, que assegurava uma intermitente arrecadação de subsídios para os colégios. O documento do *Ratio* indicava claramente que ninguém poderia ser vetado à porta do colégio por ser de origem humilde. Contudo, para receber novos alunos, só seriam aceitas crianças que viessem acompanhadas por pais ou responsáveis. Seriam admitidos no colégio apenas aqueles que fossem filhos de pessoas conhecidas ou de cuja família se pudessem obter facilmente informações. A seleção à entrada vinha ainda acompanhada por uma prova. Sendo assim, observa-se claramente uma clivagem social muito nítida na porta de entrada da escola.

O latim é a língua oficial do Colégio Jesuítico: uma língua já em desuso na maior parte da Europa é, aqui, reinventada. O latim deriva do "modo parisiense", que constituía o sistema de ensino da Universidade de Paris, declaradamente adotado, a princípio, pelos colégios jesuíticos. Na universidade medieval, o estudante adentrava o território dos estudos respectivamente mediante as técnicas da *lectio* ou *expositio*, da *quaestio* e da *disputa*. A lição era o equivalente daquilo que hoje nomeamos aula expositiva: "Ler, ouvir e tomar notas era típico de uma época na qual a tipografia encontrava-se em seus primórdios e os livros eram caros, e os papéis escassos" (Duminoco 2000, p. 37). As questões, já na Universidade de Paris, compreendiam uma atividade exegética da preleção ou do texto, ainda que este viesse pelos apontamentos dos estudantes. As disputas remetiam-se para o aspecto crítico da apreciação do mesmo texto.

As aulas nos colégios jesuíticos seriam organizadas em explicações teóricas e em disputas. A explicação, dirigida pelos professores, ao mesmo tempo, a todos os alunos da classe, seria seguida da disputa – na verdade, um debate (calcado na tradição dos debates da Universidade de Paris), por meio do qual todos os estudantes teriam a oportunidade de falar sobre o assunto. Nesse sentido, a recordação da matéria incluiria aspectos diversos e polêmicos sobre o mesmo tema; discussão essa que seria sucedida por um julgamento, sob controle dos responsáveis pela administração do colégio, bem como dos professores. Esse modelo de aprendizado era bastante tributário do método de ensino posto em prática pela Universidade de Paris, ainda no século XIII. Todavia, o colégio adapta a metodologia da aula universitária, para adequá-la a seus próprios interesses. Pode-se dizer que, quando os jesuítas se apropriam do modo parisiense de ensinar, as questões transformam-se em dúvidas. A *questio* não é mais uma indagação intelectual plena, mas é sua limitação ao eventual esclarecimento de dúvidas esparsas, bem como a práticas de repetição da matéria com objetivo de memorização. A acepção de disputa, por sua vez, compreende uma perspectiva bastante diversa daquela que dirige a prática universitária. Deixa de ter aquele caráter espontâneo para se constituir no torneio ou debate premeditado pelo olhar fiscalizador do mestre. O sistema do ensino básico do colégio estrutura-se, sucessivamente, pela preleção, pela retirada das dúvidas e pelo exercício. Petitat comenta, por sua vez, que "os exercícios orais cedem lugar aos trabalhos escritos" (Petitat 1994, p. 81). Cria-se, mesmo assim, um intenso sistema de emulação dentro da sala de aula – "prêmios, recompensas, apresentações públicas dos melhores trabalhos, sofisticação da competição no interior das classes, coisas ignoradas pela pedagogia medieval" (*ibidem*, p. 82).

O colégio dos jesuítas supunha uma divisão do estudo em dois grupos: um curso inferior e um superior. O primeiro bloco era composto por matérias preparatórias daquilo que posteriormente equivaleria aos estudos da Faculdade das Artes. O primeiro ano incluía as seguintes matérias: latim, leitura, escrita, grego e catecismo. As mesmas matérias seguir-se-iam nos dois níveis subsequentes.

Após os três primeiros anos de gramática, estruturavam-se dois anos de retórica. Em quaisquer desses níveis, não havia autorização para o estudo da língua vernácula, qualquer que ela fosse. Todo o curso era em latim – a língua oficial do colégio. Depois desse primeiro bloco, passava-se aos estudos superiores, nos quais predominava a filosofia aristotélica. Procedia-se, então, ao estudo das artes liberais propriamente ditas, com largo predomínio dos saberes do *trivium* e, depois, da teologia. Em todos esses graus, os exercícios acadêmicos compunham-se de preleção, repetição, declamação, memorização e imitações literárias.

"Virtude e letras. Esse era o objetivo que coincidia integralmente com o programa dos colégios (...): *scientia et mores*; *doctrina, pietas, litterae*; *virtus et litterae*. Esse era o ideal que tanto jesuítas como protestantes pretendiam incitar em suas escolas: a aquisição da verdadeira sabedoria cristã" (Duminoco 2000, p. 40). Tratava-se de adotar a preleção como técnica de ensino para, por meio dela, fortalecer a cultura clássica, que, especialmente nos colégios jesuíticos, seria organizada por três línguas fundantes: o latim, o grego e o hebreu. Essa prioridade conferida à cultura clássica e à Antiguidade tinha, antes de tudo, o intuito de demarcar distinções na ordem social, de maneira que o domínio do latim – por exemplo – firmasse socialmente diferenças sociais diante de todos os que não se habilitassem ao conhecimento da língua. Era como se o colégio houvesse reinventado o latim. Como bem observa, sobre o tema, Petitat (1994, p. 80): "Essa transformação do papel do latim no ensino se dá em um momento em que esta língua deixou de ser empregada nos negócios e na administração". Tratava-se de uma língua que praticamente não era mais falada pelas populações europeias e que, mesmo assim, ocuparia o lugar que poderia ter sido destinado às línguas vernáculas. Foi o aprendizado do latim que "fez surgir inúmeros e tediosos exercícios, como declinações, conjugações, temas, versões, composições, declamações, estudos de sintaxe, de versificação, de estilo etc." (*ibidem*). O colégio reinstala o primado da língua latina exatamente para inventar uma realidade distintiva e para estabelecer clivagens sociais. Os exercícios de retórica incitavam os estudantes a tomar qualquer dos partidos, de maneira que exercitassem a habilidade oratória – fosse para um lado, fosse para o lado contrário.

O colégio, que reinventa o latim, cria uma realidade que se perpetuará. Não se trata de reprodução de distâncias sociais previamente estabelecidas, mas sim de produção de uma cultura específica e diferenciada – uma civilização escolar. O axioma básico que dirigia a educação no colégio era o seguinte: a família, a comunidade e a realidade cotidiana corrompiam de diferentes maneiras a mente ainda branda da criança. Naqueles séculos XVI e XVII, a burguesia enriquecida já se apoderava significativamente de muitos dos bens da nobreza. Não era capaz, todavia, de adquirir os modos de se comportar adequados. Daí a necessidade de afastar o aluno de sua vida comunitária. Tratava-se de expurgar do dia a dia qualquer interesse rotineiro, instantâneo, ou – por assim dizer – espontâneo. Com os jesuítas, cujo código de ensino funda o que a didática nomeia hoje de "método tradicional", tratava-se de afastar primeiramente o estudante de vínculos comunitários; tratava-se de fazer despertar nele novos e inusitados interesses – dirigidos pela pauta da educação do colégio. Os melhores alunos serão contemplados com prêmios. Os piores serão rebaixados ou, até mesmo, expulsos do colégio. E há uma carga moral muito forte nessa ideia de melhor aluno – em geral o mais obediente.

> E é bem verdade que essa humildade será inculcada na criança muito menos pela consideração direta e consciente dos dogmas do que por hábitos tácitos, por toda a vida do estudante, de se curvar perante imperativos, de aceitar plenamente ser dirigido. Ao mesmo tempo, ruptura com o mundo, desconfiança face ao mundo, exorta-se o aluno a se afastar e a se preservar do mundo: trata-se da reclusão do internato, trata-se do mundo latino, que significa, antes de tudo, afastar-se no passado e que, além do mais, é construído para encarnar o tema da renúncia. Em suma, é a criação de um universo puramente pedagógico, no qual o pedagogo pode esperar reinar sem concorrência – e é a condição para que uma vigilância integral possa pretender retificar, derrubar, desenraizar os desejos da criança. (Snyders 1965, pp. 80-81)

Para os jesuítas, a criança deveria ser subtraída o máximo tempo possível do convívio familiar (os colégios eram, geralmente, internatos), de maneira que se criasse um ambiente purificado, exclusivamente pedagógico, no qual o jovem poderia ser protegido das mazelas e maldades do universo exterior – por intensa vigilância, que contivesse possíveis arroubos de espontaneidade. Nos termos de Georges Snyders (*ibidem*, p. 47), tratava-se de "não deixar a criança em contato com o mundo, não deixá-la conduzir-se por sua própria impulsão, por seu movimento natural, mas tratava-se de vigiá-la sem cessar, para remodelá-la sem cessar; essa era a tarefa do internato tal como ele foi instituído no século XVII".

O colégio tencionava dirigir o espírito do aluno para o desapego e o desprendimento dos bens de uma cultura mundana e material imperantes na sua realidade cotidiana. Tratava-se de aproximar o jovem da beleza dos clássicos, fomentar a paixão pelo estudo e a fruição do aprendizado de uma cultura letrada, que somente o colégio poderia oferecer. Assim, a estrutura da vida escolar já se esboça, nesse princípio da Idade Moderna, pelo afastamento e por algum conflito entre valores da família, por um lado, e do colégio, por outro. Para viver plenamente os usos e costumes do ambiente do colégio, os alunos deveriam ser suficientemente afastados de todos os atrativos oferecidos pelo ambiente comunitário: "A primazia conferida ao mundo antigo é derivada de uma visão de mundo pela qual inovar, criar uma opinião nova são termos aos quais se pretende conferir um sentido radicalmente pejorativo" (*ibidem*, p. 82).

A vida na escola separava-se propositalmente da vida "lá fora". A cultura é compreendida como bem desinteressado, independente, portanto, de quaisquer atrativos exteriores. Para separar a criança e protegê-la dos males do mundo, os primeiros livros escolares terão como característica a apresentação de certo modo aleatória de excertos seletos, ou seja: recortavam-se as obras dos grandes autores para oferecer ao alunado apenas trechos que fossem considerados pertinentes diante da moral imperante no internato.[1] Nos termos de Petitat (1994, p. 80), acontecia o seguinte:

> Desejando seguir a onda humanista, expurgando-a de seus elementos contraditórios com a fé católica, os jesuítas foram levados a selecionar severamente as matérias ensinadas. Eles garimpam os textos dos escritores antigos, pagãos e profanos, extraindo aquilo que serve à fé católica. Os personagens gregos e romanos são despojados de sua historicidade e tornam-se "figuras emblemáticas de virtudes". Os jesuítas truncam os textos e tomam parte ativa no surgimento de uma literatura de "textos escolhidos", a qual se presta admiravelmente bem aos múltiplos exercícios e ao aprendizado formal das línguas antigas. Ao mesmo tempo, contribui para erigir um mundo fechado e abstrato, proteger a criança de exemplos nefastos.

---

1. "O exterior, ou seja, a organização, o aparato administrativo é uma forma exata do interior, do espírito que anima essa pedagogia: o internato, seus regulamentos, mesmo seus rituais representam concretamente, significam concretamente um tipo de educação que se estabelece, a partir da desconfiança perante o mundo adulto, e quer – nessa medida – separar a criança, para fazê-la viver em um 'alhures' pedagógico purificado, esterilizado, mas isso apenas não é suficiente: mesmo transplantada para outra atmosfera, a criança permanece sendo a oferta mais fácil para o mal; aquele a quem o natural é o mais profundamente marcado pela tentação do mal – e é por isso que se deve, sem interrupção alguma, retê-la, preservá-la; uma vigilância constante que visa a uma retificação, a um afastamento, a um desapego de tudo aquilo que se poderia nomear espontaneidade infantil. Talvez seja bom evocar aqui um último exemplo da organização própria a constituir esse universo vigiado: os excertos escolhidos e expurgados. Todo contato é perigoso com aquilo que não foi ainda purificado e expressamente transformado pelos pedagogos: não apenas o reencontro com os homens e com o mundo, mas também com os livros, os autores, muitas vezes até os melhores dentre esses; daí os educadores do século XVII não proporcionarem aos alunos nada para além de excertos criteriosamente selecionados" (Snyders 1965, pp. 47-48).

Pode-se dizer que, em nome da moral, metodicamente o colégio procedia à separação das crianças umas das outras. Soma-se a isso uma contínua vigilância sobre os alunos e – pelo incentivo a práticas de delação – dos próprios alunos uns sobre os outros. As matérias foram graduadas, o tempo tornou-se horário, o espaço compôs-se por classes. Tudo isso, de algum modo, contribuiu para que o colégio se ordenasse internamente como se de uma clausura se tratasse. Todos se submetiam à racionalidade imposta pela disciplina:

> Assim, os graus e as classes têm também a vantagem de introduzir uma maior ordem e de manter os estudantes sob a supervisão constante dos mestres. Crianças e adolescentes são submetidos ao mesmo regime (...). Antes o tempo do aluno dividia-se em largos períodos, adaptáveis ao ritmo do estudante (...). Depois, este tempo é repartido em períodos anuais, horários estritos e bem carregados dividem as matérias pelos dias e horas. Relógios e sinetas, já presentes no século XV e muito difundidos no século XVI, marcam agora as atividades escolares. Os alunos dispõem de um tempo limitado para assimilar determinadas matérias, para entregar os temas e para apresentar-se aos exames. (*Ibidem*, p. 79)

Sabe-se hoje que a nossa ideia de infância é bastante recente e se inscreve no desenvolvimento do que pode ser compreendido como mentalidade moderna. A criança é fonte do sentido humano de pureza e de proteção, devendo ser, pois, preservada da perversidade do mundo adulto (Postman 1999b). O adulto, diante da constatação da inocência original da criança, passa, em relação a ela, a agir com certo pudor, resguardando-a de temas e de problemas que passarão a ser, progressivamente, compreendidos como "conversa de gente grande". Os colégios virão atender a essa demanda educativa das populações, que pretendem dividir a tarefa pedagógica com outra instituição, especializada exatamente na cultura letrada: o colégio (Ariès 1981).

Os colégios, por sua vez, pretendem abertamente afastar a criança de seu universo primeiro, ambientando-a em um mundo especificamente pedagógico – livre das concorrências possivelmente trazidas pela lembrança da vida familiar e comunitária. Ora, para tanto, era imprescindível mobilizar a atenção dos estudantes para novos elementos possivelmente atraentes, mas que compusessem um tipo de interesse exclusivamente escolar. Por isso, foram os jesuítas que inventaram para a escola os trabalhos de grupos, procedendo a uma adequação do sistema de disputas do *modus parisiensis*, vertendo-o para estratégias de torneios, competições, prêmios e classificações que tinham por finalidade a emulação do aluno. Por isso, também, os jesuítas desenvolviam exercícios cênicos nos colégios, esses colégios que – diga-se de passagem – são considerados a gênese do que hoje chamaríamos de método de ensino tradicional. Compreender, portanto, a tradição dessa específica orientação pedagógica requer examinar as práticas educativas em curso nos primeiros estabelecimentos de ensino da Idade Moderna e meditar sobre elas.

Os colégios favoreciam a mobilização da cultura antiga. Aos alunos era vedado conversar na própria língua vernácula, qualquer que ela fosse. Valendo-se do fato de a Companhia de Jesus vincular-se diretamente ao Vaticano e constituir, portanto, um poder à margem dos Estados nacionais, a língua oficial dos colégios jesuíticos era o latim. A língua ganhava, então, uma finalidade própria, que evocava cultura e autores romanos. O ambiente do colégio favorecia a retórica. A emoção traduzida no ambiente da retórica acentua o papel da verdade, acrescendo, à argumentação racional, meios e recursos necessários para capturar e convencer o auditório. A eloquência, como arte, excita sentimentos: "Efetivamente a retórica se edifica sobre essa afirmação de que os homens se determinam por suas emoções e por suas paixões e não por uma clara consciência de seus motivos – 'na maior parte dos casos, não amamos as coisas porque as julgamos verdadeiras, mas nós julgamo-las verdadeiras porque as amamos'" (Snyders 1965, p. 124). Tratava-se de, pelo exemplo da eloquência, formar o jovem para o *savoir-vivre*.

Do texto do método jesuítico, deve-se salientar também o recurso privilegiado a estratégias de memorização. Técnicas oratórias e mnemônicas sinalizavam para os trechos a serem recordados e, assim, eternizados. A história é ali encarada como uma coletânea de exemplos que devem ser resgatados do passado para nortear o tempo presente. Também a produção escrita trilhava esse conjunto de excertos seletos, firmados para registrar a tradição de saberes escolares criteriosamente pinçados do acervo cultural acumulado pela tradição. O colégio vale-se de exercícios e de disputas para verificar o aprendizado e para motivar os estudantes ao domínio pleno do conhecimento transmitido. Nota-se, todavia, que o primado do debate fora substituído pelo binômio entre a exposição do professor e os exercícios dos alunos. Em qualquer dos casos, a escolarização era tida como uma oportunidade de travar contato com um metarrelato do conhecimento humano, de modo a hierarquizar as aquisições de cultura e classificar pessoas, sociedades e povos à luz de um conjunto de saberes fixado como repertório do homem letrado. A seleção do conhecimento era compreendida como tarefa institucional da escola. A vocação oral da universidade em seus debates era progressivamente deslocada pela marca escrita do exercício (Hébrard 1988).

Civilização de maneiras e racionalidade colegial

Existia nos colégios a explícita intencionalidade de racionalização de hábitos, de civilização de costumes e de ponderação de condutas que, progressivamente, possibilitariam às camadas burguesas emergentes adquirirem códigos de civilidade e de comportamento que as aproximassem das pessoas de extração nobre. Além disso, pode-se dizer que a própria época exigia que uma progressiva centralização e racionalização do poder levassem à produção de "uma perfeita e calculada ponderação da conduta, na avaliação milimétrica dos gestos, dos movimentos, da matização constante das palavras, convertendo-se – como observa Elias – em uma segunda natureza, manejada com elegância numa sociedade na qual esta era, junto com o controle dos afetos, o instrumento mais valioso na concorrência permanente pelo *status* e pelo prestígio" (Ortega 2002, p. 110).

Havia o propósito de refinamento – nas formas de agir e de falar, nos hábitos da conversação e no repertório dos assuntos. Para tanto, urgia polir as maneiras, com toda uma economia de pulsões e de paixões que objetivavam criar regularidades na vida em cidades. A sociedade de corte, que vigorava entre os séculos XVI e XVIII, diminuía o uso da violência física para acentuar o convívio humano, por suas homologias, distinções e fraturas simbólicas. O indivíduo vale pelo seu prestígio, pela honra e reputação adquiridos – mas também pela sua capacidade de previsão a médio prazo; pelo cálculo, pelo autocontrole; pela habilidade de frear impulsos e emoções. Os processos sociais racionalizavam-se e institucionalizavam formas de organização da vida. Esse é o embrião do modo ocidental de ser moderno: uns observando os outros, criando situações que vão do aprendizado ao embaraço. O próprio Freud reconheceria em *O mal-estar da civilização* que o processo civilizatório do Ocidente se desenvolveu à custa de uma "perda de felicidade pela intensificação dos sentimentos de culpa" (Freud 1997, p. 97).[2] Durkheim constata, no período, duas correntes pedagógicas diferentes, que, de um modo ou de outro, estariam ambas convivendo na estrutura colegial:

---

2. O criador da psicanálise assinala, ainda, sobre o tema, aspectos que nos parecem absolutamente atuais: "Na verdade, estamos habituados a falar de uma 'consciência de culpa', em vez de um sentimento de culpa. Nossos estudos das neuroses, aos quais, afinal de contas, devemos as mais valiosas indicações para uma compreensão das condições normais, nos levam de encontro a certas contradições. Numa dessas afecções, a neurose obsessiva, o sentimento de culpa faz-se ouvir ruidosamente na consciência; domina o quadro clínico e também a vida do paciente, mal permitindo que apareça algo mais ao lado dele. Entretanto, na maioria dos outros casos e formas de neurose, ele permanece completamente inconsciente, sem que, por isso, produza efeitos menos importantes... Por conseguinte, é bastante concebível que tampouco o sentimento de culpa produzido pela civilização seja percebido como tal, e em grande parte permaneça inconsciente, ou apareça como uma espécie de mal-estar, uma insatisfação para a qual as pessoas buscam outras motivações" (Freud 1997, pp. 98-99).

> Para uns, apegados ao saber, antes de tudo, o objeto principal da educação devia ser o de formar inteligências enciclopédicas; os outros, ao contrário, apegados ao dizer bem mais do que com a ciência propriamente dita, aspiravam antes de tudo a fazer mentes polidas, cultas, sensíveis aos encantos no intercâmbio das grandes mentes e capazes de cumprir um papel honrado. (Durkheim 1995, p. 214)

Os processos de educação letrada – e muito especificamente de educação escolar – são instrumentos privilegiados das eras moderna e contemporânea para inculcar formas de ser, de agir, de aparecer que – inconscientemente transmutadas em uma segunda natureza – exercem poderoso papel de controle, o qual, no limite, deverá – quanto maior for o grau de "civilização" da respectiva sociedade – ser interiorizado como autodomínio, autocontrole, autodeterminação. Tudo o que fugir desse padrão nos deixa com o sentimento de sermos culpados de alguma coisa que não nos parece correta em nós mesmos. Nessa direção, parte-se do postulado de uma primeira regulação exterior das formas de governo – ou aparência de controle – da vida interior. O propósito é que rapidamente esse governo de si seja efetuado por mecanismos internos à nossa mente, à nossa sensibilidade.

As boas maneiras – que os colégios sabiam oferecer – vinham acopladas a uma capacidade sociocultural de boa apreciação, à delicadeza dos gestos e ao refinamento das palavras. Parecia que "o medo direto inspirado no homem pelo homem diminuía, e o medo interno medido pelo superego crescia na mesma medida" (Elias 1993, p. 247). Os modelos culturais desse *ethos* aristocrático não estavam postos apenas no colégio. Há de se reconhecer também que a própria cultura escolar – em sua internalidade – muito provavelmente subvertia alguns desses padrões civilizatórios. Também não se tratava apenas de um movimento que, advindo exclusivamente dos estratos nobres, descia para a burguesia e para as camadas médias. Havia uma circularidade cultural, havia tensões e contradições – que, por vezes, confluíam por um entrelaçamento entre valores e formas de ser que se enraizavam em diferentes camadas da sociedade:

> Padrões de comportamento foram transmitidos não só de cima para baixo, mas, em conformidade com a mudança no centro de gravidade social, de baixo para cima. Assim, no curso da ascensão da burguesia, por exemplo, o código de conduta aristocrático da corte perdeu parte de sua força. As formas sociais tornaram-se mais relaxadas e, de alguma maneira, mais rudes. Os rigorosos tabus observados em certas esferas na classe média, acima de tudo os relativos ao dinheiro e à sexualidade, saturaram círculos mais amplos em graus variáveis até que, finalmente, quando desapareceu esse equilíbrio específico de tensões, em ondas alternadas de relaxamento e renovada severidade, elementos dos padrões

de conduta de ambas as classes fundiram-se num código novo e mais estável. (*Ibidem*, p. 267)

A fala era – para a órbita do colégio – instrumento de persuasão cortesã; era dispositivo de pregação religiosa; era, até mesmo, instrumento útil para a vida urbana mercantil. Mas não se pensava no futuro; a civilização do colégio era um presente sem passado – e com parcos olhares para o futuro. O colégio era tempo presente. Era vida social. Era sociabilidade. E o *modus parisiensis* adaptado para compor a estrutura do modelo pedagógico jesuítico não deixava de cumprir sua precípua missão: a de instruir com "ordem, rapidez na aprendizagem, exercício, disciplina" (Gomes 1991, p. 135). Contudo, diferentemente da prática universitária, o método do colégio é deslocado: do anterior binômio entre lição e disputa, tratava-se agora de passar diretamente da lição para o exercício escrito. Embora se mantivesse a prática das explicações de professores, este não é o principal recurso do colégio. Se, na vida universitária, a lógica da aula era composta pela reciprocidade entre lição e disputa, essa relação nos colégios se transmutaria para a ideia de "lição e exercício" (Hébrard 1988 e 2007; Chartier 1995). Diz João Batista Storck (2016, p. 144):

> Em geral as aulas na Renascença aconteciam da seguinte maneira: antes da *lectio* ou *praelectio*, o professor escolhia o trecho de um escrito clássico, latino ou grego, e discorria sobre o mesmo e sobre o proveito a ser tirado da leitura. Assinalava o gênero literário e, depois, fazia a leitura, frase por frase, explicando todos os seus componentes, assinalando os neologismos, os arcadismos, a etimologia das palavras etc. Além disso, relacionava o autor que estava sendo estudado com outros autores e extraía, finalmente, as ideias filosóficas e os ensinamentos morais. Importante destacar as chamadas glosas, que eram anotações que os alunos se apressavam em copiar e transportar, em seguida, para as margens de seus textos manuscritos. Como um verdadeiro tesouro, os alunos guardavam essas glosas que comunicavam a ciência do autor explicado pelos professores. A assimilação dos autores clássicos era importante pelo fato de os mesmos serem propostos por mestres do pensamento e modelos de vida virtuosa, algo importante nos estudos humanísticos. Logo após a *lectio* se faziam perguntas – *quaestiones* – do professor ou dos alunos com o objetivo de aprofundar a compreensão do que fora estudado. Utilizavam também as *disputationes* em latim com o objetivo de fixar a aprendizagem. Estas se constituíam em competições entre alunos ou de uma parte da classe com a outra, se estendendo, não raro, depois das aulas que tinham duração variada de sete horas.

Do aluno, após a lição expositiva, requeria-se não tanto a crítica ou o debate. Passava-se a repetir e a sistematizar por escrito o conteúdo que foi explicado.

Durkheim (1995, p. 231) comenta que, logo após a explicação, cada aluno deveria exercitar-se em um tema escrito comum. Assim, a composição escrita constituía parte integrante daquele modelo escolar que os jesuítas auxiliaram a engendrar.[3] Na verdade, a disputa pública também existirá no colégio jesuítico, mas apenas entre os estudantes mais destacados. O professor, nessas ocasiões, deveria conduzir o debate, que primava pelo rigor e também pela vivacidade. Os alunos deveriam demonstrar o que sabiam. Após o debate, caberia ao professor exarar um parecer de síntese da mesma disputa.

O colégio, para aquele princípio dos tempos modernos, edificar-se-ia mediante o silêncio e a ordem, mediante o ritual normalizado por classes e a disciplina estruturando padrões de conduta pública e coletiva, onde a cada um seria reservado um lugar específico e demarcado. Regulamentando seus colégios por um conjunto de prescrições intitulado *Ratio Studiorum* – literalmente, ensino pela razão –, tratava-se, para os jesuítas do século XVI, de estruturar um sistema de ensino que levasse cautelosamente os estudos clássicos para o aprendizado em classes, por escrito. Os estudantes eram, nos colégios, divididos em três anos do que chamavam de *studia inferiora*, compreendendo cinco matérias, sendo – para esse caso – três de gramática, uma de humanidades e uma de retórica. Depois disso, haveria um triênio dos chamados *studia superiora* de filosofia – que incluíam o aprendizado da lógica, da física e da ética. Finalmente, para aqueles desejosos de maior aprofundamento nos estudos, existia a possibilidade da *repetitio generalis*, que, pelo estudo de quatro anos de teologia, preparava os jovens para a prática do magistério nos colégios.

> É um edifício (para não dizer um monumento) de arquitetura sólida e com grande coerência interna. Num estudo desta natureza, não é fácil dizer muito mais do

---

[3]. "Durante a aula, durante a recitação, os alunos não interrogados não podiam permanecer inativos; faziam temas. Ocorria o mesmo durante a correção. Essa correção era feita numa espécie de diálogo em voz baixa entre o mestre e o aluno implicado, que ia até a cadeira do mestre. Entrementes, os outros alunos 'exercitar-se-ão, diz o *Ratio Studiorum*, em imitar um trecho de um poema ou de um orador em compor uma descrição de jardim, de templo, de tempestade e outras coisas semelhantes. Compor-se-á uma frase de diversas maneiras; far-se-á a versão de um discurso grego para o latim ou vice-versa; por-se-ão em prosa versos latinos ou versos gregos; mudar-se-á o gênero de um verso em outro gênero; compor-se-ão epigramas, inscrições, epitáfios, far-se-ão extratos... dedicar-se-á a certos sujeitos das figuras de retórica etc.' Não é tudo. Eram aproveitadas todas as oportunidades que podiam estimular os alunos a exercitar-se, um tratado de paz, uma vitória, a canonização de um novo santo, a chegada de um governador etc. (...) Ao mesmo tempo em que os jesuítas queriam manter os alunos sempre ocupados em escrever, faziam questão também de que a diversidade dos exercícios prevenisse a saciedade" (Durkheim 1995, p. 232).

que o pouco que foi dito acerca do conteúdo do *Ratio Studiorum*, pois... ele é constituído por 466 regras e essas regras vão desde as obrigações do provincial aos deveres dos alunos da classe inferior de gramática. Além disso, em ordem à formação intelectual, moral e religiosa dos alunos, o *Ratio* ocupa-se de temas como a admissão dos alunos, as relações com os pais dos alunos, os compêndios ou manuais e os livros de texto a utilizar ou a não utilizar ou a utilizar com reservas, sobretudo quando eram "inovadores" ou não estavam em total consonância com o dogma e com a moral definidos pelo Concílio de Trento..., as repetições, as disputas públicas e privadas, os desafios, as sabatinas, o uso do latim, os exames (escritos e orais), sua correção e avaliação, os prêmios e os castigos, a emulação, as férias e os feriados, a formação e a seleção de professores, as confissões, a piedade e os bons costumes..., o teatro etc. (Gomes 1991, p. 145)

Os jesuítas possuíam alunos internos e externos – nisso organizavam-se como os mosteiros: os internos eram aqueles preparados para compor o quadro de futuros membros da congregação, enquanto os externos eram os que não pretendiam seguir a vocação eclesiástica. Mas isso não foi diretamente observado, e progressivamente esses outros alunos passaram a ser admitidos também como internos. Os alunos internos eram alojados no pensionato do colégio. Os dormitórios eram coletivos, mas cada um possuía sua cela, que vinha separada das outras contíguas por uma divisória de dois metros, sendo fechada por uma cortina, para garantir a distância entre os estudantes. Diz Durkheim (1995, p. 226) que, nos colégios, a maioria dos quartos eram coletivos:

> Nesses dormitórios, cada um tinha sua cela, separada das outras por uma divisória de dois metros e fechada por uma cortina. As celas formavam duas fileiras paralelas ao longo da sala. Entre essas duas fileiras havia um corredor que servia de local de reunião para as preces, bem como para as repetições, as quais, como veremos, ocupavam um lugar considerável na vida do escolar.

Podem ser estabelecidas analogias entre o sistema do colégio e o regime dos claustros. Esse espaço disciplinar reparte os corpos e se organiza criteriosamente para "dividir em quantas parcelas quantos corpos ou elementos há a repartir" (Foucault 2003, p. 131). Tratava-se de proceder a uma orquestrada distribuição de pessoas para que os indivíduos pudessem ser, nesse esquadro, facilmente localizáveis. Os espaços criados são, a um só tempo, "arquiteturais, funcionais e hierárquicos. São espaços que realizam a fixação e permitem a circulação; recortam segmentos individuais e estabelecem ligações operatórias; marcam lugares e indicam valores; garantem a obediência dos indivíduos, mas também uma melhor economia do tempo e dos gestos" (*ibidem*, p. 135). Objetivava-se, no limite, articular o disperso e unificar aquilo que, por definição, era múltiplo.

Pode-se dizer que o sistema de ensino jesuítico expandiu-se, mais do que qualquer outro, na Europa dos séculos XVII e XVIII. Acreditava-se que os jesuítas, especialmente no nível secundário, ensinavam bem. Em virtude disso, em 1600, a Companhia de Jesus dirigia já mais de 300 colégios. Em 1710, esse número subiria para 612 (Guex 1913, p. 97). Havia ali elementos que, para a ordem dos tempos, podem ser tomados por progressistas. A gratuidade do colégio era assegurada, embora as instituições costumassem contar com donativos das famílias. Se a demanda era grande, pode-se dizer que o colégio perfazia sua tarefa histórica.

Não se pode deixar de identificar o contexto daquele princípio da era moderna, e muito particularmente a proliferação inaudita dos impressos que vinham à tona com um crescimento daí decorrente de práticas de leitura, que acompanhavam a multiplicação dos suportes técnicos que configurava os títulos de livros. Cumpria ao colégio regular aquele mundo da leitura, já que o território da impressão estava posto – e parecia torrencial e incontido. Pode-se considerar que "a principal meta do ensino é aprender a escrever; o meio são os exercícios de composição e a explicação dos autores antigos. De seis horas diárias de aula, uma deve ser dedicada a explicar, recitar as regras (gramática ou retórica), e todas as outras são feitas de leituras, explicações ou exercícios de estilo" (Durkheim 1995, p. 238). Os jesuítas acreditavam que os exercícios desenvolviam a memória e fixavam o aprendizado. Pelos exercícios, o conhecimento era sistematizado e fixava-se na memória. O exercício era, em si, a principal estratégia do rito de escolarização colegial.

O império dos jesuítas na formação dos escolares

O método de ensino dos inacianos seria explicitamente definido em 1599. Como vimos, o código normativo que se consagrou com o nome de *Ratio Atque Institutio Studiorum* debruçar-se-ia na análise do que já se passava no cotidiano dos colégios da Companhia de Jesus, para, em virtude dos dados coletados, elaborar um verdadeiro programa escolar. Nesse programa de ensino, havia claras propostas de divisão de estudos, matérias a serem trabalhadas nas diferentes classes dos diversos níveis, explicitação de deveres dos professores, dos alunos e dos próprios administradores da escola – reitor e prefeitos dos estudos. Para elaborar o conjunto de prescrições que estrutura esse regulamento dos colégios da Companhia de Jesus, a ordem contou, portanto, com trabalho sistemático de investigação a propósito daquilo que, na rotina escolar, supunha-se que "desse certo". As técnicas de ensino tidas por mais adequadas; os procedimentos reputados exitosos; as estratégias de ensino-aprendizado, enfim, mais eficazes... Tais eram as indagações que a redação do documento procuraria responder.

O texto normativo do *Ratio Studiorum* contou com efetivo engajamento de membros da companhia que corriam os colégios especialmente para coletar informações. A questão colocada aos líderes desse empreendimento – como observa Dominique Julia (1997, p. 35) – não era de todo simples: "Como manter a unidade doutrinal de um corpo em plena expansão sem tolher ao mesmo tempo ou, no mínimo, conter, com firmeza, a investigação intelectual de seus membros?". A resposta oferecida pelo modelo do colégio era simples: todos os elementos que contrariassem ou concorressem com "verdades" professadas pela doutrina católica deveriam ser expurgados: "Se quaisquer argumentos de Aristóteles ou de algum outro grande filósofo for contra a fé, o professor se aplicará a refutá-los com força, segundo as diretrizes do Concílio de Latrão" (*Ratio Studiorum* 1997, p. 124).

Nessa medida, os colégios não apenas elegem e selecionam a triagem das matérias abarcadas pelo currículo, mas também garimpam textos de escritores da Antiguidade, para conferir à história – especialmente greco-romana – um caráter exemplar, como se seu propósito básico fosse o de evocar vultos modelares da Antiguidade, aliando a isso o necessário aprendizado das línguas grega e latina. Não há, nessa medida, preocupação quanto à historicidade, e as obras trabalhadas deveriam ser recortadas como excertos seletos. No século XVII, a própria acepção dos estudos históricos era compreendida como um encadeamento de fatos transitórios; história não deveria ser, portanto, prioridade em um modelo pedagógico voltado para a busca da permanência. Quando muito, caberia a ela informar sobre grandezas e proezas exemplares de eminentes personagens da Antiguidade greco-romana. A conduta do aluno seria – essa era a intenção – modelada à luz de referências tidas por recomendáveis na figura dos vultos heroicos. Diz Durkheim (1995, p. 230) sobre o primado da Antiguidade no currículo dos colégios o que segue:

> Era uma espécie de axioma que uma civilização adquire um valor educativo somente com a condição de ter-se afastado um pouco no tempo e de ter assumido, em algum grau, um caráter arcaico. O presente era visto com desconfiança; o educador devia esforçar-se para desviar dele o olhar das crianças; admitia-se implicitamente que a realidade atual é mais feia, mais medíocre, de um contato pior pelo próprio fato de ser atual e de que a humanidade se humaniza à medida que recuar no passado. Veremos adiante como esse princípio se estabeleceu entre os jesuítas, o que se deve a um dos caracteres mais fundamentais de sua pedagogia.

As ciências da natureza eram também vistas pelos colégios com extrema reticência e desconfiança, dado que – se levadas à radicalidade – poderiam afastar o indivíduo do reconhecimento e do respeito tácito pelos mistérios divinos. A retórica, por seu turno, era bastante incentivada: criava-se toda uma atmosfera oratória, mediante a qual a declamação e o hábito de compor e de recitar discursos eram compreendidos como fontes da vitória pública pela habilidade no uso da palavra. O conhecimento retórico é uma das características mais refinadas do ensino tradicional, expresso pelas várias ocasiões em que se aplicavam técnicas de oratória. A retórica – como se sabe – não diz o discurso racional, mas pretende dirigir-se aos corações, persuadir: "A verdade não é suficiente por si; é às paixões que nos devemos dirigir, excitar uma paixão por outra, contrabalançar uma paixão por outra" (Snyders 1965, p. 124).

A concretização do ritual escolar preconizado pelo *Ratio Studiorum* fundava-se na elaboração de inúmeras estratégias que tinham por finalidade tornar atraente o ensino ministrado. Se os interesses concretos das crianças não deveriam ser levados em consideração, tratava-se de forjar novos interesses: recompensas, incentivos, debates e competições, prêmios públicos, torneios e teatro. No seu princípio e por princípio, essa proposta de ensino não supunha apenas – como, por vezes, se acredita – a palavra do professor e a passiva recepção do conteúdo por parte do aluno. Atividades sistemáticas de debates e de competições acompanhavam os próprios exercícios sistematizados em aula. Os mesmos debates, entretanto, diferiam da acepção medieval/universitária de disputa, posto que, no colégio, o estudante era preservado das controvérsias e das polêmicas intelectuais de seu tempo. Os debates, mesmo assim, eram constantes e vivazes – no seu caráter eminentemente didático. Havia nos colégios dispositivos voltados para se exercitar o aprendido, inclusive para fomentar a memorização; esta, sim, bastante valorizada:

> (...) no internato, seus regulamentos e sua reclusão, nós temos – por assim dizer – a educação como mundo edificado à margem do mundo. Por suas regras e pelos hábitos que codificam a emulação, nós veremos agora como funciona esse mundo artificial, voluntariamente artificial, e de quais recursos o educador lança mão para tomar o lugar das impulsões naturais que ele deseja derrocar. (Snyders 1965, p. 48)

A obrigação do uso do latim, mesmo nos horários de intervalo e de recreios, impedia que os alunos se remetessem a assuntos do cotidiano: em latim, não há gírias, não há palavrões. O latim do colégio é dispositivo de controle.

Acerca dos colégios dirigidos pela Companhia de Jesus, constata Compayré (1970, p. 182):

> É incontestável que, por vários aspectos, as novas casas de educação ofereceram às crianças recursos dos quais não dispunham os antigos colégios da universidade. A ordem e o silêncio reinavam nas classes e nas salas de estudo. A obediência era lei tanto de mestres quanto de discípulos. O regulamento prescrevia a cada professor que se ocupasse individualmente de cada aluno, para seguir seus progressos, interrogá-lo frequentemente, aguardar alguns minutos ao final de cada lição para responder às questões daqueles que não houvessem compreendido bem. A Companhia de Jesus parece mesmo haver realizado um esforço para dominar os preconceitos da época, e abrandar na estrutura das classes aquela desigualdade social que só retomava seus direitos à saída do colégio.

Havia um explícito propósito de fomentar a competitividade; com práticas claras de incentivo à rivalidade entre os alunos. Os jesuítas sabiam que isolavam os alunos de seu espaço envoltório, levando-os a perder contato com os elementos mais atraentes de sua realidade. Tal estratégia poderia ocasionar alguma dificuldade, posto que tudo o que, de fato, interessaria ao menino estava fora da escola. Nessa direção, a Companhia de Jesus julgava imprescindível criar novas fontes de interesse, outros elementos que fossem atrativos para o aluno. Cumpria substituir as fontes de alegria da vida cotidiana por momentos diferenciados de uma dada alegria cultural – aquela satisfação que, no parecer dos jesuítas, somente a cultura poderia proporcionar. Sendo assim, os colégios cultivavam certa diversidade em alguns momentos de seu ritual de trabalho, como se esses se apresentassem como as oportunidades autorizadas para se fazer coisas prazerosas.

Debates, torneios, teatros – sempre mediante a tônica da competição. Os colégios fomentavam o que supunham ser uma saudável rivalidade. Acreditavam que a emulação era estratégia importante para o sucesso da tarefa de ensinar. Ao colocar os estudantes como rivais entre si, julgavam incentivar o aprendizado. Por tal razão, os melhores alunos teriam seus trabalhos expostos, receberiam recompensas, seriam simbolicamente premiados. Era comum a existência de cerimônias em que os alunos bem-sucedidos declamariam ou fariam exposições para um público não apenas composto por estudantes, mas também por professores dos colégios e por pais. O objetivo era mesmo o de diferenciar os melhores. Pode-se dizer que, na estrutura ali engendrada, a atribuição de honras específicas aos alunos mais destacados se apresentava fonte de aprendizado, tanto quanto os castigos. Era o universo da emulação, da disputa, da competição.

Nos torneios, as próprias classes eram divididas e preparavam exercícios públicos. Uma turma era chamada de "romanos" e a outra de "cartagineses". Um dos campos venceria o torneio, que se centrava geralmente sobre algum assunto de gramática ou sobre um tema latino qualquer. Todos os meses, proclamava-se o resultado do mês anterior, e o torneio recomeçava. Os integrantes de cada classe eram, outrossim, agrupados em grupos de dez – as chamadas "decúrias" do colégio. A liderança de um deles tornava-o "decurião" ou monitor do grupo. Os estudantes eram, assim, submetidos a procedimentos e técnicas que os estimulassem a se desafiar e a se corrigir reciprocamente. A rivalidade – supunha-se – poderia contribuir para tornar o ensino coisa prazerosa. É de notar esse fato, posto que – como visto – a matriz jesuítica é considerada a pedra fundadora do dito "ensino tradicional".

> A decúria senta-se no mesmo banco, sob a supervisão de seu decurião, que tem direito a um banco à parte; é o decurião que assinala as ausências, marca as notas, faz recitar as lições, verifica se os deveres foram entregues suficientemente bem apresentados; ele é quem exigirá silêncio e atenção de seus camaradas. A concorrência é particularmente acirrada entre as decúrias; cada aluno de uma decúria tem um rival específico na decúria correspondente ao campo adversário. Trata-se, incessantemente, de vigiar seu concorrente e de procurar apreender, de sua conduta – em nome de tal dever e com essa responsabilidade – um erro qualquer naquilo que ele diz, tomar imediatamente a palavra em seu lugar se ele hesitar em fazê-lo quando indagado. (Snyders 1965, p. 51)

O professor delega ao decurião uma parcela de suas responsabilidades perante a classe. Além disso, reparte com todos os seus alunos a função da vigilância: uns sobre os outros, cada qual especificamente com seu competidor. Tal dinâmica corresponderia a uma motivação real para os jovens: o desejo da competitividade. Pode-se, portanto, considerar que a educação escolar deslocou os interesses concretos da criança para circunscrever um mundo de saberes abstratos e distantes que se fizesse motivo para a fabricação de novos desejos; como se a educação consistisse, no limite, a caminhar na contramão dos "desejos imediatos da criança, visto que isso aparece como instrumento privilegiado para salvá-la de sua fraqueza, de sua corrupção espontânea" (*ibidem*, p. 54).

Tratava-se de fomentar a curiosidade intelectual por si mesma, fazer do estudo um objeto de desejo, incentivar a vontade da descoberta, a inquietação com o saber. Evidentemente que esses "homens de saber" da Companhia de Jesus faziam frente – mesmo sem ter consciência disso – a qualquer acepção de aristocracia de sangue ou de espada. Esboçava-se, com a estrutura do colégio, uma camada social diferenciada – que adquire prestígio e honra por meio de maneiras bem-educadas. Essas são compostas pela cultura geral e desinteressada que o colégio fornece ao indivíduo, sem pretender torná-lo um intelectual.

Outrossim, cumpria ao colégio oferecer normas de conduta pública que dessem conta – para o futuro de seus alunos – de uma boa apresentação da cultura à sociedade. A bravura e o destemor dos combates seriam substituídos pela valentia do debate verbal. Trocava-se o império da força física pelo primado da habilidade de conversação. Essa conversação era pensada como arma política por excelência, argutamente mobilizada para "conduzir as tropas, praticar a amizade com um príncipe ou com uma nação estrangeira, efetivar tratados entre os reis" (*apud* Snyders 1965, p. 58). A instrução teria por missão implícita atenuar a brutalidade da vida pública, oferecendo refinamento nos modos de agir e repertório para pensar mais longe. Era o que julgavam os jesuítas.

História do Ratio Studiorum*: Colégios e práticas*

Em 1548, foi fundado, na cidade de Messina, o primeiro colégio da Companhia de Jesus. Na época a Universidade de Paris foi o modelo escolhido para compor o método dos estudos do referido colégio. Diz Leonel Franca (1952, p. 8) que "em matéria de repetições, disputas, composições, interrogações e declamações, o método adotado e seguido foi deliberadamente o de Paris, o *modus parisiensis*, que aparece constante e frequentemente na correspondência desses tempos primitivos". O modo parisiense derivava das formas pelas quais acontecia o ensino na Universidade de Paris. Ensinar à maneira de Paris significava partir de uma preleção, em que o professor lia e comentava o autor a ser estudado, passando depois à repetição, em que os "meninos eram convidados a dizer em voz alta o que haviam entendido ou compreendido. Os condiscípulos poderiam aproveitar para verificar sua própria compreensão, completar suas anotações e, se fosse necessário, intervir para corrigir ou acrescentar algo ao companheiro interrogado" (Demoustier 1997, p. 21). Em seguida, vinha a disputa ou concertação, que era uma espécie de adaptação da disputa universitária. Tratava-se de efetuar um debate entre os alunos para verificar a assimilação do que havia sido aprendido, bem como para fazer uma espécie de verificação do ensino (*ibidem*, p. 21). Esse autor (*ibidem*, p. 25) diz, aliás, que *ratio* quer dizer "maneira de fazer". E, pelos resultados que tinham, parecia que dava certo. Na época, os padres integrantes da Companhia de Jesus reconheciam, nas cartas que escreviam uns aos outros, a necessidade de abrir outras aulas de gramática, porque os alunos já eram quase

200. Em 1549, abriu-se mais um colégio na cidade de Palermo e, em 1551, fez-se a primeira "descrição completa do currículo e dos métodos seguidos no colégio siciliano" (Franca 1952, p. 11).

Mais tarde, quando outros estabelecimentos eram fundados nos diversos países da Europa, esse plano configurava-se como um projeto a orientar o funcionamento dos vários colégios da ordem. No final do século XVI, já eram 245 os colégios mantidos pela companhia (*ibidem*, p. 24). Havia inspeções periódicas nos colégios, e isso fez com que, nos termos de Leonel Franca, houvesse a "necessidade de um código de ensino que se impusesse com a autoridade de uma lei e assegurasse a semelhança e a uniformidade de orientação da crescente atividade educativa da ordem" (*ibidem*, p. 16). Do contrário, os colégios da Companhia de Jesus ficavam sujeitos a mudanças de orientação e aos interesses e às preferências individuais e particulares. Era preciso, portanto, um plano sistemático, que desse conta de estruturar o funcionamento das instituições, codificando normas e estipulando ações.

A primeira tentativa de codificação veio em 1586, e, assim como havia ocorrido em 1551, houve um esforço para que as orientações partissem das práticas já utilizadas nos colégios existentes. As diretivas estipuladas teriam partido, nesse sentido, das experiências bem-sucedidas nos colégios. Em 1581, a Ordem havia nomeado uma comissão para elaborar uma "fórmula dos estudos" (*ibidem*, p. 18). Essa comissão fazia o seguinte:

> Três horas no dia consagravam a consultas e discussões; o resto do tempo à leitura e ao estudo do acervo vultoso de documentos que lhe havia sido submetido à apreciação: estatutos e regulamentos de universidades e colégios, ordenações, usos e relatórios das diferentes províncias, costumes locais, princípios disciplinares, numa palavra, todo o imenso material pedagógico que se acumulara em mais de 40 anos de experiência e que agora entrava na fase da codificação definitiva. (*Ibidem*, p. 19)

Em janeiro de 1599, foi promulgada a versão definitiva do *Ratio Atque Institutio Studiorum Societatis Iesu*. Como diz Leonel Franca (*ibidem*, p. 23), "esse código de leis, que passava a orientar a atividade pedagógica da companhia, representava os resultados de uma experiência de meio século". Esse plano esteve em vigor até 1832, quando foi atualizado e modificado, de acordo com o espírito do tempo.

O código de ensino dos jesuítas merece estudo, seja por sua originalidade no tempo em que vigorou, seja pela maneira como as práticas escolares tangenciavam a matriz diretiva que as ancorava. Pode-se dizer, com Leonel Franca (*ibidem*, p. 27), que houve uma "pedagogia dos jesuítas". Os colégios todos funcionavam com base em traços comuns, daquilo que Leonel Franca (*ibidem*) chama de "fisionomia da família"; e foi essa experiência concreta dos colégios que deu o tom das prescrições contidas no *Ratio Studiorum*. Pode-se dizer, todavia, que, além da recolha da prática, além da ascendência que houve do método da Universidade de Paris sobre o espírito da orientação das técnicas dos colégios jesuíticos, deve-se sublinhar a influência de alguns autores humanistas nos padres que idealizaram o modelo do *Ratio*, em especial Erasmo e Vives. Houve, no caso deste último, apenas um encontro entre ele e Inácio de Loyola, o que seria muito pouco para justificar algumas semelhanças entre as duas propostas. Leonel Franca prefere atribuir as proximidades ao ambiente comum em que viveram. Em suas palavras:

> Os pontos de contato dos dois sistemas pedagógicos – predomínio do latim, exercício de memória, educação física por meio dos jogos, diminuição dos castigos corporais em benefício dos motivos de honra e dignidade – explicam-se pela atmosfera geral do Renascimento e pelo jogo natural de influências comuns. (*Ibidem*, p. 39)

É por isso que, para Leonel Franca, pode-se concluir que, em termos de currículo, o texto dos jesuítas, bem como suas práticas, são humanistas; já o método utilizado era parisiense e o espírito, em linhas gerais, era inaciano.

O Ratio Studiorum *jesuítico: Código educativo*

Diz Compayré (1970, p. 168) que o *Ratio* "é um verdadeiro programa escolar destinado aos colégios onde a companhia ministrava a instrução. Ele indica com uma extrema minúcia a ordem e a divisão dos estudos, o objeto do ensino em cada classe, os deveres e as funções de cada professor" e todos os demais aspectos que deveriam organizar o funcionamento dos colégios. Trata-se de um texto que, como vimos anteriormente, foi o resultado de dezenas de anos de debates e discussões. Trata-se de um texto produzido a partir da recolha do que se acreditava serem as experiências de ensino bem-sucedidas.

O espírito do regulamento que compreende a primeira orientação dos colégios da Companhia de Jesus identifica a instituição escolar como oportunidade de estudo destinada aos humildes, desde que evidentemente eles fossem meritórios e merecedores dessa prerrogativa. Seria imprescindível, ao aluno, revelar talento.

Tratava-se de formar uma nova aristocracia: a das letras. Note-se que os colégios tinham uma estrutura muito normalizada, para proceder a um ensino coletivo e eficaz, onde o tempo se transformava em horário, onde os espaços correspondiam à acepção coletiva da classe, com alunos divididos em variadas salas de aula, por níveis de aprendizado. Os dias de aula, bem como os feriados, seriam planejados com antecedência. Nesse sentido, ao prefeito dos estudos, responsável pela organização desses estudos, pela orientação e pela direção das aulas, caberia observar criteriosamente o cumprimento das disposições prescritas no livro do *Ratio*.

Todos os passos que estruturavam a organização da aula dos colégios jesuíticos vinham prefixados naquele pragmático texto do *Ratio Atque Institutio Studiorum Societatis Iesu*, que instituía o plano dos estudos projetado pela Companhia de Jesus. Tais preceitos, como visto, teriam sido decalcados de práticas escolares bem-sucedidas nos colégios da congregação em funcionamento. O documento produzido foi gestado a partir de ações instituídas nos colégios jesuíticos desde os anos 1540 até 1599. Versando sobre as tais matrizes normativas dos colégios, o *Ratio* não constitui, contudo, um tratado pedagógico. Trata-se, antes, de um conjunto de regras práticas que, por assim dizer, institui e preconiza um dado ritual escolar que tem vida longa no percurso da moderna escolarização.

Quanto a seu organograma, o colégio jesuítico era conduzido – como já se sabe – pelo reitor, auxiliado respectivamente pelos prefeitos de estudos superiores e inferiores. A coordenação pedagógica da instituição seria, de algum modo, compartilhada entre essas três figuras de direção, responsáveis pela coordenação interna das práticas pedagógicas em curso. Eram previstas, pelo referido documento, regras específicas tanto para o reitor quanto para o prefeito dos estudos. Todos os indivíduos que estavam no colégio eram sujeitos às suas normas, não apenas os alunos. O regulamento dos colégios jesuíticos trazia uma codificação bastante precisa para nortear as ações profissionais dos diversos agentes da vida escolar. Mas todos saberiam, também muito precisamente, quais seriam sua função e seus deveres. Pode-se dizer que a primeira coisa que chama atenção no *Ratio* é a ênfase nessa publicidade das normas. Todos os envolvidos deveriam ser notificados de todas as orientações. O documento propunha que "o livro do 'plano dos estudos' fosse familiar [ao prefeito dos estudos] e ele cuidaria para que houvesse a estrita observância das regras por parte de todos os estudantes e professores" (*Ratio Studiorum* 1997, p. 96). Além disso, a Companhia de Jesus encontrava-se dividida em circunscrições territoriais. E, à frente de cada província, encontrava-se um provincial, cujas funções eram as de nomear os prefeitos dos estudos e cuidar para que os professores e toda a estrutura administrativa do colégio zelassem pela observância dos preceitos do *Ratio*.

O reitor deveria demonstrar presença constante nos exercícios escolares, distribuindo as ocupações e visitando as aulas. Deveria estar presente nas disputas e em outras atividades desenvolvidas pelos alunos. Deveria encontrar substitutos para os mestres, quando estes faltassem. Deveria cuidar para que os professores falassem sempre apenas em latim e exigissem isso também de seus alunos. O prefeito dos estudos deveria ser um homem versado nas letras e nas ciências, com o zelo e a discrição necessários para desempenhar-se bem nas funções que lhe seriam confiadas no que toca à ordenação dos estudos. A preocupação com a classificação do conhecimento é bastante intensa na lógica de um raciocínio que entende o estudo como uma *ratio* específica. A preocupação com a ordenação e a classificação do saber é acompanhada por uma atenção que era dada à divisão do tempo e à regularidade de horários para organizar o calendário dos estudos, para começar e para terminar o período de aulas. O prefeito dos estudos era apresentado como um instrumento do reitor, já que a autoridade que possuía derivava da autoridade daquele. Deveria organizar os estudos, orientar e dirigir as aulas, de acordo com o livro do *Ratio*. Deveria, outrossim, observar para que tanto professores quanto alunos respeitassem as normas prescritas, bem como atentassem para os filósofos que eram a base doutrinária dos estudos da Companhia de Jesus. O prefeito dos estudos conferiria também se os professores ministraram toda a matéria pela qual foram responsáveis. O prefeito presidiria as disputas dos alunos, distribuindo o tempo e passando a palavra de uns para outros. Todos precisariam ter a sua vez de falar. O prefeito dos estudos prescreveria também o método de estudar e de ensinar. Ensinaria a disputar e faria a revisão da matéria a ser ensinada, para que todos os conteúdos a serem trabalhados fossem previamente analisados e aprovados. Os livros também precisariam ser criteriosamente examinados, e essa era outra tarefa do prefeito dos estudos. A propósito do assunto, Dermeval Saviani diz que "explicita-se no *Ratio Studiorum* a ideia de supervisão educacional" (Saviani 2008, p. 56). Isso significa que a função supervisora seria destacada – como complementa esse autor – das demais tarefas educativas. E essa função era confiada especificamente ao prefeito dos estudos. Isso indica também a "organicidade do plano pedagógico dos jesuítas" (*ibidem*), o qual seria, ainda segundo Saviani, um verdadeiro sistema educacional.

Os professores eram orientados especificamente sobre como deveriam agir, fosse na preleção – se deveriam ou não, por exemplo, valerem-se de ditados –, fosse na organização dos exercícios ou mesmo dos debates. Caso os estudantes pudessem tomar apontamentos sem que, para tanto, a lição fosse dada na forma de ditado, ele poderia não ditar. Mas, mesmo quando a preleção fosse ditada, ela deveria acontecer "sem pausa entre as palavras, pronunciando-se tudo como de uma só vez e, caso necessário, repetindo tudo com as mesmas palavras" (*Ratio*

Studiorum 1997, p. 105). O ditado não poderia se dar na íntegra para que, depois dele, os alunos fizessem suas questões. Pelo contrário, os professores deveriam ditar por trechos, para, em seguida, explicarem a passagem anotada.

Depois da aula, o mestre atenderia dúvidas durante um quarto de hora; "assim os estudantes poderiam abordá-lo e interrogá-lo, e ele mesmo poderia exigir ocasionalmente uma prestação de contas da aula ministrada e fazer com que os alunos a repetissem" (*ibidem*). Os alunos deviam ser remetidos diretamente aos autores, sempre que tivessem seus textos à disposição. Era recomendado que o mestre evitasse a novidade de opiniões. Questões novas não deveriam ser introduzidas, sem que se recorresse a algum autor considerado idôneo e abalizado pela companhia.

Como já se observou anteriormente, podendo evitar o ditado, os mestres deveriam fazê-lo. Mas, se tivessem de ditar, não deveriam parar depois de cada palavra. Deveriam falar tudo de um fôlego, para depois, se necessário, repetir o que se disse. O ideal, de todo modo, seria alternar o ditado com a explicação. Caberia, sim, enviar os alunos diretamente para a leitura das obras daqueles que são considerados autoridades. Note-se que, para os colégios dos jesuítas, essa remissão ao firmamento de autoridades era uma constante. O argumento de autoridade é aquele que se apoia na palavra por si mesma, autorizada mais pela sua proveniência do que pela sua correção. Sendo assim, os teóricos abalizados pelo catolicismo eram as autoridades primeiras. Os mestres eram autoridades para os estudantes. A palavra da autoridade não se contesta, mas – por ser reconhecidamente superior – deve ser acatada. Terminadas as lições, o professor deveria permanecer em classe por mais um quarto de hora para que os alunos pudessem questioná-lo sobre a lição ministrada. Ele faria, então, uma pequena repetição do que já havia dito em classe. Não se deveria mostrar mais familiar com este ou aquele aluno, mas tratar todos da mesma maneira. Em especial, não cabia qualquer distinção por pobre ou rico.

Como já se apontou, ao prefeito geral dos estudos caberia prescrever o método, revisar o que era apresentado em público, escolher livros e orientar leituras aos professores. Diante do prefeito dos estudos e do reitor, cumpria aos professores exibir modéstia no refutar, de tal modo que defendessem sua opinião sobre cada assunto, reconhecendo a primazia do lugar institucional ocupado pelos interlocutores (fosse esse o reitor ou o prefeito dos estudos). Assim, constavam das regras comuns a todos os professores das faculdades superiores o seguinte:

- Obediência ao prefeito: Ele obedecerá ao prefeito dos estudos em tudo que se refere aos estudos e à disciplina das aulas. Ele deverá entregar ao prefeito, para serem revistas, todas as suas teses, antes de expô-las; não deverá explicar

nenhum livro ou autor fora do programa; ele não introduzirá nenhum novo costume de ensinar ou de debater.
- Modéstia no refutar: Nas questões em que se pode seguir qualquer partido, defender-se-á um ponto de vista sempre examinando o outro com modéstia e delicadeza, sobretudo a posição do professor precedente, caso ele tenha ensinado a opinião contrária à sua. Além disso, ele se deverá esforçar para conciliar as autoridades, quando possível. Enfim, o professor deverá se comportar com prudência para citar ou refutar as autoridades.
- Deve-se fugir da novidade de opiniões: Todavia, nas matérias que não comportam nenhum perigo para a fé ou para a piedade, ninguém deverá introduzir questões novas de nenhuma espécie, nem opinião que não emane de um autor seguro, sem se consultar aqueles que possuem autoridade; ele não ensinará nada que contrarie os axiomas dos doutores e o sentimento comum das escolas. Todos deverão seguir, de preferência, os mestres mais autorizados e as doutrinas mais bem recebidas, de acordo com a experiência dos anos, pelas escolas católicas.
- Brevidade na refutação da opinião dos outros e na busca de fazer aprovar as suas: O professor não proferirá opiniões inúteis, obsoletas, absurdas e manifestamente falsas, nem se deverá demorar muito para referi-las e refutá-las. Ele não se esforçará tanto para provar suas conclusões pelo número de argumentos, mas por seu peso. Ele não fará digressões estranhas ao seu programa. E, nas matérias que lhe são próprias, ele não tratará de alguma com maior detalhamento do que exige sua natureza nem fora do lugar que lhe convém. Ele não acumulará possíveis objeções mas, dentre elas, referir-se-á, brevemente, às principais, a menos que a sua refutação se torne evidente pela explicação anterior da tese.
- Moderação e fidelidade na citação de autoridades: Ele não deverá reivindicar demasiadamente a autoridade dos mestres; se, todavia, ele possuir o testemunho de autores insignes para apoiar sua opinião, ele lerá, tanto quanto possível, suas palavras ao pé da letra, mas com brevidade e fidelidade, e muito particularmente as Sagradas Escrituras, os Concílios e os Santos Padres. A própria dignidade do mestre exige, além disso, que ele não cite nenhum autor que ele próprio não tenha lido. (*Ratio Studiorum* 1997, pp. 104-105)

A lógica do colégio combinava – como diz Dominique Julia (1997, p. 66) – três distribuições: "distribuição do tempo que equilibra o desenvolvimento da jornada entre o tempo de estudos, recreação e momentos espirituais" ; distribuição dos espaços, que demarca a separação de acordo com as idades (grandes, médios e pequenos), bem como com o nível de aprendizado; e "distribuição de pessoas tratadas segundo sua natureza, a fim de que elas possam se ajudar umas às outras".

Os professores, especialmente os novos, deveriam ter uniformidade no modo de ensinar, preservando as técnicas de ensino de seus antecessores. Os cursos seriam compostos por cinco séries: retórica, humanidades e três classes de gramática. Não era previsto que se misturassem as séries. Se o número de alunos exigisse que uma classe fosse desdobrada em duas, haveria de se cuidar para que o andamento de ambas fosse equivalente. Os estudos da gramática dividir-se-iam em três livros, consoantes às três classes. O colégio jesuítico contava com o recurso à repetição. Tratava-se de apresentar o conteúdo várias vezes, para fixá-lo. Tratava-se, portanto, de os próprios alunos repetirem a preleção da véspera ou do mesmo dia:

- Repetição: A repetição da preleção, tanto da véspera quanto do próprio dia, terá lugar da mesma maneira; ou um só aluno a fará integralmente ou – o que é melhor – muitos a farão, dividindo os pontos mais importantes e mais úteis, com a finalidade de que todos se exercitem. Primeiramente, os mais avançados e depois os outros falarão continuamente; o mestre os interromperá várias vezes com indagações; durante a repetição, o êmulo corrigirá o colega, se ele se enganar e, caso ele hesite, antecipará a resposta. (*Ratio Studiorum* 1997, p. 157)

Os novos alunos deveriam vir acompanhados pelos pais ou responsáveis. Ninguém seria barrado à entrada por ser pobre. Todavia, haveria um exame de admissão. Os candidatos seriam indagados sobre os estudos prévios que teriam feito, para, em seguida, fazerem um trabalho escrito sobre um tema qualquer. Em geral, eles teriam ainda que verter frases para o latim ou traduzir algum autor clássico. Isso significava que, para entrar no colégio jesuítico, já se deveria ter uma preparação intelectual que apenas as crianças de famílias nobres ou burguesas conseguiriam prover.

Haveria promoção de um ano para outro, uma promoção solene depois das férias. Os exames seriam sobretudo escritos e classificariam os alunos. Aqueles que fossem considerados como casos duvidosos deveriam ser submetidos a novas provas escritas e orais. Haveria os alunos considerados ineptos para serem promovidos. Esses seriam expulsos do colégio:

- Se se verificar que alguém é de todo inepto para ser promovido, não se atendam pedidos. Se alguém for apenas apto, mas, por causa da idade, do tempo passado na mesma classe ou por outro motivo, se julgar que deve ser promovido, promova-se com a condição, se nada a isto se opuser, de que, no caso em que a sua aplicação não corresponda às exigências do mestre, seja de novo enviado à classe inferior; e o seu nome não deverá ser incluído na pauta. Se alguns, finalmente, forem tão ignorantes que não possam decentemente ser promovidos e deles nenhum aproveitamento se possa esperar na própria classe, entenda-se com o reitor para que, avisados delicadamente os pais ou tutores, não continuem inutilmente no colégio. (*Ibidem*, p. 141)

Os colégios tinham gosto por fazer diferença entre os alunos. A lista dos promovidos era lida publicamente com todos os alunos reunidos. Lia-se, em primeiro lugar, o nome daqueles que se haviam destacado nas avaliações, como uma forma de distinção perante os colegas. Havia também nos estabelecimentos jesuíticos a determinação de lugar em aula; e os lugares melhores seriam reservados aos meninos nobres. Quando os alunos fossem refratários à correção, eles poderiam ser eliminados do colégio. Nos pátios e nas aulas, eram proibidos "armas, ociosidade, correrias e gritos" (*ibidem*, p. 145). Também não seriam permitidas agressões ou palavras levianas. Como já se observou anteriormente, as regras dos colégios eram todas públicas: afixadas de modo que pudessem ser lidas pelo público.

Havia nos colégios a figura do censor ou pretor. Tratava-se de um decurião, ou seja, algum aluno que, por desfrutar de algum prestígio perante os colegas, deveria receber "a honra de algum privilégio; ele terá o direito, com a aprovação do professor, de impor ligeiras penas a seus condiscípulos. Ele observará se algum dentre eles passeia pelo pátio antes do sinal" (*ibidem*, p. 144), se sai da classe e entra em outra classe que não seja a sua. Seria atribuição do decurião também informar o prefeito dos estudos sobre os alunos que faltaram. Além dos decuriões, os colégios contariam ainda com os corretores. Tratava-se de sujeitos de fora, contratados pela companhia apenas para vigiar os estudantes e castigá-los fisicamente, quando assim se fizesse necessário, já que essa punição física seria vedada aos membros da companhia. Assim, "quando nem as palavras nem o ofício do corretor fossem suficientes, quando não se esperasse mais a emenda de um aluno e que este continuasse a representar um perigo para os outros, seria melhor expulsá-lo de nossas classes" (*ibidem*, p. 145). Os alunos expulsos não poderiam ser readmitidos no colégio.

Pode-se verificar, então, que, com base nas regras comuns dirigidas aos professores, estruturava-se um rumo bastante organizado, que se constituía, por sua vez, em um dado modo ritual concernente ao processo pedagógico de formação dos jovens escolares. O colégio distribuiria regularmente os tempos do aprendizado e os tempos de recreação; os tempos do ouvir e os tempos do ler; os tempos do aprender e os tempos de ser posto à prova pelo exame. Observam-se, por tal enfoque, dispositivos entrecruzados de controle e de vigilância de alunos que, pelos muros do colégio, eram terminantemente afastados do convívio e das influências comunitárias. Tratava-se de, paulatinamente, galgar a civilização do escrito, com critérios e com cautela. Mas o livro agora era impresso. O livro popularizava-se, e a leitura também.

A codificação rígida dos colégios evidencia uma dada regulação do tônus cultural da escolarização moderna em sua expressão civilizatória. Estruturando princípios curriculares e administrativos, o regulamento jesuítico expande pela Europa seu modelo, tornando-se referência e base para outras iniciativas pedagógicas manifestas por ordens religiosas. A despeito de tal movimento anteceder historicamente o termo "civilização", que surge apenas no século XVIII, parece bastante evidente o intento de constrição, de modelagem de corpos e de mentes. Não se tratava de, como havia sido prática das universidades medievais, situar o aluno no debate contemporâneo acerca das grandes questões estudadas. Cabia, porém, esperar do mesmo aluno o domínio necessário de um dado repertório formativo de um padrão estipulado de cultura geral. Essa cultura do colégio, por sua vez, contava do mundo às novas gerações, e, ao fazer isso, assumia valores e perspectivas de análise. Tratava-se, pois, pela escola, de circunscrever um determinado território de conhecimento, cuja principal utilidade era a formação de padrões de comportamento civil: civilidade, boas maneiras e roteiros prescritivos de conduta pública. Essa era a tarefa a que o colégio se propunha.

O *Ratio* era um projeto comum de estudos para todos os colégios, e que versava sobre todos os sujeitos envolvidos na vida colegial. Mas, como diz Dominique Julia, tratava-se de um plano que se adaptava "aos lugares, aos tempos e às pessoas" (Julia 1997, p. 68), tendo por referência experiências pedagógicas locais. Os professores também deveriam ser norteados por um conjunto articulado de normas que iam desde o modo pelo qual deviam conduzir a oração na classe pela manhã até as estratégias por meio das quais dirigiriam as lições e o tempo dedicado ao aprendizado. Isso fica explícito quando se observam algumas das regras comuns dirigidas aos professores das séries menos avançadas – as chamadas classes inferiores. As recomendações eram oferecidas passo a passo:

- Costume de falar latim: Antes de tudo, deverá ser conservado o hábito de falar latim, exceto em classes onde os alunos não conheçam o latim, de modo que não será nunca permitido, para tudo que concerne à aula, utilizar a língua materna; serão repreendidos todos os que não observarem esse ponto; e, para tal finalidade, o professor sempre falará latim.
- Exercício de memória: Os alunos recitarão aos decuriões as preleções aprendidas de cor (...). Os decuriões, por seu turno, as repetirão para o decurião-chefe ou para o professor. O professor fará, cada dia, com que alguns recitem, preferencialmente os mais desatentos e os que chegaram tarde à escola, para assegurar a fidelidade dos decuriões e manter todos no cumprimento do dever. Aos sábados, recite-se em público o que foi aprendido de cor numa ou em várias semanas; terminado um livro, poderão escolher-se

alguns alunos que, subindo no estrado da cátedra, o recitem desde o princípio; e não se esquecerá de recompensá-los.
- Deverão ser entregues os deveres: Nas classes de gramática, todos os dias, cabe solicitar trabalhos escritos, com exceção dos sábados; nas demais classes, serão trazidos todos os dias exercícios escritos em prosa, exceto nos sábados e nos feriados; uma lição em verso duas vezes por semana, nos dias que se seguem aos domingos e aos feriados; um dever de grego, somente uma vez, no dia em que o professor preferir.
- Sabatina: Aos sábados, deverão ser revisados todos os pontos que foram objeto de preleção durante a semana; se, de vez em quando, alguns se oferecerem para responder sobre todos aqueles pontos ou sobre um livro inteiro, alguns serão selecionados e todos os demais deverão atacá-los, cada qual com duas ou três perguntas, sem que se esqueça de recompensá-los depois.
- Preleção: Nas preleções, serão explicados exclusivamente autores antigos, nunca os mais recentes. Será muito útil que o professor não fale de improviso, mas que se atenha às coisas sobre as quais primeiramente meditou, para depois escrever refletidamente em sua casa, após haver lido anteriormente o livro todo ou o discurso que tem entre as mãos. Antes de tudo, ele lerá o texto inteiro (...). Em seguida, ele exporá rapidamente o argumento e sua relação com o assunto que lhe precedeu, caso seja necessário. Em terceiro lugar, retomando período por período, se – no caso – a transposição acontecer em latim, ele explicitará as passagens mais obscuras, fará outra leitura, e explicará o pensamento, não por uma paráfrase inadequada que apenas substitua cada palavra em latim por outro termo latino, mas explicitando esse mesmo pensamento com frases mais claras; se recorrer a uma língua vulgar, ele guardará, tanto quanto possível, o lugar das palavras; é assim, com efeito, que as orelhas se habituam ao ritmo (...). Em quarto lugar, retomando desde o princípio, a menos que ele prefira introduzir os alunos em alguma tradução, ele enunciará as observações adaptadas a cada classe. Ele ditará aquelas que pretende que sejam guardadas – e que não deverão ser muito numerosas – seja entremeando-as com a explicação, seja, por vezes, após a mesma preleção. Mas é recomendável que os alunos de gramática nada escrevam espontaneamente. (*Ratio Studiorum* 1997, pp. 155-158)

Pode-se facilmente identificar – nesse longo excerto do *Ratio* – a dinâmica interior à temporalidade escolar. O colégio, que se organiza espacialmente como uma arquitetura específica, inventa também um tempo próprio para se autorregular. O tempo da escola compreende, pois, o aluno, o professor, a inspeção e a administração. O tempo escolar organiza-se como uma maneira distinta de pautar e agendar a vida no dia a dia. O tempo na escola constitui período distinto do ano – o ano letivo – e uma forma específica de se empregar o tempo cotidiano. O tempo escolar é finalmente uma vivência que seleciona períodos de vida. Guy Vincent identifica em tal movimento a dinâmica de uma característica configuração sócio-histórica, constituída por aquilo que, estruturando-se no Ocidente desde o século XVI, poderia ser compreendido como "forma escolar de socialização" (Vincent 1994, p. 12).

A forma da escola tem um rito. Ao corrigir os deveres, cumpriria ao professor assinalar as dificuldades e os erros cometidos pelos alunos "em gramática, ortografia, pontuação, as dificuldades evitadas, as falhas relacionadas à elegância do estilo ou à imitação" (*Ratio Studiorum* 1997, p. 182). Durante o período em que o professor procedia à correção dos trabalhos, caberia aos estudantes trabalhar, por exemplo, em traduções de textos latinos para o vernáculo, ou em exercícios sobre regras de sintaxe ou até mesmo a "transcrição de alguma passagem latina para dela extrair as frases mais elegantes" (*ibidem*). Mas o momento primeiro da aula requeria o contato direto da palavra do professor com o conhecimento, de um lado, e com seus estudantes, de outro. Para aqueles que frequentavam ainda os estudos inferiores de gramática, a ênfase vinha posta na sintaxe e na declinação dos verbos. Enfatizava-se também o que hoje chamaríamos de análise morfológica das palavras.

O tempo do colégio era minuciosamente compartimentado em horários, de modo que, na primeira hora do dia, havia recitação de algum autor latino – como exercício para a memória. O professor corrigiria os deveres recolhidos dos colegas pelos decuriões – que faziam esse papel de monitores das classes. Enquanto isso, aos alunos era oferecido algum exercício escrito. No segundo horário, os jovens tomariam contato com algum texto de Cícero, fariam sua leitura e, depois, deveriam repeti-la em voz alta; em seguida, deveriam transcrever o excerto lido, mediante ditado dirigido pelo professor. Na última meia hora do período da manhã, era explicado um ponto qualquer do livro de gramática. Logo no início da tarde, a gramática grega e a latina deveriam ser recitadas de cor. O professor, "no máximo durante meia hora, tomaria conhecimento dos apontamentos tomados pelos decuriões e corrigiria os deveres prescritos pela manhã, bem como aqueles que haviam restado dos que foram feitos em casa" (*ibidem*, p. 190). Em seguida, o professor proferiria a última preleção do dia sobre um assunto qualquer de gramática para, finalmente, haver um ditado sobre regras dessa mesma gramática.

Aos sábados, utilizava-se o dia para revisar a matéria da semana. Todas as aulas expositivas eram revistas e compartilhadas – resumidas publicamente. O sábado também era o dia de aprofundamento do catecismo. A repartição do tempo era criteriosamente observada, como se de sua execução dependesse o êxito do aprendizado dos estudantes. Ninguém poderia servir-se de seu idioma no colégio. A língua oficial do colégio era o latim. Em latim, eram ensinadas todas as matérias. Em latim, seria a comunicação prevista entre alunos e professores. O grande elemento articulador da língua do colégio era o trabalho escrito. Todos os dias, exceto aos sábados, haveria trabalhos escritos, que seriam corrigidos pelo professor. A correção é um momento de exercitar a escrita de cada um dos alunos. Pelo texto do *Ratio*:

- Correção de trabalhos escritos: De regra, os trabalhos escritos deverão corrigir-se em particular e em voz baixa, com cada um dos alunos, de modo que aos outros se ofereça, ao mesmo tempo, a oportunidade para exercitarem-se na escrita. É útil, contudo, que, ou no início ou no final da aula, sejam publicamente lidas e apreciadas algumas passagens retiradas tanto dos melhores quanto dos maus deveres de alunos.
- Método de correção: A maneira de corrigir um dever escrito consiste, em geral, em indicar as faltas cometidas contra as regras; perguntar como elas poderão ser corrigidas; fazer com que sejam publicamente corrigidas pelos alunos adversários, os quais deverão enunciar a regra transgredida; e fazer os elogios dos deveres perfeitos. Enquanto isso se realiza, publicamente, cada aluno deverá reler – cada um por si – e corrigir a primeira cópia do trabalho, que se deverá trazer sempre além da que se entrega para o professor.
- Deve-se corrigir o maior número de lições: É necessário que todo dia o professor corrija os deveres de cada aluno, porque é assim que se tirará melhor e maior proveito. Todavia, se o elevado número de alunos não possibilitar isso, o professor deverá corrigir o maior número possível, de maneira que aqueles não contemplados num dia venham a ser chamados no dia seguinte. Por tal razão, sobretudo nos dias em que – como lição – será entregue uma poesia, o professor distribuirá alguns trabalhos para serem corrigidos pelos alunos que são, entre si, adversários; e, para facilitar as coisas, cada aluno deverá escrever no verso do trabalho não apenas o próprio nome, mas também o do competidor. O próprio professor corrigirá os deveres da tarde, enquanto se recita a lição de cor; outros deveres poderão, ainda, ser corrigidos em casa, se quiser.
- Exercícios durante a correção: Enquanto são corrigidos os trabalhos escritos, o professor prescreverá variados exercícios, sempre adaptados, ora um ora outro, ao nível da classe; porque nada arrefece tanto a atividade dos adolescentes como o fastio. (*Ratio Studiorum* 1997, pp. 156-157)

Havia ainda as regras do colégio para momentos considerados especiais. Era o caso das normas estipuladas para a ocasião das provas escritas. O professor nomeava um decurião, que tomava a matéria dos seus colegas, recolhia os exercícios para o professor, marcava os erros num caderno, ajudando, portanto, no trabalho da correção. Por fim, o decurião registrava ainda o nome daqueles alunos que não haviam trazido o exercício. Era importante que os alunos todos estivessem plenamente a par de todas as regras do ritual escolar. Diz o *Ratio* que o professor deve cuidar para que "os alunos observem o conteúdo de suas regras e que eles executem todas as prescrições relativas aos estudos" (*ibidem* p. 162). Os alunos deveriam respeitar as regras e os horários do colégio. Deveriam estudar apenas pelos livros prescritos pelo professor e pelo prefeito dos estudos. Precisariam assistir às aulas com assiduidade e, nelas, como também recomendava Vives, deveriam ser tomadas notas das coisas mais importantes. Para as provas e os exames escritos, as regras eram muito explícitas:

- Presença no dever escrito: Todos compreenderão que, se alguns faltarem no dia da composição escrita, não será levado em consideração no exame, a menos que apresentem graves motivos.
- Tempo para o dever escrito: Deve-se chegar à classe a tempo de ouvir exatamente a matéria da prova e as instruções que o prefeito dará nesse exato momento, ou por intermédio de outra pessoa, e para que tudo fique no limite do tempo da classe. Porque, uma vez dado o sinal do silêncio, ninguém terá mais o direito de falar com os outros, nem mesmo com o prefeito ou com quem estiver em seu lugar.
- Preparativos: Deve-se apresentar munido de livros e de tudo o que for necessário para escrever, a fim de não ter que pedir nada a ninguém durante a composição.
- Apresentação: Deve-se escrever de maneira adaptada ao nível de cada classe, de maneira legível, adequando-se à forma e aos termos prescritos pelo dever. As passagens ambíguas serão tidas por inconvenientes; da mesma forma, as palavras omitidas ou mudadas sem razão ou para evitar dificuldade, considerem-se como erros.
- Deve-se ter atenção aos que se sentam juntos: Devem-se vigiar aqueles que se sentam ao lado de outro, porque, se se vier a encontrar duas cópias iguais ou parecidas, se deverá tomar um e outro por suspeitos, já que não se poderá verificar qual deles copiou do outro.
- Saída da classe: Para evitar fraudes, se a necessidade exigir permitir a alguém sair depois do início da prova, ele deixará com o prefeito ou com quem fiscaliza a classe, a matéria da prova e o que ele já houver escrito.
- Entrega das provas: Terminada a cópia, cada um, no seu lugar revisará cuidadosamente o que escreveu, para corrigir e aperfeiçoar quanto quiser, porque, uma vez a cópia sendo entregue ao prefeito, não se poderá de maneira nenhuma reavê-la se houver algo ainda a corrigir.
- Deve-se escrever seu nome: Quando o prefeito tiver ordenado, cada um deverá dobrar sua cópia segundo o hábito e escreverá em latim apenas o seu nome no verso para que se possa mais facilmente classificar todas as cópias pela ordem alfabética, se assim se desejar.
- Fim do dever escrito: Os que se aproximam do prefeito para entregar-lhes sua prova deverão levar consigo os livros para saírem logo da classe em silêncio; aqueles que permanecerem enquanto os outros saem não mudarão de lugar, mas terminarão sua cópia do lugar onde a começaram.

- Tempo: Se alguém não houver terminado no tempo fixado para escrever, deverá entregar o que tiver escrito. Para isso é necessário que todos compreendam bem quanto tempo possuem para escrever e também para copiar e reler.
- Apresentação no exame oral: Finalmente, quando se apresentam para o exame oral, os alunos levarão os livros que lhes terão sido explicados aquele ano e sobre os quais eles serão interrogados; enquanto um dentre eles é interrogado, todos os outros alunos presentes prestam toda atenção, mas eles não farão nenhum sinal aos outros e não os corrigirão, a menos que se lhes seja solicitado. (*Ibidem*, pp. 147-148)

Para que, à saída da classe, não houvesse gritaria e atropelos, recomendava-se que, antes, deixassem a sala de aula aqueles que estivessem mais perto da porta; depois os outros. O professor ficava parado na cátedra ou na porta. Considerava-se que, assim, a saída seria silenciosa. No caminho da escola para a casa e da casa para a escola, recomendava-se que os escolares andassem juntos, mas que conversassem apenas sobre assuntos literários. O *Ratio* aconselha o professor para que ele não demonstre maior familiaridade com nenhum aluno, procurando tratar todos da mesma maneira. Fora da aula, ele não deveria aproximar-se muito dos estudantes e, se fosse falar com algum, seria apenas sobre coisas sérias. O professor, principalmente, não poderia aceitar nenhum tipo de pagamento de qualquer de seus alunos; e precisaria ser diligente e assíduo, preocupado com o progresso dos estudantes.

Como seria a divisão do tempo na escola? Na aula de retórica, por exemplo, o professor começa tomando a lição que passara na véspera e que deve ter sido aprendida de cor. Depois, o professor corrige os exercícios escritos que os decuriões recolheram, para, em seguida, fazer a preleção. Enquanto o professor corrige os exercícios, os alunos realizam atividades variadas. Após a preleção, acontece a repetição, sempre a partir de exercícios de memória. Esses exercícios de memória coincidiriam com a exigência de que os alunos declamassem autores clássicos. Há uma clara valorização, no documento, do recurso à memória. Chega-se a dizer, como Vives faria na mesma época, que, para cultivar a memória, era necessário sempre aprender alguma coisa de cor.

Para valorizar os trabalhos dos alunos, os poemas escolhidos compostos pelos melhores alunos seriam expostos nas paredes da sala de aula. Até isso vinha expresso como regra do método. A correção dos exercícios tinha também, por sua vez, algumas normas. Seriam apontados problemas relativos à gramática, à ortografia e à pontuação. Além disso:

Ao corrigir os deveres escritos, o professor indicará as faltas cometidas em matéria de arte oratória ou poética, de elegância e de ornamento da língua, de encadeamento do discurso, de agenciamento harmonioso dos ritmos, de ortografia etc.; isso indicará se uma passagem está mal-escrita, obscura ou trivial, se ela não observa a compostura da fala, se uma digressão é excessivamente longa, e fará todas as outras observações desse gênero. (*Ibidem*, p. 167)

O professor corrigia o trabalho em partes que seriam depois refeitas pelo aluno, para que, ao final, ele trouxesse o trabalho completo. A preleção, por sua vez, era composta por um resumo que o professor faria do assunto. O professor, primeiro, lia um excerto e indicava o seu sentido. Depois disso, traduzia o trecho do latim para a língua materna. Em seguida, analisava o período, palavra por palavra. Essa exposição teria continuidade na retomada de um trecho, cujas palavras deveriam ser explicadas, bem como as metáforas e as associações entre esse excerto e outros que compunham a leitura.

Tencionando que cada classe fosse suficientemente uniforme para captar do mesmo modo o mesmo discurso, cumpria também cuidar para que, em sala de aula, fossem agrupados conjuntos de alunos com nível similar de conhecimento. Tal estruturação da ideia de classe visava, desde logo, ao ensino simultâneo ou à postulação de um modo de ensinar todos ao mesmo tempo. Só assim se supunha que o ensino teria como correspondência um significativo aprendizado, posto que, por definição, o mestre teria se dirigido a todo o grupo de seus alunos como se falasse com um único deles. Tal compreensão da ideia de aula coincide com o pensamento de Comenius, para quem o professor deveria agir como o Sol que ilumina igualmente todos os seus discípulos. Nota-se que aquilo que prescreve a *Didática magna*, em larga medida, corresponde a práticas desenvolvidas nos colégios jesuíticos da época – pelo menos no que diz respeito à procura de um modo eficaz e rápido de ensinar tudo a todos. Essa finalidade expressa por Comenius era também a ambição da Companhia de Jesus.

A atmosfera pedagógica própria do colégio não o isentava de elaborar e proporcionar aos alunos situações agradáveis, momentos nos quais o aprendizado seria unido à fruição. Era o caso do teatro. Evidentemente, o argumento da encenação deveria ser pedagogicamente adequado. Do mesmo modo, o exercício cênico estaria sempre posto sob o olhar vigilante do mestre. Contudo, mesmo assim, o sucesso do teatro escolar decorria do fato de ele apelar para a imaginação e para a sensibilidade tanto quanto apelava para a racionalidade. Mais do que isso, "o teatro pode habituar os alunos a falar de maneira expressiva e sob o olhar do público – desafio que se poderá muito minuciosamente planejar, muito progressivamente corrigir, seguindo o modelo habitual da vigilância" (Snyders 1965, p. 143). Evidentemente o teatro jesuítico era depurado de quaisquer seleções que pudessem compreender tragédias ou comédias antigas consideradas ímpias aos olhos da Igreja. A seleção de repertório ocorria ali, como em todo o conjunto da estrutura dos saberes escolares: eram lentes e filtros, os quais assegurariam que o conjunto do conhecimento escolar fosse instigante intelectualmente, sendo também compatível com os valores da moral cristã de orientação católica.

O aluno deveria compreender a escola como um mundo realmente edificado à margem da vida comunitária e familiar, sem que, para tanto, seu dia a dia deixasse de ser prazeroso. Desse modo, o menino "deveria desprezar os personagens e as atividades de sua vida cotidiana e ornar sua imaginação de reis guerreiros e de mártires conduzidos unicamente por amor a Deus e à Pátria. Por esse aspecto, poder-se-ia dizer que o termo "enclausuramento" parece, entretanto, pouco adequado, posto que se trata de compreender que aquela cultura – que a nós parece artificial – é própria do colégio" (Compère 1985, p. 107). O colégio, portanto, nasce separando a criança de seu meio envoltório. Portanto, essa divisão entre a vida escolar e a vida familiar, tantas vezes atribuída aos dias de hoje, é tão antiga quanto a própria gênese da escolarização em sua versão moderna.

O livro do *Ratio* deveria ser plenamente conhecido pelos professores. As regras, além de racionais, deveriam ser suficientemente claras. Ao professor caberia também remeter os alunos ao contato direto com as obras se estas estivessem disponíveis. Para tanto, o documento normativo prescrevia ao professor que explicasse, em vez de ditar, e que, sobretudo, remetesse os alunos aos próprios autores que são a autoridade na matéria. Os alunos, após a lição, interrogariam diretamente o professor sobre pontos que não tivessem compreendido. Além disso, nessas ocasiões, o mestre também aproveitava para fazer perguntas aos alunos e solicitar deles que repetissem o que houvessem aprendido. O colégio tinha um ritmo a ser respeitado quanto à sequência prevista para as diferentes matérias. A explicação de um determinado livro não deveria, por tal motivo, prolongar-se de um ano para o outro: a cada ano, um livro novo. O método de ensino era reputado uniforme e assim se deveria manter. Nesse sentido, os novos integrantes do corpo docente deveriam ser familiarizados com o modelo de ensino do colégio. Não eram acatadas inovações tópicas nas práticas de sala de aula – e isso seria rigorosamente verificado pelo prefeito dos estudos, encarregado da supervisão pedagógica dos colégios.

Estruturava-se, pelo ensino jesuítico, o germe da escola moderna. Como evidencia o trabalho de Dermeval Saviani, existiria um ideário pedagógico subjacente ao *Ratio Studiorum*:

As ideias pedagógicas expressas no *Ratio* correspondem ao que passou a ser conhecido na modernidade como pedagogia tradicional. Essa concepção pedagógica caracteriza-se por uma visão essencialista de homem, isto é, o homem é concebido como constituído por uma essência universal e imutável. À educação cumpre moldar a existência particular e real de cada educando à essência universal e ideal que o define enquanto ser humano. (Saviani 2008, p. 58)

Os pais de família seriam notificados pelo colégio sobre o estado de adiantamento de seus filhos nos estudos. O prefeito dos estudos cuidaria de dar regularmente notícias aos pais sobre o estudo dos colegiais, inclusive por meio de cartas dirigidas às famílias. O excerto abaixo constitui uma parte da correspondência enviada a uma senhora, mãe de aluno do colégio jesuítico de Pitiers, em 24 de fevereiro de 1724, e revela essa interlocução entre a escola e a família, como se a primeira prestasse contas à segunda a propósito da sua responsabilidade por ministrar uma cultura das letras. De alguma maneira, fora a família quem delegou ao colégio o encargo de ministrar uma parte da educação para a qual ela, família, não estaria habilitada – o ensino das letras (Ariès 1981). É a isso que o educador do colégio se refere:

> Eu havia esboçado escrever-lhes hoje para marcar a satisfação que me dá M., seu filho, por sua boa conduta, por sua aplicação para com seus deveres e pelo sucesso de seus estudos. O progresso que ele faz no latim é dos mais surpreendentes. Ele aprendeu mais latim em um ano do que os outros meninos o fizeram, aproximadamente, em três anos. (*Apud* Compère, 1985, p. 119)

A delimitação da moderna estrutura da escola constitui, por assim dizer, um fragmento bastante ilustrativo do universo a ser apresentado às novas gerações. O mundo moderno capitalista queria-se aqui urbano, sistemático, sincopado por movimento racionalmente regular, com criteriosa estipulação de tempos e espacialidades. Observa-se – no texto do *Ratio Studiorum* – um evidente roteiro daquilo que posteriormente seria criticado como ensino verbalista e tradicional. Organiza-se uma ritualização dos modos e dos procedimentos de ensino/aprendizado que posteriormente seriam a base que alicerça todo um ritual ordenador de aulas teóricas e de práticas de uma escola que ainda carrega a tônica do exercício como o contraponto da exposição exarada pelo mestre. Dos jesuítas, pode-se dizer que "eles entenderam muito cedo que, para chegar ao seu fim, não bastava pregar, confessar, catequizar e que a educação da juventude era o verdadeiro instrumento de dominação das almas. Decidiram, portanto, apoderar-se dela" (Durkheim 1995, p. 219).

6
RASTROS E FRESTAS DA CIVILIZAÇÃO ESCOLAR

As escolas lassalianas e a educação popular

Na Europa católica, até o século XVIII, eram relativamente raras as iniciativas de educação das crianças do povo. Contudo existiam vários projetos bem-sucedidos – guardadas suas proporções – para a estruturação de um ensino elementar. Ao contrário da filosofia do ensino dos colégios, tal proposta de educação elementar atinha-se à intenção de organizar o ensino primário para filhos do povo. Foram assim chamadas escolas de caridade aquelas que, dirigidas por ordens religiosas variadas, se propuseram a uma tarefa de consolidação de uma rede articulada de escolas urbanas, dirigidas a preparar uma população que deveria lidar com a cultura letrada.

O propósito de tal modelo escolar era ater-se basicamente às habilidades da leitura, da escrita e do cálculo. A ideia era ensinar sucessivamente as mesmas competências. Quando soubessem ler adequadamente, as crianças seriam apresentadas à escrita: primeiro à letra bastão e somente depois à letra cursiva. Por último, ensinava-se o cálculo. Evidentemente, tudo isso estaria imerso em um ambiente pleno de catequese e de civilidade, conteúdos que se confundem com os saberes da leitura escolar. Desejava-se instruir todos, mas não se sabia como fazê-lo. Procurou-se separar grupos de alunos, liderados por monitores mais avançados. Isso possibilitaria o embrião do posteriormente chamado ensino mútuo. Em outros casos, o professor procurava atender ainda individualmente os alunos. A ambição, porém, era, fundamentalmente, a de poder ensinar todos como se fossem, unidos, uma mesma pessoa. Isso facilitaria a exposição e a comunicação do professor com o grupo-classe. A própria ideia de classe remonta às iniciativas pedagógicas desse princípio de Idade Moderna.

Como já se destacou anteriormente, o modelo escolar que então se firmava abarcava duas tradições, oriundas de culturas profissionais diversas: o escrever-ler, que era a base da cultura dos clérigos para leitura e escrita dos textos antigos; e o escrever-contar, que constituía o alicerce da cultura mercantil, tendo em vista as práticas de registro de informações (Hébrard 1988 e 1990). Diz esse autor sobre o tema o seguinte:

> Geralmente concebida como uma simples aprendizagem instrumental, e, portanto, como o pré-requisito técnico, neutro, mas necessário de toda escolarização, quaisquer que pudessem ser os conteúdos ideológicos ou a escolha em matéria de saberes privilegiados, a trilogia do ler-escrever-contar é, bem pelo contrário, uma figura histórica complexa e que se constitui no entrecruzamento instável de heranças heterogêneas ou conflituosas. (Hébrard 1990, p. 101)

Os meninos seriam separados das meninas. Era inconcebível pensar na possibilidade de juntar ambos os sexos em uma mesma classe. Propostas houve que recomendavam – como princípio para contratação de professores – a preferência pela seleção de indivíduos casados, de tal modo que suas esposas pudessem cuidar da guarda de uma escola de meninas (Combes 1997, p. 55). Mas, em geral, o ensino das meninas era relegado a um segundo plano.

Os Irmãos das Escolas Cristãs, liderados por João Batista de La Salle (1651-1719), desenvolvem um projeto claro para oferecer ensino elementar para as camadas populares. O projeto supunha o ensino do ler, do escrever e do contar. Para La Salle – como dirá Hébrard (2000, p. 112) –, "a alfabetização restrita somente a ler não era suficiente nem para a formação do cristão, nem para a reconquista das almas que, crise após crise, se afastavam da Igreja católica". Tratava-se, continua Hébrard (*ibidem*), de recristianizar o povo das cidades para oferecer ensino de formação religiosa e

> as técnicas de base de uma cultura mercantil: escrita, aritmética, contabilidade. Até então esses conhecimentos se difundiam através de mestres especializados organizados em corporações (mestres da escrita, da aritmética etc.) cujas atividades – puramente profissionais – não tinham nenhuma relação com a formação escolar propriamente dita. As quatro operações sobre números complexos (necessárias para a expressão de medidas então em uso), a regra de

três, as divisões proporcionais (a divisão desigual dos lucros, o valor das ligas monetárias etc.), a resolução de pequenos problemas entram progressivamente na bagagem das melhores escolas. (*Ibidem*, p. 113)

O plano de La Salle, em termos de método pedagógico, guardava alguma similaridade com as práticas pioneiras dos jesuítas – a despeito de a clientela dos jesuítas contemplar uma fatia da sociedade que podia ambicionar o acesso a uma cultura propedêutica e desinteressada, sem fins de utilidade social imediata. As escolas de caridade, populares, precisavam estar, por seu turno, mais atentas às finalidades práticas de uma cultura letrada que não seria maior do que a escolarização de conhecimentos elementares: ler, escrever, contar, catecismo e boas maneiras, nada muito além disso. No tocante à organização de um método para a vida escolar, La Salle também contribuiu, de maneira substantiva, para ordenar algumas das referências simbólicas do que se apresenta como o ritual da escola que chegou até nós.

La Salle tinha, entretanto, uma particularidade extremamente original para sua época: ele queria uma escola para todos. As primeiras escolas por ele criadas eram para crianças pobres. Contudo, o projeto de suas escolas começou a vingar, e a reputação do bom ensino nelas ministrado atraiu crianças oriundas das camadas privilegiadas da sociedade (Leo 1921, p. 94). Mesmo assim, La Salle sempre defendeu a gratuidade como princípio de uma escola para todos. Nesse sentido, como observam Tagliavini e Piantkoski, a originalidade do projeto lassalista foi a de criar uma "escola gratuita para todos os alunos, sem distinção de classe social" (Tagliavini e Piantkoski 2013, p. 19).

Francês, La Salle estudou teologia em Paris no Seminário de Saint-Sulpice e foi colega de Fénelon, que é considerado – pela história da pedagogia – o primeiro autor a claramente preconizar uma política de educação feminina. Ocupando-se da educação escolar a partir de 1679, La Salle abriu em Reims sua primeira escola para meninos, escola esta que – a despeito de múltiplas dificuldades financeiras – obteve já muito bons resultados para seu tempo. Evidentemente, para pensar em experiências de ensino destinadas a camadas populares, houve iniciativas anteriores, predecessoras, portanto, da atuação de La Salle. Todavia, ao que consta, nenhuma delas teria a mesma proporção, tanto em termos do alcance efetivo de uma política articulada para várias escolas, quanto no efeito multiplicador que esse empreendimento alcançaria. La Salle já teria experiência em sua carreira de educador por ter auxiliado uma congregação feminina que cuidava da formação de meninas pobres. Mobilizou essa prática com que conviveu para estendê-la e ampliar seu alcance – para um conjunto de escolas que ultrapassava o projeto inicial.

Em uma época em que a França tinha 20 milhões de habitantes, e 80% deles viviam no campo, Jean-Baptiste de La Salle (1651-1719) funda uma nova congregação religiosa por acreditar ser oportuno reunir os educadores na escola para além dos horários letivos. Havia, na época, as escolas de caridade e as pequenas escolas. Como diz Henrique Justo (*apud* Corsatto 2007, p. 24):

> As primeiras somente existiam nas vilas maiores e nas cidades. Seu funcionamento oscilava de acordo com o termômetro das possibilidades financeiras da paróquia, da entidade ou do benfeitor que as mantivesse. As pequenas escolas aceitavam alunos dos seis aos nove anos. O ensino era pago. Toda escola tinha obrigação de receber certo número restrito de alunos gratuitos. Estes deveriam apresentar humilhante certificado de indigência, requisito que afastava não poucos deste tipo de escolas, preferindo as de caridade ou optando por ficar na ignorância. Para as classes mais bem situadas economicamente, havia as escolas de gramática. Preparavam ao ingresso nos colégios e na universidade.

Como ainda recorda Corsatto, a situação da maioria das escolas da época era a de um professor que alugava um cômodo de sua casa, sem mobiliário específico ou materiais para o ensino, com a finalidade de transformá-lo em escola, que recebia crianças de variadas idades e diversos níveis de aprendizado para ensiná-las todas juntas, e "o ensino era individual, ou seja, o professor atendia um aluno por vez, enquanto os demais aguardavam o seu momento de serem atendidos" (Corsatto 2007, p. 24). La Salle pretendeu sistematizar o cotidiano escolar, organizando espaço e tempo dos alunos.

Como já se expôs, a primeira escola que La Salle abriu foi em Reims, em 1679. Nessa época, tendo já concluído seu mestrado em Artes e se licenciado em Teologia, começa a trabalhar com homens simples, que queriam ser professores. Por isso, La Salle pensará sobre a formação desses mestres. Recebe na escola os filhos de "lavradores, de empregados públicos e de negociantes" (*ibidem*, p. 29). Nesse mesmo ano, La Salle abre sua segunda escola, na Paróquia de São Tiago, e, no ano seguinte, em 1680, obtém seu doutorado em Teologia.

La Salle recebia os professores em sua casa, para fazer as refeições, o que era objeto de severas críticas de sua família, que julgava os professores sem modos, em virtude do fato de eles pertencerem a outra classe social. La Salle abre em 1680 uma terceira escola na Paróquia de São Sinforiano, uma quarta escola na cidade de Rethel, em 1682 e, nesse mesmo ano, uma quinta escola na cidade de Guisa (*ibidem*, p. 30). Também em 1682, "após pressão dos familiares, deixa sua família e vai morar com os professores em uma casa alugada. O fato marca, oficialmente, o início dessa sociedade (...). Nasce a Sociedade dos Irmãos das Escolas Cristãs" (*ibidem*). Novas escolas eram abertas, e cada vez mais La Salle pretendia organizar os procedimentos pedagógicos de suas salas de aula. Uma das características do ensino nas escolas lassalianas vem do fato de seus professores serem leigos. Não se tratava, portanto, de uma ordem que exigisse votos de sacerdócio para seus integrantes. Eles se compreendiam, fundamentalmente, como educadores. A partir dos anos 1690, as escolas de La Salle recebem a oposição explícita da corporação dos mestres calígrafos, que as criticam pelo fato de elas serem gratuitas e, portanto, abertas potencialmente à frequência de todos. La Salle pretendia "organizar o modo de vida dos mestres" (Tagliavini e Piantkoski 2013, p. 19) e adotar regras de convivência e exercícios comuns. Foi assim, que, em 1691, ele fundou o Instituto dos Irmãos das Escolas Cristãs, que teve um notável desenvolvimento nas décadas seguintes, mesmo após a morte de La Salle – em 1719. Tratava-se de moralizar e de fornecer uma instrução útil do ponto de vista econômico (Petitat 1994, p. 110) para as camadas populares. Desejava-se reconquistar o povo das cidades para a religião católica, ao mesmo tempo que se pretendia ensinar a essas crianças do povo as habilidades da leitura, da escrita e do cálculo. Como argumenta Petitat, buscava-se retirar as crianças da rua, para encaminhá-las para trabalhos disciplinados. Assim, aparece a imagem da pobreza e dos pobres como potencial ameaça, o que justificaria a reserva de espaços geográficos distintos para camadas sociais diferenciadas. Mesmo assim, nas palavras de Jean Hébrard:

> O fundador compreende que a escola não deve se contentar em catequizar: ela deve dar também os instrumentos os quais os artesãos e os mercadores dos centros urbanos necessitam em sua vida cotidiana. Esses instrumentos são, não apenas a leitura, mas a escrita e o cálculo. A grande revolução didática dos freis das escolas cristãs é pensar uma escola na qual se possa aprender a escrever e a se servir da leitura para usos econômicos (correspondência mercante, organização dos livros-caixa, escrituras bancárias, etc.). Introduzindo a aprendizagem da escrita, o modelo lassaliano abre um novo espaço para o exercício no sentido em que ele sempre existiu no colégio, ou seja, como prática da escrita. (Hébrard 2007, p. 16)

Só que a prática da escrita era difícil de se instalar na escola, conforme também observa Hébrard. O papel, a pena de ganso e a tinta eram recursos não apenas caros, mas de difícil manuseio. Por essa razão – considera o autor –, "os freis da escola cristã inventam um instrumento do qual nós ainda não deixamos de nos servir: o quadro-negro" (*ibidem*). Teria sido essa "superfície apagável" que possibilitou que o instrumento da escrita entrasse verdadeiramente na escola. O quadro-negro é então, para Hébrard, o suporte privilegiado do exercício.

No quadro-negro, os freis das escolas cristãs ensinam duas coisas a seus alunos: de um lado, a economizar; de outro, a substituir gradualmente a aprendizagem por princípios que exigem do aluno que ele memorize os atos sucessivos de seus gestos ou de suas operações, a aprendizagem pelo exercício dos modos de agir eficazes. Isto é particularmente útil em aritmética. A adição, por exemplo, não se adquire apenas porque se sabe relatar as ações sucessivas que são necessárias executar para enunciá-las e resolvê-la nas múltiplas configurações impostas pelo uso das medidas antigas, mas porque se exercita sua mão e seu espírito a escrever sobre o quadro de modo a encontrar rapidamente o resultado. A invenção do quadro-negro é, então, uma revolução pedagógica maior. Ele permite às classes numerosas aprender a escrever e a contar. Permite também que seja substituído pela aprendizagem exclusiva da leitura, o tripé do ler-escrever-contar, sem o qual, a partir do século XVIII, não existe mais escola, no sentido que esta palavra então tomou. (*Ibidem*, pp. 16-17)

Pode-se dizer que foi também por meio da correção escrita e do exercício que as escolas lassalianas organizaram o espaço e o tempo da escola, agrupando as crianças por classes, por níveis de aprendizado, e demarcando com precisão o horário das lições. Como diz também, sobre o assunto, Valdeniza Maria Lopes da Barra, a introdução do quadro-negro foi fundamental para fomentar o modo de ensino simultâneo, em que toda a classe aprende ao mesmo tempo uma mesma lição – ainda que na sala de aula estivessem agrupadas várias classes. O quadro-negro, como diz Barra (2013, p. 130), "indica a todos da classe a lição que deve ser executada".

Além disso, nas escolas lassalianas, os conteúdos curriculares passam a ser graduados, os critérios de promoção dos alunos passam a ser estruturados e começarão a existir princípios de formação do magistério. Não se deve esquecer que as escolas funcionavam a partir de um método, que passava pela organização da classe mediante registros escritos e mediante a estipulação de sinais, que deveriam nortear a ordem do processo pedagógico. A educação de La Salle

(...) fixa horários, designa os conteúdos a serem ensinados, subdivide-os em diferentes níveis, define os princípios de repartição dos alunos de acordo com os conhecimentos adquiridos, as condições para a passagem de um nível para o seguinte, indica os exercícios escolares a serem cumpridos, a disciplina e as sanções, e desce aos menores detalhes relativamente às atitudes e à personalidade dos mestres, aos quais prodigaliza conselhos e regras de conduta. (Petitat 1994, p. 110)

Em 1700, La Salle redige a sua regra de conduta, no *Guia das escolas cristãs*, documento que deveria nortear a ação de todas as escolas sob a jurisdição de sua ordem. Todas as escolas lassalianas eram gratuitas. Destinavam-se à formação das camadas economicamente menos favorecidas da população. Nessa altura, eram 218 os irmãos que administravam um conjunto de 9.000 alunos, distribuídos por classes de 20 cidades francesas. Somente em 1725 é que as escolas lassalianas foram oficialmente reconhecidas pelo papado e, a partir de então, a atividade pedagógica do instituto foi bastante multiplicada: "Em 1750, mantém escolas em mais de 80 cidades; em 1789, 800 irmãos ministram aulas a 36.000 alunos de 121 estabelecimentos" (Petitat 1994, p. 110). No início do século XVIII, havia cidades francesas que continham em suas salas de aula um montante de 30% das crianças entre 7 e 14 anos. Evidentemente, tal proporção era variável entre as várias regiões, cada uma com um determinado grau de desenvolvimento: "Em 107 cidades francesas no ano de 1790, 24% é a média da proporção de crianças entre 7 e 14 anos escolarizadas junto aos lassalistas" (*ibidem*, p. 113).

Como bem observa Brother Leo, La Salle teve bastante empenho em formar o corpo dos professores que atuariam em suas escolas. Para isso, criou instrumentos de formação para os membros de sua congregação que dariam aulas nas escolas. Ele pretendia treinar os professores e supervisioná-los em classe: "O pai da moderna pedagogia não concordava com o ditado popular segundo o qual qualquer pessoa pode ensinar" (Leo 1921, p. 106). Por causa disso, na escola de formação, os jovens professorandos aprendiam como ensinar. Essas instruções depois foram sistematizadas no livro do *Guia das escolas cristãs* e consistiam, como veremos mais à frente, no seguinte:

> Como ganhar e manter a atenção dos alunos; como tornar o ensino interessante e prático; como conduzir as classes de acordo com o método simultâneo de ensino; como oferecer a seus alunos o verdadeiro gosto por estudar; como marcar o coração e o caráter dos meninos. (*Ibidem*)

Pode-se dizer que a iniciativa lassalista se aproximava da proposta luterana e calvinista, tanto em seu ideal quanto no seu resultado. Segundo essa proposta, "ordem e silêncio são elementos indispensáveis na aula" (Tagliavini e Piantkoski 2013, p. 25). Além disso, propunha-se que o ensino se valesse de sinais, de registros escritos, de vigilância do mestre sobre os discípulos, de correções e de recompensas. O *Guia das escolas cristãs*, que pretendia sistematizar as práticas bem-sucedidas das escolas em funcionamento da congregação, tanto em sua organização administrativa quanto em seus critérios pedagógicos, "foi sistematizado após vinte e cinco anos de fundação da primeira escola lassalista" (*ibidem*, p. 26).

Como afirmam Koch, Calligan e Gros, um dos aspectos importantes dos ensinamentos lassalianos nas escolas era sua praticidade:

> Em constante diálogo com os Irmãos sobre as melhores práticas para os professores, ele coletou seus saberes, sua sabedoria e seus métodos e disseminou essa informação para todas as comunidades. Em seguida, essa sabedoria recolhida foi publicada no *Guia das escolas cristãs*, um manual de instruções para os Irmãos. (Koch, Calligan e Gros 2004, p. 14)

Com todos esses dispositivos engendrados para o êxito do processo de ensino, os Irmãos das Escolas Cristãs consolidaram um movimento que espraiou a alfabetização. Assim como os protestantes e como variadas outras práticas de escolas de caridade do século XVII, o ensino lassalista era dado em língua materna. O latim ficava relegado a um segundo plano, posto que a opção da escola primária consistia em multiplicar conhecimentos úteis para a vida prática. La Salle acreditava que o conhecimento do latim era de menor importância para o público que frequentava aquele tipo de escola, cuja característica seria basicamente a de obter apenas os conhecimentos diretamente requisitados pela vida no trabalho urbano. La Salle julgava que "logo que atingem a idade de trabalhar, [os alunos] são retirados; ou não podem mais vir, devido à necessidade de ganhar a própria vida" (La Salle, *apud* Petitat 1994, p. 122). Mesmo assim, não se tratava apenas de ajustar as crianças ao recorte já dado por sua classe de origem.

Em virtude do aprendizado da competência do ler e do escrever, tais crianças disporiam de um capital cultural que as levaria para além de sua família, sem que por isso elas se aproximassem da situação das elites. O risco da atividade educativa desses Irmãos das Escolas Cristãs – e eles sabiam disso – era o de se arriscar a "criar indivíduos que não pertencessem à classe alguma. Eles aplicam-se na tarefa de melhorar a condição das crianças pobres, sem contudo tirá-las de sua 'condição'" (Petitat 1994, p. 116).

De alguma maneira, a iniciativa da escola lassaliana pretendia retirar as crianças da rua. Instruir e moralizar equivaliam a prevenir o crime, a desordem e a constante ameaça de descontrole da multidão. A formação escolar adestraria o futuro trabalhador. Ofereceria preceitos de convívio para esse morador da cidade. Sendo assim, ela seria o necessário complemento de uma educação familiar tida por insuficiente para lidar com a realidade do veloz desenvolvimento que ganhavam as cidades naquele mundo em modernização. Mais do que instruir, tratava-se de disseminar valores: com tal enfoque, a vida escolar não chega até nós apenas por seu efeito de reprodução da sociedade, mas significa uma instância de produção de saberes, de condutas e de valores. A escola, que informa, tem o claro intuito de formar: antes de instruir, tratava-se de civilizar.

Pode-se considerar a ação dos Irmãos das Escolas Cristãs o alicerce do moderno ensino primário, tal como hoje poderíamos chamar – para usar uma expressão mundialmente consagrada – a primeira etapa do ensino fundamental. Assim como a Companhia de Jesus – para uma instrução de caráter propedêutico e mais avançado – seguia as orientações escritas do documento do *Ratio Studiorum*, os lassalistas cumpriam as prescrições do documento redigido por La Salle com o título *Guia das escolas cristãs*, com o fito de estruturarem uma normalização de preceitos recomendáveis para dar vida ao ensino primário.

Nas regras lassalistas, como no documento jesuítico, eram codificados comportamentos desejáveis e condutas proscritas para os escolares. Assim como o *Ratio Studiorum*, o documento de La Salle estruturava rigidamente os horários, estabelecia demarcações fixas e racionalizadas para o espaço físico da escola, além de orientações para um modelo de ensino que também era graduado, sequencial e hierarquizado. Porém, como vimos, se as escolas jesuíticas tinham por intenção primeira a formação de uma elite cultural letrada, essas escolas elementares tinham por finalidade a preparação dos requisitos básicos para uma formação popular. Tratava-se de oferecer aos pobres os rudimentos da instrução, para que eles se habilitassem, no futuro, a trabalhar em condições mais dignas e mais produtivas. Como bem argumenta Corsatto, havia nas escolas lassalianas nove meios para garantir a ordem:

> A vigilância que deve exercer o professor na escola; os sinais que se utilizam nas Escolas Cristãs; os registros dos alunos com as diversas indicações a seu respeito; os prêmios que se concediam aos alunos; as correções em geral, com as descrições dos castigos empregados na escola e o modo de se proceder em relação a eles; as ausências, a assiduidade e a pontualidade dos alunos; a regulamentação dos dias de feriado; os ofícios na escola e as diversas responsabilidades que os alunos assumiam; e a estrutura, a qualidade e a uniformidade das escolas e dos móveis que se utilizavam. (Corsatto 2007, p. 78)

As regras de La Salle, o silêncio e os sinais

Na apresentação das regras, La Salle dirá que a ideia de uma normalização da conduta humana é condição indispensável à disciplina e ao regramento da vida, posto que o homem teria, por natureza, inclinação para relaxar seu compromisso consigo mesmo, com os outros e – acima de tudo – com seus deveres. A redação daquele texto normativo – também como o código jesuítico – vinha pautada por uma vasta experiência solidamente acumulada no decorrer de anos. Teriam sido – aqui também – as práticas bem-sucedidas que pautaram as diretrizes de orientação para as ações futuras. O texto intitulado *Guia das escolas cristãs* era composto por três partes, que incluiriam:

- Todos os exercícios da escola e tudo aquilo que nela se pratica desde a entrada dos alunos até sua saída.
- Os meios necessários e úteis dos quais os professores se deverão servir para estabelecer e manter a ordem em suas escolas.
- Os deveres dos inspetores das escolas.
- O cuidado e a aplicação com que se deve conduzir a formação de novos mestres.
- As qualidades que devem adquirir os mestres e a conduta que eles deverão ter para bem desempenhar seus deveres na escola.
- Tudo aquilo que deverá ser observado nos alunos – aí está em geral o que contém esse livro. (*Conduite*, 1759, p. 6)

A primeira recomendação do texto diz respeito aos horários em que deveriam ser abertos e fechados os portões da escola. Os alunos seriam recebidos a partir de meia hora antes do início das aulas e poderiam permanecer na escola meia hora após terminarem todas as classes. O colégio estará atento para que os escolares "não se amontoem na rua onde fica a escola, antes que a porta seja aberta, e para que eles não façam barulho, gritando ou cantando" (*ibidem*, p. 7). Se eles fossem correr no quarteirão vizinho da escola, não haveria problema, porque não estariam nas imediações – sob responsabilidade do estabelecimento. De qualquer maneira, a própria escola encarregaria algum estudante considerado responsável, entre os mais velhos, para registrar o nome de todos os que desobedecessem a essa orientação. Como não se conhecia qual era o aluno encarregado dessa tarefa, ele não seria constrangido pelos demais a se justificar da possível delação e entregaria ao professor o nome dos companheiros indisciplinados.

Abertas as portas da escola, os meninos deveriam entrar calmamente em fila, e não aos tropeços, todos juntos, desembestados. Nesse ritual de entrada na escola, os alunos eram sempre observados pelo professor, que verificaria se as crianças vinham com os braços cruzados, se andavam de maneira pausada, sem tropeçar sobre seus próprios pés, sem correrias desnecessárias e proibidas.

Levariam os chapéus nas mãos – como se entrassem verdadeiramente num templo –, tomariam a água benta e, "fazendo o sinal da cruz, eles seguiriam diretamente para suas classes" (*ibidem*, p. 8). Ao passar possivelmente por outras classes, os escolares não estavam autorizados a falar com quem quer que fosse, nem mesmo com o próprio irmão – sob pretexto algum. O ritual escolar supunha, nesse caso, o silêncio que reverencia, ao mesmo tempo, Deus e a instituição. A escola expunha-se para a juventude como um local intermediário da vida: entre os assuntos mundanos e os divinos, estaria a seiva do conhecimento.

> Nós os inspiraremos a entrar em suas classes com um profundo respeito perante a figura de Deus. Quando chegarem ao meio da sala de aula, deverão fazer uma profunda inclinação diante do Crucifixo, saudando o professor que lá estivesse, e em seguida postando-se de joelhos, para adorar a Deus e para fazer uma curta prece para a Virgem Santa. Depois disso, eles se levantariam, fariam outra inclinação perante o Crucifixo, saudariam o professor e, finalmente, dirigir-se-iam sem barulho para seus lugares específicos na sala de aula. (*Ibidem*, p. 8)

Verifica-se a existência de um dado misticismo na ritualização do aprendizado na escola primária. O caráter sagrado é explícito. O sublime seria exatamente o contato do indivíduo com o texto; texto esse que será sacralizado como se derivasse do próprio *Texto Sagrado*. Tudo o que se passasse no âmbito da vida escolar teria o conhecimento de um Deus que tudo vê; em nome dele, estariam dados os ofícios do professor, do diretor e do inspetor. Esses, por sua vez, empenhavam-se por compartilhar sua responsabilidade com os próprios estudantes mais aplicados, os quais eram frequentemente encarregados, tanto na aula como fora dela, de registrar os distúrbios e os sinais de desobediência dos colegas. Todo aquele que fizesse o menor barulho na ausência do mestre seria exemplarmente punido.

À entrada do professor, todos os alunos se levantariam para saudá-lo e só se sentariam outra vez quando o professor estivesse já sentado. Supunha-se que o professor deveria permanecer sentado à mesa posta sobre um estrado durante todas as atividades escolares. Ele precisava ter uma aparência modesta e bem-composta, que significasse uma gravidade exterior, costumeiramente associada ao mestre de primeiras letras. Deveria ser, além disso, contido em gestos e em palavras, de maneira a fazer jus à respeitabilidade que angariava perante seus discípulos. Ele tomaria cuidado para "não familiarizar-se com os alunos, nunca falar-lhes de maneira permissiva e nunca admitir que os mesmos lhe faltassem com o respeito" (*ibidem*, p. 24).

O professor valia-se de uma espécie de ponteiro – que era chamado de sinal – para dar comandos por meio dele. Identificando os comandos contidos em cada mostra do sinal, "a classe escuta, levanta-se, senta-se, se põe de joelhos, muda de lugar, fala ou se cala, escreve ou lê (...). O mesmo instrumento servia, ainda, para advertir, encorajar, repreender ou para louvar" (Paroz 1879, p. 166). O ensino na escola primária lassaliana integrava os ensinamentos básicos da trilogia ler, escrever e contar. A formação compreendia também o aprendizado de um bem se comportar na vida em sociedade. As matérias iam da leitura, da caligrafia, da ortografia e da gramática até alguns rudimentos de desenho artístico e geométrico, geografia, aritmética com cálculo de números inteiros e frações – e, finalmente, religião. Assim, como era também prática nos colégios jesuíticos, "os métodos de ensino são determinados nas instruções e os indivíduos não devem alterá-los" (*ibidem*). Os professores deveriam ter suficiente humildade para lidar bem com seu ofício, esforçando-se para adquirir os conhecimentos, para tanto, necessários e dedicando-se à causa da humanidade, mediante o amor que deveriam devotar a suas crianças. Por causa delas, os hábitos do professor deveriam ser moralmente irrepreensíveis, fosse em sala de aula, fosse fora dela. Seu comportamento seria – como era sabido – observado e copiado sempre pelos discípulos. Daí a necessidade de calculá-lo criteriosamente.

O professor guardaria sempre um silêncio tido por imprescindível à vida escolar. Os alunos deveriam fazer o mesmo. O mestre observaria se as crianças estavam sentadas na postura correta, com o livro diante delas: costas eretas, cabeça erguida, olhares dirigidos ao livro ou ao professor – sempre. O professor sempre estaria atento para "que eles não se tocassem uns aos outros com os pés ou com as mãos, que eles não trocassem nada uns com os outros, que eles jamais se entreolhassem, que não falassem entre si por sinais" (*Conduite*, 1759, p. 124). Aliás, só havia três ocasiões em que os alunos eram autorizados a falar: quando eram chamados às lições, no catecismo e nas preces. O professor também deveria ficar em silêncio, sempre que possível, como exemplo para que os alunos não falassem. Toda a organização da disciplina deveria se dar não pela fala ou pelo grito do professor, mas pelo uso de sinais. Se o professor fizesse o sinal de juntar as mãos, os alunos deveriam recitar as orações. Se o professor fizesse soar o instrumento sonoro chamado sinal, o aluno deveria ler ou parar de ler; se o professor soasse duas vezes seguidas o sinal, o aluno deveria repetir a leitura, por ter errado da primeira vez. Se o professor dirigisse o sinal para cima ou para baixo, o aluno deveria ler mais alto ou mais baixo. Se o professor fizesse três toques com o sinal, os alunos deveriam começar a escrever. E assim por diante (Corsatto 2007, p. 80).

O catecismo era um ofício oral. O professor não faz normalmente uma pregação, mas conversa com os estudantes na própria forma catequética – que se torna o formato escolar por excelência: a estrutura de perguntas e de respostas. Os alunos receberiam explicação quase ao mesmo tempo em que eram interrogados sobre o assunto problematizado pelo professor. Nesse sentido, a atenção era fundamental. A mesma indagação era, geralmente, a pergunta do professor para vários alunos, em momentos diferenciados. Todos os alunos seriam interrogados pelo menos uma vez. O professor perguntava – um por um – seguindo a ordem das fileiras dos bancos: "Se, entretanto, o professor observa que vários em sequência não são capazes de responder à interrogação efetuada, ele poderá perguntar para um ou para vários outros sentados em outros locais da classe" (*Conduite*, 1759, p. 99). O professor dava um sinal para solicitar a resposta. Não deveria falar. Ele indica a autorização para que o aluno falasse. Sua autoridade, em parte, residiria nesse silêncio entremeado por códigos por meio dos quais se dirigia aos estudantes. Quando batesse o sinal uma vez sobre o livro, a pergunta passava a ser dirigida – daquele aluno que hesitou em respondê-la – para o que se sentava atrás dele. O ritual dessa organização pedagógica ali ensaiada compunha-se por palavras e por gestos, por silêncios e por sinais – sobretudo por sinais.

O dia a dia da escola iniciar-se-ia às 8 horas da manhã para ser interrompido ao meio-dia e recomeçar às 13h30. Os horários eram divididos rigorosamente para marcar o tempo de cada estudo – ou mesmo para assinalar o horário das orações. Um dos alunos tocaria o sino sempre que isso correspondesse ao momento preciso de mudar de atividade. Os alunos levariam a refeição para a escola, com exceção daqueles que, por muito pobres, não tivesse a família condições de fazê-lo.

Os alunos faziam muitos exercícios em sala de aula. Após a lição, sempre vinha o exercício. Esse era o formato da escola. As aulas da escola lassalista eram divididas em nove etapas, de modo que a repartição dos alunos por turmas graduadas, de alguma maneira, acompanhasse tal progressão:

- a tábua do alfabeto;
- a tábua de sílabas;
- o silabário;
- o primeiro livro;
- o segundo livro no qual aqueles que sabem soletrar começarão a ler;
- o terceiro livro que serve para aprender a ler correntemente;
- o saltério;
- a *Civilidade*;
- As cartas escritas à mão. (*Ibidem*, p. 22)

Em todas as lições, a não ser para aqueles que ainda estivessem iniciando no reconhecimento das letras, os alunos eram divididos em três categorias: os principiantes, os medíocres e os avançados. Durante a parte da aula em que acontecia a atividade da leitura, todos os alunos deveriam ter o corpo direito e os pés bem assentes no chão.

O professor, para bem cumprir com seu dever, deverá dedicar-se a três tarefas ao mesmo tempo: 1) zelar para que os alunos façam seus deveres e se comportem com ordem e em silêncio; 2) ter em mãos durante toda a lição o livro que é lido pela classe, bem como acompanhar com exatidão aquele que o lê; 3) tomar atenção sobre aquele que lê e sobre a maneira pela qual se lê, a fim de repreendê-lo quando errar. (*Ibidem*, p. 24)

Os alunos zelariam pela pronúncia correta de letras, sílabas e palavras que aprendessem, "sobretudo aquelas que se tem, por vezes, dificuldades de pronunciar adequadamente como estas: b, c, d, f, g, h, m, n, o, p, t, x, z; o professor se dedicaria a fazê-los perder principalmente os sotaques regionais" (*ibidem*, p. 32). Para isso, deviam abrir bem a boca, "para que não pronunciem as letras entre os dentes, o que é um grande defeito, nem muito rápida, nem muito lentamente, nem com um tom ou maneira que insinue afetação, mas muito naturalmente" (*ibidem*, p. 33).

Ao tomarem contato com o silabário, os alunos deveriam soletrar as sílabas e não lê-las de uma única vez. Só depois da soletração é que eles seriam ensinados sobre o som composto em cada sílaba respectivamente. Mesmo quando chegavam ao primeiro livro de leitura, o exercício de soletração era ainda um recurso muito utilizado. Tratava-se também de uma estratégia fônica para desenvolver a leitura oralizada dos estudantes. O reconhecimento das palavras caminhava paralelamente com sua divisão por sílabas. A leitura, a princípio, acompanhava explicitamente as pausas e a cadência das sílabas. Cada palavra seria lida com a observação de que suas sílabas fossem verbalmente reproduzidas com o som que adquiriram naquela específica palavra, com as vogais mais ou menos acentuadas, com uma ênfase tônica maior ou menor em cada parte da palavra escolhida.

O segundo livro de leitura era entregue exclusivamente àqueles que já soubessem ler correntemente, sem hesitar. Os leitores ainda acompanhariam, para a leitura, as pausas das sílabas. Só a partir do terceiro livro, a leitura por pausas (de sílabas ou soletração) seria substituída por uma leitura corrente. Nesse livro, os alunos deveriam seguir diretamente os períodos das frases, sem qualquer outra pausa, que não a das vírgulas e a dos pontos: "Não passarão para essa lição aqueles que não dominarem perfeitamente a leitura pelas sílabas" (*ibidem*, p. 39).

Os alunos eram então iniciados na atividade da escrita, tendo lições de cópia que progressivamente iam de 3 a 15 linhas. Ao cabo desse terceiro livro, os alunos pronunciariam já perfeitamente tanto as sílabas quanto as palavras. Aprenderiam também algumas regras de gramática, como as regras de pontuação, as abreviaturas e os acentos. Aprenderiam os algarismos arábicos e os romanos. O texto a ser lido em latim era o conjunto dos saltérios. Os mais atrasados leriam as sílabas, ao passo que os demais procederiam à leitura por palavras com intervalos. Para ler por palavras, era necessário ler perfeitamente as sílabas.

Para começar a escrever, os alunos seriam familiarizados – na língua vernácula – com o *Compêndio de civilidade*:

> Esse livro contém todos os deveres tanto em relação a Deus quanto em relação aos pais, e as regras da convivência civil e cristã. Ele é impresso em caracteres góticos, mais difíceis de ler do que os caracteres franceses. (...) Durante a manhã, será lido o livro de Civilidade, dando-se cada vez um capítulo ou um artigo ou uma seção para lição. Os principiantes lerão aproximadamente dez linhas e os avançados aproximadamente quinze linhas. (*Conduite*, 1759, p. 45)

Os alunos da escola primária levam sempre um papel branco para a escola. Deveriam, do mesmo modo, trazer duas penas para a escola. Deviam pedir a seus pais que comprassem o papel e a pena. Para aqueles cujos pais não tivessem condições de fazer isso, a escola mesma fornecia o material. A fim de aprumarem-se para a escrita, era importante atentar à postura corporal: as costas eretas, o corpo ligeiramente inclinado com a pena sobre o papel. Os professores deverão "cuidar para que os alunos tenham seu corpo bem postado, tanto as penas como as mãos; e que façam bem seus dois movimentos – reto e circular" (*ibidem*, p. 53). A escrita tinha, antes de tudo, uma nítida dimensão caligráfica – que, por sua vez, terá relação direta com o domínio do corpo por parte do aluno. Da postura, o movimento, do movimento à escrita, da escrita ao bom traçado, do bom traçado à "letra bonita".

Do desenho em que figuravam retas e curvas, os alunos passariam a copiar as letras, até serem capazes de reproduzir a progressão do alfabeto. Para exercitar esse traçado de cada letra, eles se debruçariam em um exercício que faria história no trajeto da escola moderna, encontrando-se dele resquícios até nos dias de hoje. Eles deveriam "formar uma linha completa com cada letra do alfabeto, uma após a outra" (*ibidem*). As letras precisavam ser bem legíveis e unidas umas às outras. Só passariam para a etapa seguinte aqueles que tivessem tido sucesso nesta. Aos poucos, as letras seriam desenhadas com mais capricho e com mais firmeza, com mais destreza e com uma distância adequada umas em relação às outras. A partir disso, os alunos conseguiriam escrever o alfabeto todo, com as letras unidas entre si, preenchendo a linha por completo até passar para a linha de baixo. Só então copiariam frases, várias vezes na mesma página – até finalmente se habilitarem para copiar excertos mais longos. Mesmo quando já estivessem aptos para copiar frases, os alunos manteriam o exercício da cópia de letras, para firmar a mão. Mas – nos níveis mais avançados – a alfabeto era copiado no verso da folha de papel – como exercício. Em seguida, o papel seria virado para a frente, e os alunos

> copiarão, todos os dias pela manhã alguns bons livros, sobretudo de coisas práticas e convenientes para eles; e sempre, depois do meio-dia, eles copiarão papéis escritos à mão, que anteriormente eram chamados de registros, particularmente (...) testamentos, recibos, orçamentos, listas de compras, (...) contratos de notários de variadas espécies. Enquanto copiarem durante três meses os manuscritos, duas vezes por semana – nos dias em que aprendem matemática –, ao invés de copiarem esse tipo de papéis, eles escreverão suas próprias missivas, garantias, recibos, orçamentos (...) e outras coisas que puderem ser úteis na vida. O professor cuidará para que as crianças escrevam todas essas coisas com uma letra corrente, bem legível e com ortografia correta; os professores corrigirão as faltas que os alunos houverem feito tanto na dicção quanto na redação, ortografia e pontuação. (*Ibidem*, p. 55)

A cópia variava da letra bastão para a cursiva. Primeiramente, em ambos os casos, os alunos deviam fazer o traçado das hastes componentes das diferentes letras, para, em seguida, copiarem uma página com cada uma das letras. Depois escreveriam a sequência do alfabeto inteiro. Dessa maneira, ao efetuarem a cópia manuscrita, os alunos treinariam, a um só tempo, a caligrafia e a correção ortográfica. Além disso, como os escritos diziam respeito a situações da vida prática, as crianças paulatinamente se habilitavam para participar do mundo das trocas mercantis e do trabalho escriturário. Na verdade, as escolas lassalianas reforçavam bastante a técnica da escrita, quando comparadas com a primazia da leitura existente na época.

A escrita começava a ser necessária para efetivar algumas habilidades do mundo urbano de caráter mercantil. Para firmar contratos, conferir procurações, fazer quitações, era necessário saber redigir esse tipo de documento. Para isso, os jovens seriam, portanto, treinados. A lógica do fortalecimento das habilidades básicas do ler, escrever e contar conjugava requisitos de uma cultura clerical – que solicitava do fiel a leitura – com a urgência de uma cultura urbana, que precisava da escrita; e, para a vida mercantil, pedia também o cálculo aritmético (Hébrard 1988 e 1990). Tratava-se, portanto, de uma instrução voltada para dois universos que são – entre si – distintos, "a aculturação religiosa e moral e uma pré-aprendizagem das profissões artesanais mercantis. Esta é a grande novidade das 'escolas cristãs'" (Manacorda 1992, p. 232). As escolas que surgiam nessa época, dirigidas pelos lassalistas e por algumas outras ordens religiosas, tomavam de empréstimo da prática jesuítica a ideia de um estímulo que passa pela concorrência entre colegas.

A progressão do aluno e a seriação por classes tinham alguma coisa a ver com essa emulação. De qualquer maneira, tudo deveria ser uniforme: dos livros ao ritual que a escolarização progressivamente configurava.

Em todo esse processo, o professor deveria observar se as penas vinham acompanhadas dos respectivos tinteiros, se a posição dos alunos era adequada à atividade escrita, se eles pegavam na pena corretamente, se o papel estava de maneira adequada posto à sua frente – sem inclinações impróprias, que pudessem entortar a postura do corpo. As crianças inclinavam-se sobre o papel mantendo uma distância conveniente. O professor deveria auxiliar diretamente cada aluno, pegando às vezes na mão da criança, colocando a pena entre seus dedos. Supunha-se que, se a posição corporal não fosse meticulosamente arranjada, o indivíduo jamais poderia escrever bem. As lições eram sempre corrigidas pelo mestre, que caminharia entre as carteiras – as quais, inclusive por essa razão, deveriam ser dispostas em filas e em colunas, no meio das quais fosse possível andar. Os professores, percebendo a dificuldade de escrita de alguns de seus alunos, poderiam conduzir suas mãos, para depois deixá-los escrever sozinhos (*Conduite*, 1759, p. 60).

O professor caminhava pela classe, andava entre os bancos, tomava as anotações dos alunos e, um a um, ia corrigindo. Aí, individualmente, ele observaria os erros e os defeitos daquela lição específica, fazendo observações que iam desde a postura corporal até o traçado das letras no papel. Enquanto o professor corrigia a lição, "ele fazia marcas no papel com um traço de sua pena nas principais faltas nela cometidas" (*ibidem*, p. 65). O professor não escreveria sobre o papel para corrigir os trabalhos dos meninos. Limitar-se-ia a reproduzir eventualmente as letras ou palavras que o aluno copiou errado. Sobretudo ele indicava o modo de alongar o braço para escrever, o modo pelo qual a caneta deveria se prender em dois dedos da mão, como "colocar os braços convenientemente sobre a mesa, como eles poderiam escrever (...) apenas tocando o papel com a ponta da pena" (*ibidem*, p. 66). Durante esse momento da correção, na verdade, os demais escolares também eram rigorosamente observados pelo professor, o qual

> de tempos em tempos levantaria a cabeça para olhar tudo o que se passava na classe e, encontrando algum distúrbio, advertiria com um sinal para que calassem a boca; ele zelaria particularmente por aqueles que teriam maior necessidade, quer dizer, pelos principiantes e pelos negligentes; e ele teria cautela durante esse tempo da correção para que nada escapasse aos seus olhos. (*Ibidem*, pp. 65-66)

A vigilância, a conduta e os registros escritos

A vigilância do professor era considerada um elemento fundamental da escolarização. Além de zelar pela conduta, o professor deverá se apresentar – em alguma medida – como um guardião do conhecimento. As crianças deviam guardar silêncio durante a aula, e o professor seria responsável por isso. Se as crianças não souberem ler, o professor deverá avisá-las e até repreendê-las. Todavia, não deverá fazer isso com palavras. Ele usará o instrumento do sinal para informar seus alunos da necessidade de reler a palavra ou o trecho que foram lidos de maneira errada ou insuficiente. Sendo assim, para que o aluno que está lendo recomece sua leitura do princípio, o professor dará um alerta: batendo duas vezes o sinal no livro acima da sua mesa. Se o aluno não corrigir o erro nas leituras subsequentes, o mestre fará outro sinal para outro aluno recomeçar a leitura e – desse modo – preparar-se para ensinar por sua leitura aquele colega que não soube ler corretamente. O sinal era indicado na direção do estudante que deveria ler, e esse identificaria o comando.

Observe-se que, por tais códigos, o professor fala o mínimo possível, especialmente quando se trata de correção e de repreensão. Para a leitura, havia uma correção na pronúncia, mas havia também um ritmo a ser observado. Ler em voz alta é exercício para se aprender a lidar com o tempo. Não se deverá ler atropeladamente, sem qualquer cadência, porque o significado ficará comprometido. Não se poderá ler muito vagarosamente, porque isso indica indolência – característica indesejada na personalidade do aluno. A leitura configurava, sendo assim, maneiras de ser que iam para além dela. Tratava-se de, pela cultura letrada, tomar contato com um dado padrão civilizatório. Os alunos também não se poderiam auxiliar uns aos outros, a não ser nos raros momentos em que o professor permitisse isso. Para não se desviar do necessário cuidado que deveria ter com toda a classe, o professor "não deverá ter nada nas mãos, durante todo o tempo em que estiver na escola, a não ser o sinal, o livro da lição, as penas, papel e outras coisas necessárias para a escrita" (*Conduite*, 1759, p. 121).

Os professores das escolas lassalianas teriam por hábito falar o menos possível (e dirigir as classes por sinais que codificavam prescrições identificáveis pelos alunos); impedir a dispersão e a perda de tempo; não agir por raiva ou por mau humor; evitar a indolência e a preguiça. Só assim teriam bons resultados em uma prática que necessitava de planejamento, sistematicidade e racionalidade. Tratava-se, sobretudo, de "moralização, instrução economicamente útil e defesa da educação popular" (Petitat 1994, p. 109). O pressuposto dessa técnica que cala a linguagem verbal para falar sobretudo por gestos é o de que "os sinais, feitos com as mãos, com os olhos, com a cabeça e com a vara do mestre, são uma linguagem muda de grande eficácia didática, que permite poupar a palavra e preservar o silêncio, indicando ao aluno cada ação: ler, parar, repetir, recomeçar" (Manacorda 1992, p. 233).

Uma das inovações que os lassalistas compartilham com os jesuítas reside na ideia de uma progressão contínua de estudos que são seriados. Em ambos os casos – lassalistas e jesuítas – há fixação de horário; ensino previsto para uma classe composta por crianças repartidas pelo nível de aprendizado; progressão de um nível para o seguinte; estabelecimento de ensino simultâneo e exercícios continuados para organização e fixação do aprendizado. Tanto os colégios (secundários) quanto as escolas (primárias) compreendiam um rígido sistema disciplinar, que norteava – como em um código jurídico – ações de professores e de alunos, as quais seriam reconhecidas perante um implacável sistema de avaliação. A ideia de classe – que não é encontrada antes do século XVI – configura-se espaço de ação exclusivamente pedagógico, cuja racionalidade requer respeito e silencioso zelo.

> O silêncio é um dos principais meios para se estabelecer e para manter a ordem nas escolas, razão pela qual cada um dos mestres deverá observar exatamente o silêncio em sua classe, não admitindo que ninguém fale sem sua permissão. Para tanto, caberá ao professor explicar aos alunos que eles deverão guardar silêncio não porque estão em sua presença, mas porque Deus os vê e porque é essa a Sua Vontade. Dever-se-á cuidar para que os alunos estejam sempre dispostos em sala de aula de uma maneira tal que os professores possam sempre tê-los à vista. O mestre vigiará particularmente a si próprio para não falar a não ser raramente e muito baixo – apenas o necessário para que os escolares compreendam o que ele tem a dizer. Ao dar alguma advertência a algum aluno, ele o fará em um tom moderado, como em qualquer outra ocasião, e deverá falar para que toda a classe possa ouvi-lo. Ele jamais se dirigirá a um aluno em especial ou à sua classe como um todo, sem ponderar anteriormente o que deverá dizer e o que não julgar ser necessário. Mesmo quando o aluno pedir para que ele fale, o professor não aceitará – a não ser muito raramente e em voz baixa; e ele nunca falará sem que os alunos estejam sentados em seus lugares. (*Conduite*, 1759, p. 123)

Na saída da escola, os alunos mais baixos da classe sairiam na frente dos outros, da seguinte maneira: o professor faz um sinal para que o primeiro do banco se levante, esse aluno sai da classe de braços cruzados, ao mesmo tempo daquele que foi determinado como seu companheiro. Ambos saem da classe, depois de se inclinarem para saudar o mestre. Os alunos do banco de trás farão a mesma coisa. Isso supunha a existência de bancos colocados uns atrás dos outros e os alunos dispostos em duplas.

Sobre os mestres, as virtudes que são apontadas para ele são as seguintes: gravidade, silêncio, humildade, prudência, sabedoria, paciência, vigilância, piedade e generosidade. A vigilância do professor sobre os alunos é uma constante nas escolas lassalianas. O professor valia-se do instrumento do sinal, com o qual estruturava suas aulas. Por exemplo, no momento da repetição, quando um aluno expunha o que havia sido dito pelo mestre, para verificar se os demais estavam prestando atenção ao que ele dizia, o professor dava um toque com o sinal, "fazia parar aquele que falava e em seguida mostraria com a ponta do sinal um outro aluno, para lhe fazer repetir o que o companheiro acabara de dizer" (*ibidem*, p. 126). Quando o professor queria que o aluno lesse ou soletrasse, ele baixaria a ponta do sinal sobre o livro que este tinha em mãos. A mesma coisa acontecia quando o aluno lia por sílabas e não conseguia ler a palavra. Nesse caso, o professor baixaria repetidas vezes a ponta do sinal em direção ao livro que o aluno tinha em mãos. Para pedir licença para falar, o aluno deveria se colocar de pé ao lado de seu banco de assento, com os "braços cruzados e os olhos modestamente abaixados, sem fazer qualquer sinal" (*ibidem*, p. 131). Quando um aluno precisasse fazer suas necessidades, ele deveria levantar a mão: "Para conceder-lhe autorização, o professor dirigiria o sinal em direção à porta; e, para negá-la, ele faria sinal para que o aluno ficasse quieto, baixando o sinal em direção ao chão diante do aluno" (*ibidem*). Quando o professor queria que algum aluno, por atrevimento, baixasse seus olhos, ele próprio deveria baixar os seus, depois de mirá-lo fixamente (*ibidem*, p. 127). O professor, nesse sentido, pretendia controlar os alunos com o olhar. Mas, caso eles desobedecessem, havia alguns motivos para que eles pudessem ser corrigidos: "não ter estudado, não ter escrito, haver se ausentado da escola, não ter escutado o catecismo e não haver rezado" (*ibidem*, p. 130).

Havia nas escolas lassalianas registros de admissão dos alunos, para controle sobre sua permanência: "Em seguida será escrito, em letras grandes, o mês em que cada aluno foi recebido e, a todos os meses, se escreverá da mesma forma o nome dos alunos que foram recebidos a cada mês" (*ibidem*, p. 133). Inúmeros dados dos alunos são registrados na escola. Estabelece-se um controle sobre o corpo e sobre o espírito do educando, de maneira que o professor possa fixar linhas e trilhas de compreensão dos caracteres de cada um, a partir do catálogo de suas características. No corpo do registro, ficariam estabelecidos o nome e o sobrenome do aluno, sua idade, se fez primeira comunhão, quando fez a primeira comunhão – e todos os dados que pudessem localizar o estudante quanto à sua trajetória escolar pregressa. Isso podia ser feito – diz o texto – porque, ao final de cada ano letivo, durante o último mês antes das férias, todos os professores "elaboravam, cada um, um registro de seus alunos, onde indicavam suas qualidades e defeitos, conforme haviam observado durante o ano" (*ibidem*, p. 139). O esforço da classificação passava pela procura de informações quanto a tudo aquilo que pudesse ser considerado vicioso no estudante, bem como informações outras mediante as quais seria possível traçar um quadro de cada um dos garotos especificamente, conforme suas características:

> (...) o nome de seu pai e de sua mãe, ou se é órfão de um ou de outro, o nome da pessoa com quem vive, a rua, a casa e a paróquia, em que lição foi colocado, se deve vir à classe do começo ao final, a que hora deve chegar pela manhã e à tarde, que dia da semana pode ausentar-se, se já frequentou outra escola e por quanto tempo, se esteve com um único professor ou com vários e por quanto tempo, por que motivo os deixou, se deixou de ir à escola e há quanto tempo. (*Ibidem*, p. 134)

Além desses dados, registra-se também o andamento do aluno na escola, se assiste regularmente às aulas, quantas faltas tem por mês, se não comparece durante o inverno – o que talvez fosse uma atitude típica, já que é pontuada em vários momentos da documentação sobre o período –, o que faz nos dias em que falta, se deixou a escola, foi para dedicar-se a quê, se chega à aula no horário fixado ou se chega atrasado, se faz seus deveres escolares e se avança em seus estudos, "quais são suas qualidades, seus defeitos e seus costumes" (*ibidem*). Na verdade, tratava-se de um claro intuito normalizador da diferença, que pretendia estabelecer feixes de comportamentos, passíveis de ser endireitados. Mas para isso era imprescindível observar o aluno: "Se tem boa vontade ou se é incorrigível; de que maneira se deverá agir com ele; se a correção lhe é útil ou não" (*ibidem*, p. 140), se ele chega na hora à escola, se falta muito, sem justificativa; "se se aplica na classe; se não é inclinado a falar e brincar nela, se avança no estudo, se normalmente mudou de lição no tempo devido" (*ibidem*); se seus pais o mimam muito e se reclamam quando ele é castigado etc.

Vícios, castigos e correções

Como exemplo, no registro dos alunos recebidos na Escola da Casa de Reims em 1706, consta o registro de Jean Mulot, que foi "recebido em 31 de agosto de 1706, com a idade de 16 anos. Crismado faz dois anos. Recebeu a primeira comunhão na última Páscoa. Filho de José Mulot" (*ibidem*, p. 135). O menino foi colocado na terceira lição de escrita e na primeira de civilidade, devendo chegar às 9 e às 3 horas. Ele havia ido a outras quatro escolas, cujas aulas eram ministradas respectivamente pelo senhor Caba, pelo senhor Ralot, pelo senhor Huysbecq e pelo senhor Mulot. Os pais iam retirando o menino das escolas porque pensavam que, na outra escola, ele aprenderia mais. O que se sabe do menino é por informações dele próprio, da família ou dos próprios professores pelos quais ele passou. Uma fonte de informação importante eram os registros escritos das outras escolas, o que mostrava que as informações circulavam com a trajetória escolar da criança. No final de cada ano, era hábito que as escolas registrassem as qualidades e os defeitos dos estudantes. Percebe-se, de todo modo, que há, nessa iniciativa, toda uma avaliação do caráter e das aptidões do rapaz:

> É de espírito inconstante; ausenta-se por volta de duas vezes por mês por alguma necessidade de sua mãe; aplica-se razoavelmente; aprende com facilidade e raramente deixou de mudar de lição; ele sabe o catecismo e um pouco das preces; tem inclinação para a mentira e para a glutoneria; tem piedade medíocre e nenhuma modéstia; ele deixou a escola durante três meses no inverno; saiu definitivamente da escola em 31 de agosto de 1706 para aprender o ofício de escultor. (*Ibidem*, p. 135)

O fato de se registrar o nível de escrita e de o menino mudar de lição evidencia a busca em organizar coletivamente a sala de aula, de tal forma que, dentro dela, houvesse classes de nível homogêneo de aprendizado. Isso teria sido o que primeiramente se chamou de ensino simultâneo: os alunos divididos por grupos da mesma etapa de aprendizado, sendo que, para cada grupo, o professor ensinava uma mesma lição. Foi essa a prática que primeiramente se contrapôs ao modo de ensino individual.

Outro exemplo que aparece é o do registro de François de Terieux, um aluno da quarta classe de uma das escolas no ano de 1706:

> François de Terieux, com oito anos e meio de idade, frequenta a escola há dois anos; ele está na terceira classe de escrita desde 1º de julho passado; ele tem um espírito inquieto, tem pouca piedade e nenhuma modéstia na igreja e nas preces, a menos que se fique em cima dele, mas é por vivacidade; seu defeito particular é a soberba. Ele tem muito boa vontade, é necessário ganhá-lo e engajá-lo para que ele se comporte bem; a correção lhe serve pouco, porque ele é travesso; ele faltou à escola algumas vezes, sem permissão, por ter encontrado algum companheiro safado. (*Ibidem*, p. 141)

Havia no relato a evidente preocupação em dominar o espírito travesso do aluno. A ideia era a de regularizar as características consideradas inapropriadas, para estabelecer regularidades na conduta de todos, que fossem adequadas para aquilo que os adultos e a escola esperavam das crianças. Não se podia sair fora da curva. E, se saísse, isso seria devidamente corrigido e registrado. A escola observa as diferenças, mas procura dirimi-las. O registro do menino continuava dizendo que ele não se aplicava muito na escola, embora tivesse facilidade de aprender. Por não se aplicar devidamente em seus estudos, ele deixou de avançar de uma classe para outra. Ele tem um temperamento difícil, mas, quando se ganha sua confiança, tudo se conseguirá com ele. Finalmente, ele é muito amado pelos pais, que, por sua vez, não gostam que a escola o corrija. Muito provavelmente seus pais não aprovavam que a escola batesse no aluno.

A escola dava prêmios para os alunos, e esses prêmios seriam de três ordens: por piedade, por capacidade e por assiduidade. Note-se que os prêmios mais importantes seriam aqueles dados pela piedade do aluno. Em seguida, por ordem de importância, vinham os prêmios por assiduidade. Os prêmios menos importantes, portanto, eram exatamente aqueles dados pela capacidade. Nesse sentido, percebe-se a tripla vocação da escola: moralizar, civilizar e instruir.

Já as correções seriam de diferentes tipos: correções pela palavra, pela penitência, pela palmatória, pela vara, pelo chicote e pela expulsão da escola. Recomendava-se que o professor não fosse muito bravo, mas que também não fosse excessivamente brando. Era preciso agir com firmeza, ainda que com suavidade no trato. O professor deveria falar com os alunos de maneira "firme para intimidá-los sem afetação, entretanto, e sem paixão" (*Conduite*, 1759, p. 149). O uso da palmatória era justificado nas seguintes ocasiões: "1) por não haver seguido a lição; 2) por haver feito bagunça; 3) por haver chegado tarde; 4) por não haver obedecido ao primeiro sinal; e por vários outros motivos semelhantes, quer dizer, por faltas que não sejam muito graves" (*ibidem*, p. 151). Deveriam ser expulsos da escola os alunos considerados safados, aqueles que teriam má ascendência sobre os outros. Seria preciso, para essa atitude, ter a convicção de que o aluno era incorrigível. E essa convicção somente se daria quando se tentou "corrigi-lo um grande número de vezes e ele não modificou sua conduta" (*ibidem*, p. 153). O professor não deveria ter sempre a mesma atitude. Em algumas situações, "deve-se recorrer a ameaças, muitas vezes corrigir, muitas vezes perdoar e se servir de vários meios que o engenho de um professor vigilante e reflexivo lhe faz facilmente encontrar nessas circunstâncias" (*ibidem*, p. 154).

A escola moderna vale-se, portanto, da correção: da correção física e da correção moral. Todavia, ela busca regrar essa punição, de maneira, por exemplo, que, quando a palmatória fosse usada, não se recorresse a ela mais de uma vez pela mesma falta. Do mesmo modo, pretende-se que o professor aja pela razão e nunca por um impulso. A ideia – poder-se-ia dizer – era a de civilizar e racionalizar a punição. Considerava-se que, para ser útil, a correção também deveria obedecer a alguns critérios: ela deveria ser desinteressada, caridosa e justa. Isso porque "se deve examinar inicialmente se o motivo pelo qual o professor corrige um aluno é verdadeiramente uma falta, e se essa falta merece essa punição" (*ibidem*, p. 155). Além disso, seria preciso observar se a punição encetada era proporcional à falta cometida, já que "há uma grande diferença entre a falta cometida por malícia e por obstinação e a falta cometida por fragilidade" (*ibidem*).

Um aspecto importante que o documento sublinha é o fato de que nunca se deverá corrigir um aluno a partir de um sentimento prévio de aversão que se tenha em relação a ele, porque ele lhe provoca contrariedade "ou porque não se tem inclinação por ele: todos esses motivos, sendo maus ou puramente humanos, são bem distantes de ser os que devem ter as pessoas que devem agir e se conduzir apenas por espírito de fé" (*ibidem*, p. 158). Havia cinco vícios que precisariam ser sempre castigados: "a mentira, as brigas, o furto, a impureza e a falta de compostura na igreja" (*ibidem*, p. 161).

Todos os que brigassem deveriam ser castigados. Se os meninos brigarem com outros rapazes que não são da escola, "o mestre se informará muito detidamente da falta e não corrigirá o aluno sobre o qual ele não esteja muito seguro" (*ibidem*, p. 162). Se a falta tiver sido cometida dentro da escola, a punição deverá ser ainda maior: "O mestre os fará entender que essa falta é uma das mais graves que eles poderiam ter cometido" (*ibidem*). Diz ainda o texto o que segue:

> Há alunos de cuja conduta os pais têm muito pouco cuidado, e algumas vezes não têm nenhum. Eles só fazem, de manhã à noite, o que eles querem. Eles não têm nenhum respeito por seus pais, eles não obedecem nunca, eles sussurram e muitas vezes esses defeitos não decorrem do fato de eles terem coração e espírito maldispostos, mas do fato de eles serem abandonados a si mesmos. Se eles não possuírem o espírito atrevido e arrogante, é necessário ganhá-los, mas também corrigi-los por seu mau temperamento; e quando em classe incorrem em algum desses defeitos, deve-se dominá-los, fazer frente a eles e conseguir que se tornem submissos. Se são de espírito atrevido e altivo, deve-se confiar-lhe alguma atividade em classe, como a de inspetor, se se considera capaz disso, ou encarregado de recolher os cadernos, ou de recolher os papéis, ou fazê-los avançar em algumas coisas, como na escrita, a aritmética etc., com o fito de dar-lhe afeição pela escola. (*Ibidem*, pp. 163-164)

Com os alunos indisciplinados, era recomendado falar pouco e sempre com alguma gravidade, especialmente quando eles fizessem alguma coisa. Deve-se, além disso, "humilhá-los, corrigi-los, enquanto a correção lhes puder ser útil para confundir e abater seu espírito" (*ibidem*, p. 164). Deve-se enfrentá-los e nunca aceitar que eles repliquem o que diz o mestre. Finalmente, "será bom às vezes advertir e repreender com doçura e, em particular, os seus defeitos, mas sempre com gravidade e de uma maneira na qual se mantenha o respeito" (*ibidem*).

Os alunos teimosos também precisariam ser corrigidos. Mas, quando o aluno resistisse, e não aceitasse que lhe disessem para sair de seu lugar, seria melhor não insistir e deixar o castigo para depois quando ele não mais esperasse por isso. Já os alunos tímidos e de espírito doce não deveriam ser castigados. Estes possuem medo de ser castigados e, quando não cumprem seu dever, com medidas brandas, eles corrigirão essa falta. Os alunos curtos de inteligência são aqueles que, em geral, não fazem barulho. Não será necessário corrigi-los por bagunça. Por sua vez, "as faltas típicas desse tipo de estudante serão a de não seguir as lições, a de não ler bem, não reter ou repetir o catecismo, não aprender nada ou muito pouco etc." (*ibidem*, p. 168). Diz ainda o documento que não se poderá exigir deles o que eles não poderão dar. Será recomendável contentar-se em receber deles o pouco de que são capazes.

Quando os meninos chegam recém-admitidos na escola, eles não deverão ser corrigidos desde o começo de seus estudos. Diz o texto que "é preciso começar por conhecer seus espíritos, suas naturezas e suas inclinações. Deve-se indicar-lhes o que deverão fazer, colocá-los próximos de alguns alunos que façam bem os seus deveres, a fim de que eles aprendam os seus pelo exemplo e pela prática" (*ibidem*, p. 169). As crianças só deveriam começar a ser castigadas após terem permanecido pelo menos um mês na escola.

Quanto às acusações que possam ser feitas contra os alunos, os professores deverão tomar bastante cuidado com elas. Os professores deverão estar sempre alertas com as informações e as possíveis denúncias que lhes venham a ser feitas contra seus alunos. Todavia também não poderão fazer vistas grossas. Baseando-se nos relatos que recebe, o professor deverá examinar atentamente o que se passou, sem qualquer ímpeto de castigar precipitadamente. Nos termos do texto:

> Se são os alunos que relatam ou que acusam alguns de seus companheiros, o mestre se informará de imediato se os outros que lhe relatam realmente viram ser cometida a falta. Será preciso saber em quais circunstâncias será possível descobrir a verdade. Se a coisa lhe parece duvidosa ou se não está de todo seguro, ele não castigará o aluno, a menos que o mesmo confirme sua falta; e, se for assim, ele castigará muito menos ou lhe dará apenas uma penitência fazendo-o entender que isso é porque ele disse a verdade. Se o mestre se convence de que aquilo de que se acusava o aluno é falso, seja por vingança ou por qualquer outro impulso de outro aluno, aquele companheiro que acusou deverá ser castigado severa e exemplarmente. (*Ibidem*, p. 170)

Quando o professor batesse no aluno com a palmatória, este deveria "cruzar os braços, saudar o mestre e retornar modestamente para o seu lugar, sem fazer qualquer gesto nem com os braços, nem com o corpo, nem nada inconveniente, sem retrucar e sem chorar alto" (*ibidem*, p. 172). O processo civilizatório em que se inscrevia a escola passava pela dor. Era com dor que eles corrigiam os alunos. Julgavam que era pela dor que o aluno deveria ser disciplinado. Tratava-se de civilizar com "sangue, suor e lágrimas". O texto diz também que os alunos não poderiam faltar às aulas para fazer compras de roupas, sapatos ou chapéus, "a menos que se veja efetivamente que para os pais é impossível dispor de outro tempo distinto do das aulas, para tais necessidades, como pode acontecer no inverno" (*ibidem*, p. 184). Além disso,

> tampouco se permitirá a nenhum dos alunos se ausentar da escola para guardar a casa, para levar algum recado, para remendar suas roupas ou por alguma outra razão parecida, a menos que pareça que a coisa é totalmente necessária e que não pode ser deixada para outro momento. (*Ibidem*)

Quando os alunos faltavam, seria preciso averiguar se a responsabilidade era deles ou de seus pais. Quando eles faltavam por conta própria, em geral, os motivos eram os seguintes: "leviandade, safadeza ou porque eles estão desgostosos com a escola, ou porque têm pouca afeição pelo professor ou porque se sentem desencorajados por ele" (*ibidem*, p. 185). Isso acontecia frequentemente quando o professor gritava muito ou exagerava nos castigos. Outro motivo para os alunos faltarem à escola era a ânsia de liberdade, porque eles não aguentavam ficar sentados tanto tempo no mesmo lugar, desejando correr e brincar. Por isso, o documento frisa que, em todas as situações, cumpriria ao professor ganhar esses alunos, tornar suas aulas suficientemente atraentes, de maneira que eles passassem a se interessar por aquilo que, por quaisquer outros pontos de vista, poderia parecer completamente desinteressante, perante os elementos verdadeiramente atrativos da vida cotidiana. Finalmente, outra causa de ausência dos alunos era em virtude da vontade dos pais:

> Ou porque se descuidam de enviá-los à escola, não se preocupando demasiadamente para que a frequentem e sejam bastante assíduos, o que é bastante comum entre os pobres, ou porque sentem indiferença e frieza em relação à escola, convencidos de que seus filhos não aprendem nada ou muito pouco; ou porque os colocam para trabalhar. O modo de remediar a negligência dos pais e, sobretudo, dos pobres será de falar com os pais e de lhes fazer conceber a obrigação que eles têm perante a instrução de seus filhos, e sobre o mal que eles lhes fazem ao não fazer com que eles aprendam a ler e a escrever; o quanto isso lhes poderá

> prejudicar, posto que eles não serão nunca capazes de nada para algum emprego, não podendo ler e escrever. (*Ibidem*, p. 188)

O texto explica ainda que os pais que fazem as crianças deixarem cedo a escola para irem trabalhar fazem um desserviço à vida dos seus filhos, porque eles terão muito menos oportunidades de emprego do que eles teriam caso permanecessem por mais tempo na escola e aprendessem nela mais coisas. Seria preciso, por exemplo, convencer o pai do quanto é importante para um artesão saber ler e escrever. Por isso, recomendava-se conversar com os pais e fazê-los comprometer-se em enviar as crianças para a escola uma hora pela manhã e outra hora durante a tarde. Se os pais reclamassem que os filhos aprendem pouco, seria preciso escolher um mestre especialmente capaz para ensinar essa criança (*ibidem*, p. 189). E, para que o mestre seja verdadeiramente capaz, ele deveria possuir ao mesmo tempo a firmeza, a vigilância e a aplicação (*ibidem*, p. 190). Nesse sentido:

> Se o aluno esteve ausente por culpa dos seus pais, mandará que o aluno entre na escola, depois falará em particular com seus pais para que se deem conta da falta ou prejuízo que causaram a seu filho, ao possibilitar ou permitindo sua ausência, e os comprometerá para que sejam zelosos em obrigar o aluno que seja assíduo; inclusive que se voltar a faltar por esse tipo de razões não lhe será admitido, o que os obrigará a cumprir efetivamente. (*Ibidem*, p. 196)

Mas, se o aluno faltou às aulas por vontade própria, ele será repreendido na presença de seus pais. Além disso, os alunos que tenham faltado às aulas sem permissão, ou mesmo os que tenham chegado tarde, serão colocados no banco dos negligentes. Eles ficarão ali pelo menos o dobro do tempo que se ausentaram da escola. Durante o período em que estiverem nesse banco, eles não poderão unir-se a seus colegas da mesma lição, sendo praticamente impedidos de participar das aulas, sem ler nem escrever.

Cotidiano escolar e formação de novos professores

Haveria nas escolas um aluno que teria por função "tocar a campainha, para começar as aulas e os exercícios da escola" (*ibidem*, p. 214). A campainha deveria soar várias vezes, para registrar o início da aula e depois a cada meia hora. Quando a campainha toca a última vez é sinal de que os alunos deverão "fechar seus livros, e os recolhedores de livros e de cadernos deverão recolhê-los" (*ibidem*, p. 215). Esse aluno que toca a campainha "deve ser assíduo à escola, cuidadoso, vigilante, correto e muito pontual para tocá-la no tempo regulamentado; e o mestre cuidará para que ele não deixe nunca de tocá-la na hora exata" (*ibidem*).

Haveria também na escola a figura dos alunos inspetores e dos alunos vigilantes. Os inspetores atuariam na ausência do professor e sua missão seria a de tomar conta da classe durante o período em que o professor não se encontrasse na sala. Na verdade, continua o texto, "toda sua tarefa consistirá em observar e ter cuidado de tudo quanto ocorra na classe, sem dizer nunca nenhuma palavra, independentemente do que se passe, e sem deixar seu lugar. Não consentirá que nenhum aluno fale com ele durante o tempo em que desempenha sua função" (*ibidem*, p. 216). Ele não poderá se dirigir aos alunos, muito menos ameaçá-los, não poderá usar o sinal, mas assinalará por escrito todas as faltas dos alunos para reportá-las ao mestre. Deverá "fixar os olhos sobre quem desrespeite o silêncio ou cause o menor ruído" (*ibidem*). A função do inspetor é ambígua na classe:

> O mestre fará o inspetor compreender que ele foi posto ali não apenas para vigiar tudo o que se passa na classe, mas também para ser o modelo e o exemplo sobre o qual todos se devem formar. O mestre examinará bem as coisas que o inspetor lhe reportar antes de deliberar se ele corrigirá ou não aqueles que foram denunciados por haver cometido uma falta; nesse sentido, a fim de confirmar mais facilmente se o inspetor disse a verdade, o mestre se informará, com os mais fiéis dentre eles que tenham sido testemunhas da fala, se as coisas se passaram da maneira e nas circunstâncias que foram expostas pelo inspetor. Só castigará os alunos acusados de acordo com a coincidência entre o que disse o inspetor e o que os outros terão assegurado. (*Ibidem*)

A escola lassalista é um território de mútua e recíproca vigilância, e, para vigiar o aluno inspetor, serão escolhidos alguns alunos "vigilantes" (*ibidem*, p. 217). Seriam dois alunos os selecionados, com a finalidade de "vigiar a conduta do inspetor enquanto desempenha seu ofício, para observar se se deixa corromper por algum presente ou se exige algo dos meninos para não comunicar suas faltas ao mestre" (*ibidem*). Os vigilantes avaliariam o horário em que chega o inspetor, se ele realmente não fala com as outras crianças, se ele permanece em seu lugar ou se o abandona para se misturar com as crianças, enfim, se ele cumpre seu dever. O inspetor não saberia quem eram esses dois alunos, mas "os vigilantes serão os alunos mais sensatos, mais piedosos, dos mais diligentes em ir à escola e que tenham suficiente habilidade para observar o comportamento do inspetor sem se fazerem notar" (*ibidem*).

Todos teriam um papel determinado na classe. Os que se sentavam nos primeiros bancos eram aqueles que seriam considerados "os mais assíduos da classe, os mais diligentes dos alunos, os mais ajuizados e os mais modestos" (*ibidem*, p. 219). Sentar-se no banco da frente era tido, portanto, como uma recompensa para alguns alunos, os mais aplicados e, sobretudo, os mais bem-comportados. Se eles cometessem alguma falta, poderiam evidentemente ser trocados por outros. Havia também, na sala de aula, aqueles que seriam os encarregados de recolher e de distribuir os papéis:

> Haverá, em cada classe dos que escrevem, um ou dois alunos, segundo o número dos que escrevem, cuja missão será a de distribuir papel para os que escrevem, ao começar a escrita e recolhê-lo quando houver terminado o tempo da escrita, e em seguida deixá-lo no sítio em que se guarda na classe. Se todos os alunos da classe escrevem, haverá dois; se apenas uma parte deles escreve, e não são muitos, não haverá mais que um encarregado desse ofício. Os distribuidores e recolhedores de papéis terão cuidado em colocar os papéis seguidos, uns em cima dos outros, segundo a ordem que ocupam os alunos a que pertencem, a fim de que possam entregar com segurança o que é seu. Eles irão de banco em banco e depois do começo de um banco até o final, tanto para distribuir os papéis como para recolhê-los; eles os colocarão sobre a mesa, cada um diante daquilo que lhe pertence; se algum aluno estiver ausente, eles colocarão o papel no seu lugar; farão isso de forma a que possam distribuí-los com rapidez, para que nem eles nem os demais percam o tempo que devem empregar na escrita. Esses dois encarregados, imediatamente antes de recolher os papéis, passarão ao lado dos alunos de quem estão encarregados e observarão o que cada um escreveu e se cada um escreveu tudo o que deveria. (*Ibidem*, pp. 222-223)

Se o aluno encarregado de distribuir e recolher os papéis percebe que uma lição não foi feita como deveria, ele chamará o professor. Nesse sentido, trata-se de uma vigilância horizontal dos alunos, uns sobre os outros, vigiando e delatando. Esse foi o modelo sobre o qual se estruturou a moderna forma de escolarização. O colégio teria uma porta de entrada e havia um aluno que era "encarregado de abrir e fechar essa porta, todas as vezes que alguém entrasse ou saísse da escola, e será por essa razão chamado de porteiro" (*ibidem*, pp. 225-226). O porteiro ficaria próximo da porta, para abri-la rapidamente. Diz o texto ainda que ele não poderia deixar ninguém de fora da escola adentrar pelo recinto escolar: apenas professores e alunos, ou alguém que tivesse autorização do mestre. Não qualquer pessoa.

A última parte do *Guia das escolas cristãs* versa sobre a formação dos novos professores. Trata-se de uma dimensão importante das escolas lassalianas, porque, considerando-se o fato de que elas cuidavam da formação dos novos professores, é possível talvez dizer que elas tenham inaugurado essa prática formativa. Não havia na época a preocupação em formar professores. Não havia um preparo específico para ser professor. Contudo, as escolas de La Salle farão isso. Nesse sentido, também, elas marcam seu pioneirismo. Assim, diz o documento sobre as regras de formação dos novos professores:

> A formação dos novos mestres consiste em dois pontos: eliminar dos novos professores aquilo que eles têm e não devem ter; dar-lhes o que eles não têm e que é muito importante que tenham. O que se deve eliminar nos novos mestres é: falar excessivamente; a atividade excessiva; a fraqueza; a precipitação; o excessivo rigor e a dureza; a impaciência; a rejeição de alguns; a lentidão; o excessivo peso; a covardia; o espírito fácil de abater; a excessiva familiaridade; a ternura e as amizades particulares; o espírito de inconstância e de improvisação; um exterior dissipado, vago e parado ou fixo em um ponto. (*Conduite*, 1759, p. 305).

O professor precisará se lembrar de que, para a maior parte de coisas na classe, ele deverá, em vez de falar, valer-se do sinal para dar mensagens aos alunos. O silêncio, portanto, é um requisito da escola lassaliana. Por exemplo, se o aluno erra na leitura, o professor dá dois toques com o sinal, com a finalidade de que o aluno repita a palavra que pronunciou com erro. Se, depois disso, ele dá um único toque com o sinal, todos deverão olhar para que o professor indique quem continua a leitura. Os novos professores, por certo, precisarão aprender como é que se faz isso. Precisarão decorar os códigos dos sinais para se habilitar a lidar com eles. Muitas vezes, o novo professor é muito entusiasmado e quer falar muito; não pode. Os professores não deverão falar com os alunos sem necessidade, e, sobretudo, não poderão falar mais com uns do que com outros. Não deverão rir das brincadeiras das crianças. Não deverão demonstrar excessiva familiaridade com os alunos. O professor deve ainda situar-se em um local de onde possa ver todos os seus alunos. Seria preciso que ele os olhasse todos os momentos, com visão de todos para poder repreendê-los quando necessário e perguntando-lhes o que eles fazem, quando estiverem ocupados com outras coisas que não suas respectivas lições. Deve ter atenção para que todas as lições sejam feitas no tempo estipulado para elas, de maneira que o ritual da aula possa ganhar um ritmo racionalizado. E, principalmente, que os alunos nunca estejam em classe sem fazer nada. Que os professores "não tenham benjamins junto deles nem lhes comuniquem suas confidências e segredos em classe. Que não lhes falem em particular, a não ser no final da classe, por turno, para animá-los a que cumpram suas obrigações" (*ibidem*, p. 311).

O professor não deve ser circunspecto, mas deve ser decidido e ter firmeza. Deve possuir um "exterior grave, digno e modesto" (*ibidem*, p. 312). Não pode ser recolhido, porque precisará se aplicar para vigiar todos os seus alunos, mas deverá ter atenção sobre si e compostura. Finalmente o professor deve ser prudente, zeloso, com um ar simpático e atraente, e ter "facilidade de falar e se exprimir prontamente com claridade e ordem, e ao alcance das crianças que ele ensina" (*ibidem*).

Os novos professores deveriam ser ensinados sobre como se conduzir na classe: "Deve-se exigir que entrem nela com ar decidido e grave, com a cabeça levantada e mirando todos os seus alunos com autoridade, como se tivessem já trinta anos de prática" (*ibidem*, p. 313). Depois eles se ajoelhariam diante do crucifixo, fariam o sinal da cruz e se sentariam no lugar que, para eles, estava reservado à frente da classe. Além disso, o professor não poderia despertar temor em seus alunos, mas também não deveria expressar excessiva ternura e bondade. Sua função era bem ensinar a ler, a escrever, a aritmética e as regras de urbanidade. Tratava-se de aprender a bem se comportar e, também por essa razão, caberia ao professor ser um exemplo de correção na conduta. Sobre o papel dos professores, Corbellini (2006, p. 108) comenta que existiam procedimentos estipulados para controle e acompanhamento da ação dos professores, "seu comportamento, seja na comunidade, seja no desempenho de seu emprego". Cada comunidade tinha um diretor e, para cada conjunto de escolas, havia um inspetor. Mas principalmente "havia a obrigatoriedade das cartas periódicas, determinadas pelas regras e regulamentadas no Diretório" (*ibidem*, pp. 108-109). Cada irmão prestava contas de sua conduta ao seu superior no instituto em alguns meses estipulados no ano. Como diz Corbellini (*ibidem*, p. 109):

> Na carta, cada um deve fazer sua auto-avaliação, descrevendo, conforme cada situação: se tem afeição por seu emprego e zelo pela instrução e salvação das crianças, em que aspecto se destaca e o que faz quanto a isso ou se é indiferente; como faz a escola, se observa as regras, (...) se não deixou seu lugar, se não conversou com qualquer aluno sem necessidade, se não mudou nada na sala, se não introduziu novidade; se teve cuidado em fazer progredir os alunos na leitura e na escrita, se houve aproveitamento ou não e qual a razão, se trocaram de lição no tempo regulamentar, se há ordem e silêncio; se preocupou-se tanto em formá-los à piedade quanto nas lições, se cuidou de sua modéstia durante a missa e orações, se teve vigilância sobre eles durante esses momentos; se teve cuidado no aprendizado do catecismo, se fez o catecismo conforme a prática do Instituto, se os questionou conforme suas capacidades; como se comportou com os alunos; se não foi muito rude ou muito familiar, se não se deixou levar à impaciência, como os corrigiu, seus sentimentos no momento das correções, qual o resultado alcançado.

Observa-se que todas as facetas do professor são aqui observadas e que o controle externo sobre ele se transmuta aos poucos em um autocontrole, que passa por uma vigilância de si. Esse é um dos princípios da escola moderna. A escola, nesse sentido, é um ritual que deve ser aprendido em seus códigos internos. Deve ser aprendido pelos alunos e deve também ser aprendido pelos novos professores. É como se a escola tivesse uma mecânica própria, que deveria ser a única e a mesma em todas as escolas. Tal mecânica e tal ritual eram o método. E o método formou a tradição. Esse ritual é composto por normas suprapessoais, por parte dos atores – professores e alunos –, em que há uma adesão racional à ordem impessoal que norteia os comportamentos e os atos, como um sistema simbólico codificado. Nos termos de Vincent (1994, p. 33):

> A escola lassaliana caracteriza-se fundamentalmente por sua submissão a regras impessoais. O professor não trata os alunos por tu, não injuriará os escolares. Ao punir ele apenas faz por aplicar a lei e não responde a nenhum particular desejo de vingança. Não é o mestre enquanto pessoa particular que castiga. Ele é apenas o representante de regras escritas gerais, suprapessoais. Ele deve submeter a si próprio a sentenças, impondo-se o silêncio, mostrando-se a cada momento como um exemplo daquele que segue as regras. Além do mais, La Salle explica que o mestre convencerá os escolares de que eles devem guardar silêncio, não porque ele está presente, mas porque Deus os vê e que essa é sua Santa Vontade.

A escola tradicional como forma escolar de socialização

A escola lassaliana inscreve-se no primeiro movimento da escolarização moderna. A escola moderna tem seu primeiro período codificado pelas ordens religiosas que atuarão nos colégios e nas escolas de caridade da Europa moderna entre os séculos XVI e XVIII. Daí seria já decalcado o que Vincent nomeará de "forma escolar de socialização" (Vincent 1980). Tal sistema de formação "colegial" tem como preceito a estruturação de uma grade curricular mediante a qual o tempo é repartido no espaço da classe no formato de horários (Petitat 1994). Um roteiro ordenado de conhecimento letrado dará razão à escola seriada. Essa escola será configurada à luz de uma ordenação original para seu tempo. A escola moderna, cuja dinâmica metodológica é, inclusive, anterior ao ciclo do Estado (Nóvoa 1987), iniciado no final do século XVIII, fala a alunos, a professores e a seus gestores, antes por seus rituais do que por palavras. Trata-se, pois, de

> regime de regra impessoal, ao qual todos, compreendido o professor, devem se submeter. Dar um exemplo não é um meio entre outros de instaurar a disciplina: é manifestar o caráter essencial dessa ordem a instaurar. Não é apenas uma

vontade (um desejo) imposta a outra, que, enquanto tal, pode sempre encontrar oposição, mas é aquilo que se impõe a todas as vontades. Dando o exemplo, o mestre mostra que ele se submete a uma lei comum, não no sentido de que ela será o resultado de uma convenção entre pessoas, mas no sentido de que tal lei é suprapessoal. (Vincent 1980, p. 43)

Compreendida como um conjunto articulado de ritos, de hábitos, de disposições e de dispositivos institucionais, a forma escolar identifica-se como um sistema estruturado perante regras em alguma medida impessoais, e que, por sua vez, regulam as relações interpessoais, as relações de métodos de ensino, as práticas postas em ação na rotina escolar. A forma escolar requer, para seu êxito, a eficácia na produção e na reprodução de saberes e de modos tópicos de *savoir-faire* postos em curso pela efetivação da ordem escolar. A escola faz-se, assim, como um particular movimento de socialização específica regrado por um tecido muito particular de relações sociais. Falada em outra língua, a vida escolar afasta a meninice de seu universo familiar e comunitário, criando para tanto um novo registro de interesses e alegrias, compreendidos como especificamente culturais (Snyders 1965 e 1995). Pelo recurso da exposição pública ou do que já se chamou de "castigo moral", diante dos colegas, garantia-se, de cada aluno, a disciplina.

A escola, que se propõe a tornar público um dado patamar de conhecimento, reputa como legítimo e socialmente autorizado o conjunto de informações que veicula. Ao fazer isso, a escolarização revela-se como um aprendizado das formas de exercício de poder mediante um conjunto orquestrado de parâmetros de socialização. A escola, que se revela como lócus específico de estruturação da cultura escrita, apresenta-se como um rito de passagem necessário à organização da vida social. Dessa maneira, há uma pedagogia das relações sociais de aprendizado.

A nova repartição de espaço e de tempo, encontrada nos colégios e em muitas das escolas da época, sob a inequívoca vanguarda dos jesuítas, constitui um movimento bastante claro de efetivação do que poderíamos aqui nomear civilização escolar. O colégio – que enclausura a juventude em um ambiente (por suposto) exclusivamente educativo – trabalhará com saberes, bem como com valores: os critérios de moralidade deverão ser assegurados por um meticuloso cuidado com a disposição do espaço físico. O aprendizado das matérias contaria, por sua vez, com a codificação de uma temporalidade muito própria – o horário, que divide matematicamente o tempo das aulas (Petitat 1994).

Nos colégios e nas escolas que, paulatinamente, foram estruturados por ordens religiosas da Europa, entre os séculos XVI e XVIII, organiza-se o caminho da civilização escolar. A ideia de civilização supõe uma acepção clara de cultura acrescida da ideia de um autocontrole regulatório das relações interpessoais. Nessa medida, falar em civilização escolar supõe o reconhecimento da existência de uma hierarquia de valores entre as diferentes manifestações culturais de uma dada sociedade, e também de uma hierarquia de valores entre culturas de sociedades distintas. Nessa direção, acreditamos que a expressão "civilização escolar" é ampla porque abarca um contingente expressivo de fenômenos, que têm, sim, a ver com uma gama variada de artefatos (imagens, ferramentas e instrumentos), técnicas, linguagens, valores e práticas, mas que compreendem também um roteiro prescritivo de códigos de ação interiorizados, os quais deveriam ser observados por aquilo que representam no tabuleiro social.

Se pudermos considerar a acepção de cultura como primordialmente horizontal e antropológica, a ideia de civilização é verticalizada e disputa o primado no campo da política. Daí, a meu ver, seja bastante operatório trabalhar com o conceito de "civilização escolar" (Gusdorf 1970, p. 29), posto que este, incorporando os significados intrínsecos à ideia de cultura escolar, desloca-os – evidenciando o cariz modelador da escola moderna.

Há, na vida cotidiana da instituição, um esforço sistemático de apropriação subjetiva de saberes objetivados como conhecimento escolar. O tempo é racionalizado, e as relações sociais tornam-se, em larga medida, pedagógicas. A civilização escolar não é apenas escrita, mas também sujeita à hierarquia, à sequência e à classificação. Tal conhecimento escolar supõe uma primazia perante outras formas de organização não escritas e não escolares. Nessa medida, a civilização escolar é classificatória: ela avalia, ordena e pontua o conhecimento que veicula. Codifica saberes e práticas em uma lógica escriturária, decompõe e organiza a temporalidade. Estabelece efeitos de previsão e de provisão do conhecimento, mediante configurações hierárquicas. A escola socializa por meio de seus sinais, mais do que por palavras.

Algumas aproximações teóricas

A historiografia da educação – valendo-se de conceitos como os de forma escolar de socialização (Vincent 1980 e 1994), modelo escolar (Nóvoa 1987, 1991, 1994, 1995, 1998 e 2001) e gramática da escola moderna (Tyack e Cuban 1995) – estabelece um novo desenho para a compreensão da escola moderna. O aprendizado da história escolar revela-nos que as mudanças ocorridas no modo de ser escola são, na maioria das vezes, mais subterrâneas do que se poderia, a princípio, supor. São, mesmo, quase imperceptíveis as alterações que vão acontecendo, como tendências, nas práticas escolares. A escola moderna cria, em alguma medida, seu ritual de organização, trabalhando simultaneamente saberes e valores, estabelecendo rotinas, ordem e disciplina, hábitos de civilidade e racionalização. São tempos e espaços que se organizam de um modo todo próprio (Viñao 1998a, 1998b, 2001; Escolano 1998; Faria Filho 2005; Faria Filho e Vidal 2000; Vidal 2005). Ao pretender romper com o tradicional, também as novas pedagogias criam suas específicas tradições. A despeito de algum voluntarismo renovador do discurso, a prática escolar persiste, entre hesitações e apostas, traduzindo e pondo em circulação seus saberes e suas práticas.

As ações culturais constituem as diferentes maneiras de operar a vida social. O que não é natureza, é cultura. A cultura produz saberes, modos de agir e comportamentos. Quando observamos as práticas escolares, é possível compreender a força da dimensão cultural da escolarização. Se a organização de um sistema de ensino codifica normas de agir para a estrutura e o funcionamento da rede de escolarização, há uma dimensão, no mundo da escola, que ultrapassa as prescrições normativas dos programas oficiais e das diretrizes que contam como ou o que se deverá ensinar. Nesse sentido, é possível dizer que nem tudo que a escola faz estava previsto que ela fizesse.

Aproximando-nos da conclusão desta obra, propomo-nos a construir um diálogo teórico entre alguns dos autores que debatem o tema da escolarização como fenômeno específico que não apenas possui uma originalidade que lhe é singular, como também impacta o funcionamento de outros cenários sociais. Pretende também confrontar tais vertentes analíticas com outras interpretações mais diretamente debruçadas no fenômeno da cultura e da civilização.

Azanha demonstra que "cultura escolar" – como categoria de análise – seria uma possível ferramenta operatória para a compreensão dos usos e dos costumes da escola. O estudo da cultura escolar requer a reconstituição de modos de ser e de dinâmicas do agir quando, por exemplo, os professores ensinam uns aos outros; quando o professor sistematiza no caderno seu plano de aula; quando o aluno registra no diário a lição a ser feita para o dia seguinte; quando o professor envia o aluno à diretoria para "conversar com o diretor". Há um repertório de saber escolar não codificado pelos padrões clássicos do conhecimento científico. Há uma disposição na escola que possibilita a organização de experiências e de rituais que instituem uma forma específica de operar a cultura. Cultura escolar será, pois, a conjugação entre o conhecimento teórico das ciências de referência e o conhecimento adquirido nas práticas da escola. O saber teórico e o saber escolar serão sempre mediados pela ação educativa – mediante a tarefa intencional do ensino, que supõe o repertório do professor ou o modo pelo qual este se apropria do acervo cultural (Azanha 1991, p. 69).

Como bem destaca Jean-Claude Forquin, a escola é um mundo social, com características próprias de vida. A escola, nessa dimensão, é composta por ritmos e ritos que integram sua forma de engendrar e de gerir símbolos (Forquin 1993, p. 168). Forquin diferencia o universo cultural prescritivo da escola das relações culturais também produzidas no âmbito da vida escolar. Há, por um lado, prescrições, há conteúdos normalizados, organizados e didatizados. Há conteúdos cognitivos prescritos para serem veiculados. Mas há, por outro lado, o vigor e a inventividade das práticas escolares, das coisas que se passam quando as portas se fecham – e que não são necessariamente fruto programado daquela transmissão deliberada e prescrita de antemão. Os professores perfazem ações culturais que não são condizentes necessariamente com as orientações curriculares. Os alunos apropriam-se de saberes e produzem saberes na internalidade do cotidiano institucional. Não há critério algum que possibilite o completo controle dessa cultura interna ao dia a dia das escolas (*ibidem*). A cultura como mundo construído que surge também na escola abarca, a um só tempo, a apropriação dos conteúdos de saberes que circulam em uma dada sociedade e a criação de novos conteúdos e movimentos culturais, interiores à própria vida escolar.

Michel de Certeau define as ações culturais como movimentos que auxiliam na configuração do que o autor compreende como constelações sociais (Certeau 1995, p. 250). O próprio saber estaria, assim, inscrito em uma dada correlação de forças, que silencia, interdita, impinge e impõe protocolos de crenças com valor de verdade (*ibidem*), sendo nas ações e nas estratégias culturais que se produzem, que se firmam, que se reproduzem, que se transformam as práticas e os conflitos, nos seus lugares de ação e por táticas de permanente enfrentamento.

Há algo comum entre os autores aqui abordados. Todos eles concebem a escolarização moderna como fenômeno social que marca os séculos XVI ao XX. Além disso, identificam na escola um modo específico e característico de transmissão de saberes, de valores e de saber-fazer. Trata-se da primazia de um dado modelo de interação entre adultos e crianças. Haveria, nessa dimensão, uma lógica interna que instaura uma normalização específica para a vida escolar, com seus rituais e suas rotinas, com seus usos e seus costumes.

Para Starobinski, o percurso civilizador corresponderia a um intenso processo de refinamento dos costumes e de aprimoramento das relações humanas e tecnológicas (Starobinski 2001, p. 32). A categoria civilização, contudo, surgirá ela própria carregada de uma aura sagrada, reconhecida tanto pelos que pretendem louvá-la quanto pelos que tencionam condená-la. O conceito é apresentado, então, como critério de julgamento, parâmetro de medida (*ibidem*, p. 33). E, por isso mesmo, cria-se uma relação entre um "nós-civilizado" e um "outro-bárbaro", em que o primeiro declara e firma sua pretensa superioridade diante do interlocutor. É preciso, então, educar o bárbaro, ou seja, a um só tempo, polir suas maneiras, policiar seus maus hábitos e incluí-lo na esfera da política. Na modernidade, essa tarefa competiria historicamente à escola.

A ideia de civilidade, por isso mesmo, seria, em alguma medida, oposta às dimensões da intimidade. Criam-se convenções para partilhar coletivamente significados que se tornam públicos, postos em "uso" pela cidade. O modo escolar de civilizar é também uma maneira de engendrar o ritmo da vida em cidades. Acerca do tema, Richard Sennett indica que o próprio termo "civilidade", tendo o mesmo radical de "cidade", indica um movimento tendente a denotar uma dada arte de representar para os outros. A cidade, assim como a escola, é um estabelecimento humano que propicia o encontro de estranhos (Sennett 1988, pp. 323-324).

Como destaca Norbert Elias, pode-se compreender o processo civilizador como um progressivo movimento tendente a controlar pulsões, racionalizar gestos e movimentos, disciplinar condutas, destacar voluntariamente os usos agenciados das potências do corpo, com o fito de estabelecer planos de longo prazo. A civilização conduziria, de acordo com Elias, a rotinas semiautomáticas. Deseja-se imprimir formas semiconscientes de autocontrole, como dispositivos formadores de uma segunda natureza. Essa seria a lógica. As interdependências – como cimento da sociedade – deveriam estruturar-se mediante esforços de regulação da vergonha. Não se tratava de um desenho voluntariamente traçado com intenção de domínio, mas também não era um caminho irracional. Há nisso – não se pode deixar de reconhecer – um quê de arbitrário cultural (Elias 1994, p. 62).

A escola é a instituição que se dá a ver como lugar primeiro do cultivo da racionalidade: seja uma racionalidade no campo dos saberes, seja uma dada acepção sistemática de compreensão do domínio da ética. Para tanto, a escola expõe seus conteúdos como se eles fossem unívocos, pois é marca da civilização a aparência de uniformidade. A escola vale-se dessa estratégia de uma maneira bastante específica, apresentando o conhecimento como se ela partilhasse de sua autoria, como se os conteúdos pedagógicos houvessem sido inventados e cristalizados ali mesmo, na vida escolar.

Guy Vincent (1980 e 1994) observa que historicamente a escola foi a forma dominante do processo de socialização em nossas sociedades modernas e contemporâneas. Em trabalho intitulado *L'école primaire française: Étude sociologique*, o autor caracteriza o que supõe ser a lógica específica da vida escolar, com seus rituais e suas rotinas, com seus usos e seus costumes. Nos termos de Guy Vincent, o escolar age de acordo com regras e o mestre ensina por princípios. A forma de ser escola se define, pois, por um local específico, organizado e regrado, no qual mestres e escolares cumprem deveres e vivenciam de modo específico a temporalidade de um ensino secularizado (Vincent 1980, p. 263).

Vincent procura, então, estudar a escola – e, nela, aquilo que nomeia forma escolar de socialização – pela maneira como a instituição age a fim de proceder à transmissão dos saberes e do saber-fazer. Ao efetuar esse papel, que é a sua razão de existir, a escola delimita seguramente relações claras de poder. A organização e o pensamento sobre os processos empregados supõem a estrutura de um conjunto de regras impessoais, a serem interiorizadas pelos diferentes atores da vida escolar. No parecer de Vincent, o procedimento básico do qual a escolarização se vale para regular a ação é, antes de tudo, escrito, e tem como código primeiro o mundo daí decorrente, pertencente às habilidades produzidas pela cultura escrita e dependente delas – por suposto: ler, escrever e portar-se com um dado grau de urbanidade, de cortesia, de civilidade, enfim, de polidez. Esse autor destaca que a disciplina age por normas impessoais e captura todos os atores envolvidos no campo pedagógico. O aluno apropria-se das regras e aprende a incorporá-las. Isso ocorrerá também com os demais protagonistas do cenário escolar (*idem* 1994, p. 35).

Dominique Julia vale-se da expressão "cultura escolar" para caracterizar o conjunto prescritivo integrado por regras institucionais e por matérias de conhecimento a serem apreendidas, além de comportamentos a serem incorporados (Julia 2001, p. 10). O autor sublinha que, ao mesmo tempo em que produz cultura, a escola interage e se apropria de referências de inúmeras outras culturas, expressas pelo impacto dos meios de comunicação de massa, pela família, além de, especialmente, pelo que se tem hoje caracterizado como cultura juvenil, ou mesmo (por que não?) pela cultura das crianças pequenas.

As normas e as práticas implicam a existência de agentes da escolarização, os quais são também produtores de cultura – tanto no nível normativo e prescritivo quanto na dimensão cotidiana. Para Julia, o modo de ser escola estende-se para além de suas fronteiras, abarcando as maneiras de agir e de pensar, progressivamente interiorizadas mediante os processos formais de escolarização (*ibidem*, p. 11). De acordo com ele, a cultura escolar impregna as demais estruturas comportamentais e instituições da sociedade, remodelando comportamentos, adestrando mentes e moldando almas (*ibidem*, p. 22).

André Chervel, para evidenciar o caráter específico do que também nomeia "cultura escolar", recorda que o efeito de aculturação provocado pela escola se traduz, por um lado, em prescrições normativas curriculares, ou programas oficiais que oferecem as diretrizes do que se deverá ensinar – e, muitas vezes, de como se deverá fazê-lo. Mas a escola também demonstra inventividade no modo de operar esse conjunto normativo. Nesse sentido, para o autor, o saber construído na instância da escolarização não se organiza como decorrência filtrada do conhecimento erudito. Trata-se, mais do que traduzir, de inventar saberes escolares, que passam, como tal, a possuir uma existência autônoma naquele local que lhes é específico. Para reproduzir o já tão conhecido exemplo de Chervel, não faz parte do acervo cultural do homem culto o domínio pleno das regras gramaticais dominadas pelos escolares do terceiro ano do ensino primário (Chervel 1998, p. 14). Diz esse autor que a teoria gramatical ensinada pela escola teria sido "historicamente criada pela própria escola e para a escola. O que já bastaria para distingui-la de uma vulgarização. Em segundo lugar, o conhecimento da gramática escolar não faz parte (...) da cultura do homem cultivado" (*idem* 1990, p. 181).

Pode-se mesmo suspeitar que os conhecimentos escolares possuem uma trajetória razoavelmente independente das ciências de referência. Nesse sentido, alguém já destacou que o que cada escola ensina na matéria da física hoje tem mais a ver com a história do ensino de física do que com as recentes descobertas no domínio da investigação teórica em física. De acordo com a análise de André Chervel, a cultura escolar não é apenas a cultura erudita divulgada, transmitida e disseminada pela escola. Cultura escolar é cultura que tem sua origem, seu desenvolvimento e sua razão de ser no interior das práticas escolares (*idem* 1998, p. 191).

António Nóvoa (1994 e 1995) destaca os procedimentos mediante os quais os Estados nacionais se tornam protagonistas da organização do sistema da educação letrada. A escola moderna apresenta-se ao mundo como a única instituição cujo propósito é exclusivamente o de educar. Para isso, vale-se de métodos, técnicas, um espaço físico estruturado à luz de critérios específicos, uma nova organização do tempo em horários e um dado segredo da arte. António Nóvoa (1998) identifica na expansão da escola de massas a referência a um dado modelo de compreensão e conceituação da vida escolar. A escola moderna é, para o autor, um "modelo cultural transnacional no seio do qual a escolarização de massas é um dos principais dispositivos voltados para a criação de alianças simbólicas entre os indivíduos do Estado" (Nóvoa 1998, p. 91). Nóvoa compreende, ainda, que a Europa "funciona como o referente silencioso, em nível mundial, do trabalho intelectual e do conhecimento histórico" (*ibidem*, p. 92). Será, portanto, a racionalidade da escola que integrará as subjetividades individuais no amplo projeto histórico de construção dos Estados nacionais. Nóvoa compreende que a escola produz, na lógica da modernidade, um trabalho de unificação cultural que está diretamente vinculado à estrutura do Estado-nação. Há, por tal aspecto, uma dinâmica de progresso e uma racionalidade científica que resulta na integração de populações – configurando cidadãos do Estado nacional (*ibidem*).

David Tyack e Larry Cuban, em *Tinkering toward utopia*, deslocam uma das grandes indagações que perpassam as representações contemporâneas acerca da escola. Eles recordam, nesse sentido, que as pessoas frequentemente se indagam sobre como as reformas nas políticas públicas da escolarização mudam as escolas. As reformas não conseguem se implantar a contento porque raramente as transformações ocorrem de acordo com os planos, diretrizes e projetos. As explicações para esse fato seriam as mais variadas. Alguns culpam as orientações legais, outros criticam os educadores, todos demonstrarão a incapacidade de as políticas externas transformarem a vida e a rotina escolar. Todavia – constatam os autores – é possível dizer que "as escolas quase sempre mudaram as reformas" (Tyack e Cuban 1995, p. 61). A obra de Tyack e Cuban (1995) supõe a existência de uma gramática interna às práticas escolares, que resiste – com muita frequência – às inúmeras tentativas de reformas que, contra ela, se apresentam. Esse persistente modo de ser da escolarização se modifica muito lentamente, assim como a gramática é, em relação às línguas, aquilo que se altera com maior vagarosidade. Tal gramática da escola compreende as formas de organizar, de instituir e de estruturar os modos de ensinar e de aprender no âmbito da instituição (*ibidem*, p. 5). Os autores observam, ainda, que "mudança não é sinônimo de progresso... e muitas vezes os professores têm sido sérios para resistir a reformas que violam seu julgamento profissional" (*ibidem*). A persistência dessa gramática escolar produzirá a continuidade de práticas, ritos, estruturas e ações. Como bem argumentam os autores, há um elevado grau de autonomia na prática docente, e ninguém pode de fato controlar o que se passa quando o professor fecha as portas da classe.

A civilização que a escola compõe tem a ver com contiguidades de "saberes", de um conjunto de práticas que podem ser nomeadas de "saber-fazer" e, seguramente, da adesão a valores que a escola, de alguma maneira, cria e, certamente, cultiva e cultua. Há especificidades nítidas no modo de ser escola: especificidades construídas ao longo de séculos. A escola cria, inclusive, uma concepção toda sua de arquitetura, que se propõe a dar a ver os sentidos da cultura letrada com alguma reverência.

Sobre o espaço-escola, Agustín Escolano recorda o caráter singular desse repertório de modelos constituídos desde o princípio da era moderna. Progressivamente, a modernidade passou a vincular os sentidos da escola a uma dada representação expressa em sua construção material e simbólica. Diz Escolano, com relação ao tema, que a arquitetura escolar constitui um programa, expresso na materialidade dos edifícios, veiculando, no plano da subjetividade, todo um sistema de valores, que envolve códigos de ordem, de disciplina, de vigilância (Escolano 1998, p. 26). Como também observa Viñao Frago (1998a, p. 78), a escola é um lugar percebido, configurando, nessa dimensão, um espaço – o qual "constitui um elemento significativo no currículo". A lógica do espaço, em alguma medida, terá implicações na organização da vida escolar, nas orientações dos exercícios, das atividades dos alunos, das aulas ministradas pelos professores. A configuração material de uma sala de aula dá a ver aquilo que acontece nela. A escola pode ser também interpretada por sua cultura material.

O tempo escolar teria também, por sua vez, um recorte muito próprio, que lhe confere uma particularidade distintiva de outras modalidades do tempo social. Diz Antonio Viñao Frago que o tempo escolar envolve dimensões institucionais, pessoais, culturais e individuais. O tempo escolar não seria, então, um tempo uniforme e constante. Trata-se de um tempo plural (*idem* 1998b, p. 5). Haveria, para o autor, uma pluralidade de tempos que coabitam o espaço escolar: o tempo do professor; o tempo do aluno; o tempo da família; o tempo da administração; o tempo da inspeção. Portanto, um tempo das normas e um tempo das práticas. Um tempo das representações sociais e outro tempo das ações culturais.

As relações sociais escolares seriam, ainda, relativamente autônomas quanto a outras instâncias da sociedade. A escola moderna tem a uniformidade e a equalização como princípio, como método e como meta declarada. Mais do que isso, teria sido modelada à luz das ideias de sequência e de hierarquização. Historicamente, as práticas educativas destacam-se – pelo menos desde o século XIX – pelas características de simultaneidade, unidade, homogeneização e, finalmente, identidade. Tais requisitos foram imprescindíveis para conformar a instituição formadora: escola, organização social voltada para padronizar costumes e projetar saberes. Ao fazer isso, evidentemente, sincronizava-se um movimento que tinha por analogia a acepção de regularidade do mundo, expressa na ciência moderna: um mundo a ser decifrado, mas também um mundo a ser controlado, produzido e reproduzido.

CONSIDERAÇÕES FINAIS

Existe uma singular dimensão simbólica concernente ao lugar social ocupado pela escolarização – dimensão simbólica que dialoga muito de perto com comunidades de sentido partilhadas e socialmente autorizadas. Ao aprender, cria-se – nessa perspectiva – uma distinta apreciação do tempo; o tempo escolar ganha vida como repertório de significados inscritos, por sua vez, no espaço da escola, em sua territorialidade. Estrutura-se, portanto, uma linguagem própria, que tende a representar a escola como sua fala autorizada. A modernidade engendrou uma maneira específica de ser escola e de viver a escola. Essa escola, construída e mantida pela modernidade, configura-se como instituição civilizadora. Nesse sentido, "cultura escolar", "gramática escolar", "modelo da escola moderna" ou "forma escolar de socialização", todos esses registros implicam significados concernentes à especificidade do lugar social ocupado pela escola no âmbito do processo civilizador. A escola institui protocolos de ação e estruturas de subjetividade autorizadas no cenário social. Esse foi o papel que ela adquiriu no mundo moderno.

A escola da Idade Moderna inscreve-se no processo de construção do Estado moderno. Mesmo estando ainda atado aos códigos, à lógica e ao controle da Igreja, na maioria das vezes, o movimento da escolarização é um movimento que tende para a secularização. Trata-se, como já assegurou Franco Cambi, da construção de uma sociedade pautada pelas referências da racionalização, da secularização, da institucionalização e da civilização (Cambi 1999, p. 277). A sociedade civil que viria a se instaurar progressivamente na construção da nova sociedade possuía "regras e comportamentos definidos e legitimados, que operam como vínculos educativos e vêm estruturar a organização da vida pessoal, sobretudo nas relações sociais, a partir dos gestos, das linguagens etc." (*ibidem*, p. 278). Tratava-se de um processo de "desencantamento do mundo" – como já nos assegurou Max Weber –, mas tratava-se de um processo, a um só tempo, de emancipação e de controle. Se, a partir do século XVII, havia uma dimensão de abertura para o pensamento racional, se a mente, portanto, se emancipava, havia uma dimensão contraposta, relativamente a um controle cada vez mais intenso dos corpos.

A escola de Estado, na contemporaneidade ocidental, é tomada, em si mesma, como fonte pública de esclarecimento. Por meio dela, o mundo contemporâneo presencia o tempo de uma escolarização que, assumida pelo Estado como tarefa sua, tem por finalidade, a um só tempo, engendrar práticas de cidadania, de disciplina/ controle social e de preparação para o trabalho. Em alguma medida, a escola racionaliza ao apresentar como impessoais, universais e atemporais as regras de que se vale. Em um primeiro momento, trata-se, em linhas gerais, de racionalizar, institucionalizar e civilizar os costumes (Elias 1993), de tal maneira que à infância pudessem ser ensinados os padrões de pudor, de vergonha e de autocontrole, que, por suposto, deveriam já regular o comportamento adulto (Postman 1999b).

Esse modelo de escola, contudo, teve início antes do ciclo do Estado (Nóvoa 1987), a partir de iniciativas como as dos colégios jesuíticos e das escolas lassalianas, as quais, por sua vez, eram tributárias do pensamento humanista da Renascença (Storck 2016). Tratava-se ali de organizar espaços e tempos da escolarização, de maneira a lhe conferir uma racionalidade que, até então, ela não possuía. A alfabetização, na época, começava a se tornar uma referência de mundo. Mesmo assim, como a maioria da população era iletrada, o letramento não consistia necessariamente em um problema. Apesar de tudo isso, houve iniciativas, por parte de agremiações religiosas, para disseminar a cultura letrada, tanto no que diz respeito ao nível primário – por assim dizer – quanto àquele de uma educação secundária. Escolas e colégios estruturavam um modo de ser da instituição. Os séculos XVIII e XIX continuavam, em países como Portugal e Brasil, a abrigar a prática de professores que davam aulas em suas próprias casas, com um modo de ensino individual. O fato é que o modelo de ensino simultâneo, que depois seria incorporado pelas escolas do Estado (pelos grupos escolares, no caso brasileiro), já estava embrionariamente presente nessas iniciativas de cariz religioso.

A Reforma religiosa institui uma forma nova de lidar com o tempo. Buscava-se racionalizar a vida, tendo em vista os preceitos religiosos de uma crescente valorização do trabalho. Nesse sentido, Lutero, ao explicitar seus votos para que fossem criadas escolas que pudessem permitir aos meninos e às meninas não apenas ler a *Bíblia*, mas também administrar adequadamente a cidade e os lares, instituía uma nova preocupação secularizante em um mundo eminentemente religioso. Nessa direção, as próprias religiões adquiriram um discurso secular. Como contrapartida à Reforma, o catolicismo do Concílio de Trento fortalecerá iniciativas como a dos colégios jesuíticos, que tinham claramente essa marca de secularização da vida.

Por seu turno, o discurso humanista trará outro olhar para a matéria educativa, com a preocupação em assinalar o esquadro de compreensão da figura da criança. Tanto em Erasmo como em Montaigne, percebe-se a busca de traçar os contornos do que viria a ser compreendido como infância moderna. Já em Vives, além disso, desenhar-se-á o papel da escola. Vives postula recomendações para o lugar público do professor, indica orientações sobre o edifício escolar, destaca aspectos do ofício do aluno, considera as dimensões do estudo necessariamente vinculadas aos parâmetros da aula e aponta atitudes que nortearam o dia a dia da instituição. Nesse sentido, o discurso humanista fala ao coração de um novo formato de escola que, à época, vinha se estruturando e que se traduzia no cenário social como se fosse uma liturgia.

A liturgia da escola moderna ganha lugar com a institucionalização de colégios como os dos jesuítas, bem como com as escolas lassalianas. Em ambos os casos, visava-se a configurar uma maneira de ser da escolarização que possui um ritual todo seu, o qual é aproximado dos rituais que seriam instituídos no momento em que a escola atravessasse o ciclo do Estado. Nos colégios jesuíticos como nas escolas de La Salle, tempos e espaços ganhavam nova vida, assumindo novos significados. O dia a dia da escolarização fazia que novas práticas sociais viessem a público. Uma maneira distinta de lidar com os saberes e com as pessoas era ali trabalhada. O Humanismo, nos colégios, escolarizava-se. O impacto das Reformas, nas escolas, ganhava novas tonalidades. Assim, de todo modo, existia uma racionalização na forma de ser da escola, que implicava tudo o que acontecia lá dentro: dos prêmios aos castigos, das lições aos exercícios, das aulas às brincadeiras. Muito do que se vê na escola do século XVII é ainda constitutivo de um modo de ser da escolarização. Muitas são as permanências, a despeito das largas mudanças que foram processadas desde então.

Na escola de hoje, como na de tempos atrás, há rituais, saberes, valores e modos de agir que constituem maneiras de ser interiores à experiência escolar. Deverão ser revistos. É necessário, no interior da escola, que sejam colocadas questões para problematizar aquilo que costuma ser visto como natural. É preciso mudar o que estiver obsoleto. É preciso preservar o que se considerar valoroso. É fundamental haver o fortalecimento de projetos político-pedagógicos democráticos. A transformação desejada é obra dos próprios agentes envolvidos na instituição escolar. Autonomia é algo que se constrói por dentro, com projetos e com expectativas, com diálogo e com interação. E nada disso se fará sem esperança. Somente no coração cotidiano da escola poderão ser instituídas novas fontes de legitimação do ato de ensinar, com ciência, com arte, e certamente com muito tato pedagógico. As novas gerações esperam de nós educação, cuidado e exemplos.

BIBLIOGRAFIA

ABBAGNANO, Nicola e VISALBERGHI, Aldo (1981). *História da pedagogia*, v. I a IV. Lisboa: Livros Horizonte.

_____ (1999). *Historia de la pedagogía*. Cidade do México/Buenos Aires: Fondo de Cultura Económica.

AGULHON, Maurice (1991). *1848: O aprendizado da República*. Trad. Maria Inês Rolim. São Paulo: Paz e Terra.

ALAIN (1986). *Propos sur l'éducation suivis de pédagogie enfantine*. Paris: Presses Universitaires de France. (Quadrige)

AMILLO, Ángel Gómez-Hortigüela (1999). "Fundamentos filosóficos del humanismo de Vives". *In*: LEMA, Manuel Mourelle de (org.). *Juan Luis Vives*. Madri: Grugalma, pp. 85-96.

ANDRÉS-GALLEGO, José (1993). *História da gente pouco importante: América e Europa até 1789*. Lisboa: Estampa. (Nova História)

ANTUNES, Manuel (1983). *Como interpretar Pombal? No bicentenário da sua morte*. Lisboa: Brotéria.

APPLE, Michael W. (1989). *Educação e poder*. Porto Alegre: Artes Médicas.

AQUINO, Julio Groppa (2014). *Da autoridade pedagógica à amizade intelectual: Uma plataforma para o éthos docente*. São Paulo: Cortez. (Docência em Formação)

_____ (2016). "Não mais, mas ainda: Experiência, arquivo, infância". *Childhood & Philosophy*, v. 2, pp. 179-200.

ARAÚJO, Ana Cristina B. (1990). "Modalidades de leitura das luzes no tempo de Pombal". *Revista de História*, v. X. Porto: Centro de História da Universidade do Porto.

ARCHERO JR., Achiles (s.d.). *Lições de história da educação: Rigorosamente de acordo com o programa das escolas normais*. São Paulo: Ed. e Publ. do Brasil.

ARENDT, Hannah (1979). *Entre o passado e o futuro*. São Paulo: Perspectiva.

ARIÈS, Philippe (1978). "Prefácio". *In*: ERASMO. *A civilidade pueril*. Lisboa: Estampa, pp. 11-21. (Clássicos de Bolso)

_____ (1981). *História social da criança e da família*. 2ª ed. Rio de Janeiro: Zahar.

_____ (1991). "Por uma história da vida privada". *In*: ARIÈS, Philippe e DUBY, Georges. *História da vida privada, v. III*. São Paulo: Companhia das Letras, pp. 7-19.

ARIÈS, Philippe e DUBY, Georges (1991). *História da vida privada, v. II, III, IV e V*. São Paulo: Companhia das Letras.

AVANZINI, Guy (org.) (1981). *Histoire de la pédagogie du 17e siècle à nos jours*. Toulouse: Privat.

AZANHA, José Mário Pires (1987). *Educação: Alguns escritos*. São Paulo: Companhia Editora Nacional.

_____ (1991). "Cultura escolar brasileira: Um programa de pesquisas". *Revista USP: Dossiê Educação*, n. 8, dez.-fev., pp. 65-69.

_____ (1992). *Uma idéia de pesquisa educacional*. São Paulo: Edusp.

BACZKO, Bronislaw (1978). *Lumières de l'utopie*. Paris: Payot.

_____ (1980). "Former l'homme nouveau: Utopie et pédagogie pendant la Révolution Française". *Libre: Politique, Anthropologie, Philosophie*, v. 8, pp. 89-132.

_____ (1984). *Les imaginaires sociaux: Mémoires et espoirs collectifs*. Paris: Payot.

_____ (2000). *Une éducation pour la démocratie: Textes et projets de l'époque révolutionnaire*. Genebra: Droz.

BADINTER, Elisabeth (1985). *Um amor conquistado: O mito do amor materno*. Rio de Janeiro: Nova Fronteira.

_____ (org.) (1991). *Palavras de homens: Condorcet, Prudhomme, Guyomar... (1790-1793)*. Rio de Janeiro: Nova Fronteira.

BAKHTIN, Mikhail (1987). *A cultura popular na Idade Média e no Renascimento: O contexto de François Rabelais*. São Paulo: Hucitec; Brasília: Ed. da UnB. (Linguagem e Cultura)

BANFI, Antonio (s.d.). *Sommario di storia della pedagogia*. Milão: A. Mondadori.

BARRA, Valdeniza Maria Lopes (2013). "A lousa de uso escolar: Traços da história de uma tecnologia da escola moderna". *Educar em Revista*, n. 49, jul.-set. Curitiba: UFPR, pp. 121-137.

BARROS, João de (2008). *Cartinha com os preceitos e mandamentos da Santa Madre Igreja*. Ed. crítica, leitura modernizada e reprodução fac-similar Gabriel Antunes de Araujo (org.). São Paulo: Humanitas/Paulistana.

BARROS, Roque Spencer Maciel de (1971a). "Em torno de Comenius". *In*: BARROS, Roque Spencer Maciel de. *Ensaios sobre educação*. São Paulo: Edusp/Grijalbo, pp. 11-127.

_____ (1971b). "Meditação sobre Rousseau". *In*: BARROS, Roque Spencer Maciel de. *Ensaios sobre educação*. São Paulo: Edusp/Grijalbo.

BASTOS, Maria Helena Camara (2002). *Pro patria laboremus: Joaquim José Menezes Vieira (1848-1897)*. Bragança Paulista: Edusf.

BASTOS, Maria Helena Camara *et al.* (2013). *Do Deutscher Hilfsverein ao Colégio Farroupilha/RS: Memórias e histórias (1858-2008)*. Porto Alegre: EDIPUCRS.

BAUMAN, Zygmunt (1999). *Modernidade e ambivalência*. Rio de Janeiro: Zahar.

BÉDARD, Jean (2003). *Comenius ou l'art sacré de l'éducation*. Quebec: J.C. Lattès.

_____ (2005). *Comenius ou combattre la pauvreté par l'éducation de tous*. Montreal: Liber.

BENCOSTTA, Marcus Lévy Albino (2010). "A cultura escolar na historiografia da educação brasileira: Alcances e limites de um conceito". *In*: FELGUEIRAS, Margarida Louro e VIEIRA, Carlos Eduardo (orgs.). *Cultura escolar, migrações e cidadania*. Porto: Sociedade Portuguesa de Ciências da Educação, pp. 33-46.

BENTHAM, Jeremy (2000). *O panóptico*; ou a casa de inspeção: contendo a idéia de um novo princípio de construção aplicável a qualquer estabelecimento, no qual pessoas de qualquer tipo necessitem ser mantidas sob inspeção: em particular às casas penitenciárias, prisões, casas de indústria, casas de trabalho, casas para pobres, manufaturas, hospícios, lazaretos, hospitais e escola: com um plano de administração adaptado. Org. e trad. Tomás Tadeu da Silva. Belo Horizonte: Autêntica.

BÉRENGER, Jean (1996). "A gênese do Estado absolutista". *In*: BÉRENGER, Jean *et al. História geral da Europa: Do começo do século XVI ao fim do século XVIII, v. 2*. Sintra: Publicações Europa-América.

BERNARDO, Débora Giselli e TOLEDO, Cézar de Alencar Arnaut (2007). "Educação e humanismo no pensamento de Juan Luis Vives". *Revista HISTEDBR* [*on-line*], n. 25, mar. Campinas, pp. 13-32.

BIOTTO-CAVALCANTI, Patrícia (2011). *A proposição do professor moderno*. Jundiaí: Paco.

BLOCH, Marc (s.d.). *Introdução à história*. 4ª ed. Sintra: Europa-América.

BLUM, Paul Richard (org.) (2003). *Filósofos da Renascença*. São Leopoldo: Unisinos.

BOLLÈME, Geneviève (1988). *O povo por escrito*. São Paulo: Martins Fontes.

BONNEAU, Alcide (1978). "Os livros de civilidade desde o século XVI". *In*: ERASMO. *A civilidade pueril*. Lisboa: Estampa, pp. 23-61. (Texto de acordo com a edição de Isidore Liseux, Paris, 1877.)

BOOM, Alberto Martínez e NARODOWSKI, Mariano (1996). *Escuela, historia e poder*. Buenos Aires: Novedades Educativas.

BOSI, Alfredo (org.) (1987). *Cultura brasileira: Temas e situações*. São Paulo: Ática.

BOTO, Carlota (1996a). *A escola do homem novo: Entre o Iluminismo e a Revolução Francesa*. São Paulo: Ed. Unesp.

_____(1996b). "Iluminismo e educação em Portugal: O legado do século XVIII ao XIX". *Revista da Faculdade de Educação*, v. 22, n. 1. USP, pp. 169-191.

_____(1998). "O enciclopedismo de Ribeiro Sanches: Pedagogia e medicina na confecção do Estado". *História da Educação*, v. 2, n. 4, set. FaE/UFPel. Pelotas: Ed. da UFPel, pp. 107-117.

_____(2001). "A moderna escola do Estado-nação". *Contemporaneidade e Educação: Revista Semestral Temática de Ciências Sociais e Educação,* ano VI, n. 10, 2º sem. Rio de Janeiro: Instituto de Estudos da Cultura e Educação Continuada, pp. 153-167.

_____(2002a). "O desencantamento da criança: Entre a Renascença e o Século das Luzes". *In*: FREITAS, Marcos Cezar e KUHLMANN JR., Moisés (orgs.). *Os intelectuais na história da infância*. São Paulo: Cortez, pp. 11-60.

_____(2002b). "História, verdade e virtude em Rousseau: Pacto político e ética pedagógica". *Revista de História das Idéias: História e Verdade(s)*, v. 23. Coord. científica Rui Cunha Martins. Instituto de História e Teoria das Idéias, Faculdade de Letras da Universidade de Coimbra, pp. 317-363.

_____(2003). "A civilização escolar como projeto político e pedagógico da modernidade: Cultura em classes, por escrito". *Cadernos Cedes: Arte & manhas dos projetos políticos e pedagógicos*, v. 23, n. 61, dez. Campinas, pp. 378-397. [Disponível na internet: http://www.scielo.br/pdf/ccedes/v23n61/a08v2361.pdf.]

_____(2007). "A forma escolar de civilização: Golpes e movimentos". *Revista Educação: Especial Grandes Temas*, nov. São Paulo: Segmento, pp. 36-45.

_____(2008). "Os lugares da criança". *Revista Educação*, ano 12, n. 134, jun. São Paulo: Segmento, pp. 44-46.

BOTO, Carlota Josefina Malta Cardozo dos Reis (1990). "Rascunhos de escola na encruzilhada dos tempos". Dissertação de mestrado. São Paulo: Feusp. (Mimeo.)

BOTTÉRO, Jean e MORRISON, Ken (1995). *Cultura, pensamento e escrita*. São Paulo: Ática.

BOUTIER, Jean e JULIA, Dominique (1998). *Passados recompostos: Campos e canteiros da história*. Rio de Janeiro: UFRJ/FGV.

BUNGE, Carlos Octavio (1920). *Educación: Tratado general de pedagogía*. Buenos Aires: Vaccaro.

BURCKHARDT, Jacob (1991). *A cultura do Renascimento na Itália: Um ensaio*. São Paulo: Companhia das Letras.

BURKE, Peter (1989). *Cultura popular na Idade Moderna*. São Paulo: Companhia das Letras.

_____(1995). *A arte da conversação*. São Paulo: Ed. Unesp.

_____(1997). *As fortunas d'O Cortesão*. São Paulo: Ed. Unesp.

_____(1999). *O Renascimento italiano: Cultura e sociedade na Itália*. São Paulo: Nova Alexandria.

_____ (2003). *Uma história social do conhecimento: De Gutenberg a Diderot*. Rio de Janeiro: Jorge Zahar.

_____ (2005). *O que é história cultural?*. Rio de Janeiro: Zahar.

_____ (2006). *Montaigne*. São Paulo: Loyola.

BUTTS, Robert Freeman (1947). *Cultural history of education: Reassessing our educational traditions*. Nova York: McGraw-Hill.

CAHEN, Leon (1970). *Condorcet et la Révolution Française*. Genebra: Slaktine.

CALPE, Enrique Belenguer (2004). *El naturalismo pedagógico*. Madri: Síntesis.

CAMBI, Franco (1999). *História da pedagogia*. São Paulo: Ed. Unesp.

CAMINHA, Pero Vaz (s.d.). *Carta de Pero Vaz de Caminha a El Rei, Manuel sobre o Achamento do Brasil*. Sintra: Europa-América.

CAMÕES, Luís de (s.d.). *Obras completas – v. 1: Os Lusíadas/Os Sonetos*. São Paulo: Cultura.

CAMPS, Victoria (1995). *Ética, retórica, política*. 3ª ed. Madri: Alianza.

_____ (1996). *Virtudes públicas*. 3ª ed. Madri: Espasa Calpe.

CARREIRA, Eduardo (org.) (2000). *Os escritos de Leonardo da Vinci sobre a arte da pintura*. Brasília: Ed. da UnB; São Paulo: Imprensa Oficial do Estado.

CARUSO, Ada Pia (1947). *Sommario di storia della pedagogia*. Roma: Lanvicella.

CARVALHO, José Murilo (1987). *Os bestializados: O Rio de Janeiro e a República que não foi*. São Paulo: Companhia das Letras.

CARVALHO, José Sérgio Fonseca (2013). *Reflexões sobre educação, formação e esfera pública*. Porto Alegre: Penso.

_____ (2016). *Por uma pedagogia da dignidade: Memórias e reflexões sobre a experiência escolar*. São Paulo: Summus.

CARVALHO, Laerte Ramos de (1978). *As reformas pombalinas da instrução pública*. São Paulo: Saraiva.

CARVALHO, Marta Maria Chagas de (1989). *A escola e a República*. São Paulo: Brasiliense.

_____ (1998). *Molde nacional e fôrma cívica: Higiene, moral e trabalho no projeto da Associação Brasileira de Educação (1924-1931)*. Bragança Paulista: Edusf.

_____ (2006). "Livros e revistas para professores: Configuração material do impresso e circulação internacional de modelos pedagógicos". *In*: PINTASSILGO, Joaquim *et al.* (orgs.). *História da escola em Portugal e no Brasil: Circulação e apropriação de modelos culturais*. Lisboa: Colibri/Centro de Investigação em Educação da Faculdade de Ciências da Universidade de Lisboa, pp. 141-173.

CARVALHO FRANCO, Maria Sylvia (1976). "As idéias estão no lugar". *Cadernos de Debate: História do Brasil*, n. 1. São Paulo: Brasiliense.

CASEY, James (1992). *A história da família*. São Paulo: Ática.

CATANI, Denice B. (1989). "Educadores à meia-luz: Um estudo sobre a Revista de Ensino da Associação Beneficente do Professorado Público de São Paulo 1902-1919". Tese de doutorado em Educação. São Paulo: Feusp.

_____ (2003). *Educadores à meia-luz: Um estudo sobre a Revista do Ensino da Associação Beneficente do Professorado Público de São Paulo.* Bragança Paulista: Edusf.

CATROGA, Fernando (1988). *A militância laica e a descristianização da morte em Portugal.* 2 v. Coimbra: Universidade de Coimbra.

_____ (2003). *Caminhos do fim da história.* Coimbra: Quarteto.

CAULY, Olivier (1999). *Comenius: O pai da pedagogia moderna.* Lisboa: Piaget.

CAVALCANTE, Maria Juraci Maia (1985). "Weber: Uma tentativa de compreensão". *Humanidades em Revista*, v. 1, n. 2, pp. 3-11.

CERTEAU, Michel de (1975). *L'écriture de l'histoire.* Paris: Gallimard.

_____ (1982). "A operação historiográfica". *In*: CERTEAU, Michel de. *A escrita da história.* Rio de Janeiro: Forense Universitária.

_____ (1990). *L'invention du quotidien: Arts de faire.* Paris: Gallimard.

_____ (1995). *A cultura no plural.* Campinas: Papirus.

CHANGEUX, Jean-Pierre (org.) (1999). *Uma ética para quantos?* Bauru: Edusc.

CHARLE, Christophe e VERGER, Jacques (1996). *História das universidades.* São Paulo: Ed. Unesp.

CHARTIER, Anne-Marie (1995). "Les faires ordinaires de la classe: Un enjeu pour la recherche et pour la formation". Feusp. (Mimeo.)

CHARTIER, Anne-Marie e HÉBRARD, Jean (1995). *Discursos sobre a leitura: 1880-1980.* São Paulo: Ática.

CHARTIER, Anne-Marie; CLESSE, Christiane e HÉBRARD, Jean (1996). *Ler e escrever: Entrando no mundo da escrita.* Porto Alegre: Artes Médicas.

CHARTIER, Roger (1987). *Lectures et lecteurs das la France d'Ancien Regime.* Paris: Seuil.

_____ (1990). *A história cultural: Entre práticas e representações.* Lisboa: Difel.

_____ (1993). *Pratiques de la lecture.* Paris: Payot & Rivage.

_____ (1994). *A ordem dos livros: Leitores, autores e bibliotecas na Europa entre os séculos XIV e XVIII.* Brasília: Ed. da UnB.

_____ (1998). *Au bord de la falaise: L'histoire entre certitudes et inquiétude.* Paris: Albin Michel.

_____ (2001). *Cultura escrita, literatura e história.* Porto Alegre: Artmed.

CHARTIER, Roger e CAVALLO, Guglielmo (1999). *História da leitura no mundo ocidental – v. I e II.* 2ª ed. São Paulo: Ática.

CHARTIER, Roger e MARTIN, Henri-Jean (1990). *Histoire de l'édition française: Le livre triomphant (1660-1830)*. Paris: Fayard/Promodis.

CHASTEL, André (1991). "O artista". *In*: GARIN, Eugenio (org.). *O homem renascentista*. Lisboa: Presença.

CHATEAU, Jean (org.) (s.d.). *Os grandes pedagogos*. Lisboa: Livros do Brasil.

CHAUI, Marilena (1981). *Cultura e democracia: O discurso competente e outros discursos*. 2ª ed. São Paulo: Moderna.

_____ (1994). *Convite à filosofia*. São Paulo: Ática.

CHAUI, Marilena et al. (1984). *Primeira filosofia: Lições introdutórias*. São Paulo: Brasiliense.

CHAUNU, Pierre (1993). *O tempo das Reformas (1250-1550): A Reforma protestante*. Lisboa: Ed. 70.

CHERVEL, André (1990). "História das disciplinas escolares: Reflexões sobre um campo de pesquisa". *Teoria e Educação*, n. 2.

_____ (1998). *La culture scolaire: Une approche historique*. Paris: Belin.

CHEVALLARD, Yves (1991). *La transposition didactique*. Paris: La Pensée Sauvage.

CHEVALLIER, Jean-Jacques (1983). *História do pensamento político: O declínio do Estado-nação monárquico, t. 2*. Rio de Janeiro: Zahar.

CLAPARÈDE, Edouard (1959). "Autobiografia". *In*: CLAPARÈDE, Edouard. *A escola sob medida e estudos complementares*. Rio de Janeiro: Fundo de Cultura, pp. 1-152.

_____ (s.d.). *A educação funcional*. 5ª ed. São Paulo: Companhia Editora Nacional.

CLARK, Kenneth (1980). *Civilização*. Brasília: Martins Fontes/Ed. da UnB.

CLAUSSE, Arnould (1976). *A relatividade educativa: Esboço de uma história e de uma filosofia da escola*. Coimbra: Almedina.

CODIGNOLA, Ernesto (1950). *Historia de la educación y de la pedagogía*. Buenos Aires: El Ateneo.

COMBES, Jean (1997). *Histories de l'école primaire élémentaire en France*. Paris: Presses Universitaires de France.

COMÉNIO, Jan Amos (1971). *Pampaedia: Educação universal*. Coimbra: Instituto de Estudos Psicológicos e Pedagógicos da Faculdade de Letras da Universidade de Coimbra.

_____ (1985). *Didática magna*. 3ª ed. Lisboa: Fundação Calouste Gulbenkian.

COMENIUS (1997). *Didática magna*. São Paulo: WMF Martins Fontes.

COMETTI, Jean-Pierre (1995). *Filosofia sem privilégios*. Porto: Asa.

COMPAYRÉ, Gabriel (1914). *Histoire de la pedagogie, t. I e II*. Paris: Paul Delaplane.

_____ (1970). *Histoire critique des doctrines de l'éducation en France depuis le seizième siècle, t. I*. Genebra: Slaktine.

COMPÈRE, Marie-Madeleine (org.) (1985). *Du college au lycée (1500-1850): Généalogie de l'enseignement secondaire français.* Paris: Gallimard/Julliard.

CONDUITE DES ÉCOLES CHRÉTIENNES: Premiere Partie – Des exercices qui se font dans l'ecole, et de la maniere de les faire (1759). Paris: Bibliothèque Nationale de Paris.

COOK, Thomas Goldie (org.) (1972). *Local studies and the history of education.* Londres: Methuen.

COOK-GUMPERZ, Jenny (org.) (1991). *A construção social da alfabetização.* Porto Alegre: Artes Médicas.

COOMBS, Philip Hall (1968). *World educational crisis: A systems analysis.* Nova York: Oxford University Press.

CORBELLINI, Marcos (2006). "La Salle e seu projeto educativo". *História da Educação*, v. 10, n. 20, set. Asphe/FaE/UFPel, Pelotas, pp. 101-114. [Disponível na internet: http://seer.ufrgs.br/index.php/asphe/article/view/29260.]

CORDEIRO, Jaime (2007). *Didática.* São Paulo: Contexto.

CORDEIRO, Jaime Francisco Parreira (2002). *Falas do novo, figuras da tradição: O novo e o tradicional na educação brasileira (anos 70 e 80).* São Paulo: Ed. Unesp.

CORSATTO, Marcos Luciano (2007). "Princípios pedagógicos e administrativos de La Salle no *Guia das escolas cristãs*". Dissertação de mestrado. Universidade São Marcos. [Disponível na internet: http://www.lasalle.org.br/upload/portal/publicacoes/marcos_corsato_dissertacao.pdf, acesso em 15/2/2016.]

CORVISIER, André (1983). *História moderna.* 3ª ed. São Paulo: Difel.

COURTINE, Jean-Jacques e HAROCHE, Claudine (1995). *História do rosto.* Lisboa: Teorema.

COUTEL, Charles e KINTZLER, Catherine (1994). "Présentation". *In*: CONDORCET. *Cinq mémoires sur l'instruction publique.* Paris: Flammarion.

COVELLO, Sérgio Carlos (1999). *Comenius: A construção da pedagogia.* 3ª ed. São Paulo: Comenius.

CUADRADO, José Angel García (1999). "El 'in pseudodialecticos' de Juan Luis Vives: Relevancia histórica y actualidad". *In*: LEMA, Manuel Mourelle de (org.). *Juan Luis Vives.* Madri: Grugalma, pp. 175-189.

CUNHA, Luiz da (1976). *Testamento político; ou, Carta escrita pelo grande D. Luíz da Cunha ao Senhor Rei D. José antes do seu governo.* São Paulo: Alfa-Omega.

CUNHA, Maria Teresa Santos (2006). "De libros y lecturas: Paginas llenas de mundo". *Cultura Escrita & Sociedad*, n. 3, pp. 239-240.

CUNHA, Maria Teresa Santos e FERNANDES, Marlene Neves (2008). "Manuais escolares e civilidades: Série de Leitura Graduada Pedrinho (décadas de 50 a 70 do século XX)". *Cadernos de Pesquisa: Pensamento Educacional*, v. 3. Curitiba, pp. 127-138.

D'ARCAIS, Giuseppe Flores (1944). *Lineamenti di storia della pedagogia.* Pádua: Cedam.

DALLABRIDA, Norberto (2001). *A fabricação escolar das elites: O ginásio catarinense na Primeira República*. Florianópolis: Cidade Futura.

DARNTON, Robert (1990). *O beijo de Lamourette: Mídia, cultura e Revolução*. São Paulo: Companhia das Letras.

DARNTON, Robert e ROCHE, Daniel (1996). *A revolução impressa: A imprensa na França (1775-1800)*. São Paulo: Edusp.

DAVIDSON, N.S. (1991). *A contra-reforma*. São Paulo: Martins Fontes.

DAVIDSON, Thomas (1910). *Historia de la educación*. Madri: Daniel Jorro.

DAVIS, Natalie Zemon (1987). *O retorno de Martin Guerre*. Rio de Janeiro: Paz e Terra.

_____ (1990). *Culturas do povo: Sociedade e cultura no início da França moderna*. São Paulo: Paz e Terra.

DE BONI, Luis Alberto (org.) (2000). *Escritos seletos de Martinho Lutero, Tomás Müntzer e João Calvino*. Petrópolis: Vozes.

DEBESSE, Maurice e MIALARET, Gaston (orgs.) (1971). *Traité des sciences pédagogiques – v. 2: Histoire de la pédagogie*. Paris: Presses Universitaires de France.

_____ (1977). *Tratado das ciências pedagógicas – v. 2: História da pedagogia*. São Paulo: Companhia Editora Nacional/Edusp.

DEBUS, Allen G. (1970). *Science and education in the seventeenth century: The Webster-Ward debate*. Londres: MacDonald.

DELGADO, Luis Frayle (2010). "Estudio preliminar a Introducción a la sabiduría". *In*: VIVES, Juan Luis. *Introducción a la sabiduría: El sabio*. Madri: Tecnos, pp. ix-xxxix. (Clásicos del Pensamiento)

DELUMEAU, Jean (1984a). *A civilização do Renascimento, v. I*. Lisboa: Estampa.

_____ (1984b). *A civilização do Renascimento, v. II*. Lisboa: Estampa.

DEMOUSTIER, Adrien (1997). "Les jésuites et l'enseignement à la fin du XVIe. siècle". *In*: *Ratio Studiorum: Plan raisonné et institution des études dans la Compagnie de Jesus*. Paris: Belin, pp. 12-28.

DESBORDES, Françoise (1995). *Concepções sobre a escrita na Roma antiga*. São Paulo: Ática.

DESCARTES (1992). *Meditações sobre a filosofia primeira*. Coimbra: Almedina.

_____ (1998). *Discurso do método*. 2ª ed. Brasília: Ed. da UnB.

DEWEY, John (1959). *Vida e educação*. São Paulo: Companhia Editora Nacional.

DEYON, Pierre (1973). *O mercantilismo*. São Paulo: Perspectiva.

DIAZ, Carlos (2012). *Erasmo de Rotterdam*. Salamanca: Kadmos.

DIDEROT, Denis e D'ALEMBERT, Jean le Rond (orgs.) (1775). *Encyclopédie ou Dictionnaire raisonné des sciences, des arts et des métiers, par une société des gens de lettres*. Paris: Yverdon.

_____ (orgs.) (1989). *Enciclopédia ou dicionário raciocinado das ciências, das artes e dos ofícios por uma sociedade de letrados*. São Paulo: Ed. Unesp.

DILTHEY, Wilhelm (1965). *Historia de la pedagogía*. Buenos Aires: Losada.

DUBY, Georges (1993). *O tempo das catedrais: A arte e a sociedade (980-1420)*. Lisboa: Estampa.

DUCH, Lluís (1997). *La educación y la crisis de la modernidad*. Barcelona: Paidós Ibérica.

DUGGAN, Stephen (1927). *Students textbook in the history of education*. Nova York: Appleton-Century.

DUMINOCO, Vincent J. (org.) (2000). *The jesuit Ratio Studiorum: 400th. Anniversary Perspectives*. Nova York: Fordham University Press.

DURKHEIM, Émile (1977). "A educação como processo socializador: Função homogeneizadora e função diferenciadora". PEREIRA, Luiz e FORACCHI, Marialice M. *Educação e sociedade*. 8ª ed. São Paulo: Companhia Editora Nacional.

_____ (1995). *A evolução pedagógica*. Porto Alegre: Artes Médicas.

EBY, Frederick (1978). *História da educação moderna: Teoria, organização e prática educacionais*. Porto Alegre: Globo.

ECO, Umberto (1993). *Interpretação e superinterpretação*. São Paulo: Martins Fontes.

EISENSTEIN, Elizabeth L. (1998). *A revolução da cultura impressa: Os primórdios da Europa Moderna*. São Paulo: Ática. (Múltiplas Escritas)

ELIAS, Norbert (1975). *La dynamique de l'Occident*. Paris: Calmann-Lévy.

_____ (1987). *A sociedade de corte*. Lisboa: Estampa.

_____ (1993). *O processo civilizador – v. 2: Uma história dos costumes*. Rio de Janeiro: Zahar.

_____ (1994). *O processo civilizador – v. 1: Formação do Estado e civilização*. 2ª ed. Rio de Janeiro: Zahar.

ELLIOT, J.H. (1984). *O Velho Mundo e o Novo (1492-1650)*. Lisboa: Querco.

ERASMO (1978). *A civilidade pueril*. Lisboa: Estampa. (Clássicos de Bolso)

_____ (s.d.). *De pueris (dos meninos)/A civilidade pueril*. São Paulo: Escala.

ERASMO DE ROTTERDAM (2000). *Elogio da loucura*. São Paulo: Martins Fontes.

ESCARPIT, Robert (1973). *L'écrit et la comunication*. Paris: Presses Universitaires de France.

ESCOLANO, Agustín (1998). "Arquitetura como programa: Espaço-escola e currículo". *In*: VIÑAO FRAGO, Antonio e ESCOLANO, Agustín. *Currículo, espaço e subjetividade: A arquitetura como programa*. Rio de Janeiro: DP&A.

ESTEBAN, León (2002). *La educación en el Renacimiento*. Madri: Síntesis.

EUSEBIETTI, Pietro (1919). *Elementi di pedagogia per le scuole normali e magistrali e per le persone colte: Storia pedagogica*. Ivrea: Viassone.

FALCON, Francisco José Calazans (1982). *A época pombalina: Política econômica e monarquia ilustrada*. São Paulo: Ática.

FARIA FILHO, Luciano Mendes (1998). *Modos de ler e formas de escrever*. Belo Horizonte: Autêntica.

_____ (org.) (1999). *Pesquisa em história da educação: Perspectivas de análise, objetos e fontes*. Belo Horizonte: HG.

_____ (2001). *República, trabalho e educação: A experiência do Instituto João Pinheiro (1909/1934)*. Bragança Paulista: Edusf.

_____ (2005). *Cultura escolar e cultura urbana: Perspectivas de pesquisa em história da educação*. In: XAVIER, Libânia N. et al. (orgs.). *Escola, cultura e saberes*. Rio de Janeiro: Ed. da FGV, pp. 29-37.

FARIA FILHO, Luciano e VIDAL, Diana Gonçalves (2000). "Os tempos e os espaços escolares no processo de institucionalização da escola primária no Brasil". *Revista Brasileira de Educação*, n. 14. Anped.

FAURE, Paul (1987). *O Renascimento*. 2ª ed. Mira-Sintra: Europa-América.

FEBVRE, Lucien (s.d.). *Martinho Lutero, um destino*. Lisboa: Asa.

FEBVRE, Lucien e MARTIN, Henry-Jean (1992). *O aparecimento do livro*. São Paulo: Ed. Unesp/Hucitec.

FELGUEIRAS, Margarida Louro (2010). "Cultura escolar: Da migração do conceito à sua objetivação histórica". *In*: FELGUEIRAS, Margarida Louro e VIEIRA, Carlos Eduardo (orgs.). *Cultura escolar, migrações e cidadania*. Porto: Sociedade Portuguesa de Ciências da Educação, pp. 17-32.

FERACINE, Luiz (2011). *Erasmo de Rotterdam: O mais eminente filósofo da Renascença*. São Paulo: Lafonte.

FERNANDES, Rogério (1994). *Os caminhos do ABC: Sociedade portuguesa e ensino das primeiras letras*. Porto: Porto Ed.

_____ (1992). *O pensamento pedagógico em Portugal*. 2ª ed. Lisboa: Instituto de Cultura e Língua Portuguesa/Ministério da Educação.

FERREIRA, António Gomes (1987a). "A criança em dois tratados setecentistas de puericultura". *Revista Portuguesa de Pedagogia*, ano XXI.

_____ (1987b). "Um relance sobre a criança do século XVI". *Revista Portuguesa de Pedagogia*, ano XXI, pp. 169-198.

_____ (1988). "Três propostas pedagógicas de final de seiscentos: Gusmão, Fénelon e Locke". *Revista Portuguesa de Pedagogia*, ano XXII, pp. 267-292.

_____ (1989). "A criança no conhecimento médico de seiscentos". *Revista Portuguesa de Pedagogia*, XXIII, pp. 401-424.

_____ (2000). *Gerar, criar, educar: A criança no Portugal do Antigo Regime*. Coimbra: Quarteto.

FERRO, Marc (s.d.). *Falsificações da História*. Mira-Sintra: Europa-América.

FETZ, Reto Luzius (2003). "Michel de Montaigne: Filosofia como busca por auto-identidade". *In*: BLUM, Paul Richard (org.). *Filósofos da Renascença: Uma introdução*. São Leopoldo: Unisinos, pp. 212-227.

FIÉVET, Michel (2001). *Les enfants pauvres à l'école: La revolution scolaire de Jean-Baptiste de La Salle*. Paris: Imago.

FIGUEIRINHAS, A. (1931). *História da pedagogia pela redacção da Educação Nacional*. Porto: Educação Nacional.

FISCHMANN, Roseli (org.) (1987). *Escola brasileira: Temas e estudos*. São Paulo: Atlas.

FONTANA, Josep (1998). *História: Análise do passado e projeto social*. Bauru: Edusc.

FORACCHI, Marialice M. (1977). *Educação e sociedade*. 8ª ed. São Paulo: Companhia Editora Nacional.

FORQUIN, Jean-Claude (1993). *Escola e cultura: As bases sociais e epistemológicas do conhecimento escolar*. Porto Alegre: Artes Médicas.

FOUCAMBERT, Jean (1998). *A criança, o professor e a leitura*. Porto Alegre: Artes Médicas.

FOUCAULT, Michel (1971). *L'ordre du discurs*. Paris: Gallimard.

_____ (2003). *Vigiar e punir*. 27ª ed. Petrópolis: Vozes.

FRAISSE, Emmanuel; POMPOUGNAC, Jean-Claude e POULAIN, Martine (1997). *Representações e imagens da leitura*. São Paulo: Ática.

FRANCA, Padre Leonel (1952). *O método pedagógico dos jesuítas: O Ratio Studiorum – Introdução e tradução*. Rio de Janeiro: Agir.

FREINET, Célestin (1973). *Pedagogia do bom senso*. 2ª ed. Santos: Martins Fontes.

FREIRE, Paulo (1981). *Educação e mudança*. 4ª ed. Rio de Janeiro: Paz e Terra.

FREUD, Sigmund (1997). *O mal-estar da civilização*. Rio de Janeiro: Imago.

FURET, François e OZOUF, Jacques (1977). *Lire et écrire: l'Alphabétisation des français de Calvin à Jules Ferry*. Paris: Les Éditions de Minuit.

GALINO, María Angeles (1968). *Historia de la educación: Edades antigua y media*. Madri: Gredos.

GARIN, Eugenio (1989). *Moyen Âge et Renaissance*. Paris: Gallimard.

_____ (1990). *O homem renascentista*. Lisboa: Presença.

_____ (1996). *Ciência e vida civil no Renascimento italiano*. São Paulo: Ed. Unesp.

_____ (2003). *L'éducation de l'homme moderne (1400-1600)*. Paris: Fayard.

_____ (2005). *L'humanisme italien*. Paris: Albin Michel.

GASPARIN, João Luis (2011). *Comênio: A emergência da modernidade na educação*. 3ª ed. Petrópolis: Vozes. (Educação e Conhecimento)

GAUER, Ruth Maria Chittó (1996). *A modernidade portuguesa e a Reforma Pombalina de 1772*. Porto Alegre: EdiPUCRS.

GAUTHIER, Clemont e TARDIF, Maurice (orgs.) (2010). *A pedagogia: Teorias e práticas da Antiguidade aos nossos dias*. Petrópolis: Vozes.

GAY, Peter (1989). *A educação dos sentidos*. São Paulo: Companhia das Letras.

_____ (1990). *A paixão terna*. São Paulo: Companhia das Letras.

GÉLIS, Jacques (1991). "A individualização da criança". *In*: ARIÈS, Philippe e DUBY, George (orgs.). *História da vida privada: Da Renascença ao Século das Luzes*, v. 3. São Paulo: Companhia das Letras, pp. 311-329.

GELLNER, Ernest (1992). *El arado, la espada y el libro*. Buenos Aires: Fondo de Cultura Económica.

GEOFFROY, Éveline e SCHNEIDER, Jean-Louis (2007). *Les sources de la pédagogie chrétienne: Antologie de textes de Jean-Baptiste de La Salle*. Paris: Salvator.

GIDDENS, Anthony (2002). *Modernidade e identidade*. Rio de Janeiro: Zahar.

GILES, Thomas Ramson (1987). *História da educação*. São Paulo: EPU.

GINZBURG, Carlo (1989). *Mitos, emblemas, sinais*. São Paulo: Companhia das Letras.

GNERRE, Maurizio (1985). *Linguagem, escrita e poder*. São Paulo: Martins Fontes.

GOLDMANN, Lucien (1984). *Epistemologia e filosofia política*. Lisboa: Presença.

GOMES, Joaquim Ferreira (1977). *Dez estudos pedagógicos*. Coimbra: Almedina.

_____ (1984). *Estudos de história e de pedagogia*. Coimbra: Almedina.

_____ (org.) (1988). *História da educação em Portugal*. Lisboa: Horizonte.

_____ (1989). *O Marquês de Pombal e as reformas do ensino*. 2ª ed. Coimbra: Inic/Centro de Psicopedagogia da Universidade de Coimbra

_____ (1991). "O '*Ratio Studiorum*' da Companhia de Jesus". *Revista Portuguesa de Pedagogia*, ano XXV, n. 2, pp. 131-154.

GOOD, H.G. (1950). *History of western education*. Nova York: Macmillan.

GRACIÁN, Baltasar (2000). *A arte da prudência*. São Paulo: Martin Claret.

GRAFF, Harvey (1995). *Os labirintos da alfabetização: Reflexões sobre o passado e o presente da alfabetização*. Porto Alegre: Artes Médicas.

GRAVES, Frank P. (1910). *History of education: During the Middle Ages and the transition to modern times*. Nova York: Macmillan.

GUEX, François (1913). *Histoire de l'instruction et de l'éducation*. Paris: Payot & Félix Alcan.

GUILLERMOU, Alain (1999). *Les jésuites*. 6ª ed. Paris: Presses Universitaires de France.

GUSDORF, Georges (1970). *Professores para quê? Para uma pedagogia da pedagogia*. Lisboa: Moraes.

_____ (1995). *A palavra*. Lisboa: Ed. 70.

GVIRTZ, Silvina (1997). *Del curriculum prescripto al curriculum enseñado: Una mirada a los cuadernos de clase*. Buenos Aires: Aique.

HAGÉGE, Claude (1990). *O homem dialogal*. Lisboa: Ed. 70.

HAILMAN, W. (1922). *Historia de la pedagogía*. Madri: La España Moderna.

HAMILTON, David (1992). "Sobre as origens dos termos classe e curriculum". *Teoria e educação*, n. 6.

_____ (2001). "Notes from nowhere (on the beginning of modern schooling)". *In*: POPKEWITZ, Thomas S.; FRANKLIN, Barry M. e PEREYRA, Miguel A. (orgs.). *Cultural history and education*. Nova York: RoutledgeFalmer, pp. 187-206.

HARMAN, P.M. (1995). *A revolução científica*. São Paulo: Ática.

HARRISON, F. (1952). *Life in a medieval college: The story of the vicars-choral of York Minster*. Londres: John Murray.

HASKINS, Charles Homer (1963). *Rise of universities*. Ithaca: Great Seal Books.

HAUSER, Arnold (s.d.). *História social da literatura e da arte, v. 1 e 2*. São Paulo: Mestre Jou.

HAVELOCK, Eric A. (1996). *A revolução da escrita na Grécia e suas conseqüências culturais*. São Paulo: Ed. Unesp; Rio de Janeiro: Paz e Terra.

HAZARD, Paul (1983). *O pensamento europeu no século XVII*. Lisboa: Presença.

HÉBRARD, Jean (1988). "La scolarisation des savoirs elementaires à l'époque moderne". *Histoire de l'éducation*, n. 38, maio. Paris: Service d'Histoire de l'Éducation/INRP.

_____ (1990). "A escolarização dos saberes elementares na época moderna". *Teoria e educação*, n. 2.

_____ (2000). "Notas sobre o ensino das ciências na escola primária (França – séc. XIX e XX)". *In*: WARDE, Mirian J. (org.). *Contemporaneidade e educação: Revista Semestral Temática de Ciências Sociais e Educação*, ano V, n. 7, 1º sem. Rio de Janeiro: Instituto de Estudos da Cultura e Educação Continuada, pp. 111-126.

_____ (2007). "A lição e o exercício: Algumas reflexões sobre a história das práticas escolares de leitura e escrita". *Educação*, v. 32, n. 1, jan.-jun. Santa Maria, pp. 11-20. [Disponível na internet: https://periodicos.ufsm.br/reveducacao/article/view/657.]

HELFERICH, Christoph (2006). *História da filosofia*. São Paulo: Martins Fontes.

HELLER, Agnes (1982). *O homem no Renascimento*. Lisboa: Presença.

HENGEMÜLLE, Edgard (2000). *La Salle: Uma leitura de leituras*. Canoas: La Salle.

_____ (2012). *Une proposition éducative: Jean-Baptiste de La Salle*. Paris: Salvator.

HENRY, John (1998). *A Revolução Científica*. Rio de Janeiro: Zahar.

HERBART, Johann Friedrich (2003). *Pedagogia geral: A multiplicidade do interesse, livro 2*. Lisboa: Fundação Calouste Gulbenkian, pp. 61-144.

HERMAN, Jacques (1981). *Guia de história universal*. Lisboa: Ed. 70.

HEYWOOD, Colin (2004). *Uma história da infância*. Porto Alegre: Artmed.

HILL, Christopher (1985). *A Revolução Inglesa de 1640*. Lisboa: Presença.

HILSDORF, Maria Lucia Spedo (1998). *Pensando a educação nos tempos modernos*. São Paulo: Edusp.

_____ (2006). *O aparecimento da escola moderna: Uma história ilustrada*. Belo Horizonte: Autêntica.

HIPPEAU, C. (1881). *L'instruction publique en France pendant la Révolution*. Paris: Librairie Academique.

HOBSBAWM, Eric J. (1981). "A carreira aberta ao talento". *In*: HOBSBAWM, Eric J. *A era das Revoluções*. 3ª ed. Rio de Janeiro: Paz e Terra.

HOF, Ulrich Im (1995). *A Europa no século das luzes*. Lisboa: Presença.

HOFF, Sandino (2008). "Apresentação". *In*: RATKE, Wolfgang. *Escritos sobre a nova arte de ensinar de Wolfgang Ratke (1571-1635): Textos escolhidos*. Campinas: Autores Associados.

HOOKER, J.T. (1996). *Lendo o passado: Do cuneiforme ao alfabeto – A história da escrita antiga*. São Paulo: Melhoramentos/Edusp.

HOPFL, Harro (org.) (1995). *Lutero e Calvino: Sobre a autoridade secular*. São Paulo: Martins Fontes. (Clássicos Cambridge de Filosofia Política)

HOZ, Víctor García (s.d.). "Jean-Louis Vives: Pedagogo do Ocidente". *In*: CHATEAU, Jean (org.). *Os grandes pedagogos*. Lisboa: Livros do Brasil, pp. 36-57.

HUIZINGA, Johan (1999). *Homo ludens: O jogo como elemento da cultura*. 4ª ed. São Paulo: Perspectiva.

HUNT, Lynn (org.) (1995). *A nova história cultural*. São Paulo: Martins Fontes.

IBÉRICO, Ángela María Figueroa (2014). "Las concepciones sobre educación y ciudadanía en la Reforma de Lutero". (Manuscrito)

ISSAURAT, C. (1886). *Pedagogie: Son évolution et son histoire*. Paris: Reinwald.

JAEGER, W. (1936). *Paideia: A formação do homem grego*. São Paulo: Herder.

JARDILINO, José Rubens L. (2009). *Lutero e a educação*. Belo Horizonte: Autêntica.

JOHNSON, Paul (2000). *The Renaissance: A short history*. Nova York: Modern Library.

JOLIBERT, Bernard (2010). "L'oeuvre éducative de Jean-Louis Vivès". *In*: VIVÈS, Jean-Louis. *L'éducation de la femme chrétienne*. Paris: L'Harmattan, pp. 7-54.

JORGE, Fernando (1992). *Lutero e a igreja do pecado*. São Paulo: Mercuryo.

JULIA, Dominique (1997). "L'élaboration de la *Ratio Studiorum*, 1548-1599". *Ratio Studiorum: Plan raisonné et institution des études dans la Compagnie de Jésus*. Paris: Belin, pp. 29-69.

_____ (1998). "L'enfance entre absolutisme et Lumières (1650-1800)". *In*: BECCHI, Egle e JULIA, Dominique. *Histoire de l'enfance en Occident 2: Du XVIIIe. siècle à nos jours*. Paris: Seuil.

_____ (2001). "A cultura escolar como objeto histórico". *Revista Brasileira de História da Educação*, ano 1, n. 1. Campinas: Autores Associados, pp. 9-43.

JUSTO, Henrique (2003). *La Salle: Patrono do magistério*. 5ª ed. Porto Alegre: Salles.

KANT, Immanuel (1989). "Resposta à pergunta: Que é o Iluminismo?". *In*: KANT, Immanuel. *A paz perpétua e outros opúsculos*. Lisboa: Ed. 70, pp. 11-19.

_____ (2002). *Sobre a pedagogia*. 3ª ed. Piracicaba: Ed. da Unimep.

KISHIMOTO, Tizuko (1988). "Os jardins de infância e as escolas maternais de São Paulo no início da República". *Cadernos de Pesquisa*, n. 64, fev. Fundação Carlos Chagas.

KNIGHT, Edgar (1940). *Twenty centuries of education*. Boston: Ginn.

KOCH, Carl; CALLIGAN, Jeffrey e GROS, Jeffrey (2004). "Introduction". *In*: KOCH, Carl; CALLIGAN, Jeffrey e GROS, Jeffrey (orgs.). *John Baptiste de la Salle: The spirituality of Christian education*. Nova York: Paulist Press.

KREUTZ, Lúcio (1991). *O professor paroquial: Magistério e imigração alemã*. Porto Alegre: UFRGS.

KRISTELLER, Paul (1995). *Tradição clássica e pensamento do Renascimento*. Lisboa: Ed. 70.

KRISTEVA, Julia (1981). *Le langage, cet inconnu: Une initiation à la linguistique*. Paris: Seuil.

_____ (1983). *História da linguagem*. Lisboa: Ed. 70.

KULESZA, W. (1992). *Comenius: A persistência da utopia em educação*. Campinas: Ed. da Unicamp.

LA BOÉTIE, Etienne de (1982). *Discurso da servidão voluntária*. 2ª ed. São Paulo: Brasiliense.

LA SALLE, Juan Bautista de (2012). *Guía de las escuelas dividida en tres partes*. Madri: Biblioteca Nueva.

LA SALLE, Saint Jean-Baptiste de (1951). *Conduite des écoles chrétiennes*. Paris: Procure Générale.

LAJOLO, Marisa e ZILBERMAN, Regina (1996). *A formação da leitura no Brasil*. São Paulo: Ática.

LAS CASAS, Frei Bartolomé de (1985). *O paraíso destruído: Brevíssima relação da destruição das índias – A sangrenta história da conquista da América espanhola*. 3ª ed. Porto Alegre: LPM.

LAUAND, Jean (2002). *Em diálogo com Tomás de Aquino: Conferências e ensaios*. São Paulo: Mandruvá.

LAUAND, Luiz Jean (1990). *Educação, teatro e matemática medievais*. São Paulo: Perspectiva.

_____ (2000). "Introdução". *In*: TOMÁS DE AQUINO. *Sobre o ensino (De magistro)*. São Paulo: Martins Fontes.

LAWRENCE, Elizabeth (1970). *Origins and growth of modern education*. Londres: Penquin.

LE GOFF, Jacques (1973). *Os intelectuais na Idade Média*. Lisboa: Estúdios Cor.

_____ (1980). *Para um novo conceito de Idade Média: Tempo, trabalho e cultura no Ocidente*. Lisboa: Estampa.

_____ (1983/1984). *A civilização no ocidente medieval, v. 1 e 2*. Lisboa: Estampa.

_____ (1994). *História e memória*. 3ª ed. Campinas: Ed. da Unicamp.

LEBRUN, François; VENARD, Marc e QUÉNIART, Jean (2003). *Histoire de l'enseignement et de l'éducation II: De Gutenberg aux Lumières (1480-1789)*. Paris: Perrin.

LEMA, Manuel Mourelle de (org.) (1999). *Juan Luis Vives*. Madri: Grugalma.

LEO, Brother (1921). *The story of St. John Baptist de la Salle*. Nova York: P.J. Kennedy & Sons.

LETORNEAU, Charles (1898). *Évolution de l'éducation dans les diverses races humaines*. Paris: Vigot Freres.

LETRIA, José Jorge (1998). *Luís de Camões*. Porto: Edinter.

LEVI, Giovanni e SCHMITT, Jean-Claude (orgs.) (1996). *História dos jovens, v. 1 e 2*. São Paulo: Companhia das Letras.

LÉVY, Pierre (1996). *As tecnologias da inteligência: O futuro do pensamento na era da informática*. São Paulo: Ed. 34.

LOCHAMP, Jean-Pierre (1992). *O caso Galileu*. Porto: Perpétuo Socorro.

LOCKE, John (1983a). *Carta sobre a tolerância*. 3ª ed. São Paulo: Abril Cultural, pp. 1-29. (Os Pensadores)

_____ (1983b). *Segundo tratado sobre o governo*. 3ª ed. São Paulo: Abril Cultural, pp. 31-131. (Os Pensadores)

_____ (1984). *Some thoughts concerning education*. Indianapolis/Cambridge: Hackett Publishing Company.

_____ (1999). *Ensaio sobre o entendimento humano, v. I e II*. Lisboa: Fundação Calouste Gulbenkian.

LÖWITH, Karl (1991). *O sentido da história*. Lisboa: Ed. 70.

LUTERO, Martinho (1995a). "Aos conselhos de todas as cidades da Alemanha, para que criem e mantenham escolas cristãs". *In*: LUTERO, Martinho. *Obras selecionadas – v. 5*. São Leopoldo: Comissão Interluterana de Literatura, pp. 302-325.

_____ (1995b). *Catecismo menor, versão popular*. 12ª ed. São Leopoldo: Sinodal.

_____ (1995c). *Obras selecionadas – v. 5*. São Leopoldo: Sinodal; Porto Alegre: Concórdia.

_____ (1996). *Obras selecionadas – v. 6.* São Leopoldo: Sinodal; Porto Alegre: Concórdia.

_____ (1998). *Da liberdade do cristão (1520).* São Paulo: Fundação Ed. da Unesp.

LUZURIAGA, Lorenzo (1959). *História da educação pública.* São Paulo: Companhia Editora Nacional.

_____ (1978). *História da educação e da pedagogia.* 10ª ed. São Paulo: Companhia Editora Nacional.

MAN, John (2004). *A revolução de Gutenberg.* Rio de Janeiro: Ediouro.

MANACORDA, Mario Alighiero (1992). *História da educação: Da Antiguidade aos nossos dias.* 3ª ed. São Paulo: Cortez.

MANGUEL, Alberto (1977). *Uma história da leitura.* São Paulo: Companhia das Letras.

MANNHEIM, Karl (1977). "Funções das gerações novas". *In*: PEREIRA, Luiz e FORACCHI, Marialice M. *Educação e sociedade.* 8ª ed. São Paulo: Companhia Editora Nacional.

MANNHEIM, Karl e STEWART, William A. Campbell (1977). "O subgrupo de ensino". *In*: PEREIRA, Luiz e FORACCHI, Marialice M. *Educação e sociedade.* 8ª ed. São Paulo: Companhia Editora Nacional.

MAQUIAVEL, Nicolau (1997). *O príncipe.* 8ª ed. Lisboa: Guimarães.

MARCUSE, Herbert (1981). *Ideais sobre uma teoria crítica da sociedade.* 2ª ed. Rio de Janeiro: Zahar.

MARTIN, Henri-Jean (1988). *Histoire et pouvoirs de l'écrit.* Paris: Perrin.

MARTINS, Wilson (1996). *A palavra escrita: História do livro, da imprensa e da biblioteca.* 2ª ed. São Paulo: Ática.

MASTERS, Roger (1999). *Da Vinci e Maquiavel: Um sonho renascentista.* Rio de Janeiro: Zahar.

MAYER, F. (1976). *História do pensamento educacional.* Rio de Janeiro: Zahar.

McCONICA, James (1996). *Erasmus.* Oxford: Oxford University Press.

MESSER, August (1935). *Historia de la pedagogía.* Barcelona: Labor.

MEYER, A. Erich (1945). *Development of education in the Twentieth Century.* Nova York: Prentice Hall.

MEYLAN, Louis (1959). "A educação funcional". *In*: CLAPARÈDE, Edouard. *A escola sob medida e estudos complementares.* Rio de Janeiro: Fundo de Cultura, pp. 97-135.

MONCADA, Luís Cabral (1941). *Um iluminista português no século XVIII: Luiz António Verney.* Coimbra: Arménio Amador.

MONROE, Will Seymour (1900). *Comenius and the beginnings of educational reform.* Nova York: Charles Scribner's Sons.

MONTAIGNE, Michel de (1980). *Ensaios.* São Paulo: Abril Cultural. (Os Pensadores)

_____ (2005). *A educação das crianças*. São Paulo: Martins Fontes.

_____ (2006). *Os ensaios, livros I, II, III*. 2ª ed. São Paulo: Martins Fontes.

MORAIS, José (1996). *A arte de ler*. São Paulo: Ed. Unesp.

MORE, Thomas e ERASMO (1979). *Os pensadores*. 2ª ed. São Paulo: Abril Cultural.

MORY, Christophe (2010). *Jean-Baptiste de La Salle: Rêver l'éducation?*. Paris: Pygmalion.

MOUSNIER, Roland (1995). "Os séculos XVI e XVII: Os progressos da civilização européia". *In*: CROUZET, Maurice (org.). *História geral das civilizações, v. 9*. Rio de Janeiro: Bertrand Brasil.

MULLETT, Michael (1994). *Calvin*. Londres/Nova York: Routledge.

MYERS, Edward Delos (1963). *Education in the perspective of History*. Londres: Longmans.

NAGLE, Jorge (1974). *Educação e sociedade na Primeira República*. São Paulo: EPU.

_____ (1976). *Educação e linguagem: Para um estudo do discurso pedagógico*. São Paulo: Edart.

_____ (1978). "A educação na Primeira República". *In*: FAUSTO, Boris (org.). *História geral da civilização brasileira: O Brasil Republicano, t. III, v. 2 – Sociedade e instituições*. Rio de Janeiro: Difel.

NARODOWSKI, Mariano (2001). *Infância e poder: Conformação da pedagogia moderna*. Bragança Paulista: Edusf.

_____ (2006). *Comenius e a educação*. Belo Horizonte: Autêntica.

NEMO, Philippe (2005). *O que é o Ocidente?*. São Paulo: Martins Fontes.

NOGUEIRA, Marco Aurélio (1984). *As desventuras do liberalismo*. Rio de Janeiro: Paz e Terra.

NOGUERA-RAMIREZ, Carlos Ernesto (2011). *Pedagogia e governamentalidade ou Da modernidade como uma sociedade educativa*. Belo Horizonte: Autêntica.

NOVAIS, Fernando (1985). *Portugal e Brasil na crise do Antigo Sistema Colonial (1777-1808)*. São Paulo: Hucitec.

NÓVOA, António (1987). *Le temps des professeurs: Analyse socio-historique de la profession enseignante au Portugal (XVIIe-XXe siècle)*. 2 v. Lisboa: Instituto Nacional de Investigação Científica.

_____ (1991). "Para o estudo sócio-histórico da gênese e desenvolvimento da profissão docente". *Teoria e Educação*, n. 4.

_____ (1994). *História da educação*. Lisboa: Faculdade de Psicologia e Ciências da Educação/Universidade de Lisboa.

_____ (org.) (1995). *Profissão professor*. Porto: Porto Ed.

_____ (1998). *Histoire & comparaison*. Lisboa: Educa.

_____ (2001). "Texts, images and memories: Writing new histories of education". *In*: POPKEWITZ, Thomas S.; FRANKLIN, Barry M. e PEREYRA, Miguel A. (orgs.). *Cultural history and education*. Nova York: RoutledgeFalmer, pp. 45-66.

_____ (2005). *Evidentemente: Histórias da educação*. Porto: Asa.

_____ (2009). *Professores: Imagens do futuro presente*. Lisboa: Educa.

NUNBERG, Geoffrey (org.) (1998). *El futuro del libro*. Barcelona: Paidós.

NUNES, Clarice (2000). "O 'velho' e 'bom' ensino secundário: Momentos decisivos". *Revista Brasileira de Educação*, n. 14, maio-jun.-jul.-ago.

NUNES, Ruy Afonso da Costa (1981). *História da educação no século XVII*. São Paulo: EPU/Edusp.

Ó, Jorge Ramos do (2016). "Para uma genealogia do currículo: Ordem e método na edificação do moderno modelo escolar". *In*: CAVALCANTE, Maria Juraci Maia *et al*. (orgs.). *Histórias de pedagogia, ciência e religião: Discursos e correntes de cá e do além-mar*. Fortaleza: Ed. da UFC, pp. 21-50.

OLIVEIRA, Marcus Aurélio Taborda de e RANZI, Serlei Maria Fischer (orgs.) (2003). *História das disciplinas escolares no Brasil: Contribuições para o debate*. Bragança Paulista: Edusf.

OLSON, David (1997). *O mundo no papel: As implicações conceituais e cognitivas da leitura e da escrita*. São Paulo: Ática.

OLSON, David e TORRANCE, Nanci (1995). *Cultura escrita e oralidade*. São Paulo: Ática.

ONG, Walter (1998). *Oralidade e cultura escrita*. Campinas: Papirus.

ORTEGA, Francisco (2002). *Genealogias da amizade*. São Paulo: Iluminuras.

ORTEGA Y GASSET, José (1989). *Em torno a Galileu: Esquema das crises*. Petrópolis: Vozes.

OSSOLA, Carlo (2014). *Érasme et l'Europe*. Paris: Félin.

OZOUF, Jacques (1976). *Nous les maîtres d'école*. Paris: Gallimard.

OZOUF, Mona (1982). *L'école, l'eglise et la Republique (1871-1914)*. Paris: Cana.

PAINTER, Franklin V. Newton (1897). *A history of education*. Nova York: Appleton and Company.

PANOFSKY, Erwin (1981). *Renascimento e renascimentos na arte ocidental*. Porto: Presença.

PAROZ, Jules (1879). *Histoire universelle de la pédagogie*. 3ª ed. Neuchâtel: s.e.

PEREZ, David J. (1952). *Moralistas espanhóis, v. XI*. Seleção e prefácio. Rio de Janeiro: W.M. Jackson Inc.

PERRY, Marvin (1985). *Civilização ocidental: Uma história concisa*. São Paulo: Martins Fontes.

PETERS, Richard Stanley (1979). "A educação como iniciação". *In*: ARCHAMBAULT, Reginald D. (org.). *Educação e análise filosófica*. São Paulo: Saraiva.

PETITAT, André (1994). *Produção de escola/produção de sociedade*. Porto Alegre: Artes Médicas.

PICO, Giovanni (1999). *A dignidade do homem*. 2ª ed. Campo Grande: Solivros/Uniderp.

POPKEWITZ, Thomas S.; PEREYRA, Miguel A. e FRANKLIN, Barry M. (2001). "History, the problem of knowledge and the new cultural history of schooling: An introduction". *In*: POPKEWITZ, Thomas S.; FRANKLIN, Barry M. e PEREYRA, Miguel A. (orgs.). *Cultural history and education*. Nova York: RoutledgeFalmer, pp. 3-42.

POSTMAN, Neil (1999a). *Building a bridge to the Eighteenth Century*: How the past can improve our future. Nova York: Alfred A. Knopf.

_____ (1999b). *O desaparecimento da infância*. Rio de Janeiro: Graphia.

PRAIRAT, Eirick (1994). *Éduquer et punir: Généalogie du discours psychologique*. Nancy: Presses Universitaires de Nancy.

PROST, Antoine (1968). *L'enseignement en France (1800-1967)*. Paris: Armand Colin.

QUIRINO, Célia Galvão e SOUZA, Maria Teresa Sadek R. de (orgs.) (1980). *O pensamento político clássico: Maquiavel, Hobbes, Locke, Montesquieu, Rousseau*. São Paulo: Queiroz.

RATIO STUDIORUM: Plan raisonné et institution des études dans la Compagnie de Jésus (1997). Paris: Belin.

RATKE, Wolfgang (2008). *Escritos sobre a nova arte de ensinar de Wolfgang Ratke (1571-1635): Textos escolhidos*. Apresentação, tradução e notas Sandino Hoff. Campinas: Autores Associados.

REVEL, Jacques (1991). "Os usos da civilidade". *In*: ARIÈS, Philippe e DUBY, George (orgs.). *História da vida privada: Da Renascença ao Século das Luzes, v. 3*. São Paulo: Companhia das Letras, pp. 169-209.

RIBEIRO, Renato Janine (1990). *A etiqueta no Antigo Regime: Do sangue à doce vida*. 3ª ed. São Paulo: Brasiliense.

RIBOULET, L. (1951). *História da pedagogia*. São Paulo: Francisco Alves.

RICO, Francisco (2002). *Le rêve de l'Humanisme*. Paris: Les Belles Lettres.

ROSA, Teresa Maria Rodrigues Fonseca (2015). *Monumenta histórica: O ensino e a Companhia de Jesus (séculos XVI a XVIII), v. I*. Lisboa: Fundação para a Ciência e Tecnologia do Ministério da Educação e Ciência/Universidade de Lisboa/Instituto de Educação.

RUSS, Jacqueline (1997). *A aventura do pensamento europeu: Uma história das idéias ocidentais*. Lisboa: Terramar.

SAUSSURE, A. (2004). *Lutero*. São Paulo: Vida.

SAVIANI, Dermeval (2008). *História das ideias pedagógicas no Brasil*. 2ª ed. Campinas: Autores Associados.

SCHEFFLER, I. (1974). *A linguagem da educação*. São Paulo: Saraiva.

SCRIBNER, Robert W. (1986). *The German reformation*. Londres: Macmillan.

SEFFNER, Fernando (1993). *Da Reforma à Contra-Reforma*. 8ª ed. São Paulo: Atual.

SENNETT, Richard (1988). *O declínio do homem público: As tiranias da intimidade*. São Paulo: Companhia das Letras.

SEVCENKO, Nicolau (1985). *O Renascimento*. 2ª ed. São Paulo: Atual.

SHAKESPEARE, William (1999). *Romeu e Julieta*. Porto Alegre: L&PM.

SHORTER, Edward (1995). *A formação da família moderna*. Lisboa: Terramar.

SIMÕES, Gilda N. (1976). "A educação da vontade". *O Estado de São Paulo*, 31 out., Suplemento Cultural, p. 2.

SNYDERS, Georges (1965). *La pédagogie en France aux XVIIe. et XVIIIe. siècles*. Paris: Presses Universitaires de France.

_____ (1977). "A pedagogia em França nos séculos XVII e XVIII". *In*: DEBESSE, Maurice e MIALARET, Gaston (orgs.). *Tratado das ciências pedagógicas: História da pedagogia, v. 2*. São Paulo: Companhia Editora Nacional, pp. 271-295.

_____ (1995). *Feliz na universidade*. Rio de Janeiro: Paz e Terra.

SOARES, Magda (1986). *Linguagem e escola: Uma perspectiva social*. São Paulo: Ática.

SOUSA, Carlos Ângelo de Meneses e CAVALCANTE, Maria Juraci Maia (2016). *Os jesuítas no Brasil: Entre a colônia e a república*. Brasília: Liber Livro.

SOUZA, Maria das Graças (2001). *Ilustração e história: O pensamento sobre a história no Iluminismo francês*. São Paulo: Discurso Editorial.

STAROBINSKI, Jean (1971). *J.-J. Rousseau: La transparence et l'obstacle*. Paris: Gallimard.

_____ (1992). *Montaigne em movimento*. São Paulo: Companhia das Letras.

_____ (1994). *A invenção da liberdade (1700-1789)*. São Paulo: Ed. da Unesp.

_____ (2001). *As máscaras da civilização: Ensaios*. Trad. Maria Lúcia Machado. São Paulo: Companhia das Letras.

STEPHANOU, Maria (2006a). "Bem viver em regras: Urbanidade e civilidade em manuais de saúde". *Educação Unisinos*, v. 10, n. 1, jan.-abr., pp. 35-44.

_____ (2006b). "Discursos médicos, educação e ciência: Escola e escolares sob exame". *Trabalho, Educação e Saúde*, v. 4, n. 1, pp. 36-64.

STEPHANOU, Maria e BASTOS, Maria Helena Camara (orgs.) (2004). *Histórias e memórias da educação no Brasil, v. I – séculos XVI-XVIII*. Petrópolis: Vozes.

_____ (2005). *Histórias e memórias da educação no Brasil, v. II – século XIX*. Petrópolis: Vozes.

STORCK, João Batista (2016). "Do *Modus Parisiensis* ao *Ratio Studiorum*: Os jesuítas e a educação humanista no início da Idade Moderna". *História da Educação* [*on-line*], v. 20, n. 48, jan.-abr. Porto Alegre, pp. 139-158.

TAGLIAVINI, João Virgílio e PIANTKOSKI, Marcelo Adriano (2013). "João Batista de La Salle (1651-1719): Um silêncio eloquente em torno do educador católico que modelou a escola moderna". *Revista HISTEDBR* [*on-line*], n. 53. Campinas, out., pp. 16-40.

TARNAS, Richard (2001). *A epopéia do pensamento ocidental: Para compreender as idéias que moldaram nossa visão de mundo*. 4ª ed. Rio de Janeiro: Bertrand Brasil.

THOMPSON, Merritt M. (1942). *Outline of the history of education*. Nova York: Barnes & Noble.

TOUSSANT, Stéphane (2003). "Giovanni Picco della Mirandola: Conciliação sintética de todas as filosofias". *In*: BLUM, Paul Richard (org.). *Filósofos da Renascença: Uma introdução*. São Leopoldo: Unisinos, pp. 91-105.

TYACK, David e CUBAN, Larry (1995). *Tinkering toward utopia: A century of school reform*. Londres: Harvard University Press.

USEEM, Elizabeth L. (1986). *Low teach education in a high tech world: Corporations and classrooms in the new information society*. Nova York: Free Press.

VAIDERGORN, José (2000). "Liberalismo, cidadania conservadora e educação". *In*: VAIDERGORN, José. *O direito a ter direitos*. Campinas: Autores Associados.

VALDEMARIN, Vera Teresa (2000). *O liberalismo demiurgo: Estudo sobre a reforma educacional projetada nos Pareceres de Rui Barbosa*. São Paulo: Cultura Acadêmica.

_____ (2004). *Estudando as lições de coisas*. São Paulo: Fapesp/Autores Associados.

_____ (2010). *História dos métodos e materiais de ensino: A escola nova e seus modos de uso*. São Paulo: Cortez.

VARELA, Julia e ALVAREZ-URIA, Fernando (1992). "A maquinaria escolar". *Teoria e Educação*, n. 6.

VEIGA, Cynthia Greive (2005). "Pensando com Elias as relações entre sociologia e história da educação". *In*: FARIA FILHO, Luciano Mendes (org.). *Pensadores sociais e história da educação*. Belo Horizonte: Autêntica, pp. 139-166.

_____ (2007). *História da educação*. São Paulo: Ática.

VEIGA, Cynthia Greive; LOPES, Eliane Marta Teixeira e FARIA FILHO, Luciano Mendes (2000). *500 anos de educação no Brasil*. Belo Horizonte: Autêntica.

VERGER, J. (1990). *As universidades na Idade Média*. São Paulo: Ed. Unesp.

VERNEY, Luís António (s.d.). *Verdadeiro método de estudar*. 3ª ed. Porto: Domingos Barreira.

VEYNE, Paul (1983). *Como se escreve a história*. Lisboa: Ed. 70.

VIAL, Francisque (1970). *Condorcet et l'éducation démocratique*. Genebra: Slaktine.

VIAL, Jean e MIALARET, Gaston (s.d.). *História mundial da educação, v. I a IV*. Porto: Rés.

VIDAL, Diana G. (2000). "Fim do mundo do fim: Avaliação, preservação e descarte documental". *In*: FARIA FILHO, Luciano Mendes (org.). *Arquivos, fontes e novas tecnologias: Questões para a história da educação*. Campinas: Autores Associados; Bragança Paulista: Edusf.

_____(2001). *O exercício disciplinado do olhar: Livros, leituras e práticas de formação docente no Instituto de Educação do Distrito Federal (1932-1937)*. Bragança Paulista: Edusf.

_____(2005). *Culturas escolares: Estudo sobre práticas de leitura e escrita na escola pública primária (Brasil e França, final do século XIX)*. Campinas: Autores Associados.

VIDAL, Diana G. e HILSDORF, Maria Lúcia Spedo (2001). *Tópicas em história da educação*. São Paulo: Edusp.

VIDAL, Diana G. e SOUZA, M. Cecília Cortez C. de (1999). *A memória e a sombra: A escola brasileira entre o Império e a República*. Autêntica: Belo Horizonte.

VILLALPANDO, José Manuel (2004). "Estúdio preliminar y prólogos". *In*: VIVES, Juan Luis. *Tratado de la enseñanza*. Cidade do México: Porrúa.

VILLARI, Rosario (1995). *O homem barroco*. Lisboa: Presença.

VIÑAO FRAGO, Antonio (1993). *Alfabetização na sociedade e na história: Vozes, palavras e textos*. Porto Alegre: Artes Médicas.

_____(1998a). "Do espaço escolar e da escola como lugar: Propostas e questões". *In*: VIÑAO FRAGO, Antonio e ESCOLANO, Agustín. *Currículo, espaço e subjetividade: A arquitetura como programa*. Rio de Janeiro: DP&A, pp. 59-139.

_____ (1998b). *Tiempos escolares, tiempos sociales: La distribución del tiempo e del trabajo en la enseñanza primaria en España (1838-1936)*. Barcelona: Ariel.

_____ (2000). "El espacio y el tiempo escolares como objeto histórico". *In*: WARDE, Mirian J. (org.). *Contemporaneidade e educação: Revista Semestral Temática de Ciências Sociais e Educação*, ano V, n. 7, 1º sem. Rio de Janeiro: Instituto de Estudos da Cultura e Educação Continuada, pp. 93-110.

_____ (2001). "History of education and cultural history: Possibilities, problems, questions". *In*: POPKEWITZ, Thomas S.; FRANKLIN, Barry M. e PEREYRA, Miguel A. (orgs.). *Cultural history and education*. Nova York: RoutledgeFalmer, pp. 125-150.

_____ (2005). *Tiempos escolares, tiempos sociales: La distribución del tiempo e del trabajo en la enseñanza primaria en España (1838-1936)*. Barcelona: Ariel.

VINCENT, Guy (1980). *L'école primaire française: Étude sociologique*. Lyon: Presses Universitaires de Lyon/Éditions de la Maison des Sciences de l'Homme.

_____ (org.) (1994). *L'éducation prisonnière de la forme scolaire? Scolarisation et socialisation dans les sociétés industrielles*. Lyon: Presses Universitaires de Lyon.

VIVÈS, Jean-Louis (2010). *L'éducation de la femme chrétienne*. Paris: L'Harmattan.

VIVES, Juan Luis (1948). *Obras completas: Primera traslación castellana íntegra e directa – Comentarios, notas y un ensayo bibliográfico, t. II.* Madri: Aguilar.

_____ (1952). "Dos diálogos". *In*: PÉREZ, David J. (org.). *Moralistas espanhóis, v. XI.* Rio de Janeiro: W.M. Jackson, pp. 83-104.

_____ (1957). *Diálogos*. Barcelona: Ibéria.

_____ (1992). *Antología de textos*. Valência: Universidade de Valência.

_____ (2004a). *Dialogos*. Valência: Servicio de Reproducción de Libros.

_____ (2004b). *Tratado de la enseñanza/Introducción a la sabiduría/Escolta del alma/Diálogos/Pedagogía pueril*. Cidade do México: Porrúa. (Sepan Cuantos)

_____ (2010). *Introducción a la sabiduría: El sabio*. Madri: Tecnos. (Clásicos del Pensamiento)

_____ (2011). *L'introduction à la sagesse, ou la petite morale de Jean Louis Vives de Valence (1670)*. Breinigsville: Kessinger.

WARDE, Mirian Jorge e CARVALHO, Marta Maria Chagas (2000). "Política e cultura na produção da história da educação no Brasil". *In*: WARDE, Mirian J. (org.). *Contemporaneidade e educação: Revista Semestral Temática de Ciências Sociais e Educação*, ano V, n. 7, 1º sem. Rio de Janeiro: Instituto de Estudos da Cultura e Educação Continuada, pp. 9-33.

_____ (2001). "Politics and culture in the making of History of Education in Brazil". *In*: POPKEWITZ, Thomas S.; FRANKLIN, Barry M. e PEREYRA, Miguel A. (orgs.). *Cultural history and education*. Nova York: RoutledgeFalmer, pp. 83-104.

WATSON, Foster (1922). *Luis Vives, el gran Valenciano (1492-1540)*. Oxford: Oxford University Press/Humphrey Milford.

WEBER, Max (1979). "A objetividade do conhecimento nas ciências sociais". *In*: COHN, Gabriel (org.). *Weber*. São Paulo: Ática.

_____ (1990). *The protestant ethic and the spirit of capitalism*. 21ª ed. Londres: Unwin Hyman.

_____ (1999). *Economia e sociedade: Fundamentos da sociologia compreensiva, v. 2.* Brasília: Ed. da UnB.

_____ (2004). *A ética protestante e o espírito do capitalismo*. 15ª ed. São Paulo: Companhia das Letras.

WHITE, Hayden (1994). *Trópicos do discurso: Ensaios sobre a crítica da cultura*. São Paulo: Edusp.

WHITROW, Gerald J. (1993). *O tempo na história: Concepções do tempo da pré-história aos nossos dias*. Rio de Janeiro: Zahar.

WILDS, Elmer Harrison (1961). *The foundations of modern education*. Nova York: Holt.

WOORTMANN, Klaas (1997). *Religião e ciência no Renascimento*. Brasília: Ed. da UnB.

XAVIER, Libânia N. *et al.* (orgs.) (2005). *Escola, cultura e saberes*. Rio de Janeiro: Ed. da FGV, pp. 9-28.

Especificações técnicas

Fonte: Times New Roman 11 p
Entrelinha: 14 p
Papel (miolo): Offset 75 g
Papel (capa): Cartão 250 g
Impressão: Paym